◎ **安徽省社科规划重大项目：安徽深度融入长三角更高质量一体化发展研究**
（批准号：AHSKZD2018D05）

U0504945

安徽与长三角：区域一体化

程必定　等◎著

全国百佳图书出版单位
时代出版传媒股份有限公司
安徽人民出版社

图书在版编目(ＣＩＰ)数据

安徽与长三角:区域一体化/程必定等著.—合肥 :安徽人民出版社,2021.12

ISBN 978－7－212－09647－2

Ⅰ.①安… Ⅱ.①程… Ⅲ.①长江三角洲—区域经济发展—安徽

Ⅳ.①F127.54

中国版本图书馆 CIP 数据核字(2021)第 251317 号

安徽与长三角:区域一体化

程必定 等著

出 版 人:陈宝红　　　　　　　　责任印制:董 亮

责任编辑:李 芳　　　　　　　　封面设计:润一文化

出版发行:时代出版传媒股份有限公司 http://www.press-mart.com

安徽人民出版社 http://www.ahpeople.com

合肥市政务文化新区翡翠路 1118 号出版传媒广场八楼

邮编:230071

营销部电话:0551-63533258　0551-63533292(传真)

印 制:安徽省人民印刷有限公司

开本:710mm×1010mm　1/16　　印张:21.5　　字数:400 千

版次:2021 年 12 月第 1 版　2021 年 12 月第 1 次印刷

ISBN 978－7－212－09647－2　　定价:88.00 元

题解:本书研究和回答的十大问题

程必定

本书是我主持的安徽省社会科学规划 2018 年度重大项目"安徽深度融入长三角更高质量一体化发展研究"(编号 AHSKZD2018D05)的最终研究成果。全书共八章,前三章是从理论和实践上解析长三角一体化及其发展趋向,后五章是研究安徽如何深度参与长三角一体化。择其所要,依次研究和回答以下十大问题:

一、长三角一体化是什么样的区域一体化? 本书从中国和长三角的实际及发展趋势出发,认为是更高质量的一体化,而这正是习近平总书记在 2018 年最先提出的。但当前有的同志有时略去了"更"字,一字之略,内涵与要求都有不同。本书认为,在新发展阶段,长三角一市三省实施区域一体化国家战略,应坚持向更高质量的方向发展(第一章)。

二、怎样才是更高质量的区域一体化? 本书通过对区域一体化含义的全新解释,提出应该是"三性"(区域资源配置的有效性、发展成果的国民共享性、区域发展的可持续及韧性)和"四高"(经济发展的高质量、空间结构的高优化、市场机制的高效率、区域政策的高集成)的区域一体化,其中,"三性"是对区域一体化高质量发展的普遍要求,"四高"是对长三角这类发达地区推进区域一体化更高质量发展的特定要求(第一章第一节)。

三、如何推进长三角区域一体化的更高质量发展? 本书提出走智能化道路,以智能化对一体化赋能,以智能化推进更高质量发展,以智能化紧扣"一体化"和"高质量"两个关键(第一章第三节及其他相关章节)。

四、如何分析长三角区域一体化是更高质量发展? 本书在借鉴世界银行对区域一体化"三维度"分析框架的基础上,根据中国特点,提出了"四维度"分析框架,即增加密度、缩短距离、减少分割和公平均等，并以长三角地区41个地级及以上城市和安徽省16个地级市为区域单元，从"四维度"分别研判了长三角和安徽省的区域一体化程度，以"四维度"探讨如何通过走智能化道路，推进长三角区域一体化的更高质量发展(第一章第二节、第二章、第五章)。

五、长三角区域一体化更高质量发展是什么趋势？本书的综合研判是，近期是率先融入国内国际大循环，中期是率先形成优势互补、高质量发展的区域经济布局，远期是率先迈向智能社会(第三章)。

六、安徽深度参与长三角更高质量区域一体化发展的重大意义是什么？本书提出，是推进"东中一体"协调发展，落实区域协调发展的国家战略，为实现党的十九大确定的第二个百年目标发挥安徽的区域功能作用(第四章第一、二节)。

七、安徽深度参与长三角更高质量区域一体化发展的目标与路径是什么？本书认为，总体目标是经济总量和人均水平迈向我国省区第一方阵，合肥冲刺国家中心城市；基本路径是走智能化道路，实施智能化战略(第四章第三、四节)。

八、安徽深度参与长三角更高质量区域一体化发展有哪些重点？本书围绕"扬皖所长"提出四大重点：一是扬创新活跃强劲之长，培育更高质量发展动力源；二是扬制造业特色鲜明之长，打造新兴产业聚集地；三是扬生态资源良好之长，建设绿色发展样板区；四是扬内陆腹地广阔之长，建设东中协调发展先行区。如何"四扬"，文中分别作了较为深入的探讨(第六章)。

九、安徽在深度参与长三角更高质量区域一体化发展中，如何推动形成优势互补、高质量发展的区域经济布局？本书认为，要打造新时代发挥递增型比较优势的安徽新版本，从中心城市、发展廊道、空间网络、县域经济、合作开放链接五个方面作出科学的战略谋划，在不同空间层次优化高质量发展的区域经济布局(第七章)。

十、安徽各级政府如何推进参与长三角更高质量区域一体化发展的能力建设？本书提出，应适应"把握新发展阶段、贯彻新发展理念、构建新发展格局"的时代新要求，在新发展格局中提升区域合作能力，通过贯彻新发展理念增强要素保障能力，根据新发展阶段的需要提高政策有效供给能力，还要及时适度优化行政区划设置(第八章)。

本课题在研究过程中，恰逢我国研编"十四五"规划思路和纲要，笔者便结合承担的安徽省及合肥、芜湖、马鞍山等市"十四五"规划思路和纲要的研编任务,进行若干与本课题密切相关的专项研究,既为本书的研撰打下了扎实基础,又使研究成果能及时应用。参加相关专项研究的有:中国科学技术大学工商管理创新研究中心主任刘志迎教授、合肥工业大学经济学院副院长万伦来教授、安徽省城乡规划设计研究院副院长刘复友教授级高级规划师、安徽省时代战略研究院副院长吕连生研究员和秘书长谢培秀研究员、安徽省社会科学院城乡经济研究所所长孔令刚研究员和该所研究室主任储昭斌副研究员及李颖博士、安徽省社会科学院经济所研究室主任林斐研究员及宋盛楠博士、安徽蓝景文化规划设计咨询有限公司何鹏程工程师,他们都为完成课题任务和研究回答以上问题作出了贡献。一些阶段性研究成果先后发表在《经济日报》《光明日报》《学术界》《区域经济评论》《西部论坛》及《安徽日报》等报刊(见书末附录),对安徽发展的一些重要建议,如全省进入中国省区第一方阵、合肥冲刺国家中心城市等,已被《中共安徽省委关于制定国民经济和社会发展第十四个五年规划和二〇三五年远景目标建议》和安徽省政府制定的《安徽省国民经济和社会发展第十四个五年规划和2035年远景目标纲要》采纳。

需要特别说明的是,中国社会科学院学部委员金碚研究员、中国区域经济学会副会长韦伟教授、中国科学院南京地理与湖泊研究所曹有挥研究员、安徽省政协常委(省社会科学界联合会原党组书记兼常务副主席)马雷同志、安徽省社会科学院院长曾凡银教授、安徽财经大学副校长冯德连教授,以及中共安徽省委宣传部理论处(安徽省社会科学规划办公室)唐国富处长和王顺、李金玲、强惠玲、程文先等同志,分别对本项目从开题到结项都给予了很多指导和帮助。安徽省社会科学界联合会作为课题管理单位,党组书记兼常务副主席洪永平同志、专职副主席周祥飞同志、秘书长韩修良同志及其科研处、办公室诸同志,都对本课题的研究做了大量工作。对以上学者、领导、同志和课题组全体成员,表示衷心的感谢!

2013年8月,我应邀参加由上海城市规划设计研究院牵头、沪苏浙皖相关专家参加的《上海2040》规划和长三角城市群规划的前期项目研究,我主持安徽方面的研究成果,结集为《安徽与长三角:"双城"战略》,由安徽人民出版社于2015年5月出版,本书作为前者的续篇,命名为《安徽与长三角:区域一体化》,也请安徽人民出版社出版。因为安徽与长三角的关系密切,前书是从城市群、城镇化"双城"战略的视角,在推动长三角城市群向世界级迈进过程中研究安徽的发展问题;本书是从区域一体化的视角,在推动长三角一体化更高质量发展过程中研究安徽的发展问题,两书是关联的,成为我8年来研究安徽深度融入长三角发展的"姊妹篇"。在此,特别感谢安徽人民出版社原副总编白明编审及责任编辑李芳副编审对"姊妹篇"出版的支持和对书稿的精心编勘。

本书使用的统计数据涉及2019年、2020年两个年度,少量到2021年上半年,因为2020年受疫情影响,经济增长带有非正常性因素,在比较研究中主要使用2019年的有关数据。此外,本书还参阅了许多专家、学者的研究成果,已在行文中逐一注明,特致深谢,并希望得到读者的指教。

(作者为中国区域经济学会顾问兼长三角一体化专业委员会顾问、安徽省时代战略研究院院长、安徽省社会科学界联合会研究员)

2021 年 8 月 30 日

目　录

第一章 区域一体化理论新析

区域一体化既是学者们在总结区域发展实践基础上提出的老概念,又是受区域发展实践推进而与时代同进的新话题;既是最早从国外引进的"舶来品",又更应该具有中国特色。习近平总书记2018年11月7日在上海召开的中国第一届世界进口博览会开幕式上宣布:长三角一体化进入国家战略。中国加快区域一体化的战略意图受到世界关注,而长三角地区肩负着国家战略的重大责任,在实践探索过程中,更要有科学的理论引领。面对中国发展非常活跃强劲的区域经济,区域一体化涉及的新话题很多,但最重要的,是要从认识、分析和推进三个视角,对区域一体化作出理论新析。本章从这三个视角出发,结合我国国情和长三角实际,对区域一体化试作新的探析。

第一节 认识视角:何为区域一体化

一、区域一体化理论溯源简述

区域一体化概念源于欧美经济学家对国家间贸易的研究,所谓的"区域",是能进行多边合作的相邻多国经济地理范围;所谓的"一体化",其英文"integration"来源于拉丁文"integratio",原意是"更新"。理论演变主要是围绕对跨国贸易及要素流动的分析与引导而发展的,研究对象实际上是国际经济一体化。后来,欧美经济学家们又将其称为"区域经济一体化",习惯上简称"区域一体化",用来研究国家之间的贸易及所关联的要素流动问题,提出相应的政策主张。

实践总是走在理论的前面。欧洲国家在区域一体化方面的实践,最早可追溯到1921年比利时、卢森堡组成的经济联盟,后来荷兰加入,形成比荷卢经济联盟,主要是在关税上的同盟,以利于三国之间的贸易。受其启发及影响,1932年英国与英联邦成员国之间相互减让关税,组成了"英帝国特惠关税区"。就在此前一年即1931年，瑞典经济学家赫克歇尔在其出版的两卷本《重商主义》中，第一次提出了"国际经济一体化"这个概念，认为国际经济一体化是各国经济之间的贸易融合到一个更大区域的过程[1]。据文献搜索，赫克歇尔是国际上最早提出区域一体化定义的学者。

从区域一体化的理论渊源看，古典经济学的关税理论发生了重要影响。亚当·斯密和大卫·李嘉图都先后深入研究过1709年英国和葡萄牙签订的《科尔登条约》中的关税互惠对两国福利的影响，提出了古典经济学的关税理论。到20世纪30年代，关税问题更受到欧美国家政府的普遍关注，欧美一些经济学家在古典经济学关税理论的基础上，结合当时的实际又上升到对关税同盟的研究，美国经济学家瓦伊纳于1950年出版的《关税同盟问题》，提出了"贸易创造效应"和"贸易转移效应"两个概念，以此为理论支撑，标志着国际经济一体化理论的形成[2]。

此后，很多欧美经济学家对区域一体化进行了多视角的理论研究，其中最有影响的，是美国经济学家丁伯根在1954年对区域一体化提出的新定义。他把区域一体化分为消极一体化和积极一体化，将消极一体化定义为消除歧视和管制制度、引入经济变量自由化；将积极一体化定义为运用强制力量改造现状、建立新的自由化政策和制度[3]。1962年，美国经济学家巴拉萨根据丁伯根的定义，将区域一体化又定义为一种过程、状态，认为区域一体化就是产品和要素流动不受政府的任何歧视和限制，因为各内部成员的政策差异会对产品和生产要素的自由流动及资源配置效益带来负面影响，通过一体化政策会规避这种影响，政策一体化程度越高，规避效应就越好。据此，他把区域一体化分为四个发展阶段：第一阶段是贸易一体化，取消对商品流动的限制；第二阶段是要素一体化，取消对要素流动的限制；第三阶段是政策一体化，国家经济政策协调一致；第四阶段是完全一体化[4]。

20世纪90年代以后，西方区域一体化理论出现了两次新发展。第一次是以美国经济学家保罗·克鲁格曼为代表的新经济地理学派对区域一体化产业分布的解释，他在1996年出版的《地理学与贸易》中，首先提出了新经济地理学概念，主要贡献是通过对经济活动地理集中现象的分析，得出了两个重要的结论：第一，区域一体化会加快产业地方化进展；第二，区域一体化会阻碍外围国家或地区的产业发展[5]。在西方区域一体化理论发展史上，扭转了只重视研究国际区域一体化而忽视研究国内区域一体化的倾向，掀起了学界对国内区域一体化的研究高潮。

第二次是新区域主义的产生，其贡献是对区域经济一体化出现的新特征和原因的解释。20世纪90年代以后，区域经济一体化出现的一个新特征是，强国与弱国在签订贸易协定时，弱国要对强国作出更大的让步，如美加墨自由贸易区成立时，美国要求加拿大、墨西哥在知识产权、能源政策上作出较大让步；欧盟在吸纳东欧国家前，要求这些国家在国内政策上作出改革，视其进展情况决定加入时间。这种弱国对强国作出单方面让步现象，称为"新区域主义"。国际计量学家威利（Whallry）对此原因的解释是，当贸易自由目标被削弱后，各个国家在谈判和签署自由贸易协定时，追求的目标呈多元性，弱国的目标是希望签署某种优惠贸易安排，获得进入强国市场的保证，额外支付是弱国进入强国市场的"保证金"[6]。实际上，这种"保证金"是弱国无奈的贸易制度安排。

改革开放以后，西方的区域一体化理论才引入中国，很快成为研究的热点。最早是1982年国务院决定成立上海经济区后，在上海市政府和学界倡导下成立了上海经济区研究会，区域一体化概念在研究会组织的学术研讨会上多次提及，并作为上海经济区开展区域合作的理论支撑，开启了中国学者对区域一体化理论研究的先河①。此后，研究区域一体化的理论成果越来越多，大到对四大板块、经济带、城市群的研究，小到对一市一县的发展研究，都涉及区域一体化。可以说，我国已成为区域一体化的理论研究与实践应用最活跃的国家。

二、区域一体化的中国新内涵

区域一体化在中国已是很流行的概念，但学术界却有多种定义。西方学者是从国际贸易的角度定义区域一体化的，如赫克歇尔给出的定义，是各国经济之间的贸易融合到一个更大区域的过程。而中国的区域一体化是国内的区域一体化，并且大大超过了贸易，还包括生产、重大基础设施建设、科技、教育、文化、卫生、公共服务、公共政策、资源与生态环境等方面，应该从区域发展总体态势的高度，对

---

① 著者作为上海经济区研究会的理事，曾多次参加过该会对区域一体化的讨论。1985年5月13—19日，由上海经济区研究会主办、上海经济区研究会安徽分会和安徽省社会科学院等承办的上海经济区第四次理论研讨会在合肥召开，还专门研讨安徽融入上海经济区一体化发展议题，就打破行政区分割、发展省市间横向联合提出了许多对策建议，后来大多被采纳。

区域一体化作出新的定义,赋予具有中国特色的新内涵。

那么,我国区域发展的总体态势是什么呢? 中国的学者也有多种概括,但是,最准确而又简洁的概括,还是习近平总书记发表在《求是》杂志 2019 年第 24 期上的文章题目所判断的,是"推动形成优势互补高质量发展的区域经济布局"[7]。因为我国是幅员辽阔、人口众多的大国,一方面,各地区的自然资源禀赋差别很大;另一方面,差别中也显现或潜藏着各种相对比较优势,不能因为自然资源禀赋的区域差别,而让区域经济差距长期存在下去。推进各类区域发挥各自的优势,分工合作,优势互补,形成各具特色而又高质量发展的区域经济布局,逐步缩小区域经济差距,满足人民日益增长的美好生活需求,应该是我国区域发展的总体态势。从这个总体态势出发认识区域一体化,可以用一句话作出新的定义,那就是:区域一体化是区域间在资源禀赋差异基础上分工合作、共同发展的过程。

这个定义赋予区域一体化三个新内涵:

一是产业发展的差异化与协同化,体现区域资源配置的有效性。因为区域在自然资源禀赋差别基础上形成的产业是有差异的,这样的产业才具有相对优势,区域间就会发挥各自优势,相互间有条件优势互补、分工合作,形成协同化的区域产业关联,区域资源配置的有效性就会在产业发展中得以显现。

二是公共服务的均等化与社会福利的共同增长,体现发展成果的国民共享性。因为经济发展的目的是提升人的福祉,而我国作为社会主义国家,更是以人民为中心,经济发展成果要使全体人民共享,实现共同富裕。对区域而言,尽管自然资源禀赋有差别、产业发展有差异,但公共服务要趋向均等化,社会福利要共同增长。所以,中国的区域一体化必须包含公共服务的均等化与社会福利的共同增长,以体现发展成果的国民共享性,推进实现共同富裕。

三是经济与社会发展协调,人与自然和谐,体现区域发展的可持续性及韧性。因为区域一体化必须遵循经济发展规律、社会发展规律和自然发展规律,我国区域发展仍要坚持以经济建设为中心,经济与社会发展协调、人与自然和谐,也就当然地成为区域一体化的中国新内涵,区域发展才会具有长期的持续性和应对各种挑战的发展韧性。

以上三个新内涵是密切关联而又不可或缺的,形成区域一体化的"三性"特征,在不同的区域都具有普遍适应性。显然,这样的区域一体化会形成优势互补的区域发展新格局,各类区域会在发展中缩小差距,在区域层面奠定社会主义现代化强国的建设基础。

三、长三角更高质量区域一体化的理论解析

区域一体化内涵的"三性"特征又有质量高低之分,我国经济由高速度发展转向高质量发展,区域一体化也应转向高质量发展。从这个意义上讲,高质量的一体化也是对我国各类区域的共同要求,甚至是基本要求。但是,我国地域辽阔,区域差异很大,就发达地区而言,对区域一体化应该有更高要求,那就是更高质量的区域一体化。

所谓更高质量的区域一体化,应该是上述"三性"特征处于最佳状态的区域一体化,包括过程最佳、结果最佳,并没有改变区域一体化的原有含义,但区域一体化的发展机制、动力和效率都在发生着深刻变革。某个区域的一体化得到更高质量发展,不是一蹴而就的,而是需要较长时期的发展积累,只有那些区域一体化发展水平相对高的地区,才有条件迈向更高质量的一体化,长三角地区就是这样的区域。

2018年4月26日,习近平总书记在上海市委提交的《关于推动长三角地区一体化发展有关情况的报告》上作出批示,明确提出"实现更高质量一体化发展"的目标,要求上海发挥"龙头带动作用",苏浙皖"各扬其长",更好地引领长江经济带发展,更好地服务国家发展大局,为长三角一体化发展指明了方向①。

包括上海、江苏、浙江、安徽一市三省在内的长三角地区,区域面积35.14万平方公里,2019年常住人口22714万人,地区生产总值23.72万亿元,分别占全国的3.66%、16.22%、23.74%(据全国人口"七普"公报,长三角一市三省2020年常住人口23521.4万人,地区生产总值24.47万亿元,占全国的比例分别上升到16.67%、24.08%);社会消费品零售总额、进出口总额分别占全国的21.6%、35.8%;科研力量雄厚,2018年R&D人员全时当量、R&D经费支出总额分别占全国的35.88%、31.97%(见表1-1),是我国经济技术发达地区,也是区域一体化发展最早的地区。

---

① 见2018年5月8日《解放日报》报道:上海市委常委会学习贯彻习近平总书记关于推动长三角更高质量一体化发展的重要批示精神。

表1-1　长三角地区主要经济社会发展指标及在全国占比简表（2019年）

指标	单位	数额	占全国比
区域面积	万平方公里	35.14	3.66%
常住人口	万人	22714	16.22%
地区生产总值	亿元	23.72	23.74%
规模以上工业企业数	个	118322	31.32%
规模以上工业企业销售收入	亿元	271801.7	25.46%
进出口总额	亿美元	16393.8	35.81%
社会消费品零售总额	亿元	98726	24.20%
其中网上零售总额	亿元	39031	36.71%
互联网宽带接入端口	万个	18043.3	21.58%
占常住人口比例	%	79.43%	65.41%[①]
移动互联网用户	万户	23487.8	19.70%
占常住人口比例	%	103.4	94.18%[①]
外商投资企业数	个	204141	32.55%
外商投资企业外资注册资本	亿美元	13289	35.07%
规模以上工业企业R&D人员全时当量	人年	1165312	36.97%
规模以上工业企业R&D经费支出	亿元	4647.57	32.21%
规模以上工业企业新产品销售收入	亿元	76040.8	35.86%
三项专利授权量	件	782848	31.64%
每10万人口在校大学生	人	2785	2165[①]
每千人拥有卫生人员	人	7.57	7.26[①]
文化服务营业收入	亿元	15609.9	35.92%
公共图书馆	个	370	11.6%
每万人拥有社会组织[②]	个	8.05	5.45

注:①为全国平均水平;②为2018年数额。

资料来源:国家统计局《中国统计年鉴 2020》,中国统计出版社2020年版。

　　早在改革开放初期,长三角地区就在全国率先开展经济技术协作,区域一体化开始起步;1982年国务院成立了上海经济区规划办公室,以区域合作为基础发展区域一体化,1987年因国务院机构改革虽然撤销了这个规划办公室,但区域一体化的实践仍在持续推进。1996年成立了长三角城市经济协调会,区域一体化进入了制度创新阶段。进入21世纪,一体化由部分城市向长三角全域扩展,积极探索和构建一体化的体制机制。由于经过较长时期的发展积累,长三角一体化已走在全国前列,有条件、也有能力向更高质量的方向发展。特别是2018年11月长三角一体化上升为国家战略以来,一市三省都以"更高质量"为标杆推进一体化,长三角更高质量一体化正展现出广阔的发展前景。

那么,以什么样的标准来判断长三角一体化达到更高质量的发展程度呢? 这是需要认真研究和科学把握的。从国家的战略意图和长三角的实际出发,长三角更高质量的一体化应在上述"三性"基础上,还具有"四高"的新特征:

第一,经济发展的高质量。即以上海为龙头,苏浙皖各扬其长,在资源禀赋差异和技术进步基础上,围绕产业基础高级化、产业链现代化,推进地区间产业的更高水平分工与协同发展,特别要推动产业与科技创新的深度融合,提升产品和服务在全球市场竞争中的自主自强及可控能力,以加快建设现代化产业体系实现经济发展的高质量,经济发展质量方面的主要指标在全国领先,一些重要指标达到发达国家的水平。这是长三角地区更高质量一体化发展的核心。

第二,空间结构的高优化。即提升长三角城市群核心城市上海的全球城市功能和宁杭合的副中心功能,推进核心—副中心的功能分工、传递与衔接,加快大上海都市圈和南京、杭州、合肥、苏南、宁波六个都市圈的同城化发展,构建多中心—网络化的空间结构和融合发展的城乡结构,推进新型城镇化的深度发展,重塑长三角经济地理,高质量优化长三角地区的空间结构。这是长三角地区更高质量一体化发展的地域依托。

第三,市场机制的高效率。即打破行政区界限,完善一体化、现代化的交通网、信息网,构建要素流动畅通、网络完善的一体化市场,充分发挥市场机制的决定性作用,融入国内国际大循环,形成便利化、法治化、国际化的市场环境,协同推进高水平的对外开放,合作共建与世界市场深度接轨的对外开放平台,培育更多的市场主体进入全球生产和服务市场网络,实现市场机制的高效率。这是长三角地区更高质量一体化发展的条件。

第四,区域政策的高集成。即以更高质量一体化为主题,进一步完善长三角区域合作机制和政策体系,在区域合作机制上推进由事务性合作向制度性合作升级、政府间合作向社会性合作伸展,在政策体系方面提高四省市政府间政策制定的统一性、规则的一致性和执行的协同性,推进相关政策在"最大公约数"基础上的协调一致,实现区域合作政策的高集成,向长三角政策一体化方向迈进。这是长三角地区更高质量一体化发展的保障。

由此可以认为,长三角更高质量区域一体化应该是"三性、四高"的一体化,其中,"三性"是对区域一体化高质量发展的普遍要求,长三角地区当然会做到;"四高"是对区域一体化更高质量发展的特定要求,长三角地区理应要做到。因为达到"四高"标准的区域一体化,才是发展机制、动力和效率发生了深刻变革的更高质量的区域一体化,那么,"四高"也是长三角更高质量区域一体化的衡量标准。长三角地区一市三省应在一体化已取得较好成效的基础上,围绕"三性"特征和"四高"标准,积极探索更高质量一体化发展的新路径。

第二节 分析视角:"四维度"分析框架

一、世界银行"三维度"分析框架的借鉴

人生活在什么地方,是决定其收入和福利水平的重要因素。由世界银行发展经济局和可持续发展网络联合编撰的《2009年世界发展报告:重塑经济地理》,分析了全世界普遍存在的这种情况,得出了一个结论:"当今世界收入的最佳预报器不是一个人的知识水平,也不是一个人的人际关系,而是他工作的地点"[8][1-2]。

能否改变这种情况呢?世界银行的这份年度发展报告的答案是肯定的,原因是,地区之间经济的不平衡增长和居民生活水平的趋同是并行不悖、相辅相成的。报告系统地分析了美洲、欧洲、亚洲、非洲等国家繁荣和落后地区的变迁情况发现,全球生产主要集中在大城市、发达省份和富裕国家,经济活动的集中却导致了不平衡的发展,经济的发展并没有立即给每个地方带来繁荣,市场只青睐某些地区。但是,即使是生产活动更分散也不会必然地实现繁荣,需要很多经济、政治、政策条件的配合。报告通过对包括中国在内的40多个国家和地区经济发展的比较又发现,发展成效最为卓著的国家,往往能制定合理的政策,采取针对地理空间

的干预措施。为此,该发展报告鲜明地提出,面临地理空间的严峻挑战,政府要全面考虑相关制度、相关配套基础设施和干预措施的目标对象等因素,重塑经济地理,在实现生产集中的同时,促进不同地区人民生活水平的趋同,途径是推进区域一体化[8]1-2。

如何审视区域一体化呢? 世界银行《2009 年世界发展报告:重塑经济地理》认为,因为经济活动集中在国家的少数经济密度地区,如果想分享这些财富,就要允许其他地区的人们向这些地区迁移,缩短他们与经济机会的距离,还要减少地区间的经济分割,比如,欧盟一体化的深入发展就削弱了经济分割。由此得出结论:出现上述景象说明,区域一体化可以重塑经济地理,无论是国际、国内的区域一体化,都可以遵循三大特征审视其发展:一是提高密度,二是缩短距离,三是减少分割。

提高密度。密度是每单位土地面积的经济总量,提高密度反映劳动力和资本趋向地理集中,与就业及人口密度相关。密度也是反映城市和乡村居住区的定义性特征,而提高密度则是经济活动向城市的地理集中,出现越是富裕、密度越高的经济集中和人口集中现象,也加快了城市化进程。人口集中有助于确保城市地区基础设施和公共保障服务的供应,但也同时造成了城乡收入和基本福利措施的差距。值得重视的是,世界银行的这份年度发展报告通过发达程度不同的 52 个国家的统计发现,在城市化程度较高的地区,城乡趋同现象应运而生。于是得出结论:在提高密度的发展过程中,出现农村—城市趋同和城市间趋同,城乡社会福利不平等由扩大趋向缩小,并作出两个展望:一是城市化的规模会更大,二是城乡居民在个人收入和公共服务方面会获得双赢[8]62-72。

缩短距离。距离是资本、劳务、商品、服务、信息和观念穿越空间的难易程度,是经济距离的概念,也是市场准入的形象化说法,反映流动的成本。对商品服务而言,距离包括时间成本和货币成本;对劳务流动而言,距离还包括离开熟悉地方的"心理成本"。距离与密度有关,因为高密度的地方是具有机会和市场潜力的地方,移民是缩短距离最自然的方式,包括地方政策在内的任何人为壁垒都可以增加距离。世界银行的这份年度发展报告还高度肯定了中国改革开放以来,中央和地方政府在缩短距离方面的成功经验,并结合更多国家在这方面的得失分析得出结论:发达地区和落后地区会先分化、后趋同;发展中国家通过缩短距离,居民生活水平的地区不平等随着发展的深入，也会先上升、后下降，并作出四个展望：一是世界市场更重要，二是开放对距离产生影响，三是运输通信成本影响更大，四是知识获取更容易[8]84-94。

减少分割。分割并不是疆界或行政区界，而是国家或地方政府选择自己疆界或行政区界对商品、资本、人员和知识流动的可穿透程度，是市场分割的概念，反映区域一体化存在的阻力。疆界不是问题，若疆界得不到有效管理，就会出现市场分割问题。世界经济发展的实践表明，国家对疆界的有效管理，初级形式是国家间在贸易和要素一体化层面达成自由贸易协定，如北美自由贸易协定；高级形式是国家间上升到政策一体化层面的结盟，如欧洲联盟。成功的区域一体化有助于减少分割，具有扩散性的发展会向各地区传播，促进国家和地区的共同发展，特别会促使弱国或落后地区打破封闭状态而获得较快的发展。实际上，国家和地区减少分割面临着很多难题，世界银行的这份年度发展报告指出，世界许多区域仍然面临着严重分割的影响，要从中汲取教训，特别要通过"缩减"边界壁垒，促进区域一体化和全球化的发展[8]118-121。

世界银行推出的《2009年世界发展报告：重塑经济地理》的重要贡献，是通过对上百个国家最近50年来区域一体化实践的深入研究，以大量的事实为依据，对区域一体化的发展概括出提高密度、缩短距离、减少分割的三大特征，精辟而又简洁，深刻而又全面，从方法论角度看，为人们审视和研究国际和国内的区域一体化发展提供了三个清晰的分析维度，构建起区域一体化研究的"三维度"分析框架，也为如今研究长三角更高质量一体化发展提供有价值的国际经验与方法理论借鉴。

二、"四维度"分析框架的提出

提高密度、缩短距离、减少分割，可用于我国对区域一体化发展的分析维度，但是，从"三性、四高"的更高质量一体化和我国社会主义制度的体制出发，从这三个维度研究区域一体化是不够的。因为这三个维度主要是从经济发展角度审视区域一体化，而没有社会发展的维度分析，这可能是因为从社会发展维度分析对上百个国家区域一体化的研究有相当的难度，发展报告的作者们可能有意作出这种忽视性的处理，而从其他三个维度分析区域一体化对不同地区居民的财富分享和社会福利增长的影响。但审视我国的区域一体化发展，就不能忽视社会发展维度的作用，可用

"公平均等"来体现社会发展维度对区域一体化的贡献。这样,应从提高密度、缩短距离、减少分割和公平均等等四个维度,构建长三角地区高质量一体化"四维度"的理论分析框架。而且,提高密度、缩短距离、减少分割的三个维度还要分别赋予中国特色和时代内涵,体现更高质量一体化的"三性"特征、"四高"标准。这样,结合长三角地区的实际,高质量一体化四个审视维度的具体内涵应分别是:

(1)增加密度:提升经济发展的技术含量,增加有技术含量的经济密度。长三角一体化是更高质量的一体化,经济发展的高质量是"四高"标准的首要标准,而技术因素是经济发展高质量的基础性条件,增加密度最重要的是增加有技术含量的经济密度。况且,长三角地区是我国的技术发达地区,有条件提升经济发展的技术含量,增加有技术含量的经济密度,今后也有能力走在全国技术进步的前列,某些领域还会走在世界技术进步的前列,持续提升经济发展的先进技术含量,增加有先进技术含量的经济密度。

(2)缩短距离:发展高速化的交通网和泛在性的互联网,以时间替代空间缩短距离。在区域一体化发展中,距离要由空间概念转化为经济概念,这种转化是以时间替代空间实现的,高速化的交通网和泛在性的互联网,有助于这种转变。长三角一体化是更高质量的一体化,要求空间结构的高优化,高速化的交通网使时间替代空间缩短距离、优化空间结构成为可行。如今,泛在性的互联网蓬勃发展起来,而互联网已摆脱地面上的物理阻碍,在"云"上穿越空间,使资本、劳务、商品、服务、信息、数据和观念等穿越空间更容易、更快捷。长三角地区发展更高质量的一体化,更要发挥泛在性的互联网在缩短距离、优化空间结构方面的巨大作用。

(3)减少分割:在我国,减少分割是针对商品、资本、人员和知识流动无障碍地穿透行政区界而言的,需要破解行政区障碍,推进体制机制创新,以改革开放创新减少分割。任何国家、任何时代都存在着多层次的行政区,而区域一体化是跨行政区的,我国的行政区政府都是区域一体化的积极推动者,但区域一体化是逐步发展的,也会存在这样那样的障碍,在客观上对区域一体化的深度发展造成不同程度的分割。因此,减少分割也是我国考察区域一体化不可忽视的分析维度。也要破解行政区障碍,使商品、资本、人员和知识流动无障碍地穿透行政区界。长三角一体化是更高质量的一体化,要求区域政策的高集成,四省市政府间为推进一体化的更高质量发展，通过改革开放创新，保持政策制定的统一性、规则的一致性和执行的协同性，不仅要减少分割，而且要努力做到消除分割。

（4）公平均等：推进公共服务均等化与社会福祉（生态环境也是社会福祉）的共同增长，以相互认同的省市地方政府公共政策促进公平均等。《2009年世界发展报告：重塑经济地理》的提高密度、缩短距离、减少分割三维度，虽然都从不同角度强调了不同地区居民对财富的分享和社会福利的增长，但这是要通过流动和移民实现的，忽视了非流动居民、非移民对财富的分享和社会福利的增长，这对国际经济一体化或其他国家国内区域一体化的分析是合适的，而我国作为社会主义国家，以人民为中心的社会制度决定了，无论是流动的居民还是非流动的居民，都应共同分享发展的红利和社会福利的增长而实现共同富裕。为此，公平均等作为考察区域一体化的分析维度，就是不可或缺的。而且，世界银行的这份年度发展报告也特别注意到，移民虽然分享了一体化的财富，但整个社会对财富和社会福利的分享程度是分化的，而在中国，这正是应该加以解决的重大社会问题。尤其在长三角地区，应该在更高质量的一体化发展中率先解决这个问题。显然，增加"公平均等"的分析维度是必要的。正因如此，2021年6月10日，中共中央、国务院颁发了《关于支持浙江高质量发展建设共同富裕示范区的意见》[9]，是具有导向意义和引领作用的。

以上分析表明，与世界银行的三维度理论分析框架相比，区域一体化四维度的理论分析框架不仅增加了一个维度，其他三个维度的内涵也更丰富了，更符合中国的国情，体现了中国特色。两者的区别如表1-2所示。

表1-2　一体化发展理论分析框架对照

分析维度	世行一体化含义	长三角高质量一体化含义
增加密度	增加单位面积的经济总量	增加有技术含量的经济密度
缩短距离	要素容易穿越空间	以时间替代空间缩短距离
减少分割	减少疆界或行政区界的分割	以改革开放创新减少分割
公平均等	无	公共服务均等化与社会福祉共同增长

三、"四维度"分析框架的丰富

以上"四维度"的分析框架，对我国任何地区的区域一体化都具有普遍适用性，但对长三角地区而言，"四维度"分析框架还应加以丰富。因为长三角一体化要向更高质量的方向发展,必须引入新的革命性因素对一体化赋能,使提高密度、缩短距离、减少分割、公平均等四维度的效果最好,一体化才可能达到更高质量的发展。而智能化因素又正是在蓬勃发展的新一轮科技与产业变革中产生的革命性新因素,长三角地区应深度融入新一轮科技与产业革命,广泛引入智能化新因素对一体化赋能,长三角更高质量的一体化发展才有保障。体现智能化因素的赋能,"四维度"的具体内涵又分别是:

(1)增加密度:增加有技术含量的经济密度,应突出增加智能化产业的密度。因为智能化产业是技术含量最高的产业,对其他产业也具有很强的渗透力、带动力,会大面积地增加有技术含量的经济密度,使提高密度的效果最好。

(2)缩短距离:以时间替代空间缩短距离,应深度融入新一轮科技与产业革命,突出5G率先商业化、普及化,利用"云"缩短距离。因为人工智能、大数据可以在"云"上缩短距离,使时间替代空间缩短距离更有效率、更有精度、更有质量,而5G网络有更快的下载和上传速度,有更可靠的移动连接,有更多连接物联网设备,有更顺畅的在线内容流媒体,5G的商业化、普及化可使更多的市场主体和民众上"云",缩短距离的效果会更好。

(3)减少分割:以改革开放创新减少分割,应突出构建"万物互联"的体制机制来减少分割。因为行政区界的存在是合法合理的,改革开放创新固然可以减少行政区分割,而"万物互联"对行政区界具有巨大的穿透力,可以推进商品、资本、人员和知识等无障碍流动的市场化体制机制重构,不仅能减少分割,甚至会消除分割。

(4)公平均等:公共服务均等化与社会福祉的共同增长,应突出智能化普惠共享的价值导向推进公平均等。因为智能化会造就万物互联、人机互动的智慧时代,人人既会贡献信息,又会分享信息,在信息分享中获得机会均等和发展成果的普惠,普惠共享的先进价值理念会广泛深入人心,更会开辟人自身发展的广阔路径,在社会主义制度优势中实现持续的公平均等。

显然,有了智能化新因素对一体化的全面赋能,长三角高质量一体化就会升级为更高质量一体化。从含义上看,两者的区别与联系如表1-3所示。

表1-3　长三角高质量一体化与更高质量一体化含义的比较对照

分析维度	长三角高质量一体化含义	长三角更高质量一体化含义
增加密度	增加有技术含量的经济密度	突出增加智能化产业的密度
缩短距离	以时间替代空间缩短距离	利用"云"缩短距离
减少分割	以改革开放创新减少分割	"万物互联"减少分割
公平均等	公共服务均等化与社会福祉共同增长	普惠共享推进公平均等

2019年5月13日,中央政治局会议审议《长江三角洲区域一体化发展规划纲要》时指出,长三角一体化具有极大的区域带动和示范作用,要紧扣"一体化"和"高质量"两个关键,带动整个长江经济带和华东地区发展,形成高质量发展的区域集群[10]。进一步分析可以看出,智能化新因素全面赋能一体化,可以推进一体化由高质量升级为更高质量,主要是因为对"一体化"和"高质量"两个关键都赋予了智能化因素,并具体反映在一体化的四个维度上。

首先,在"增加密度"维度,以人工智能技术为核心的智能化产业,是高质量、高成长性的战略性新兴产业,长三角地区若突出增加智能化产业的密度,会推动智能化对长三角产业体系赋能,既提高产业发展质量,又加快培育四省市的产业优势,高质量推进地区间的分工合作和产业协同,以高密度的产业推进长三角地区更高质量的经济发展。

第二,在"缩短距离"维度,5G的商业化、普及化会形成"万物互联",将地面上的以时间替代空间缩短距离,升级为空间上的利用"云"消除距离,会更有效率、更有质量地缩短距离,既扩大一体化的区域范围,又提高一体化的发展质量。长三角地区已率先大面积地推进5G的商业化、普及化,会为实现更高质量的一体化发展提供技术支撑。

第三,在"减少分割"维度,"万物互联"会从社会基层推进改革开放创新,以新观念、新业态、新的经营模式为依托,以广覆盖高效率的"万物互联"而革命性地减少分割,会大幅度减少制度成本,提高一体化效率,有利于一体化扩大区域范围、得到更高质量发展。长三角地区是改革率先、开放前沿、创新又活跃的区域集群,新一轮的改革开放创新会为更高质量一体化发展提供纵横相融的体制机制支撑。

第四,在"公平均等"维度,智能化使普惠共享的价值理念转化为人的社会实践,人人可从"万物互联"和数据释放中获取发展红利,这是对人的行为的智能化赋能,不仅有利于实现人的发展机会的均等、社会发展成果的普惠,而且会使资源得到更科学的利用,生态环境也会得到更充分的保护,人的生活质量会得到提升。长三角地区突出普惠共享的价值理念而推进公平均等,会从提升社会福利、促进社会进步方面实现更高质量发展。

可以说,智能化新因素从四维度融入长三角一体化,会从广度和深度推动一体化发展,虽然不会改变区域一体化的原有含义,但一体化的发展机制、动力和效率都会发生深刻变革,必然会推进长三角一体化的更高质量发展。

第三节　推进视角:走智能化道路

长三角地区以智能化对一体化赋能,必须走智能化道路,推进一体化的高质量乃至更高质量发展。这就需要从推进视角,探索创新长三角更高质量一体化发展的智能化道路问题。

一、历史视角:智能化符合社会发展规律

从发展的角度看,智能化是生产力的概念,而且是当代最先进的生产力;从历史的角度看,生产力是人类社会发展的巨大动力,生产力的发展会带来生产关系的变革和社会制度的更新,以巨大的力量推动人类社会发展。我们知道,人类社会曾经历了采集狩猎时代、农耕时代和工业化时代,形成了生产力发展的几次伟大浪潮,为人类社会进步输入了巨大的动力(见表1-4)。

表1-4　技术进步推进人类社会发展的历史演进简表

社会分期		技术浪潮	时代	起始年代
远古社会		石器化浪潮	采集狩猎时代	公元前21世纪前
农业社会	前期	青铜器浪潮	农耕时代早期	起于公元前21世纪
	后期	铁器化浪潮	农耕时代后期	起于公元前16世纪
工业社会	第一次工业革命	机械化浪潮	机械化时代	起于18世纪中叶
	第二次工业革命	电气化浪潮	电气化时代	起于19世纪40年代
	第三次工业革命	信息化浪潮	信息化时代	起于20世纪50年代
	第四次工业革命	智能化浪潮	智能化时代	起于21世纪初期

在遥远的采集狩猎时代,人类学会使用石器工具,形成了石器化浪潮;在漫长的农耕时代,人类学会使用铁器工具,形成了铁器化浪潮;在第一次工业革命时期,人类学会使用机械工具,形成了机械化浪潮;在第二次工业革命时期,人类掌握了电气技术,形成了电气化浪潮;在第三次工业革命时期,人类掌握了信息技术,形成了信息化浪潮[11]。而在21世纪初涌现的第四次工业革命,人类掌握了更为复杂的智能技术,正在掀起波澜壮阔的智能化浪潮[12]。可以说,智能化是人类社会在新时代发展的必然趋向,符合人类社会发展的客观规律。

中国是历史悠久的文明大国,在工业革命前漫长的采集狩猎时代和农耕时代,中国的科学技术水平都居世界前列,特别是农耕时代在世界首创的“四大发明”指南针、火药、造纸、印刷术,极大地促进了社会生产力的发展,也为世界科学技术发展作出重大贡献,加快了人类历史发展的进程。但是,进入工业革命后,由于复杂的国内国际因素,中国丧失了前三次工业革命的历史机遇,渐渐衰落为极其落后的国家。不过,人类社会发展的客观规律不可抗拒,中国人民在共产党的领导下,选择了社会主义制度而站起来,通过改革开放而富起来,进入21世纪后抓住了第四次工业革命的机遇,科学技术快速发展,开始迈进智能化发展道路而强起来。

党的十九大以后,为推进高质量发展,国家在智能化方面推出了一系列的发展规划和支持政策,智能化发展进入了快车道,在一些高科学技术领域已与美国、欧盟、日本等发达国家站在同一起跑线上,人工智能、超级计算、量子通讯、航天技术、第五代移动通信网络(5G)、移动支付、高速铁路、新能源汽车、金融科技等已居世界领先地位。据日本经济新闻与荷兰学术研究机构爱思维尔合作进行的调查结果显示,2018年在30项世界前沿科技研究领域,中国在其中23项处于领先水平,在80%的重点研究领域居世界首位[13]。科技研究的发展推进了创新,据世界知识产权组织发布的全球创新指数显示,2019年中国国家创新能力排名升至第14位[14]。中国及时乘上第四次工业革命的“动车”,智能化因素逐步向经济社会发展各个领域和人民生活的各个方面渗透,在推进产业基础高级化和提升人民生活品质方面的作用日益显现,为我国建设社会主义现代化强国提供广泛而有深度的智能化支撑。因此,中国走智能化道路符合人类社会发展的客观规律,符合中国特色的社会主义发展规律。

二、世界视角：百年大变局和第四次工业革命的背景

从区域一体化的世界百年发展史可以看出，无论是国际或国内的区域一体化，世界经济社会发展变化对其理论和实践都会发生重大影响。进入 21 世纪以来，世界出现的重大变化是发生了百年未见之大变局和第四次工业革命，对我国的区域一体化，特别是对长三角更高质量的区域一体化，都会有重要影响，应从世界视角加以把握和分析。

1. 世界出现百年未有之大变局

20 世纪 90 年代以后，随着世界"冷战"的结束，经济全球化进入新的发展高潮，也推进了国际区域一体化的新发展。但是，2008 年发生国际金融危机以来，世界出现了百年未有之大变局，经济全球化和国际区域一体化受到了很大冲击。一方面，以中国为代表的新兴经济体和发展中国家群体性崛起，在联合国、WTO 等世界组织的话语权增加，特别是世界经济中心加快向亚太地区转移步伐，出现"东升西降"现象；另一方面，北方发达国家之间的分歧渐大，南方发展中国家之间的合作渐多，出现"北分南合"现象，世界秩序正出现多极化趋向，世界经济发展处于低迷状态，发达国家中产阶层收入增长下降，贸易保护主义抬头，民粹主义泛滥，直接导致了国际形势的大动荡。对此，习近平总书记 2017 年 6 月在中央外事工作会议上讲话，称世界处于百年未有之大变局。长三角地区已深度融入经济全球化，推进更高质量的区域一体化必须充分考虑世界百年变局的重大影响。

应该清醒地认识到，百年大变局是当今世界秩序演变不可避免的现象，出现的"乱局"虽然会产生巨大的破坏性，但本质上是世界秩序的深刻变革，推进世界多极化、经济全球化、文化多样化、信息社会化深入发展，世界正向进步方向演变。而正在发生的第四次工业革命，正是百年变局中推动世界向进步方向演变的巨大力量。长三角地区推进更高质量的区域一体化，必须把握这种巨大力量。

2. 第四次工业革命对世界百年变局的深刻影响

这个研判已被前三次工业革命推动世界变局向进步方向演变的历史事实所验证。回顾自 18 世纪 60 年代以来，世界发生了三次工业革命，每一次工业革命发生时世界都出现了大变局，又推动了世界变局向进步方向的演变。第一次工业革命发生在 1760—1840 年，主要是蒸汽机技术的发明和使用，开启了机械化时代，英国抓住第一次工业革命先机，确立了引领世界发展的生产力优势，成为建立"日不

落帝国"的根本推动力,打破了世界的长期宁静,国际政治经济形势发生巨大变化。第二次工业革命发生在 1840—1950 年,主要是电力、电话的发明和使用,开启了电气化时代,美国从英国手中夺得先进生产力主导权,跃升为世界头号工业强国,为确立全球霸权地位奠定了坚实基础,又引起了国际政治经济形势的大变局。第三次工业革命起于 1950 年以后,主要是计算机的发明和信息技术的使用,开启了信息化时代,美国以信息技术领先,综合实力长期领先世界,进一步巩固了全球霸权地位,而苏联则以国家体制抓住第三次工业革命机遇而迅速崛起,与美国形成"两霸"竞争的冷战局面,国际政治经济形势出现了更为复杂的新变局。历史表明,每次工业革命都有科学技术突破,发生了深刻的生产力革命,进而引发整个社会大变革。显然,前三次工业革命发展历程与世界发生的三次变局相吻合不是偶然的。

以上的历史回顾还在深层上表明,工业革命推动的世界变局更具有社会进步意义。250 多年前英国取代西班牙霸权,是资本主义制度比封建制度进步;150 多年前美国取代英国霸权的大变局,是美国建立的民主共和制度对资本主义发展更有利;80 多年前苏联打破美国"独霸"的大变局,是社会主义制度巨大生命力的体现,改变了资本主义制度通行世界的局面,为人类对更好社会制度和发展道路的探索提供了全新选择。20 世纪 90 年代初虽然苏联解体,但并不意味着社会主义制度的"终结",特别是中国改革开放后的快速发展,第四次工业革命发生时出现的世界百年大变局,重启了世界人民对国家发展应该走什么道路、实行什么制度的思考,也具有社会进步的深层意义。

21 世纪初开始的第四次工业革命,是由人工智能技术为主开启的智能化革命,人工智能、5G、区块链、机器人技术、虚拟现实以及量子科技等蓬勃发展,世界出现了智能化浪潮[15][12]。其时代特征,主要是对信息的聚合、传播、使用和分享,大数据和人工智能技术的应用日益广泛,世界经济发展和全球秩序的变革越来越依赖于数据力量的驱动,数据已成为先进生产力,数据不仅会成为财富,甚至成为权力,大数据和人工智能的应用,正在解构和重塑现有的世界经济结构乃至全球秩序。克劳斯·施瓦布教授在 2016 年出版并翻译成 30 多种文字行销全球的《第四次工业革命——转型的力量》一书中也指出,"第四次工业革命可能让人类变得更数据化,使我们超越小我",并呼吁"我们所有人共同承担责任,使创新与技术均以人类及服务公共利益为中心"[16]。从第四次工业革命短短10多年快速兴起所产生的巨大影响可以看出,同前三次工业革命一样,第四次工业革命必然会在百年变局中以巨大力量撼动旧局、推进变局、重塑新局,不仅推进社会生产力的发展,更会成为推动国际变局的加速器,促进世界向进步方向发展。

比如,人工智能已广泛渗透到人们的生活和社会交往中,激发各国民众、团体、智库、政治家对国家发展应该走什么道路、实施什么制度、树立什么理念的重新思考与讨论,深度与广度都前所未有,一些人通过推特、脸书、短视频、邮件、短信发表意见搅动社会,边缘化的弱势群体和利益失落者通过互联网、社交媒体参与讨论并付诸行动,成为百年大变局的新的社会背景,虽然比历史上的任何一次大变局都更为复杂,但社会进步的潮流不可阻挡。成千上万跨国公司运用智能化先进技术把越来越多的产业链、价值链、市场链推向全球化,国家与地区等经济主体的关系越来越难以脱钩,新一轮科技革命和产业变革正以巨大力量推动世界向进步方向发展。

三、中国视角:中华民族伟大复兴的时代要求

2010年,我国地区生产总值达58783亿美元,首次超过日本的54589亿美元,成为世界第二大经济体,是中国稳步和平崛起的新标志。2012年11月29日党的十八大闭幕不久,习近平总书记率中央政治局常委和中央书记处的同志参观《复兴之路》展览,提出了中华民族伟大复兴的"中国梦",体现了凝聚几代中国人的夙愿。2017年11月召开党的十九大,提出了中华民族伟大复兴"两个一百年"的伟大目标,在2020年全面建成小康社会的基础上,到2035年基本实现国家现代化,到本世纪中叶把我国建成富强民主文明和谐美丽的社会主义现代化强国,开启了我国全面建设社会主义现代化强国的新征程。习近平同志在党的十九大报告中强调,这是伟大斗争,伟大工程,伟大事业,伟大梦想[17]。2019年,我国地区生产总值达990865亿元人民币,人均GDP达70892元,按当年汇率计算为10262美元,跨上1万美元新台阶,是中华民族伟大复兴的新标志。2020年,在新冠肺炎疫情蔓延全球和美国挑起对华贸易战的复杂形势下,我国地区生产总值首超100万亿元人民币,达1015986亿元,增长2.3%,是全球唯一正增长的大经济体,而美国下降3.7%,英国更下降11.2%。但是,我国仍是发展中国家,2019年人均GDP低于世界平均水平1226美元,只相当于世界平均水平的89.7%,更只及美国的

15.7%,在百年大变局中实现中华崛起面临着来自内外两个方面严峻的挑战。深度融入第四次工业革命,走智能化道路,是应对这些挑战、实现中华民族伟大复兴的时代要求。

从内部看,主要是发展的不平衡、不充分和科学技术不够发达带来的挑战。发展的不平衡是由发展的不充分导致的,而发展的不充分又突出表现为高中端产业和技术发展不充分,科学技术与发达国家尤其是与美国的差距仍然很大,很多核心技术受制于人,是我国在第四次工业革命时期面临的最严峻挑战。

从外部看,主要是来自西方发达国家对我国的技术封锁和打压。中华人民共和国成立以来,西方发达国家对我国就进行全面而严格的技术封锁,并且,可以预见,少数西方发达国家对我国的技术封锁以及与我国在高科技领域的激烈竞争会成为常态,是我国在第四次工业革命中来自外部的严峻挑战。

面对少数西方发达国家对我国的技术封锁和打压,中国人民不屈不挠、奋发努力、加快自主创新,已取得举世瞩目的成就。从中华人民共和国成立70多年的历史看,我国被封锁的产业都发展得很好,如两弹一星、核潜艇、五代机、大飞机;西方人在技术上与我国合作的产业,反而没有发展好,如汽车产业以"市场换技术"合资几十年,中国的民族汽车企业还无法超越国外车企,品牌长期徘徊在低端层次;日化产业、半导体产业也因为长期与外资合作,产业链被肢解,国产品牌几乎全军覆没。正如习近平总书记所强调的,"核心技术靠化缘是要不来的"[18]。历史的经验教训表明,西方国家对我国的技术封锁和打压,只会激发我国继续深化改革、扩大开放,坚定地走创新发展的路子,在迎接第四次工业革命的严峻挑战中,努力把我国建设成为世界一流的技术强国,确保在本世纪中叶实现中华民族伟大复兴第二个百年的战略目标。

在这样的时代背景下,我国融入第四次工业革命,走智能化道路,是应对这些挑战、实现中华民族伟大复兴的时代要求。应该认识到,我国工业化虽然进入中后期,工业化仍要继续深入推进,走智能化道路并不是"去工业化",也不是"再工业化",而是以智能化因素对工业化赋能,是"升工业化",由智能化赋能的更加发达的新型工业化,加快中华民族伟大复兴的进程。

四、长三角视角:以智能化对"一体化"和"高质量"赋能

长三角地区作为我国的经济技术发达地区,在建设社会主义现代化强国的伟

大事业中,理应肩负起时代担当。而推进更高质量的一体化发展,就体现了长三角地区的这种担当。在百年大变局和第四次工业革命的国际背景下,长三角地区应率先深度融入第四次工业革命,率先走智能化道路,推进一体化的更高质量发展。前文已有提及,中共中央政治局审议《长江三角洲区域一体化发展规划纲要》会议强调,长三角一体化要紧扣"一体化"和"高质量"两个关键,长三角地区以智能化推进一体化的更高质量发展,应以智能化因素对"一体化"和"高质量"这两个关键全面赋能。

就"一体化"而言,新一轮科技与产业革命涌现的智能化浪潮,正在形成人机互动、万物互联的泛在性通达网络,"云"层上的物联网对行政区界具有巨大的穿透力,以无形的力量打破地面上的行政区障碍,大幅度地降低甚至消除区域一体化的制度成本,会在更深层次扩大一体化的区域范围,一体化也更便捷、更有效地发展。长三角地区是智能化程度较高的地区,如据国家工业和信息化部安全发展研究所发布的《中国云制造指数(2019)》,2018 年长三角地区互联网宽带接入端口达 16669 万个,占常住人口的 73.97%,高于全国平均水平 18.4 个百分点,其中制造业企业上云指数达 55.4%,高于全国平均水平 11.5 个百分点[19]。企业是区域一体化的重要参与者、推动者、受益者,长三角地区越来越多的企业注重利用大数据,在"云"上进行决策、生产、销售、经营、为客户服务,出现生产与服务精准化、客户关系稳定化、业务边界柔性化、经营业态多样化的新态势,智能因素不仅会大幅度提升单个企业组织形式的敏捷程度,更会在整体上推进相关线性产业链向智能化生态群的转变,在网络平台基础上打造集群化产业发展新格局,使关联企业在一体化的分工合作中分享发展红利,为区域一体化发展输入不竭动力。如今,长三角地区经济社会活动数据资源越来越多地"入云",已在天上形成数据化的"云库",市场主体和自然人的活动都可以利用"云"的智能化因素把距离缩短为零,有效配置资源与要素,显然,在企业的推动下,长三角一体化就会有更高的效率。世界刚进入 5G 时代,2018 年 11 月 30 日 5G 视频电话便在上海、南京、杭州、合肥实现跨四省市的互联互通,正快速向其他城市延伸,5G 为智能化因素向经济社会领域的扩展提供可靠的技术支撑,会在更大范围、更多领域提升长三角一体化的发展水平。

就"高质量"而言,智能化因素也是创新要素,为产业发展全面赋能,推进产业技术创新,形成更多的智能技术,既会快速打造具有战略性和全局性的产业链,推进产业链的高级化,又会培育和发展战略性新兴产业,有效改造和提升传统产业,推进产业结构的现代化。显然,智能技术对产业链高级化和产业结构现代化的赋能作用,会从根本上推进区域一体化的高质量发展。在长三角地区,这些方面都起步早、发展好,智能技术对产业高质量发展的赋能作用正全面体现,多领域、深层次地推进一体化的更高质量发展。比如,在以智能化因素推进产业技术创新方面,早在 2008 年,长三角四省市就成立了"长三角科技发展联盟",2014 年又成立了"长三角科技发展战略研究联盟",合作共享培育智能化因素推进产业技术创新;特别是沿 G60 高速公路的松江、苏州、嘉兴、杭州、湖州、金华、宣城、芜湖、合肥等跨省级行政区城市间,还联合建设了 G60 创新走廊,企业间按照行业联合成立多个创新联盟,政府间围绕服务企业共同建立"一网通办"制度,智能化因素形成集聚趋势,产业技术创新形成叠加效应,正成长为高新技术产业发展密集带。又如,在以智能技术培育和发展战略性新兴产业,特别是智能产业发展方面,早在 2009 年,江苏省无锡市就成为首个国家传感网创新示范区,集聚企业 2000 多家,为长三角地区物联网的发展提供了设备与技术支撑,量子通讯、人工智能、集成电路、新能源、新材料、新能源汽车等战略性新兴产业,在长三角四省市更是蓬勃发展,是我国战略性新兴产业和智能产业发展的先行区。而且,一些未来智能产业也在长三角地区研发、孕育,长三角一体化更高质量发展的潜力很大。还比如,在以智能技术改造和提升传统产业方面,长三角地区也走在全国前列,许多传统产业因智能化的赋能而提升了市场竞争力,实现了更高质量的发展。如合肥市虽然是后发城市,但智能制造异军突起,带动了本市及安徽省的制造业升级,2018 年、2019 年、2020 年还成功地举办了三届世界制造业大会,成为长三角地区的制造业高地。长三角的实践表明,智能化因素为工业化赋能,不仅会推进产业的跨界发展、融合发展,为长三角一体化更高质量发展开辟了广阔空间,而且会提升长三角地区经济发展的韧性和抗风险能力。

推进智能化因素对"一体化"和"高质量"这两个关键全面赋能,企业的科技创新能力既是基础,又是主力。长三角地区的智能化程度较高,产业基础好,企业科技创新能力也很强。如 2019 年长三角一市三省规模以上工业企业的 R&D 人员全时当量占全国的 36.97%,R&D 经费占全国的 32.2%,R&D 项目占全国的 39.0%,有效发明专利数占全国的30.0%,新产品销售收入占全国的35.9%（见表1-5）。从企业基础看,长三角地区更有条件有能力率先走智能化道路,推进智能化因素对"一体化"和"高质量"这两个关键全面赋能,推进区域一体化的更高质量发展。

表1-5　长三角规模以上工业企业研发及新产品销售收入（2019年）

省市	R&D人员全时当量（人年）	R&D经费（亿元）	R&D项目数（项）	专利（件）		有效发明专利（件）	新产品（亿元）	
				申请数	发明专利		销售收入	出口
上海	80694	590.65	3636	35326	15239	53559	10140.9	1411.5
江苏	508375	2206.2	95240	175906	57429	180893	30101.9	7956.0
浙江	451752	1274.2	98501	114326	30914	75770	26099.4	5142.1
安徽	124491	576.5	25799	55529	22975	54798	9698.6	1062.7
合计	1165312	4647.6	233176	381078	126647	365020	76040.8	15572.3
占全国	36.97%	32.2%	39.0%	36.0%	31.8%	30.0%	35.9%	39.7%

资料来源:国家统计局《中国统计年鉴 2020》,中国统计出版社2020年版。

需要特别提及的是,在2019年末、2020年初我国突如其来发生的新型冠状肺炎疫情中,长三角地区大数据、医疗服务机器人和无人配送物流等智能技术在疫情阻击战和复工复产中发挥了巨大作用,体现了智能化,会极大地提升抗风险能力,减少社会资源损失,保护人员安全,也有利于保护和提升经济发展质量。如2020年1月23日,全球首台"无接触式自助挂号机"出现在合肥市的中国科学技术大学附属医院的发热门诊;2月初,在合肥的中科电38所研发的"全过程无接触测温安检一体机"率先在上海地铁使用;3月3日,在合肥量产的"无接触浮空式电梯终端"开始发往上海、南京、杭州等市[20];又比如,基于人工智能大数据的个人"健康码"在长三角地区共认,准确把握疫情动态,保证了劳动力跨地区的安全流动,而在线学习、居家办公、电子商务、"云"上经营等在长三角地区火爆……"不接触"经济已融入长三角地区人们的生活、工作之中,既阻隔病毒传染,又助力复工复产,减少了疫情对一体化发展的冲击。长三角四省市还注重数据分析完善决策机制,战"疫"和复工效率都大幅度提升。如浙江省政府与阿里巴巴合作,帮助中小企业建设数字化产销体系,提升了中小企业的数字开发开放能力,使浙江省成为全国中小企业复工率最高的省份[21]。地区智能化力量很强,对保护和提升长三角经济更高质量发展的作用会更明显。长三角在疫情阻击战和复工复产中，还加大了对数字基础设施建设的投入，加快5G、人工智能、工业互联网、物联网等领域的技术研发和数据应用场景的搭建，为长三角开拓数字经济一体化积累了经验，历练了队伍，也是长三角一体化更高质量发展的一次成功的探索与实践。

大量的事实表明，在长三角地区，智能化因素对"一体化"和"高质量"这两个关键全面赋能，正以巨大的创新力、穿透力推进企业、产业和地区经济发展的效率变革、质量变革、动力变革，一体化必然会得到更高质量发展。可以说，以智能化新因素多方面赋能的一体化，就是更高质量的一体化。新一轮科技与产业革命作为智能化革命，其巨大的时代贡献，从生产力角度看，是产生了智能化新要素，提升了工业化，带来了产业发展的智能化；从社会发展角度看，是产生了社会进步的新动力，更新了工业社会，开启了智能化社会。长三角地区应适应这种新趋势，更加广泛、更有深度地融入新一轮科技革命与产业变革，培育和集聚更多的智能化因素，推进一体化的更高质量发展。

参考文献

[1]Eli F. Heckscher. Mercantilism[M]. George Allen & Unwin,1931.

[2] Viner,J. The Customs Union Issue. [J]. Carnegie Endowment for International Peace, New York,1950.

[3]Tinbogen J. International Economic Integration[R]. Amsterdam Eksvisr,1954.

[4] Balassn B. The Theory of Economic Integration [R]. loton Allen and Unmin,1962.

[5] Paul Krugman. Development Geography and Economic Theory[R]. Cambridge MA:The MIT Press,1995.

[6] J. Whallry. Why Do Countries Seed Regional Trude Agreement [R]. NBEK Working Paper,1997:5152.

[7]习近平.推动形成优势互补高质量发展的区域经济布局[J].求是,2019(24).

[8]世界银行.2009年世界发展报告:重塑经济地理 [M].北京:清华大学出版社,2009.

［9］中共中央 国务院关于支持浙江高质量发展建设共同富裕示范区的意见［N］.人民日报,2021-06-11.

［10］新华社记者.中央政治局会议审议长江三角洲区域一体化发展规划纲要［N］.人民日报,2019-05-14.

［11］杨沛霆.科学技术史［M］.杭州:浙江教育出版社,1986:90.

［12］张江健.智能化浪潮［M］.北京:化学工业出版社,2019:89.

［13］日本经济新闻与荷兰爱思维尔研究所.中国在前沿科技领域的研究论文领先世界［D］.日经亚洲评论,2019-01-06.

［14］世界知识产权组织（ WIPO ）,美国康奈尔大学,欧洲工商管理学院.2019 年全球创新指数［R］,2019.

［15］李彦宏.智能革命［M］.北京:中信出版集团,2017:5.

［16］克劳斯·施瓦布.第四次工业革命——转型的力量［M］.北京:.中信出版集团,2018：22.

［17］习近平.决胜全面建成小康社会,夺取新时代中国特色社会主义伟大胜利——在中国共产党第十九次全国代表大会上的报告［R］,2017.

［18］新华社记者.习近平总书记视察中科院光机所［N］.人民日报,2015-02-17.

［19］国家工业和信息化部安全发展研究所:中国云制造指数（ 2019 ）［R］,2019.

［20］汪永安.疫情之下,我们如何"智慧生活"［N］.安徽日报,2020-04-23.

［21］张辛欣.战疫故事里的数字经济［EB/OL］.新华社,2020-04-23.

第二章　长三角更高质量
一体化发展的"四维度"研判

《长江三角洲区域一体化发展规划纲要》实施以来,上海和江苏、浙江、安徽一市三省的一体化进入更高质量发展新时代[1]。本书在第一章提出,从提高密度、缩短距离、减少分割、公平均等"四维度"审视我国区域一体化发展的理论分析框架,本章围绕这四个维度,试对长三角一体化的现状及发展趋势作出研判。

第一节　提高密度研判

一、长三角现状分析

密度是每单位土地面积的经济总量,与人口密度关联很大。所以,本书将经济密度与人口密度结合起来,以长三角41个地级及以上市为单元,分析长三角地区的密度现状,发现有以下四个明显特征:

1. 长三角地区经济、人口密度高,但地区之间存在着差异,发达市的经济密度位次大多高于人口密度的位次

表2-1是以长三角41个地级及以上市2019年的经济总量排序为基准,从总体上反映长三角地区的经济密度、人口密度分布状况。

表2-1　长三角41市经济、人口密度排名表（以经济总量排序为基准,2019）

城市	经济总量（GDP,亿元）		面积（平方公里）	常住人口（万人）	经济密度（亿元/平方公里）		人口密度（人/平方公里）	
	数量	位次			数量	位次	数量	位次
上海	38155.3	1	6300	2428.14	6.0564	1	3654	1
苏州	19300	2	8657.32	1097.99	2.2293	3	1268	4
杭州	15377	3	16853.57	1036	0.9123	11	615	21

城市	经济总量（GDP，亿元）		面积（平方公里）	常住人口（万人）	经济密度（亿元/平方公里）		人口密度（人/平方公里）	
	数量	位次			数量	位次	数量	位次
南京	14050	4	6587	850	2.1329	4	1290	3
宁波	11985.1	5	9816	854.2	1.2210	7	870	8
无锡	11852.3	6	4627.47	657.45	2.5613	2	1420	2
合肥	9409.4	7	11445.1	818.9	0.8221	14	716	17
南通	9383.5	8	8544	731.8	1.0983	9	780	15
常州	7400.9	9	4375	472.9	1.6916	5	1081	6
徐州	7151.4	10	11765	882.56	0.6078	16	750	16
温州	6606.1	11	11612.94	930	0.5689	18	801	13
扬州	5850.1	12	6591.21	454	0.8876	12	827	11
绍兴	5780.7	13	8274.79	503.5	0.6986	15	608	23
盐城	5702.3	14	16931[1]	720.9	0.3368	28	426	33
嘉兴	5370.3	15	4275	472.6	1.2562	6	1105	5
台州	5134.1	16	10050.43	613.9	0.5108	20	611	22
泰州	5133.4	17	5787.26	463.57	0.8870	13	801	13
金华	4559.8	18	10941.42	564.2	0.4692	21	516	30
镇江	4127.3	19	3847	320.35	1.0729	10	833	9
淮安	3871.2	20	10072	492.5	0.3844	23	489	31
芜湖	3618.3	21	6026	377.8	0.6004	17	627	20
连云港	3139.3	22	7615	451.1	0.4123	22	592	24
湖州	3122.4	23	5820.3	306	0.3665	25	526	29
宿迁	3099.1	24	8555	414.7	0.3623	26	485	32
滁州	2909.1	25	13398	414.7	0.2172	32	309	36
阜阳	2705	26	10118.17	825.9	0.2767	30	824	12
安庆	2380.5	27	13589.99	472.3	0.1752	37	348	34
马鞍山	2111.8	28	4049	236.1	0.5256	19	583	25

城市	经济总量 （GDP,亿元）		面积 （平方公里）	常住人口 （万人）	经济密度 （亿元/平方公里）		人口密度 （人/平方公里）	
	数量	位次			数量	位次	数量	位次
蚌埠	2057.2	29	5950.7	341.2	0.3457	27	573	27
宿州	1978.8	30	9787	570.1	0.2022	34	583	25
亳州	1749	31	8374	526.3	0.2089	33	628	19
六安	1670.1	32	15451	487.5	0.1981	35	316	35
衢州	1573.5	33	8844.79	221.6	0.1779	36	251	37
宣城	1561.3	34	12340	266.1	0.1265	38	216	38
丽水	1476.6	35	17275	220.6	0.0854	40	128	41
舟山	1371.6	36	1200②	117.3	1.143	8	978	7
淮南	1296.2	37	5533	349.7	0.2343	31	632	18
淮北	1077.9	38	2741	227.8	0.3933	24	831	10
铜陵	960.2	39	3008	164.1	0.3192	29	546	28
池州	831.7	40	8272	148.5	0.1005	39	180	39
黄山	818	41	9807	142.1	0.0834	41	149	40
江苏	99631		102600	8070	0.9711		787	
浙江	62352		102000	5850	0.6113		574	
安徽	37114		140400	6365.9	0.2643		453	
长三角	237252.3		358000	22714.04	0.6627		635	
全国	990865		9600000	140005	0.1032		146	

　　注:①盐城含沿海滩涂面积4553平方公里;②舟山不含沿海域面积20800平方公里。

　　资料来源:长三角41个地级及以上市2020年国民经济和社会发展统计公报。

　　由表可见,长三角地区2019年经济密度为0.6627亿元/平方公里,是全国平均水平的6.42倍,人口密度为635人/平方公里,是全国平均水平的4.35倍,但在41个地级及以上市之间存在差异,经济密度与人口密度的位次比较呈这样的态势:发达市的经济密度位次大多高于人口密度的位次。如除经济密度与人口密度位次相同的上海市(第1位)、无锡市(第2位)、泰州市(第13位)、徐州市(第16位)、蚌埠市(第27位)、六安市(第35位)、宣城市(第38位)、池州市(第39位)

等 8 市外,有 19 个地级以上市的经济密度位次高于人口密度的位次。其中,江苏省有苏州、南通、常州、盐城、淮安、连云港、宿迁等 7 市,浙江省有杭州、宁波、绍兴、台州、金华、湖州、衢州、丽水等 8 市,安徽省有合肥、芜湖、马鞍山、滁州 4 市。这些市都是发展势头好的经济发达市,表明长三角地区经济发达市的经济集聚能力大多高于人口集聚能力,仍有提高人口密度的空间。其他 14 个地级市既有经济发达市,也有经济欠发达市,尤其是安徽的阜阳、宿州、亳州、安庆、淮北、淮南、铜陵等市的经济密度位次都低于人口密度的位次,这些市大多经济欠发达,尽管在政策上已放开农村人口进城限制,允许增加人口规模,今后最重要的是要提高经济密度,而不是扩大人口规模。

2. 经济密度、人口密度与自然地理状况和经济发展基础条件相吻合

由表 2-1 可见,一方面,从经济密度高于长三角平均水平的城市看,经济密度、人口密度与其优越的自然地理状况和良好的经济发展基础条件相吻合。这样的地级及以上市有 15 个,分别是上海、苏州、无锡、常州、南京、镇江、扬州、泰州、南通、杭州、嘉兴、宁波、绍兴、舟山、合肥,其中江苏有 8 市,浙江有 5 市,安徽只有合肥 1 市,都是长三角一体化中心区的经济发达市和省会城市,自然地理条件优,经济发展基础好。15 市 2019 年的总面积 102716 平方公里,总人口 10774 万人,地区生产总值 152702 亿元,分别占长三角的 28.69%、47.43% 和 56.33%。另一方面,从经济密度相对低的城市看,主要是因为长期受到自然地理状况和经济发展基础条件相对较差等的制约,成为长三角中心城市的腹地,优质要素长期被中心城市"虹吸",经济密度难以提升。如经济密度在 0.4 亿元/平方公里以下的有盐城、淮安、宿迁、湖州、衢州、丽水、滁州、阜阳、宿州、亳州、六安、安庆、蚌埠、宣城、淮南、淮北、铜陵、池州、黄山等 19 市,其中江苏、浙江各有 3 市,安徽有 13 个市,19市 2019 年的总面积 143166 平方公里,总人口 7048 万人,地区生产总值 32227 亿元,分别占长三角的 39.99%、31.03% 和 13.58%。这些市或是农业地区,或是山区老区,或是资源性城市,经济发展受自然地理条件的约束大,发展基础比较弱,有的进入了"后发优势陷阱"。两类市的比较说明,长三角地区的经济密度、人口密度与自然地理状况和经济发展基础条件相吻合。针对这种状况,进一步增加长三角地区的经济密度,特别是如何提高后 19 市的经济密度,走出"后发优势陷阱",是推进长三角一体化更高质量发展的重大战略问题。

3. 经济密度与城市化程度呈正相关，要素和人口向大城市和都市圈集聚

长三角是我国高经济密度、高城市化率的地区，表2-2是以经济密度排序为基准，对长三角41个地级及以上市2019年城市化水平与经济密度的关联对照表。由表可见，各市经济密度和城市化水平在长三角的位次尽管不一致，但若经济密度的位次高，城市化水平的位次也相应较高，反映经济密度与城市化程度呈正相关。从一市三省层面看，上海、江苏、浙江2019年的经济密度分别是全国平均水平的58.7倍、9.4倍和5.9倍，城市化率分别高于全国平均水平27.5、10.1和9.4个百分点，而安徽经济密度只是全国平均水平的2.56倍，城市化率低于全国平均水平4.79个百分点。从41个市层面看可分三种情况：一是经济密度的位次高于城市化水平的位次，反映城市的要素集聚能力强于人口集聚能力，共有22个城市，分别是无锡、苏州、常州、南通、扬州、泰州、徐州、连云港、淮安、宿迁、嘉兴、舟山、台州、湖州、芜湖、蚌埠、铜陵、阜阳、滁州、亳州、宿州、六安；二是城市化水平的位次高于经济密度的位次，反映城市的人口集聚能力强于要素集聚能力，共有16个城市，分别是南京、杭州、合肥、镇江、盐城、温州、绍兴、金华、衢州、丽水、马鞍山、淮北、淮南、宣城、池州、黄山；三是经济密度的位次与城市化水平的位次相同，反映城市的要素集聚与人口集聚能力相当，共有3个城市，分别是上海（同居第1位）、宁波（同居第7位）和安庆（同居第37位）。上述三种情况表明，长三角地区的要素与人口流动非常活跃，要素和人口向大城市集聚趋向明显。就人口流动而言，据有关市2019年末的人口统计，居住半年以上的流动人口，上海市为977.71万人，杭州市为450.4万人，苏州市为352.39万人，南京市为321.4万人，温州市为297万人，宁波市为251.2万人，无锡市为154.45万人，常州市为90.7万人，绍兴市为79万人，合肥市为58.5万人。这些城市都是上海、南京、杭州、合肥、苏锡常、宁波都市圈的核心城市或副核心城市，反映长三角地区的要素与人口加快向都市圈的主要城市集聚。

表 2-2 长三角 41 市经济密度与城市化水平关联（以经济密度排序为基准，2019 年）

城市	经济密度（亿元/平方公里）		城市化率（%）		城市	经济密度（亿元/平方公里）		城市化率（%）	
	数量	位次	数量	位次		数量	位次	数量	位次
上海	6.0564	1	88.1	1	淮北	0.3933	24	65.1	20
无锡	2.5613	2	76.28	5	湖州	0.3665	25	61.1	28
苏州	2.2293	3	76.04	6	宿迁	0.3623	26	61.1	28
南京	2.1329	4	83.2	2	蚌埠	0.3457	27	58.6	31
常州	1.6916	5	72.5	8	盐城	0.3368	28	64.9	23
嘉兴	1.2562	6	66.1	18	铜陵	0.3192	29	57.2	32
宁波	1.2210	7	72.9	7	阜阳	0.2767	30	43.29	40
舟山	1.143	8	68.1	15	滁州	0.2172	32	54.54	35
南通	1.0983	9	67.1	16	淮南	0.2343	31	65.04	21
镇江	1.0729	10	71.2	9	亳州	0.2089	33	41.0	41
杭州	0.9123	11	78.5	3	宿州	0.2022	34	43.96	39
扬州	0.8876	12	68.6	13	六安	0.1981	35	47.09	38
泰州	0.8870	13	66.0	19	衢州	0.1779	36	60.0	30
合肥	0.8221	14	76.33	4	安庆	0.1752	37	49.98	37
绍兴	0.6986	15	68.4	14	宣城	0.1265	38	55.21	33
徐州	0.6078	16	66.7	17	池州	0.1005	39	54.9	34
芜湖	0.6004	17	65.0	22	丽水	0.0854	40	63.0	25
温州	0.5689	18	70.5	10	黄山	0.0834	41	52.49	36
马鞍山	0.5256	19	69.12	11	江苏	0.9711		70.61	
台州	0.5108	20	63.0	25	浙江	0.6113		70.0	
金华	0.4692	21	68.7	12	安徽	0.2643		55.81	
连云港	0.4123	22	63.6	24	长三角	0.6627		67.7	
淮安	0.3844	23	62.4	27	全国	0.1032		60.60	

资料来源：长三角 41 个地级及以上市 2020 年国民经济和社会发展统计公报。

4. 经济发达和城市化程度较高地区，城乡居民收入差距趋向缩小

世界银行《2009 年世界发展报告：重塑经济地理》通过对 60 多个国家的实证研究发现，在提高密度的发展过程中，出现农村—城市的趋同和城市间的趋同，城乡社会福利不平等由扩大趋向缩小，并作出两个展望：一是城市化的规模会更大，二是城乡居民在个人收入和公共服务方面会获得双赢[2]。长三角地区也是如此，主要特征是，经济发达和城市化程度较高的地区，城乡差距趋向缩小。表 2-3 是长三角 41 个地级及以上市 2019 年以人均 GDP 排序为基准的城乡居民人均可支配收入关联对照表，因为人均 GDP 排序可综合反映经济发达和城市化程度的排序。由表可见，人均 GDP 位次靠前的城市，城乡居民收入比的位次也靠前，如在人均 GDP 超 10 万元的 16 个地级市中，有 13 个市的城乡居民收入比在 2.0 以下，就反映了经济发达和城市化程度高的城市，城乡居民人均可支配收入差距就比较小。从总体上看，长三角经济发达程度和城市化程度都高于全国平均水平，所以，41 个地级及以上市 2019 年的城乡居民人均可支配收入比，也都低于全国平均水平，说明长三角城乡居民收入差距正趋向缩小。

表 2-3　长三角 41 市人均收入指标（以人均 GDP 排序为基准，2019 年）

城市	人均 GDP（元）		城镇居民人均可支配收入（元）		农村居民人均可支配收入（元）		城乡居民收入比	
	数量	位次	数量	位次	数量	位次	比值	位次
无锡	180282	1	61955	7	33574	8	1.8451	11
苏州	179273	2	69629	2	35152	6	1.9808	20
南京	165681	3	64372	5	27636	15	2.3294	32
上海	157138	4	73615	1	33195	9	2.2177	29
常州	156390	5	58345	14	30491	10	1.9135	14
杭州	152465	6	66068	3	36255	4	1.8233	10
宁波	140308	7	64886	4	36632	3	1.7713	8
镇江	128979	8	52713	15	26748	16	1.9707	18
南通	128259	9	50217	16	30491	11	1.6469	2
扬州	128856	10	45550	20	23333	19	1.9522	17
舟山	116931	11	61479	9	36784	2	1.6714	3

城市	人均GDP（元）		城镇居民人均可支配收入（元）		农村居民人均可支配收入（元）		城乡居民收入比	
	数量	位次	数量	位次	数量	位次	比值	位次
合肥	115623	12	45404	21	22469	22	2.0207	21
绍兴	114810	13	63935	6	36120	5	1.7701	7
嘉兴	112751	14	61490	8	37413	1	1.6435	1
泰州	110731	15	43216	22	23116	20	1.8695	13
湖州	102593	16	59028	13	34803	7	1.6961	5
芜湖	96154	17	42064	23	22745	21	1.8494	12
马鞍山	89411	18	49010	17	23473	18	2.0879	24
台州	84718	19	60351	11	30221	12	1.9970	19
金华	81224	20	59348	12	28511	14	2.0816	23
徐州	81138	21	36215	29	19873	25	1.8233	9
盐城	79149	22	38816	27	22258	23	1.7439	6
淮安	78542	23	38952	26	18567	27	2.0979	26
温州	71225	24	60957	10	30211	13	2.0177	22
衢州	71087	25	46933	18	24426	17	1.9214	16
滁州	70429	26	34091	34	14487	34	2.3532	33
连云港	69523	27	35390	31	18961	26	1.9192	15
丽水	66936	28	46437	19	21931	24	2.1174	28
宿迁	62840	29	30614	41	18121	28	1.6894	4
蚌埠	60469	30	33855	36	15114	33	2.2399	31
宣城	58819	31	39975	24	17452	29	2.2906	30
铜陵	58726	32	39256	25	15791	32	2.4856	40
黄山	57853	33	36658	28	16970	30	2.1601	27
池州	56217	34	33747	37	16099	31	2.0962	25
安庆	50547	35	34041	35	14347	35	2.3727	34
淮北	47654	36	34727	32	14052	38	2.4713	38

续表

城市	人均GDP（元）		城镇居民人均可支配收入（元）		农村居民人均可支配收入（元）		城乡居民收入比	
	数量	位次	数量	位次	数量	位次	比值	位次
淮南	37140	37	35825	30	14250	36	2.5140	41
宿州	34773	38	32643	39	13213	39	2.4705	37
六安	33370	39	31788	40	13244	40	2.4002	35
亳州	33314	40	34209	33	14102	37	2.4258	36
阜阳	32955	41	32844	38	13079	41	2.4840	39
江苏	123607		51056		29876		2.2516	
浙江	107624		60182		15416		2.0144	
安徽	58496		37540		15416		2.4351	
长三角	104451							
全国	70892		42359		16021		2.6440	

资料来源：长三角41个地级及以上市2020年国民经济和社会发展统计公报。

　　长三角地区在密度方面形成的上述四个特征，与自20世纪80年代以来逐步推进的区域一体化有关，也是从密度维度反映近40年来长三角区域一体化发展的成效。需要进一步研究的是，长三角地区在更高质量一体化发展的新形势下，如何持续增加密度，尤其是对欠发达地区增加密度，也就是说，如何通过持续增加密度推进长三角一体化的更高质量发展，是一市三省走智能化道路面临的时代新课题。

二、智能化因素导入增加密度趋势

　　长三角地区虽然是我国人口、经济的高密度地区，但与粤港澳大湾区、京津冀地区相比，人口密度、经济密度虽高于京津冀地区，但却低于粤港澳大湾区。以2020年为例，长三角地区人口密度、经济密度分别是京津冀地区的1.25、1.74倍，但分别只有粤港澳大湾区的50.66%、32.94%（见表2-4），尽管长三角地区在人口密度方面与粤港澳大湾区不可比，但增加密度、特别是增加经济密度很有必要。而且，长三角地区一市三省之间经济密度的差距很大，由表2-2可见，上海市的经济密度最高，2019年大体是粤港澳大湾区平均水平的3倍，而安徽的经济密度最低，只相当于粤港澳大湾区平均水平的1/8，江苏、浙江的经济密度居中，但也大体只分别相当于粤港澳大湾区平均水平的1/2、1/3。如果按常规化的路子增加密度,很难缩小与粤港澳大湾区经济密度的差距。在新时代,应探索将智能化因素导入长三角区域一体化之中,推进一体化向更高质量的方向发展,提高经济密度的技术含量,发挥上海市的龙头带动作用,苏浙皖三省各扬其长,在增加密度方面会形成以下趋势:

表2-4　长三角与粤港澳大湾区、京津冀地区的密度比较（ 2020 年）

指标	长三角地区	粤港澳大湾区	京津冀地区
面积（万平方公里）	35. 8	5. 6	21. 5
常住人口（万人）	23521. 4	7264	11307
城市化率（%）	67. 2	85. 7	65. 8
人口密度（人/平方公里）	657	1297	526
GDP （万亿元）	24. 47	11. 62	8. 46
人均 GDP （万元）	10. 45	15. 99	7. 48
经济密度（亿元/平方公里）	0. 6836	2. 075	0. 3935

资料来源:常住人口为国家统计局公布的第七次全国人口普查资料,其他为长三角、京津冀及粤港澳大湾区各省市及香港、澳门特别行政区2020年国民经济与社会发展统计公报。其中,城市化率是2019年的数据。

1. 将智能化因素导入长三角一体化之中,会为工业化赋能,推进产业基础高级化,长三角地区增加经济密度的产业基础会越来越强

长三角地区在总体上已进入工业化后期,但工业化后期不能"去工业化",也不是简单地"再工业化",而是更加高级的"升工业化"。智能化因素可以为工业化赋能,特别是为产业基础赋能,推进产业基础高级化,长三角地区有高级化的产业基础,就会有高密度的区域经济。产业基础主要包括"四基",即产业发展所必需的关键基础技术、先进基础工艺、关键基础材料、核心基础零部件和元器件,决定着产业发展的基础能力,是影响和决定产业发展质量、产业链控制力和竞争力的关键能力,也是反映国家或地区产业发展水平和经济实力的基本标志,是支撑经济高质量发展的必要条件。长三角地区的产业基础虽然在总体上较强,但进入工业化后期,为了"升工业化",产业基础必须率先迈向高级化,其实质是以当代科学技术对产业基础赋能,改造传统的产业链,使产业链具备高端链接能力、自主自强

可控能力和领先于全球市场的竞争力。而在第四次工业革命亦即新一轮科技革命和产业变革中涌现的智能化技术，就是当代最先进的科学技术，并且会全方位、深层次对产业基础赋能，推进产业的融合发展、跨界发展、高端发展，促进产业体系迈向高级化，必然会增加长三角地区的经济密度。智能化因素对产业基础赋能，在产业内会推进价值链、企业链、供应链和空间链的延伸、细化，促进产业发展迈向高质量，更会增加长三角地区的经济密度。综上分析可以看出，将智能化因素导入长三角一体化之中，因为对工业化赋能，推进产业基础高级化，长三角地区增加经济密度的产业基础就会越来越强。

2. 将智能化因素导入长三角区域一体化，智能产业会率先发展，对长三角地区增加经济密度的贡献会越来越大

智能产业是指以互联网、大数据、人工智能等现代信息技术构成的人工智能产业，将智能化因素导入长三角区域一体化之中，智能产业会率先发展，在地区经济中的比重会逐步提高，而智能产业是具有高经济密度的产业，在智能产业发展的辐射带动下，长三角地区的经济密度会不断增加。长三角地区科技资源丰富，智能产业发展起步早、势头好，尤其是人工智能发展快，对增加经济密度的作用大。如上海市自 2017 年 11 月发布《关于推动新一代人工智能发展的实施意见》以来，2019 年规模以上人工智能企业发展 397 家，主要分布在浦东新区、徐汇区、长宁区、闵行区、杨浦区、黄浦区、静安区和嘉定区，其中浦东新区占比超三成。浙江省 2019 年人工智能企业已达 482 家，实现总营业收入 1987.37 亿元，比上年增长 22.12%，研发投入 158.26 亿元，占营业总收入的 8.0%，由于研发投入大，人工智能产业的竞争力位居国内第四位，形成了从核心技术研发、智能终端制造到行业智能化应用的完整产业链，在多个产业领域形成先发优势，如智能安防产业已经占领了全球 30% 以上的市场。江苏省也是人工智能大省，2019 年 7 月在南京成功召开了人工智能峰会。江苏人工智能产业发展的特点是集聚化布局，如苏州市的人工智能产业集聚在苏州国际科技园和高铁新城两个园区，2016 年以来两园区围绕人工智能企业的孵化、加速、产业化发展的不同阶段出台多项扶持政策，2019年人工智能企业发展到 350 家，在智能制造、自动驾驶两大领域已形成集群优势，两个园区也同时入选全国人工智能示范区。安徽省于 2018 年 6 月发布了《新一代人工智能产业发展规划（2018—2030 年）》，重点在合肥、芜湖、滁州布局，2019

年人工智能企业发展到 200 多家,核心产业产值 120 亿元,带动相关产业规模 900 亿元左右,正在构建从基础设施、技术、产品到应用的人工智能产业生态圈[3]。综上分析可以看出,将智能化因素深度导入长三角一体化之中,一市三省都注重智能产业发展,智能产业在地区经济中的比重会逐步提高,对长三角地区增加经济密度的贡献会越来越大。

3. 将智能化因素导入长三角一体化,会全面推进产业提能升级,释放产业发展潜力,长三角地区增加经济密度的产业会越来越多

智能化因素是当代最先进的生产力因素,并不断地向农业、工业、建筑业、服务业等实体经济传递和渗透,既会推进传统产业转型升级、新兴产业快速发展,又会推进三次产业的跨界发展、融合发展,释放产业发展潜力,提高地区经济密度。对长三角地区而言,将智能化因素导入一体化,会全面推进三次产业的提能升级,使每个产业都能释放增加经济密度的潜力。从上海、江苏、浙江、安徽 2020 年的政府工作报告和统计公报可以看出,一市三省都持续深化供给侧结构性改革,钢铁、水泥等行业在完成去产能任务的同时,传统产业技术改造力度普遍加大,转型升级能力不断提升;战略性新兴产业、高新技术产业更是发展加快,占规模以上工业总产值的比重显著提升。如到 2019 年,上海市战略性新兴产业制造业部分产值占规模以上工业总产值的比重达 32.4%,第三产业增加值占全市生产总值的比重达到 72.7%,电子商务交易额增长 14.7%,口岸贸易总额继续位居世界城市首位。江苏省战略性新兴产业、高新技术产业产值占规上工业比重分别达 32.8% 和 44.4%,数字经济规模达 4 万亿元,商务服务业、软件和信息技术服务业、互联网和相关服务业营业收入分别增长 9.4%、18.8% 和 23.4%,13 个先进制造业集群有 6 个入围全国制造业集群培育对象、占全国的 1/4,创建国家首个车联网先导区,国家级孵化器数量及在孵企业数均保持全国第一。浙江省战略性新兴产业、高新技术增加值占规上工业比重分别达 31.1% 和 40.9%,数字经济发展势头强劲,数字经济核心产业增加值占地区生产总值比重 10%,率先开展 5G 商用,首个国家新型互联网交换中心试点落户浙江,获批国家数字经济创新发展试验区。安徽省战略性新兴产业、高新技术增加值占规上工业比重分别达 31.0% 和 40.1%,合肥集成电路、新型显示器件、人工智能和铜陵先进结构材料入列第一批国家战略性新兴产业集群,启动"高新基"全产业链项目建设,实施重大新兴产业基地新三年建设

规划,新能源汽车产量 11.8 万辆,占全国总产量的 10%,第四次全国经济普查结果表明,全省地区生产总值和人均 GDP 居全国的位次分别为第 11 位和第 13 位,比 2015 年分别提升 3 位和 12 位,正在冲刺全国第一方阵。进一步分析可以发现,智能化因素对一市三省产业发展能力的提升发挥了关键作用,可以预料,将智能化因素导入长三角一体化,会从生产力层面深度构建创新引领、协同发展的现代产业体系,全面推进产业提能升级,长三角地区增加经济密度的产业会越来越多。

4. 将智能化因素导入长三角区域一体化,会推进都市圈的发展和乡村振兴,城乡发展协调性提升,长三角地区增加经济密度的空间会越来越广

2019 年 9 月,随着苏北、皖北和浙南地区的城市全部成为长三角城市经济协调会成员,标志着长三角城市群在长三角地区全覆盖,成为全球面积最大、人口最多的超大型城市群。(见表 2-5)

表 2-5　世界六大城市群面积、人口、城市数比较（2018 年）

城市群	面积 （万平方公里）	人口 （万人）	城市数（个）
美国东北部大西洋沿岸城市群	13.8	7000	超百万人口城市 10 个
北美五大湖城市群	24.5	5500	35 个卫星城
日本东海道城市群	10	7600	超百万人口城市 11 个
英国伦敦城市群	4.5	3900	超百万人口城市 5 个
欧洲西北部城市群	20	6500	超 10 万人口城市 40 个
长三角城市群	35.8	22500	41 个地级及以上城市

注:除长三角城市群以外的五大城市群 2018 年人口数为作者根据有关资料测算。

资料来源:肖金成、袁朱等《中国十大城市群》,经济科学出版社 2009 年版,第 10~16 页。

世界级城市群的空间结构已形成以都市圈为支撑的网络化空间结构,如美国东北部大西洋沿岸城市群已形成纽约、华盛顿、波士顿三大都市圈,日本东海道城市群已形成东京、名古屋、大阪三大都市圈,欧洲西北部城市群已形成巴黎、莱茵—鲁尔、布鲁塞尔—阿姆斯特丹等都市圈。[4]长三角城市群作为全球面积最大、人口最多的超大型城市群,都市圈数应该更多,形成上海、南京、杭州、合肥、苏锡常、宁波、徐州七大都市圈。这样,七大都市圈在长三角地区的分布较为均衡,将推动长三角地区城镇化向网络化空间结构的深化,必然会出现两大发展趋向:一是吸引人口和要素向都市圈集聚,有利于长三角地区增加人口密度和经济密度;

二是发挥都市圈对周边乡村地区的辐射作用,促进乡村振兴,构建新型城乡关系,有利于各都市圈内部乡村地区增加经济密度。而智能化因素既会培育和提升都市圈的同城化功能,增加都市圈的人口密度和经济密度,又会推进城乡一体化发展,带动乡村振兴,增加乡村地区的经济密度。这样,将智能化因素导入长三角区域一体化,城乡发展协调性会逐渐提升,城市和乡村都有条件增加经济密度,长三角地区增加经济密度的空间会越来越广,城乡居民收入差距也会进一步趋向缩小。

第二节　缩短距离研判

一、长三角现状分析

距离是资本、劳务、商品、服务、信息和观念穿越空间的难易程度,包括空间距离、时间距离、心理距离。缩短距离是长三角地区推进区域一体化的必要条件,上海、江苏、浙江、安徽一市三省经过多年的努力,在缩短距离方面取得了重大进展,从现状看可概括为以下四大特征:

1. 大交通:综合交通网由线到面拓展

距离是地理概念,又是时间概念,作为地理概念的距离是不可缩短的,但时间概念的距离是可以缩短的,那就是运用交通手段,以缩短时间替代缩短地理距离。人类很早就发明了车船,在地面修建了道路,在江河开辟了航道,以车船代步缩短了行程的时间,替代了缩短地理距离,促进了要素流动和经济社会发展。工业革命以后,人类又发明了汽车、火车、轮船、飞机、动车,运用公路、铁路、水运、航空、管道、高铁等多种交通运输方式缩短距离,特别是多种交通运输方式的组合、联运、换乘而形成的立体综合交通网,造就出大交通格局,进一步地缩短距离。长三角地区自近代以来就是我国现代交通的先发地区,改革开放以后,特别是进入区域一体化发展新阶段以来,不仅形成了多种交通运输方式组合、联运、换乘的大交通格局,而且,多种交通运输方式形成的综合交通网又由线向面扩展,在更大的空间范围缩短距离。这样,不仅是某个交通干道沿线的城镇和乡村之间可以缩短距离,而且,通过多种交通运输方式的组合、联运、换乘,长三角地区的全域,大到中心城市,小到偏僻的乡村,都可以缩短距离,人流、物流、信息流更为便捷,拓展区域一体化的空间范围。

比如,长三角地区面积虽然只占全国总面积的 3.73%,而铁公内河航运营运里程在全国的占比,早就大大超过面积在全国的占比。如 2019 年,长三角地区铁路和高铁营运里程的全国占比已分别达到 8.39%、13.75%,公路和高速公路营运里程的全国占比也分别达到 10.24%、10.86%,内河航运里程的全国占比更高达32.85%(见表 2-6)。特别是长三角地区一市三省在 2018 年共同出台的《长三角一体化发展三年行动计划(2018—2020 年)》,把畅通跨省市干道和打通断头路作为重点[5],一市三省把实施这个计划伸延到县(市)层面,注重在县(市)范围"畅通主干道,完善微循环,丰富毛细管",综合交通网络建设的拓展面更广。到2020 年初,长三角地区的绝大部分县(市)都通了高铁和高速公路,以 41 个地级及以上市为中心,普遍形成了"1 小时"通勤圈,县(市)乃至乡镇到中心城市的交通越来越便捷,城市之间、城乡之间的地理距离虽然没有改变,但车程时间大大缩短了,缩短距离的空间范围正在向小城镇、乡村拓展。

表 2-6　长三角地区铁公内河航运 2019 年营运里程及在全国的占比(公里)

	铁路	高铁①	公路	等级公路	高速公路	内河航道
上海	467	113	13045	13045	845	2028
江苏	3587	1556	159937	157954	4865	24372
浙江	2842	1470	121813	121710	4643	9767
安徽	4844	1844	218295	217791	4877	5651
合计	11740	4983	513090	510500	15230	41818
全国占比	8.39%	13.75%	10.24%	10.86%	10.18%	32.85%

注:①高铁营运里程引自中国铁路总公司 2020 年年报。2019 年,我国高铁营运总里程36240 公里,占世界高铁营运里程的三分之二,为世界第一,长三角又是我国高铁营运里程最长的地区。

资料来源:国家统计局《中国统计年鉴　2020》,中国统计出版社 2020 年版,第 515 页。

长三角地区综合交通网由线到面的拓展而缩短距离,还体现在交通运输线路的密度方面。因为交通运输线路的密度越高,单位面积的交通运输能力会更强,人流、物流的成本会降低,缩短距离的综合效率会得到提高,而成本及效率既是缩短距离的目的,又是缩短距离的条件。表2-7是长三角地区2019年的铁公内河航运线路密度及与全国的比较,由表可见,一方面,长三角地区的铁路、公路、高速公路的营运里程密度和内河航道密度都大大高于全国平均密度,其中,高速公路的营运里程密度是全国平均密度的2.73倍,内河航道密度是全国平均密度的8.81倍,表明高速公路和内河航运对长三角地区缩短距离作用更大。另一方面,一市三省的铁公内河航运线路密度有较大差距,其中,上海市铁公内河航运线路的密度最高,江苏次之,浙江又次之,安徽除铁路、公路的营运里程密度高于浙江外,高速公路营运里程和内河航道的密度都为最低,形成以上海为中心而向外围递降的密度格局,缩短距离的程度也呈递降态势,说明长三角从缩短距离维度推进区域一体化还有很大的潜力。按照《长江三角洲区域一体化发展规划纲要》的部署,跨省市中心城市之间的城际铁路正加快建设,打造"轨道上的长三角",将会在一定程度上改变这种密度递降态势,释放缩短距离对区域一体化发展的作用潜力。

表2-7 长三角地区2019年铁公内河航运线路密度（公里/百平方公里）

交通方式	全国	长三角	上海	江苏	浙江	安徽
铁路营运里程密度	1.46	3.28	7.41	3.50	2.43	3.45
公路营运里程密度	52.21	143.32	207.1	155.88	119.44	155.48
高速公路营运里程密度	1.56	4.25	13.41	4.74	4.55	3.47
内河航道密度	1.33	11.68	32.19	23.75	9.58	4.03

资料来源:国家统计局《中国统计年鉴 2020》,中国统计出版社2020年版,第515页。

2. 大枢纽:集散能力由弱趋强

大交通需要大枢纽,因为交通枢纽是不同运输方式交通网络线路的交会点,具有吸引要素流动、集聚、辐射、承接等功能,可以高效优化资源配置而缩短距离,是推动区域一体化的空间载体。大交通枢纽是综合性的交通枢纽,分布在重要的中心城市,这样的中心城市又称为枢纽城市。在我国,一般分为国际性综合交通枢纽、全国性综合交通枢纽和区域性综合交通枢纽三种类型。在长三角地区,三种类型的综合性的交通枢纽都发展很快,集散能力由弱趋强,以独特的方式缩短距离,有效推进长三角一体化的空间拓展和能力提升。

从国际性综合交通枢纽看,长三角首位中心城市上海是我国目前四大国际性综合交通枢纽之一（另外三个是北京—天津、广州—深圳、成都—重庆）。上海的国际性综合交通枢纽由虹桥枢纽、浦东枢纽和上海港三部分组成，其中，虹桥枢纽具有高铁、航空、磁悬浮、城际铁路、高速公路客运、城市轨道交通、城市公共交通等多种运输方式集中换乘功能，是目前世界最复杂的大型国际性综合交通枢纽，日客运量最高达到 48 万人次，相当于一个中等城市的人口每天通过虹桥枢纽缩短经济社会活动的空间距离。浦东枢纽是辐射全球的亚太航空门户、沿海运输大通道的重要功能节点、服务长三角的核心门户枢纽，已空铁港一体化，仅浦东国际机场 2019 年客运量就达 7615.34 万人次，为更多的自然人和企业在一体化发展中缩短空间距离提供便捷的交通条件。根据中共中央、国务院 2019 年 5 月批准的《长江三角洲区域一体化发展规划纲要》而规划建设的上海自由贸易区浦东临港新片区，将会建成世界一流的产城融合型自由贸易港城，会在更大的空间范围缩短距离，推进一体化的深度发展。上海港由黄浦江港区、长江口南岸港区、杭州湾北岸港区和洋山深水港区组成，2019 年货物吞吐量超 9 亿吨，集装箱超 5000 万标准国际箱，都位居世界第二，为长三角一体化发展缩短空间距离创造了良好的国际化条件。

从全国性综合交通枢纽看，长三角地区有南京、杭州、合肥、宁波、连云港、徐州等 6 个城市是全国性综合交通枢纽。南京综合交通枢纽由高铁南站、南京港、禄口机场组成，正在兴建高铁北站，其中，南京高铁南站是全国五大高铁站之一，日均客运量超 20 万人次；南京港是长江沿岸江海联运大港，2019 年货物吞吐量达 2.57 亿吨，集装箱达 303.52 万标准箱；南京禄口机场有 270 多条航线，海外通航 150 多个城市，2019 年客运量就达 3058.2 万人次。杭州综合交通枢纽由高铁东站、萧山机场组成，杭州高铁东站客运量增长很快，2019 年达 7190 万人次，次于北京、广州、上海而居全国第四位。萧山机场是重要的国际机场，2019 年客运量约 4000 万人次，超过南京禄口机场。合肥作为安徽省的省会，在 20 世纪 90 年代之前只是个中等城市，近 30 年来发展很快，特别是进入高速公路、高速铁路时代后，因为具有承东启西、连接南北的区位优势，多条跨省区的高速公路、高速铁路在合肥交会，在全国综合交通运输体系中的地位迅速上升，由合肥高铁南站、新桥机场、合肥港组成了新兴的全国性综合交通枢纽，正在建设合肥高铁西站，其中，合肥高铁南站是全国规模最大的 5 个高铁站之一，每日到发列车 293.5 列，高峰时日发送旅客20万人次。新桥机场虽然是长三角地区新建的备用国际机场,2019年的客运量也超1228.13万人次,货邮量87012吨;合肥港经过改造提升,已发展为江海联运的国家重点内河港,2019年货物吞吐量达3900万吨,集装箱30万标箱。宁波综合交通枢纽的优势是海运,枢纽主体宁波—舟山港是上海国际航运中心的重要组成部分,2019年货物吞吐量11.2亿吨,连续11年位居世界首位,集装箱吞吐量2753.5万标箱,位居全球第三。连云港综合交通枢纽的优势是位于亚欧大陆桥的东端,是亚欧国际交通枢纽和"一带一路"沿线国家(地区)交流合作的重要平台,2019年港口货物吞吐量2.44亿吨,集装箱吞吐量479万标箱。徐州综合交通枢纽的优势也是承东启西、连接南北的地理区位,作为淮海大平原的中心城市,已成为公铁空管道和内河航运兼有的全国性综合交通枢纽,2019年公路客运量9434万人次、货运量22613万吨,铁路客运发送量2704.96万人次,观音机场航空旅客运输量300.59万人次,港口吞吐量4011.47万吨,管道货物运输量14764.8万吨,公铁空管道和内河航运客货量一直处于增长之势,综合交通枢纽功能也逐年增强。

从区域性综合交通枢纽看,长三角地区的41个地级及以上城市,除上述的上海、南京、杭州、合肥、宁波、连云港、徐州等7市和岛上的舟山市外,其余33个地级市都不同程度地成为区域性的综合交通枢纽。这些地级市的枢纽功能差异较大,按照交通枢纽的功能强弱和辐射范围,大体可以分为三种类型;一是辐射功能较强、辐射范围较大的区域性综合交通枢纽,主要特征是,既基本拥有公铁空内河航运等多种交通运输方式,辐射范围又超过本市行政区,是跨地级市乃至跨省区的区域性综合交通枢纽,目前,无锡、淮安、温州、金华—义乌、芜湖、蚌埠是这种类型的区域性综合交通枢纽,发展到一定程度,有的可能上升为全国性综合交通枢纽。二是辐射功能较弱、但腹地较大的区域性综合交通枢纽,主要特征是,多种交通运输方式尚未形成,综合交通功能不强,跨地级市的辐射功能较弱,目前,衢州、安庆、阜阳3市就是这样的区域性综合交通枢纽,需要进一步培育。三是本地级市的综合交通枢纽,主要特征是,交通运输方式只有两三种,辐射范围只在本市之内,是小区域性的综合交通枢纽,目前,除了以上提及的城市外,其余24个地级市都是这种类型的小区域性综合交通枢纽。

《长江三角洲区域一体化发展规划纲要》特别重视综合交通枢纽建设,强调协同建设一体化综合交通体系,以都市圈同城化通勤为目标,加快推进城际铁路网建设;提升机场功能,合力打造世界级机场群;推动港航资源整合,合力打造世界级港口群;强化综合交通枢纽衔接和辐射功能,优化中转设施和集疏运网络,促进各种运输方式协调高效,提高枢纽所在区域的直通作业、中转作业、枢纽作业以及城市对外交通的相关作业等功能,扩大综合交通枢纽辐射范围。这样,长三角地区的各类综合交通枢纽的功能会进一步增强,以高效率的集散缩短要素流动时间,以缩短时间替代缩短空间距离,从缩短距离维度推进长三角一体化的更高质量发展。

3. 大市场:商品和要素流动穿越空间由难变易

距离从表面上看是 A 地至 B 地的相距里程,缩短距离实质上是降低资本、劳务、商品、服务、信息和观念穿越 A 地至 B 地空间相隔的难度,从经济发展的角度看,反映要素和商品流动的成本与收益,是推进国家或较大区域一体化发展的基础性条件,其中,市场规则的统一是必要条件,商品流通便捷是充分条件。在长三角地区,必要条件主要是通过建设长三角统一开放、竞争有序的市场体系实现的,使生产要素在更大范围内流动,以一体化的市场管理降低要素和商品流动的制度成本;充分条件主要是通过建设大交通、大枢纽实现的,降低要素和商品流动的财务成本。

就建设统一开放、竞争有序市场体系方面的必要条件而言,长三角地区一市三省政府在培育和发展市场方面提出了一系列改革措施和管理办法,使商品和要素流动穿越空间的程度由难变易。具有长三角特色的是,一市三省市场监管部门于 2018 年经过协商签署了《长三角地区市场体系一体化建设合作备忘录》,共同实施“三联三互三统一”工程。“三联”是营商环境联建、重点领域联管、监管执法联动,“三互”是市场信息互通、标准体系互认、市场发展互融,“三统一”是统一市场规则、统一信用治理、统一市场监管。在“三联”方面,围绕联建、联管、联动签署了协议,如签署《长三角地区市场监管联动执法实施办法》,为联合执法营造公平市场环境;成立全国首个网络市场监管领域跨区域协作联盟,构建网络交易一体化监管基础;还突出对消费者权益的联合保护,签署了《长三角地区消费者权益保护委员会消费维权一体化合作协议》,确保商品质量合格与价格合理。如合肥市某消费者在沪苏浙某市购买一商品怀疑质量有问题而投诉,两地消费者权益保护委员会联合受理,2 天内就解决了问题。在"三互"方面,围绕互通、互认、互融开展全面合作,一市三省的重要市场信息及时通报,相关标准体系一致互认,市场发展互相融入,共同推进长三角市场一体化发展。如一市三省实施检验检测资质的互认办法,省去了重新培训环节,大大提高了生产效率,降低了企业成本。在"三统一"方面,围绕市场监管一体化、标准一体化、认证认可一体化,一市三省市场监管部门共同签署相关协议,共建共享相关平台,维护统一市场有序发展,如共建了长三角食品安全信息追溯平台,推动上海、南京、杭州、合肥、无锡、宁波等城市间 6大类 10 个品种追溯信息互联共享。为适合互联网时代的需求,长三角地区率先统一应用电子营业执照,一市三省签署了《长三角地区统一应用电子营业执照合作协议》,实现电子营业执照作为市场主体身份凭证文件的互信互认,推动电子营业执照在涉及市场主体准入、纳税申报、社保缴纳、不动产登记、企业投资、民生事务等办理量大、需求迫切的重点领域和事项中的应用,线上线下服务相结合,解决企业和群众的办事堵点。通过共同实施"三联三互三统一"工程,长三角一市三省政府着力推动市场准入"一扇门"、市场信息"一张网"、市场监管"一把尺"、质量服务"一体化",大幅度降低了商品、信息和观念等穿越空间的制度成本而缩短了距离。

就建设大交通、大枢纽方面的充分条件而言,由于大交通、大枢纽的发展而增强了中心城市的集散能力,以时间替代空间而大大地缩短了距离,降低要素和商品流动的物流成本,在长三角也逐步实现。因为交通运输方式的客货运强度可以反映商品和要素流动穿越空间的难易程度,而商品和要素流动穿越空间的难易程度又可以反映区域一体化大市场的发展程度,从而体现出缩短距离对区域一体化的推进作用,由此可以通过对长三角地区主要交通运输方式客货运强度的具体分析,来认识长三角地区在这方面的现状特征。

表 2-8 是长三角地区 2019 年的铁路、公路、内河航道客货运强度的统计对照表,由表可以看出,长三角地区整体和一市三省显示出不同的特征。

表 2-8　长三角地区铁公内河客货运强度（2019 年）

交通方式		全国	长三角	上海	江苏	浙江	安徽
客运	铁路客运强度（万人/公里）	2.6157	6.3281	27.4818	6.618	8.558	2.7684
	公路客运强度（万人/公里）	0.2596	0.4211	0.2421	0.591	0.598	0.2091
	内河航道客运强度（万人/公里）	0.2142	0.1801	0.2175	0.086	0.490	0.0393
货运	铁路货运强度（万吨/公里）	3.1367	1.7406	1.028	2.091	1.566	1.6509
	公路货运强度（万吨/公里）	0.6854	1.2243	3.8832	1.029	1.459	1.0778
	内河航道货运强度（万吨/公里）	5.8699	9.3862	34.5074	3.720	10.94	22.117

资料来源：国家统计局《中国统计年鉴 2020》，中国统计出版社 2020 年版，第 520 页、522 页。

由上表可见，从长三角地区整体看，首先，就铁路运输强度而言，长三角地区铁路的客运强度最高，是全国平均水平的 2.42 倍，而货运强度却低于全国平均水平，只相当于全国平均水平的 55.5%，说明铁路、特别是高铁对长三角地区人口和劳动力的流动贡献最大，而对商品流动的贡献还有很大的潜力。其次，就公路运输强度而言，长三角地区公路的客货运强度都高于全国平均水平，而且，高于全国平均水平的程度大体相当，分别是 1.62 倍和 1.79 倍，说明公路，特别是高速公路对长三角地区人口、劳动力和商品的流动贡献程度相当。第三，就内河航运强度而言，长三角地区内河航运的客运强度低于全国平均水平，只相当于全国平均水平的 84.1%，但货运强度高于全国平均水平，是全国平均水平的 1.60 倍，说明长三角地区内河的货运发达，对商品的流动贡献程度大。长三角地区高速公路、高铁发达，人们出行很少选择乘船，所以，内河航运的客运强度低于全国平均水平具有合理性。长三角地区内河航运的客货运强度恰与铁路运输强度相反，人口、劳动力的流动以铁路特别是高铁为主，大宗商品流动尽可能地选择内河航运。通过以上对公铁内河航道客货运强度的比较可以看出，在缩短距离方面对推进长三角一体化发展的作用，铁路对人口和劳动力流动的贡献大于对商品流动的贡献，内河航道对商品流动的贡献大于对人口和劳动力流动的贡献，而公路特别是高速公路对长三角地区人口、劳动力和商品的流动都同样重要，在缩短距离方面对推进长三角一体化发展的作用也最大。

从一市三省情况看，在客运强度方面，铁路客运强度上海最高，浙江次之，江苏又次之,安徽最低;公路客运强度江苏、浙江几乎相当,强度最高,上海次之,安徽最低;内河航道客运强度浙江最高,上海次之,江苏又次之,安徽最低。在货运强度方面,铁路货运强度江苏最高,安徽次之,浙江又次之,上海最低;公路货运强度上海最高,浙江次之,安徽又次之,江苏最低;内河航道货运强度上海最高,安徽次之,浙江又次之,江苏最低。长三角地区内部一市三省的这些差异虽与各自的经济发展水平、自然地理特征和交通线路的密度相关,但也各显其长,以各自的优势在缩短距离方面推进长三角一体化的发展。

4. 大迁移:人口由流动向定居的变化

缩短距离是推进国家或较大区域一体化发展的必要条件,但缩短距离并非只是缩短 A 地至 B 地的地理空间距离,也并非只是通过发展大交通、大枢纽以缩短时间替代缩短空间距离,还有缩短欠发达地区人群分享发达地区发展红利的距离。所以,世界银行《2009 年世界发展报告:重塑经济地理》在分析了全世界普遍存在的收入差距情况后得出了这样的结论:"当今世界收入的最佳预报器不是一个人的知识水平,也不是一个人的人际关系,而是他工作的地点",并且指出,"移民是缩短距离最自然的方式"[2]。

在长三角地区,20 世纪 80 年代的改革开放初期,因为沿海地区的城市率先开放,对劳动力有大量需求,欠发达地区的大量农民到沿海发达地区的城市务工,一些有经济头脑的人到沿海发达地区的城市经商,出现了大规模的劳务流动。到 20 世纪 90 年代末和 21 世纪初,随着城市化的快速发展,城市户籍逐渐放开,城市的一些外来务工经商人员可以有条件地获得城市户籍,开始向市民化转变,而更多的城市外来人口不具备获得城市户籍的条件,更有大量的进城务工经商人员不愿意放弃农村户籍所包含的永久性福利,但有能力在城市购房定居。于是,长三角地区的外来人口逐渐由流动向定居转化。人口大流动变成了人口大迁移。那些在城市新定居的人员不仅彻底消除了原住地与城市的地理空间距离,而且因为向市民化转变而缩短了与城市的文化距离和心理距离,更加有利于区域一体化的深度发展。反映在长三角地区常住人口的户籍结构上,是居住和户籍均在本地人口占常住人口的比例逐渐下降,而居住在本地、户籍在外地人口占常住人口的比例呈逐渐上升趋势。

表 2-9 是根据 2019 年全国 0.780‰人口抽样调查的数据,整理出的长三角地

区人口户籍结构及与全国的比较。由表可以看出,长三角地区整体和一市三省在人口由流动向定居的变化上,显示出不同的特征。

表 2-9　长三角地区人口户籍结构及与全国的比较（2019 年）

省　　市		上海	江苏	浙江	安徽	长三角	全国
0.780‰抽样调查人口数（人）		18785	62652	45420	49562	176419	1091876
居住和户籍均在本地	人口数（人）	8472	47382	28446	40839	125139	845547
	占比（%）	45.10	75.62	62.63	82.40	70.93	77.44
居住在本地、户籍在外地	人口数（人）	10154	14983	16481	8531	50149	240481
	占比（%）	54.05	23.91	36.29	17.18	28.43	22.02
户籍待定人口	人口数（人）	34	171	141	167	513	3088
	占比（%）	0.02	0.27	0.31	0.34	0.29	0.28

资料来源:国家统计局《中国统计年鉴 2020》,中国统计出版社 2020 年版,第 40~41 页。

从长三角地区整体看,人口由流动向定居的变化程度明显高于全国平均水平。如 2019 年居住和户籍均在本地人口占常住人口的比例,长三角地区比全国平均水平低 6.51 个百分点,而居住在本地、户籍在外地人口占常住人口的比例,长三角地区比全国平均水平高 6.41 个百分点。从一市三省情况看,人口由流动向定居的变化程度有明显差距,如居住在本地、户籍在外地人口占常住人口的比例,上海市最高,为 54.05%;浙江省次之,为 36.29%;江苏省又次之,为 23.91%;安徽省最低,为 17.18%。一市三省人口由流动向定居的变化程度呈梯度降低趋势,与一市三省的经济社会发展基础和发展水平是相吻合的,而作为相对欠发达的安徽省户籍在外地人口占常住人口的比例能达到 17.18%,也是很不容易的,说明安徽省对外来流动人口也有向定居转化的条件。随着长三角一体化的深入发展,人口由流动向定居的变化程度会逐渐提升。2020 年 6 月 13 日,上海、江苏、浙江、安徽公安厅召开的长三角地区警务一体化会议决定,长三角跨省迁户口可以在迁入地全域网办,实现"一地受理、网上迁移"。2021 年又扩大了网办的地域范围和迁移居民类型,从 2 月 19 日起,适用地域由部分地区扩大到长三角全覆盖,迁移居民类型由限于夫妻、父母、子女投靠迁移人员,扩展至区域内所有迁移类型人员,将会推进长三角地区人口由流动向定居的转化。

二、智能化因素导入缩短距离趋势

上述现状分析表明,长三角地区现代综合交通运输体系发达,从缩短距离维度有效推进了区域一体化发展。但是,面临长三角一体化向更高质量方向发展的时代要求,必须导入智能化因素缩短距离,即用智能化因素提升综合交通运输体系功能,更有效地以缩短时间行程替代缩短空间距离,而要缩短地面上的距离,更要及时运用人工智能、大数据、物联网等智能化因素,以在"云"上缩短距离替代在地面上缩短距离。展望未来,长三角地区智能化因素的全面导入,在缩短距离方面会形成以下趋势:

1. 智能化因素导入推进智慧交通趋向全覆盖,通过智慧交通高效、安全、全域缩短距离

智慧交通是在交通全领域充分运用物联网、云计算、人工智能、自动控制、移动互联网等技术,通过高新技术汇集交通信息,对交通管理、交通运输、公众出行等交通领域全方位以及交通建设管理全过程进行管控支撑,在更大的时空范围为公众的安全通畅出行和经济社会的可持续发展服务。2016 年,国家发改委、交通运输部联合颁发了《推进"互联网+"便捷交通智能交通发展实施方案》,标志着我国开始导入智能化因素发展智慧交通[6]。几年来,在通过先进的感知监测系统和大数据平台打造智能化的交通基础设施,以及在智慧交通核心技术的研发应用上,都取得重大进展。长三角地区在交通全领域率先导入智能化因素,智慧交通发展早。如上海市于 2018 年 3 月颁发了《上海市智能联网道路测试管理办法(试行)》,在全国首批发放智能联网开放道路测试号牌[7];浙江省发挥智能化、大数据优势,启动杭绍甬智慧高速公路建设,是我国首条智慧高速公路建设项目;江苏、安徽也在积极建设智能驾驶汽车测试区,新建了不同规模的智能交通、智慧城市和智能小镇项目,长三角地区的智慧交通建设走在全国前列。

2019 年 5 月 30 日中共中央国务院印发的《长江三角洲区域一体化发展规划纲要》,特别强调智慧交通建设,要求一市三省"推进一体化智能化交通管理,深化重要客货运输领域协同监管、信息交换共享、大数据分析等管理合作"。显然,这将会推动长三角地区在交通全领域全面导入智能化因素,实现智慧交通全覆盖,通过智慧交通在高效、安全、全域三个方面的缩短距离,在广度和深度上推进一体化向更高质量的发展。

首先,人及要素、商品的流动需要快捷,智慧交通会准确运用快速汇集后的海量交通信息,对交通管理、交通运输、公众出行等交通领域进行全方位、全过程的管控支撑,会大幅度提高公路、铁路、航空、内河航运、城乡公共交通等多种交通运输方式和不同层次交通枢纽的管理水平和运行效率。如从 2019 年 5 月 22 日起,上海、杭州、南京、合肥、苏州、宁波、温州 7 市实施轨道交通二维码互联互通,7 市居民乘地铁可用二维码手机扫码过闸"一码通行",成为全国首个实现地铁扫码互联互通的城市群。长三角地区将智能化因素导入而推进智慧交通,更会高效缩短一体化距离。

其次,交通事故当今已是人类"第一杀手",智慧交通运用高新技术在更大的时空范围具备感知、互联、分析、预测、控制等能力,可以充分保障交通安全;而且,更可运用智能技术全面分析交通事故的成因、演变规律,设计事故管理策略,从人—车—路协调视角实现交通安全运行防控一体化管理。长三角地区将智能化因素导入而推进智慧交通,会在安全基础上缩短一体化距离。

第三,空间通达性是交通的基本追求,通达空间越大,交通的经济社会效益越好。在长三角地区,铁公空和内河航运等综合交通网已由线到面拓展,多种交通运输方式构成的大交通已趋向全覆盖。2020 年 6 月,国家发改委、交通运输部发布的《长江三角洲地区交通运输更高质量一体化发展规划》,又进一步完善一体化的交通基础设施网络[8]。到 2025 年,上海大都市圈以及南京、杭州、合肥、苏锡常、宁波、徐州都市圈内可享受 1 小时公交化通勤客运服务,全域推行联网售票一网通、交通一卡通,提升区域内居民畅行长三角的感受度和体验度。将智能化因素导入更加完善的一体化交通基础设施网络,会在智慧交通全覆盖基础上缩短一体化距离。

2. 智能化因素导入推进新基建向面上扩展,为缩短距离培育新动能

新基建是区别于公路、铁路、水运、航空等的新型基础设施建设,主要包括 5G基站建设、特高压、城际高速铁路和城市轨道交通、新能源汽车充电桩、大数据中心、人工智能、工业互联网七大领域,都是智能化因素的导入,涉及诸多产业链。长三角地区这七大领域都起步较早、发展较好。如到 2019 年,长三角地区 5G 基站就建有 5.2 万多个,其中上海 1 万个,江苏 2.3 万个,浙江 1.5 万个,安徽 4492个;新能源汽车充电桩也超过 14 万个,其中上海超 5 万个,江苏超 4 万个,浙江超

4 万个,安徽也超 1.5 万个;城际高速铁路和城市轨道交通也在铺开,大数据中心、人工智能、工业互联网在 41 个地级及以上城市都已普遍发展,淮南至上海早在 20 世纪末就建设了我国第一条特高压输电线。据《中国新型基础设施竞争力指数白皮书(2020 年)》对 31 个省、市、自治区的排名,长三角一市三省新型基础设施竞争力指数的排名是:上海市第 2 位,江苏省第 3 位,浙江省第 4 位,安徽省虽居第 15 位,但竞争力指数已达 75.2,接近 75.3 的全国平均水平[9]。

进入 2020 年,面对世界经济下行和突如其来、波及全球的新冠肺炎疫情对经济发展的冲击,中共中央政治局常务委员会 3 月召开会议提出,加快 5G 网络、数据中心等新型基础设施建设进度,新基建提到了贯彻新发展理念、促进高质量发展的战略高度,受到长三角一市三省的高度重视。2020 年 5 月 7 日,上海市政府出台《上海市推进新型基础设施建设行动方案(2020—2022 年)》,第一批实施 48 个重大项目,总投资约 2700 亿元[10];江苏省 2020 年计划新基建相关项目投资超过 1800 亿元,涵盖 5G、人工智能、新能源、光电产品研发等 70 个项目;浙江省提出 2020 年再建 5G 基站 5 万个,实现县城以上全覆盖,更支持骨干民营企业投资新基建,如阿里巴巴再度加码"新基建",宣布未来 3 年再投 2000 亿元,2020 年仅在杭州就投资新基建约 200 亿元;安徽省出台专项政策,突出 5G 发力新基建,2020 年全省建成 5G 基站达 1.5 万个以上。5G 网络将实现 16 个地级市的市区、61 个县城和黄山、九华山、天柱山等重点景区的连续覆盖。这些措施的共同特征是广泛导入智能化因素,推进新基建向面上扩展。展望未来,新基建在三个方面为推进长三角一体化发展缩短距离而培育新动能。

一是新基建的信息基础设施发展为长三角一体化缩短距离而培育新动能。信息基础设施主要指基于新一代信息技术演化生成的基础设施,如以 5G、物联网、工业互联网、卫星互联网为代表的通信网络基础设施,以人工智能、云计算、区块链等为代表的新技术基础设施,以数据中心、智能计算中心为代表的算力基础设施等。显然,新基建以新一代信息技术全面武装的信息基础设施,极大地提升了海量信息的有效利用,会在信息高效利用方面为长三角一体化缩短距离而培育新动能。

二是新基建与传统基础设施的有机融合为长三角一体化缩短距离而培育新动能。新基建的重要特征是,深度应用互联网、大数据、人工智能等技术,支撑传统基础设施转型升级，进而会形成有机融合的基础设施，如智能交通基础设施、智慧能源基础设施等，就是这样的有机融合。显然，新基建与基础设施深度而广泛的融合，既会发挥新基建的高效引领作用，又会提升传统基础设施的作用功能，在发挥融合优势方面为长三角一体化缩短距离而培育新动能。

三是新基建过程中的创新发展为长三角一体化缩短距离而培育新动能。新基建是新课题，在关键技术和应用方面还有很多"瓶颈"，需要研发攻关，如 5G 基站的昂贵成本、数据中心的高耗电、充电桩的使用效率与安全问题等需要突破，而且，随着新一轮技术革命和产业变革的持续深化，新型基础设施的内涵、外延都会发生新的变化，所有这些，决定着在新基建过程中要持续开展科学研究、技术开发、产品研制、市场培育，亦即新基建是在创新发展中推进的。长三角地区创新能力强，新基建的创新发展会为长三角一体化缩短距离而培育新动能。

3. 智能化因素导入企业管理，开拓"云"市场发展数字经济，通过"云"市场缩短距离

人类进入信息时代，数字的经济价值越来越凸显。早在 1996 年，美国学者唐·泰普斯科特（Don Tapscott）在其所著的《数字经济：网络智能时代的前景与风险》中，首次提出了"数字经济"概念[11]。进入 21 世纪，第四次工业革命产生的智能化浪潮，正在形成人机互动、万物互联的泛在性通达网络，大数据和人工智能技术的应用日益广泛，数字已成为关键生产要素，通过云计算在信息网络上快速地聚合、传播、使用和分享，形成了"云"上的数字存储，使"数字经济"成为现实，数字产业化和产业数字化蓬勃发展。据国际文献资料中心（IDC）的统计，2020 年全球的数字信息有 30% 存储在云中，而且还会快速提升，在"云"上缩短距离成为大趋势。我国的数字经济也快速发展，而长三角地区又是我国数字经济的发达地区，据 21 世纪经济研究院和阿里研究院测算，长三角地区一市三省 2018 年的数字经济总规模达 63 万亿元，占全国的 28%[9]。企业是数字经济的创造者、推动者、受益者，对企业来说，云计算是重要的生产工具，为适应数字化转型，利用第三方云服务商提供的平台和服务上云，是经营上的重大转变，随着 5G 超高宽带的更多应用，便于更多的企业上云。在长三角地区，越来越多的企业注重利用大数据，在"云"进行决策、生产、销售、经营、为客户服务。展望未来，智能化因素会更多地导入长三角地区的企业管理，在线上形成规模巨大的"云"市场，通过"云"市场缩短

甚至消除一体化的地面距离,推动一体化的更高质量发展。

据国家工业和信息化部安全发展研究所发布的《中国云制造指数（2019）》,2018年,我国互联网宽带接入端口达77541万个,占总人口的55.57%,而长三角地区互联网宽带接入端口达16669万个,占全国总量的21.50%,占长三角地区常住人口的73.97%,高于全国平均水平18.4个百分点,其中制造业企业上云指数达55.4%,高于全国平均水平11.5个百分点[12]。长三角一市三省都高度重视发展数字经济,支持企业"上云"。如浙江省2017年就把数字经济作为全省的"一号工程",积极响应国家工业和信息化部"百万企业上云"行动号召,坚持广覆盖与深应用相结合,全面推进企业上云,从面上推广向深度用云发展,向更深层次、更高水平跨越,2019年全省累计上云企业达37.78万家,成为全国数字经济大省、企业上云大省。江苏省数字经济总规模居全国第二,约占全省经济总规模的40%,2019年全省上云企业达22万家,物联网业经营收入居全国第一。上海市近年来加大了对企业上云的支持,仅2019年新增上云企业就超过10万家,增量居全国前列。安徽省的数字经济和企业上云更有自身的特征,省会合肥市数字经济发展最好,企业上云为全省最多,2019年上云企业已近万家,2020年达1.3万家;煤城淮南市在产业转型中兴建了大数据产业基地,农业大市宿州市在产业升级中兴建了云计算产业基地,都成为省级重大新兴产业基地,在数据资源开发利用和为企业上云服务等方面都有新的进展。

长三角地区数字经济发展和企业上云几年的实践表明,智能化因素导入企业,从缩短距离维度对一体化的更高质量发展具有基础性的作用。一方面,就单个企业而言,企业利用大数据在"云"上进行决策、生产、销售、经营、为客户服务,缩短了企业与上下游关联企业及消费者的距离,甚至消除了这种距离,大幅度地提升了企业运行的敏捷程度,显著降低了企业营运的经济成本和制度成本,可以扩展生产与服务网络空间,提升企业的规模效益和在细分市场的占有率;另一方面,就产业发展而言,由于越来越多的关联企业上云,可在网络平台基础上打造集群化的产业发展新格局,会在整体上推进产业链向智能化生态群的转变,缩短乃至消除产业协同发展的地理距离,从实体经济层面推进长三角一体化更高质量的发展。重要的是,产业有了智能化的生态群,单个企业可以在分工合作、协同发展中分享发展红利,就有不竭的参与动力,企业会持续导入智能化因素在"云"上进行经营管理,缩短距离就会更有效率、更可持续。根据《长江三角洲区域一体化发展规划纲要》的部署,一市三省正在共同打造数字长三角,合力建设长三角工业互联网,推动企业内外网改造升级,加快建设以跨行业跨领域跨区域平台为主体、企业级平台为支撑的工业互联网平台体系,推动更多的企业上云和工业 APP 的更广泛应用,会从广度和深度上缩短一体化的距离,推进长三角一体化的更高质量发展。

4. 智能化因素导入推进都市圈同城化,通过同城化缩短距离

都市圈是以辐射带动功能强的特大城市或大城市为中心、以 1 小时通勤圈为地域范围的城镇化空间形态,长三角地区已经形成了上海、南京、杭州、合肥、苏锡常、宁波六大都市圈,徐州都市圈也正在兴起。世界城市化的理论和实践都表明,都市圈的发展会经历一体化、同城化、国际化三个阶段,中国的都市圈当前大多进入同城化阶段,所以,国家发展和改革委于 2019 年 2 月 21 日颁发的《关于培育发展现代化都市圈的指导意见》(发改规划〔2019〕328 号),就明确提出我国都市圈的发展方向是同城化[13]。长三角地区都市圈的同城化发展起步虽较早,但各都市圈的同城化程度还有较大差距,所以,中共中央国务院印发的《长江三角洲区域一体化发展规划纲要》,也明确提出加快长三角都市圈建设,着重提升都市圈的同城化水平。展望未来,智能化因素在长三角地区的广泛而有深度的导入,不仅会推进智慧交通趋向全覆盖,通过智慧交通高效、安全、全域缩短距离,而且会推进都市圈的同城化发展,通过提高都市圈的同城化水平缩短距离,推进长三角一体化的更高质量发展。

同城化是中国在城市化过程中首先提出的,第一次提出同城化概念的是深圳市。2005 年深圳市颁发的城市规划,提出深圳要与香港同城化,很快成为中国学界和政府的共识[14],同城化概念不仅广泛使用,同城化建设也逐渐展开。所谓同城化,是相邻城市之间的通达性在得以提高的条件下,人们的通勤空间会由一个城市扩大到相邻城市,普遍出现了同城效应,居民在不同城市间的工作和生活,如处在同一个城市那样很便捷;企业在不同城市间的要素配置和分工合作,如处在同一个城市那样有效率。显然,同城化的"同"字对都市圈内的每个城镇而言,就包含着空间距离的缩短,这是在优化都市圈空间结构的条件下,居民在生活工作的感受中和企业在分工合作的实效中,体现出来的缩短距离。智能化因素的引

入,会在广度和深度上推进都市圈同城化,提高居民和企业在缩短距离方面的效率。在长三角地区,对上海、南京、杭州、合肥、苏锡常、宁波六大都市圈和正在兴起的徐州都市圈而言,因为智能化因素的引入提高了居民和企业在缩短距离方面的效率,会进一步提升都市圈同城化水平;对长三角地区整体而言,因为智能化因素的引入提升了各都市圈的同城化水平,把缩短距离的效率扩展到长三角全域,会推进一体化的更高质量发展。

智能化因素的导入在广度和深度上推进长三角各都市圈的同城化,通过提升同城化缩短距离,在乡村人口继续向城镇转移而流动转向定居的同时,人口流动会出现两个新的变化:一是由于智能化因素会由城市的中心区向城郊扩展,城郊地区不仅拥有与中心区同等的基础设施和公共服务,而且还拥有中心区不具备的生态环境优势,一部分有条件的城区居民会在城郊购房租房居住,人口流动会出现"城郊化"的变化。二是由于都市圈同城化程度的提高,形成 1 小时甚至半小时通勤圈,人口在城镇间的流动更便捷,住在 A 城的人可以到 B 城找到更适合自己的工作,会出现部分人口由职居同地向职居分离的变化,这种变化更加适应智能化时代技术进步快、就业岗位选择性大、工作方式更灵活的新特征,会兴起弹性就职、柔性化的工作方式,更利于人们各显其才、各尽其用,增加其获得感幸福感安全感,有利于汇集个体的力量,推进长三角一体化更高质量的发展。

第三节　减少分割研判

一、长三角现状分析

我国的区域是按法定行政区管理的,必然存在着行政区界,区域经济往往又是行政区经济,对要素流动和资源配置会造成行政区的分割,成为区域一体化的阻力。区域一体化并不是不要行政区界,而是最大限度地降低乃至消除行政区界对要素流动和资源配置所造成的阻力,这就是减少分割,使商品、资本、人员和知识流动具有穿透行政区界的机制和能力。办法就是地方政府之间开展区域合作,形成推进区域一体化发展的区域合作机制。考察长三角区域一体化减少分割的状况,应该围绕区域合作这条主线进行分析。从这个意义上看,长三角减少分割

的现状有以下特征:

1. 区域合作机制趋向成熟,从体制机制上减少分割

长三角地区的区域合作起源于省区之间的经济协作,曾于 20 世纪 50 年代初期成立了华东经济协作区,各省市间在工业、商业、交通运输等领域互通有无,主要是用计划经济手段,在一些重要物资的调剂上减少行政区的分割。1982 年 12 月成立了隶属于国务院的"上海经济区规划办公室",经济协作向技术协作拓展,但规模不大,仍然是用计划经济手段,在某些经济技术协作方面减少行政区的分割。1997 年,上海及周边江浙的 16 个市(俗称"小长三角")成立了"长三角城市经济协调会"后,引入了一些市场经济手段,主要是通过城市政府之间的协调,在跨市交通等重大基础设施建设方面减少行政区的分割。据中山大学的一份研究报告测算,由于长三角城市经济协调会的成立、运行,从 1997 年至 2002 年,地方分割对区域协调发展的阻碍作用下降了 45.7%(引自《上海证券报》2006 年 11 月 26 日报道:《"市场割据"大幅度下降,长三角区域合作渐入佳境》)。可见,长三角区域合作机制已显示了巨大的作用。

自 2004 年起,沪苏浙三省市党政主要领导每年定期召开座谈会,就事关区域发展全局的重大战略问题和重大事项进行磋商,从改革体制入手打破区域合作的行政区分割,在减少区域一体化的阻力方面效果较好,受到党中央、国务院的肯定。如国务院 2008 年 9 月 7 日发布的《关于推进长江三角洲地区改革开放和经济社会发展的指导意见》中就明确指出,"长江三角洲地区的改革开放和经济社会发展,有利于推进区域经济一体化"。[15] 2008 年 12 月 15—16 日在宁波召开的长三角地区主要领导第五次座谈会,明确提出长三角地区政府层面要建立"三级运作、统分结合、务实高效"的区域合作机制,是体制改革层面的重大突破①。所谓"三级运作",一是长三角地区主要领导人定期举行座谈会,在决策层沟通磋商区域合作的重大事宜;二是沪苏浙每年轮流承办由常务副省(市)长参加的"长三角经济合作与发展座谈会",在协调层落实决策层磋商的区域合作工作任务和各方责任;三是在执行层建立联络组、专题组,联络组负责综合协商、专题组负责推进落实。

---

① 著者于长三角地区主要领导第五次座谈会召开的前 25 天,即 2008 年 11 月 19 日在安徽大学举办的"2008 泛长三角经济发展论坛"的主题报告中,第一次提出了"统分结合"的区域合作机制,主题报告全文发表于《安徽大学学报》(哲学社会科学版) 2009 年第 5 期。

所谓"统分结合",就是长三角一市三省及各级地方政府统一执行协商一致的区域合作事宜,分头落实,并且通过决策层、协调层和执行层的三级运作,收到"务实高效"的区域合作成效。2010年以后安徽省加入长三角,也融入了"三级运作、统分结合"的区域合作机制,长三角地区由一市两省扩大为一市三省。

10多年来的实践表明,"三级运作、统分结合"区域合作机制的最大成效,是从体制机制上减少了行政区对要素流动和资源配置的分割,不断消除区域一体化的阻力,标志着长三角区域合作机制趋向成熟,有的从事务性合作正在转向政策性对接,有的从局部性合作正在转向整体性谋划,有的从阶段性合作正在转向制度性安排。正因如此,在11年后的2019年5月30日,中共中央、国务院颁发的《长江三角洲区域一体化发展规划纲要》最后一章还特别强调,"要完善三级运作、统分结合的长三角区域合作机制"。国务院还成立了推动长三角一体化发展领导小组,会更有力度地从体制机制上减少分割,推动长三角一体化更高质量发展。

2. 注重规划引领,从规划上减少分割

区域规划是对区域未来发展的一些重大趋向带有确定性的考量和安排,如基础设施建设、产业与城乡发展、空间布局等。我国的区域规划是以行政区为单元的,行政区各做各的规划,相互之间很容易出现规划上的分割。长三角一体化发展一开始就在共同关切的领域作跨行政区的规划,探索以跨行政区的规划为引领,从规划上减少分割。实际上,长三角是我国最早开展跨行政区规划的地区,早在1982年12月成立的"上海经济区规划办公室",就以区域合作为主线着手编制跨行政区的发展规划,后来因为这个办公室在政府机构改革中撤销而未能坚持下去,但跨行政区规划的重要性在长三角地区已逐渐形成共识。到了1997年"小长三角"16个市成立的"长三角城市经济协调会",就开始酝酿跨行政区的规划问题,并且在重大交通基础设施的跨行政区规划方面取得了实质性进展,很快在交通网络建设上减少乃至消除了行政区的分割,促进了人流、物流、要素流。进入21世纪后,国家层面对跨行政区发展规划的重视,也促进了长三角地区对某些跨行政区重要发展规划的编制,特别是2004年沪苏浙三省市主要领导第一次座谈会召开以后,开始从重大专题项目入手,研究和编制跨行政区的合作规划,每年都推出10个左右的重大专题项目规划,每个专题项目规划由一个省市牵头研究和编制,其他省市合作,通过"三级运作、统分结合"的区域合作机制共同实施,实现共建共享,分专题、分门类减少乃至消除行政区的分割及对区域一体化的阻力。实施中取得的成效使长三角地区的决策层认识到,为推动长三角区域一体化发展,跨行政区的发展规划不仅是必要的,而且还起到引领作用。

2018 年 1 月一市三省联合成立长三角一体化办公室后,围绕区域一体化的"五个一",着手编制《长三角一体化三年行动计划》。中共中央政治局委员、上海市委书记李强 2018 年 6 月 11 日在上海召开的长三角地区主要领导座谈会上对"五个一"作了这样的解释:一是建好"一张网",即规划编制跨一市三省的陆、水、空、信息四网,把长三角地区的重要交通节点连起来,让区域联通更便捷。二是打造"一个库",即规划共建长三角数据中心,把数据格式、口径、目录、接口等都统一起来,依托统一的数据共享平台,实现跨省市、跨部门共享应用,让数据资源更管用。三是编好"一张图",即规划编制好长三角产业和创新资源标识图,把一市三省的产业特色和基础标识出来,既防止重复投入、资源浪费,又推进产业联动、资源共享,让产业创新更协同。四是共认"一个章",即在市场准入方面建立统一、透明的市场准入政策,在市场检测方面推动标准和检测认证结果的互认,在大通关方面实现"一次申报、一次查验、一次放行"的"单一窗口"制度,整体优化长三角营商环境。五是办好"一张卡",即在关系民生的交通、医保、养老和群众文化消费、旅游等方面实行跨省市的"一卡联通""一卡结算"制度,让群众生活更便利①。显然,"五个一"的规划对长三角一体化发展起到引领作用,到 2020 年,《长三角一体化三年行动计划》全面完成,是从规划上减少分割的生动体现。2019 年 5 月 30 日,中共中央、国务院颁发的《长江三角洲区域一体化发展规划纲要》,对长三角地区到 2025 年的一体化发展作出了全面规划,将会在更高层次、更多领域减少分割,加快长三角一体化更高质量的发展。

3. 合作主体向行业企业拓展,多元主体参与减少分割

在政府的规划和组织下,长三角地区的区域合作主体逐渐向行业企业拓展,形成以政府为主导,企业、行业协会等社会组织联动的多元合作格局,多元主体的参与从多方面减少分割,消解区域一体化的阻力。从长三角地区多元合作主体的演变过程看,一市三省政府部门间的合作起了催化作用。早在 2004 年长三角地

---

① 《长三角一体化进入快车道! 李强详解"上海会议"成果落实》,见上海市政府网,2018 年 6 月 12 日新闻。

区主要领导首次座谈会召开后,为落实座谈会的区域合作决议,沪苏浙三省市政府的有关职能部门召开联席会议,如交通一体化最受关注,三省市交通部门最先建立了"长三角地区道路货运一体化工作联席会议"制度,共同构建无障碍的综合交通体系;环境污染的治理和保护问题也很突出,三省市环保部门建立了"污染联防、信息沟通和通报"机制,联合开展环保专项活动,逐步建立和完善跨界污染防范和治理应急预案;人才和劳动力流动也很频繁,三省市人事部门建立了"长三角人才开发一体化联席会议"制度,构建长三角网上人才市场,开展专业技术职务任职资格互认。尽管在 2010 年前安徽尚未加入长三角,但沪苏浙有些领域的发展与安徽关联很大,也邀请安徽的政府有关职能部门参加联席会议,如旅游部门联席会议就扩大到安徽,四省市旅游部门通过多次协商,编制了包括安徽在内的长三角地区旅游一体化发展规划,在统一旅游标识、统一对外宣传和旅游投诉异地处理等方面达成合作协议。安徽加入长三角后,长三角地区所有政府职能部门的联席会议安徽都是正式成员。在政府职能部门的带动下,长三角地区的一些行业开始在国内率先自发地组建跨省市的区域性行业协会,如建筑、建材、旅游、物流等。企业通过区域性的行业协会将生产和服务链跨省市拓展,区域性的行业协会成为企业合作的桥梁纽带,在政府间合作平台之外开辟了"第二合作平台",具有政府和企业都不可替代的作用,进一步破除行政壁垒,减少了区域一体化的行政区分割。

　　2018 年 11 月长三角一体化上升为国家战略后,企业作为区域合作主体的作用进一步显现,主要是按照细分行业成立区域性企业联盟,深入产业链跨省市布局分工合作,从深层次减少一体化的区域分割。如跨沪苏浙皖的松江区、苏州、嘉兴、杭州、湖州、金华、宣城、芜湖、合肥等 9 城市的 G60 科创走廊,由企业为主体,率先探索组建区域性的企业联盟,仅 2019 年,就先后组建了新材料、机器人、智能驾驶、新能源、新能源汽车、网联汽车、集成电路、生物医药、通用航空等 9 个产业联盟和产业园区联盟,企业和园区间围绕产业基础高级化、产业链现代化进行战略合作,努力建设具有国际竞争力的产业集群。在 G60 科创走廊的带动下,长三角企业家联盟于 2020 年 6 月 6 日在湖州市成立,近百名成员都是长三角地区重点产业、支柱产业的龙头企业和相关行业商会协会的主要负责人,上海发起人为奥盛集团董事长汤亮,浙江发起人为正泰集团股份有限公司董事长南存辉,江苏发起人为苏宁控股集团董事长张近东,安徽发起人为科大讯飞股份有限公司董事长刘庆峰。该联盟致力于搭建长三角企业家与党委政府、有关部门沟通对接平台,打造成为企业家参与一体化发展的重要平台,促进政企高效沟通,在减少区域一体化的行政区分割方面会发挥企业家的独特作用。

4. 在动力上实现由行政推动为主向市场机制引导为主的转换,减少分割的内在动力增强

长三角一体化正在向协同建设现代化产业体系方向发展,而产业发展的主体是企业,机制是市场,动力不仅源于政府,更源于企业。由于长三角地区的合作主体正向行业企业拓展,在动力上也逐渐由行政推动为主向市场机制引导为主转换,减少分割的内在动力增强,是长三角区域一体化减少分割的重要特征。其原因,除了我国社会主义市场经济体制不断完善、市场在资源配置中起决定性作用得以显现的发展大势外,长三角地区通过构建"三级运作、统分结合"的区域合作机制,更好地发挥政府在推动区域合作和一体化发展中的作用,也是重要原因。

"统分结合"的区域合作机制,初衷是长三角地区政府间的区域合作机制,但在实施过程中,又逐渐向企业扩展,政府与企业之间在区域合作中也有"统"有"分"、统分结合。所谓"统",就是政府为企业发挥区域合作的主体作用创造条件,尤其是给予政策支持,优化企业合作的区域环境,通过政府间的合作对企业合作给予实质性的帮助,解决企业在合作中无力解决的困难和问题。所谓"分",就是政府尊重企业作为区域合作主体的地位与作用,遵循市场经济规律的客观要求,放手企业之间在投资、技术、销售及产业链分工等方面的自主决策、自由合作,共同组织合作事项的实施,合作收益共享、合作风险共担,在合作中形成利益共同体,将区域合作利益下移。

10多年来的实践表明,政府与企业在区域合作中统分结合所发生的重大变化,是区域合作动力加快了由行政推动为主向市场机制引导为主的转换,减少分割的内在动力显著增强。企业层面,形成了以市场为基础、以政府为引导的企业自主参与合作机制,政府的区域合作战略意图落实到企业层面,企业把握了区域合作的方向,在市场机制的驱动下选择跨行政区的合作项目,涉及工业、农业、基础设施、旅游等行业,并逐步延伸到科技、教育、人才、卫生等社会公共领域。如上海的上汽、宝钢、百联、华联、绿地、电气、建材等优势企业以资产、技术、管理等优

势,在长三角地区开展广泛合作,投资兴建了一大批企业;浙商在上海、江苏两地发展的投资者达百万人,投资总额达 3000 亿元;江苏也有大量的企业在上海和浙江投资发展,安徽既是沪苏浙企业的投资热土,也有不少企业到沪苏浙投资发展,长三角地区已形成了以企业为主体的生产要素跨区域流动的新格局。如在 G60 科创走廊,九城市积极探索面向企业的政务服务一体化,在 2019 年 12 月九市政府同步开通"一网通办",发出全国首批异地办理的营业执照和工业产品生产许可证,扫除了一体化发展的行政区障碍,在政府引导和市场机制的作用下,由于企业的主动参与,长三角一体化减少分割的内在动力持续增强。

二、智能化因素导入减少分割趋势

上述现状分析表明,长三角地区通过持续推进区域合作,区域合作机制趋向成熟,从体制机制上减少分割,从规划上减少分割,多元主体参与减少分割,市场机制发挥决定性作用而不断增强减少分割的内在动力,从不同方面减小了长三角一体化的阻力。但从更高质量一体化发展的要求看,出于主观和客观、体制机制和方法工具等多方面的诸多原因,区域一体化中的分割问题仍会存在,只是程度不同而已。况且,长三角一体化是动态发展、不断深进的,一体化发展出现的新情况、新要求,往往又会产生新的分割问题,若导入智能化因素,会从更深层次、更多领域、更有效地减少现有的分割和将出现的分割,推进一体化向更高质量的方向发展。经过综合研判,智能化因素的导入,长三角地区减少分割会有以下趋势:

1. 智能化因素导入长三角一体化,形成广覆盖的"万物互联",会革命性地减少分割

对区域一体化的分割,不仅有地理因素、政治因素、文化因素、体制机制及政策因素等,从生产力的角度看,还有科学技术、基础设施和方法工具等因素。特别是因为科学技术落后,加上多种因素的重叠,即使人们认识到分割是不合理的,但也无可奈何。对此,澳大利亚学者史蒂夫·山姆马提诺(Steve Sammartino)称之为"碎片化时代"[16]。互联网、物联网的出现改变了这种局面,都是运用科学技术使无数个碎片按人类的需求而合理连接起来,减少了人和市场主体在经济社会活动中受分割的困境,极大地解放了生产力、发展了生产力。20 世纪 80 年代互联网的出现,实现了机器连接、计算机互联,展现出信息技术对减少分割的广阔前景;国际电信联盟在 2005 年信息社会世界峰会上首先提出"物联网"概念,其技术思想

是"按需求连接万物"，物联网使人和市场主体在需求过程中的分割大幅度减少，效率大为提高，物联网的应用快速推广，逐渐实现了物与物、人与人之间的连接，世界迈入万物互联的新时代，人类活动在更多方面、更多领域减少了分割。随着智能化的发展，物联网又会向"智联网"发展。智联网的显著特征是机器更加智能化，人机处于自然交互，万物互联的面更广，效率会更高，从而会革命性地减少对要素、产品、服务等流动的市场分割和地区分割。显然，智能化因素导入长三角一体化，推进物联网向"智联网"的战略升级，在长三角一市三省形成广覆盖的"万物互联"，革命性地减少对一体化的分割就具有必然趋势。

长三角地区由于经济技术基础好，"按需求连接万物"的物联网发展很快，其中最为突出的是工业互联网的普及走在全国前列。从政府方面看，一市三省政府在"十三五"期间都强调发展"互联网+"，提出了"互联网+"的发展和实施意见，一个共同的特征是突出制造业与互联网的深度融合，在发展上作出规划，在政策上给予支持，在机制上重在激励，积极推进以"互联网+先进制造业"为特色的工业互联网发展；从企业方面看，许多大中型企业积极开展工业 APP 应用，提升企业上云能力，行业的龙头骨干企业都从不同层面、不同环节展开物联网布局。2018 年出台的《长三角一体化三年行动计划》也强调统筹推进省际工业互联网建设，一市三省政府合力支持产业联盟发展，依托有特色和竞争力的产业联盟，正在打造国际领先、国内一流的跨行业跨领域跨区域的工业互联网平台，而互联网平台的显著作用，是减少了生产和服务网络的分割，推进工业的协同发展。

在工业互联网蓬勃发展的带动下，长三角地区物联网正应对不同层次的需求而加快应用普及，如农田水利、医疗卫生、商贸物流、金融服务、交通运输、市政建设、环境保护、公共服务、公共安全等领域数以万亿计的新设备接入网络，物联网在更多领域减少一体化分割的效应日益凸显。随着新基建的发展，长三角地区的物联网将会加快向"智联网"战略升级，智能化因素会更广泛、更深入地融进长三角地区经济社会发展的各领域和人们生活的方方面面，形成广覆盖、有活力的"万物互联"，智能化力量会更革命性地减少对一体化的分割，推动长三角一体化向更高质量的方向发展。

2. 智能化因素导入长三角一体化,推动数字长三角建设,多领域、全方位减少分割

第四次工业革命开启的智能化革命,主要特征是对信息的聚合、传播、使用和分享,数据已经成为最活跃、最丰富的生产要素,正如世界经济论坛创建人克劳斯·施瓦布教授所言,"第四次工业革命可能让人类变得更数据化"[17]。我国也高度重视数据的作用,在中共十九届三中全会后的新一轮政府机构改革中,许多省市都成立了大数据管理局;中共十九届四中全会提出"健全劳动、资本、土地、知识、技术、管理、数据等生产要素由市场评价贡献、按贡献决定报酬的机制",首次明确"数据"可作为生产要素之一,参与分配,将数据的作用推广到经济社会各领域。中共十九届五中全会提出"发展数字经济,推进数字产业化和产业数字化,推动数字经济和实体经济深度融合,打造具有国际竞争力的数字产业集群;加强数字社会、数字政府建设,提升公共服务、社会治理等数字化智能化水平"。中央网信办出台的《数字乡村发展战略纲要》,明确了数据在解决农业、农民、农村"三农"问题中的新应用。长三角地区的数据资源极为丰富,中共中央、国务院颁发的《长江三角洲区域一体化发展规划纲要》明确提出,共同打造数字长三角。智能化因素的导入,会推动数字长三角建设,多领域、全方位减少对一体化的分割。

数字长三角建设的突出特征,是数字经济的快速发展。数字经济是以数字化的知识与信息为生产要素,以网络为载体,以大数据在线模式为物联平台,以分享经济为方向的经济模式。数字经济包括数字产业化和产业数字化两大方面,数字产业化是数字经济的基础部分,主要是围绕数据的归集、存储、传输、使用等环节形成相关产业;产业数字化是数字经济的融合部分,主要是通过信息技术向传统产业的广泛渗透,催生出新产业新技术新业态新模式。数字经济具有虚拟性、高渗透性、高附加性、价值增值性、边际成本递减等五大特点,这些特点可从不同层面减少分割。如虚拟性可以较少考虑产品的批发、零售及运输渠道问题,大幅度减少地理分割;高渗透性可以迅速推进智能化因素向三次产业的渗透,大幅度减少产业融合的分割;高附加性体现出数字经济的外部性,使用者越多整体效用越大,可以大幅度减少商家与顾客在交易中的分割;价值增值性是由梅特卡夫法则(Met-calfe Law)决定的,即网络的价值等于其节点数的平方,可以大幅度减少网站与节点在运行中的分割;边际成本递减使研发成功的数字产品像拷贝一样的可

复制,可以大幅度减少数字产品推出应用中的分割。长三角地区也是我国数字经济的发达地区,据中国信息通信研究院的统计,长三角地区 2018 年数字经济增加值占全国数字经济总量的比例和占本地区经济总量的比例,都高于珠三角、京津冀(见表 2-10),2019 年,长三角地区数字经济增加值达 10.66 万亿元,占全国数字经济总量的比例上升到 29.5%,发展呈加快势头。当前,长三角地区数字经济在省级层面的战略部署已基本形成,正在向市、县、区级延伸,向细化领域(如工业数字经济、数字文化等)延伸,向与传统经济结合落地的方向延伸。数字经济的上述五个特点表明,长三角地区数字经济的快速发展,会从经济发展方面有效减少长三角一体化的分割。

表 2-10　长三角、珠三角、京津冀数字经济发展程度比较（ 2018 年 ）

数字经济发展程度	长三角	珠三角	京津冀
数字经济增加值占全国数字经济总量比例	28%	14%	11%
数字经济增加值占本地区经济总量比例	45%	44%	41%
数字经济增长速度	18%	18%	14%

资料来源:中国信息通信研究院《中国数字经济发展与就业白皮书(2019 年)》。

在数字经济发展的带动下,数字长三角在交通运输、医疗卫生、城市建设、市政建设、环境保护、公共服务、公共安全等领域加快建设。数字长三角的价值导向是以数字化引领带动长三角一体化更高质量发展,与以往强调地域物理空间的跨区域一体化不同,是借助数字化的力量走出一条新路,引导因素更多的是发展导向而非指令性计划。长三角数字经济发展已开始走上了这条新路,其示范和带动意义是,会多领域、全方位减少对长三角一体化的各种分割,推动一体化的更高质量发展。

3. 智能化因素导入长三角一体化,会推进区域合作的数字化升级,将高效率、更深层地减少分割

《长江三角洲区域一体化发展规划纲要》要求,长三角地区要完善"三级运作、统分结合"的区域合作机制,完善的途径很多,智能化因素的导入是最有效的完善途径。其趋势是,区域合作会向数字化升级,将高效率、更深层地减少对一体化的分割。

从政府层面看,智能化因素导入数字政府建设,形成"用数据对话、用数据决

策、用数据服务、用数据创新"的现代化治理模式,会推进"三级运作、统分结合"向数字化升级,以高效而精准的区域合作减少对一体化的分割。政府治理的演进史表明,科技进步曲线与政府变革的曲线是基本同步的,每一次重大的科技进步,都会以全新的理念、方法、工具和制度,影响和完善政府治理。智能化因素导入数字政府建设是科技进步的体现,也会影响和完善长三角的区域合作机制。长三角地区是科技进步最快的地区,互联网、物联网、大数据、区块链等信息技术在长三角地区集群式涌现,数据洪流密集汇聚,为长三角区域合作向数字化升级提供了理念、方法、工具,大量的区域合作事务也会通过人机互动的智能化方法决策、实施,对完善"三级运作、统分结合"区域合作机制所发挥的作用,既会使"三级运作"趋向高效,又会使"统分结合"趋向精准,从而会减少来自政府管理层级官员的主观决策、实施形式主义等方面的负面影响,不断降低对长三角一体化发展所产生的阻力和分割。当前,长三角地区各级政府都积极导入智能化因素建设数字政府,也不同程度地运用到区域合作之中,"三级运作、统分结合"向数字化升级已展现出良好的发展前景。

从企业层面看,智能化因素导入企业管理,会推进企业管理的数字化转型,企业以管理数字化的高效性、精准性参与长三角区域合作,会减少长三角一体化中可能出现的政企分割、企业之间的分割。从企业发展的视角看,企业管理数字化转型的技术驱动力是云计算、大数据、人工智能、物联网、区块链、工业互联网等,智能化因素导入企业管理,会增强企业管理数字化转型的技术驱动力和应对市场变化的敏捷性,对接政企合作的数字化升级和行业联盟的数字化转型,以数字化管理提升企业参与区域合作的能力。就政企合作而言,会提升企业呼应政府推进区域合作意图的能力,主动参与政府规划的区域合作布局,在纵向上与政企合作的数字化升级对接;就行业联盟而言,会提升单个企业融入行业联盟的能力,围绕产业链、供应链、创新链、技术链、资金链、要素链、经营链等,在横向上与行业联盟的数字化转型对接。企业是长三角区域合作的微观基础,也是长三角一体化的参与者,当前,"数字长三角"建设不断向企业推进,越来越多的企业加快管理的数字化转型,新成立的行业联盟也积极利用新兴信息通信技术,探索和构建数字化运行模式。这样,智能化因素导入企业管理,以管理数字化的高效性、精准性参与长三角区域合作,会减少企业在参与长三角一体化中可能受到的纵向和横向上的分割,更好地发挥企业在长三角更高质量一体化发展中的基础性作用。

4. 智能化因素导入长三角一体化,区域合作成果会加快由当事方的互享向社会延伸,在共享方面更好地减少分割

区域之间的合作同企业之间的合作一样,都是出于各自发展的需求,取长补短、优势互补,通过协议或合约共同实施的,合作成果只由当事双方互享,具有排他性;而区域一体化与之不同的是,尽管区域合作也是区域一体化的重要基础,但区域合作成果具有外溢性,不只是由合作当事方互享,而且还向社会延伸,形成区域共享。这样,就在共享方面减少对一体化的分割。比如,两个相邻的县市合作共建一条跨界公路,不仅会方便需要通过这条公路的所有人的出行,直接效益向社会延伸,而且因为这条公路还带动了沿线地带的经济发展、文化繁荣,更多的间接效益也向社会延伸。区域间很多类似这样的例子说明,因为区域共享的资源配置最佳,社会福祉最大,所以,相邻区域之间的合作,必然会迈向区域一体化。将智能化因素导入区域一体化,会加快区域合作成果由当事方的互享向社会共享延伸,在发展成果的共享方面更好地减少对一体化的分割。

长三角地区一体化的发展,就有大量的区域合作成果由当事方的互享向社会共享延伸,智能化因素的导入加快了这种延伸,在共享方面更有效地减少了对一体化的分割。比如,长三角一体化办公室成立后,就注重将智能化因素引入区域合作和一体化发展的组织协调工作之中。2019年5月推出长三角政务服务"一网通办"项目,第一个试行的是医疗卫生领域的异地医疗门诊结算,采用"就医地目录、参保地政策"的异地支付模式,各市参与医院信息系统兼容,按照共同标准上传数据,人们称之为"网上信息多跑路、地上病人少跑腿",深受欢迎,开始时只在16个地级市试行,不到半年就推广到长三角地区全部41个地级市。2020年1月,为应对突如其来的新型冠状肺炎疫情,长三角地区运用智能技术构建"健康码"互认通用机制。上海"随申码"、江苏"苏康码"、浙江"健康码"、安徽"安康码"实现相关技术对接、业务互认及数据共享,可作为人员在一市三省的居住小区、园区、工厂厂区、商务楼宇以及各级行政服务中心、医疗卫生机构、电信银行服务网点、车站等公共管理和服务机构的通行凭证,促进了抗疫防疫和复工复产。

长三角地区的创新活力强劲,随着一体化的推进,长三角地区科技领域正由双方合作向群体合作迈进,合作成果加快向社会延伸,以共享方式减少了优质科

技资源配置的分割。如上海联合苏浙皖相关部门共建的"长三角大型科学仪器设备共享网",2019 年已整合 1195 家法人单位的 26733 台(套)大型科学仪器设施,总价值超过 307 亿元,为长三角地区的企业和科研单位提供共享服务。一市三省共建的"长三角科技资源共享服务平台",是全国第一个全球视角全领域的高层次科技专家信息平台,到 2019 年 7 月,已挖掘筛选出 45 万名全球高层次科技人才的信息数据,专家平台网站年访问量已超过 410 万次,新增注册用户 11 万名,为长三角地区的企业和科研单位提供人才可视化服务。由于企业持续得到科技支持而发展壮大,保障了就业、市场供给和政府财政收入的稳定增长,一体化成果的受益范围已超越了企业边界而向社会延伸,在共享方面更好地减少分割。

国家发改委于 2016 年 6 月颁发的《长江三角洲城市群发展规划》提出,在相关城市自愿协商的基础上,研究设立长三角城市群一体化发展投资基金,采用直接投资与参股设立子基金相结合的运作模式,鼓励社会资本参与基金设立和运营。有关专家建议,可在此基础上,在长三角地区建立产业转移税收利益共享机制,可能会成为一种趋向。比如,由上海青浦、江苏吴江、浙江嘉善共建的长三角生态绿色一体化发展示范区,三地税务部门于 2020 年 5 月共同签署了税收经济分析合作协议,明确以开放、合作、共享的态度,运用大数据分析和推进税收经济合作,在构建税收利益共享机制方面率先进行实践探索,对长三角地区运用智能化因素从税收制度层面减少分割,从而扩大共享范围,在长三角地区乃至全国具有重要的示范意义。

第四节　公平均等研判

一、长三角现状分析

我国区域一体化发展的显著特征,不仅强调经济发展的区域一体化,而且在社会发展方面,还突出普惠共享的价值理念,推进地区间的公平均等,既是我国社会主义制度优越性的体现,也是对区域一体化内涵的升华。在区域一体化地区,公平均等表现为地区间公共服务的均等化与城乡居民社会福祉的共同增长。主要是由地方政府以相互认同的公共政策促进公平均等。长三角地区的区域一体化发展也具有这样的特征,随着区域一体化的深入推进,着眼于公共服务便利共享,公平均等的范围不断扩展,程度也不断提升,主要表现为以下四个趋向:

1. 就业机会趋向公平均等

长三角地区在区域一体化发展过程中,由于增加密度、缩短距离、减少分割三个方面都有显著进展,人口流动渠道畅通,就业机会也趋向公平均等。在人口流动方面,一市三省在全国较早开展户籍制度改革,打破城镇与农村的户籍界限,放开放宽农村人口在城镇落户的限制,城乡间、省市间出现了规模浩大的人口大迁移,人口流动不仅畅通,而且趋向定居化。人口迁移的实质是劳动力的迁移,人口从流动到定居的必要条件是就业的可支撑,而就业可支撑的必要条件是就业机会均等。进城农民工是最大的流动人口群体,大学毕业生是最大的青年就业群体,长三角地区深化区域合作和一体化发展,使这两大群体的就业都趋向机会均等。

从进城农民工的就业情况看,在20世纪90年代,上海和江苏、浙江的沿海地区率先改革开放,民营企业、外商投资企业蓬勃发展起来,吸引了大量中青年农民进城务工,由于经济持续高速发展,为进城农民工的就业提供了可支撑条件,而迁入地的政府又在进城农民工的权益保护、技能培训及其进城子女的入托入学等方面提供机会均等的公共政策,吸引了大批农村劳动力进城务工经商,部分收益较高的进城农民工或在城镇租购住房,或将户口迁入城镇,从流动转向定居,实现了由农民向市民的转化。进入21世纪,安徽的工业化、城镇化也快速发展,大批农村人口也开始就近就地城镇化、市民化、定居化。根据2019年全国0.780‰人口抽样调查的数据,居住在本地但户籍在外地的常住人口占全地区常住总人口的比例,长三角地区为28.43%,总量达642.9万人,其中上海市为54.05%,总量达130.2万人;江苏省为23.91%,总量达192.1万人;浙江省为36.29%,总量达211.3万人;安徽省也为17.18%,总量达10.94万人(见表2-9)。这些居住在本地但户籍在外地的常住人口,主要是农村进城务工经商人员及其父母、子女。长三角地区几千万农村人口在较短的时间内不同程度地实现了城镇化、市民化、定居化,根本原因是他们进入城镇有均等的就业机会。

从大学毕业生的就业情况看,进入21世纪后,长三角地区高等教育发展加快,一市三省的高校普遍增容扩招,到2019年,长三角地区共有高等学校459所,占全国的17.1%,其中上海市64所,江苏省167所,浙江省108所,安徽省120所;

大学毕业生 122.52 万人,占全国的 16.15%,其中上海市 13.17 万人,江苏省 48.85 万人,浙江省 28.34 万人,安徽省 32.16 万人。大学毕业生的就业问题虽然越来越突出,但长三角地区因普遍实施创新驱动战略,产业转型升级对劳动者的科技文化素质提出了新的要求,企业对大学毕业生的需求也越来越多,为大学毕业生的就业机会均等提供了客观条件。一市三省政府每年都把大学毕业生就业作为重要的民生工程来抓,各高校都有常设机构和专职人员负责大学毕业生的就业工作。基本原则是用人单位需求和个人选择相结合,保障了大学毕业生就业的机会均等。各市县的政府人事部门都设立人才就业服务中心,重点为大学毕业生就业服务。2010 年起,长三角地区的政府、企业和高等学校联合,共同举办"长三角地区人才交流洽谈会暨高校毕业生择业招聘会",每年一次,为大学毕业生开辟了就业新渠道,如据 2020 年 8 月 5 日在无锡市召开的第十届人才交流洽谈会暨高校毕业生择业招聘会组委会估计,可为 10 万个大学毕业生提供人才就业岗位。2018 年 10 月,长三角松江、苏州、嘉兴、杭州、金华、湖州、宣城、芜湖、合肥九地市联合发布了《共建共享 G60 科创走廊人才新高地行动方案》,共同探索长三角人才柔性流动机制和一体化便利化的人才服务机制,也为高校毕业生择业提供了新机会[18]。

为切实依法维护好用人单位和劳动者的权益,上海市、江苏省、浙江省、安徽省的人力资源和社会保障厅(局)、高级人民法院、劳动人事争议仲裁院还在劳动人事争议处理方面开展合作,积极探索新形势下如何处理劳动人事争议的疑难问题和跨地区的调解仲裁,将就业机会均等扩展到劳动权益公平,在许多方面达成共识,已取得很好的成效。比如,劳动者与用人单位就未休年休假工资报酬发生争议、劳动者的用工管理涉及多家用人单位时劳动关系主体的认定、用人单位未与劳动者协商或者协商未达成一致意见时调整劳动者工作岗位的有效性认定、固定期限劳动合同和无固定期限劳动合同效力的认定、劳动保护的相关规定等,一市三省在达成一致的基础上,都按照统一的标准调解仲裁,既依法维护好用人单位和劳动者的权益,又允许劳动者的合法流动,调动了劳动者在长三角地区自主择业创业的积极性。

为适应人口流动的新变化,上海、江苏、浙江、安徽公安系统于 2020 年 6 月联合推出跨省户口网上迁移办法,省市居民只需到迁入地公安派出所申请办理即可，无须再到迁出地办理迁出手续，有效解决了以往群众"两地跑、多次跑"的难题，据估计，长三角地区将有数千万群众受益①。2020 年 6 月 13 日，上海、江苏、浙江、安徽公安厅召开的长三角地区警务一体化会议决定，长三角跨省迁移户口可以在迁入地全域网办，将会推进长三角地区人口由流动向定居的转化，也方便劳动力跨地区流动，有利于就业机会趋向公平均等。

2. 公共服务趋向便利共享

长三角地区人口流动频繁，企业之间联系密切，经济社会运行不仅节奏快，而且涉及面广，对政府的公共服务提出了新的要求，一市三省政府对此都极为重视，但许多问题不可能靠各省市独立解决，需要省市政府间的协调合作，但作用是有限的，不能满足人民群众和广大企业对公共服务日益增长的需求。长三角一体化提出以后，一市三省政府积极探索以普惠共享的理念和一体化方式联合开展公共服务，局面大开。

2018 年 7 月，由一市三省联合成立的长三角一体化办公室，明确提出建设共享普惠便利的公共服务，并以社会保障为重点，根据国家深化社会保障制度改革的总体要求，提出要提升社会保障关系跨地区转移效率和社会保障服务的便利化程度，得到一市三省政府的一致赞成并积极付诸实施，且已在四个方面取得了新进展：一是提升养老保险待遇资格协助认证效率，加强长三角异地居住退休人员养老保险信息交换，减少认证流程。二是实施跨省（市）异地就医直接结算，扩大异地就医直接联网定点医疗机构数量，加强异地就医直接结算服务的监督合作，确保医疗保险基金的有效使用和安全运行。三是深化在工伤、失业保险方面的区域合作，建立长三角工伤认定和劳动能力鉴定市级工作联系协调机制，开展失业保险待遇跨地区转移衔接协作，推进相关政策的统一和工伤康复机构的资源共享。四是开展民生档案跨省（市）查档服务工作，一市三省档案馆在婚姻、学籍、城镇下乡知青、复员退伍军人等馆藏民生档案方面开展服务协作，并充实可查民生档案门类，在查档合作方面为长三角公共服务便利共享提供基础性支持。

长三角地区公共服务趋向便利共享的一个重要特征，是在全国较早运用现代信息技术，开展跨地区的网上政务服务，主要是开展"一网通办"，使公共服务能够

---

① 徐越：《全域通办：长三角跨省户口可在迁入地网办》，2020 年 6 月 15 日《市场星报》。

便利共享。在这方面具有标志意义的是,长三角一体化办公室刚成立,就对近期一体化发展的紧迫而重大问题作出系统考虑,于 2018 年 7 月编制了《长三角一体化三年行动计划(2018—2020 年)》,特别强调建设"共享普惠便利的公共服务"。经过深入的调查研究并征求长三角地区政府和部分企业的意见,又进一步编制出台了《长三角地区政务服务"一网通办"试点工作方案》。主要内容是:要让群众与企业在长三角地区感受一体化的无感"换乘"漫游服务,一市三省政府建立政务服务统一"入口",实现无缝对接。试点分为三步走:第一步,到 2019 年 4 月 10 日前,以 G60 科创走廊九城市(区)"一网通办"工作机制为基础进行试点,探索出"一网通办"可复制的工作机制;第二步,从 2019 年 4 月至 12 月,推动一批高频政务服务事项实现线上"一地认证、全网通办",线下"收受分离、异地可办",应用电子证照在长三角城市群实现办事材料免交、异地发证;第三步,到 2020 年底前,推进长三角地区政务服务业务流程标准化,实现区域统一受理、长三角地区全覆盖,每季度更新事项范围。[19]这个试点工作方案受到国务院的重视,2019 年 3 月,国务院秘书局印发了这个试点工作方案,供其他省(市)区政府开展政务服务"一网通办"参考①。

2019 年 5 月,"异地就医备案"和医疗保险服务两个事项,纳入长三角政务服务"一网通办"试点首批开通事项,一市三省居民若需要办理异地就医和结算医疗保险费用,只需要提交网上申请,不用来回奔波,符合条件就可即时办理,医保正向一体化方向发展。如在"异地就医备案"方面,重点开展异地门诊服务,上海市发挥优质医疗资源丰富的优势,牵头开发长三角异地门诊直接结算信息平台,与长三角地区 41 个地级及以上城市的 3800 家医院联网,建立了医疗费用异地网上结算关系,患者若异地门诊,医院采用"就医地目录、参保地政策"的异地支付方式,与患者结算个人和医保支付的医疗费用。到 2019 年 10 月,仅 5 个月的时间,长三角异地门诊直接结算总量累计已达 40. 38 万人次,涉及医疗总费用 8859. 08 万元②。实践表明,长三角地区 41 个地级及以上城市实现异地门诊结算,不仅优质医疗资源可以共享,而且,患者若异地就诊会更加便利,人民群众真正感受到一体化在公共服务上的便利共享、公平均等。

---

① 见长三角一体化办公室官网、2019 年 4 月 11 日《杭州日报》。
② 见《长三角观察》,2019 年第 12 期,第 38 页。

随着流动人口的定居化，长三角地区城乡居民异地异市购房的现象越来越多，住房公积金不仅体量越来越大，而且，住房公积金异地提取和银行贷款的异地认证也逐渐增多，手续也很复杂，对购房人造成很多不便。为解决这个问题，一市三省政府住房和城乡建设部门积极探索长三角地区住房公积金一体化办法，于2020年8月签署了《长三角住房公积金一体化战略合作框架协议》，从九个方面开展合作，包括长三角跨地区购房信息协查、异地贷款证明信息互认、购房提取异常警示、12329服务热线库共享、在长三角生态绿色一体化示范区（即上海青浦、江苏吴江、浙江嘉善）之内试点统一购房提取业务政策、以铁路职工为对象试点异地贷款冲还贷业务、按照国家标准分步推进业务规范化、合作开展资金融通使用课题研究、开展人才交流培训等。为确保这个战略合作框架协议的"落地"，长三角一市三省政府住房和城乡建设部门还建立长三角住房公积金一体化联席会议制度、日常工作机制和2020年合作推进事项清单[20]。随着这些事项的落实，长三角地区城乡居民异地异市购房会更为便捷，对区域一体化高质量发展是重要支撑。

3. 市场秩序趋向公正有序

推进区域一体化发展需要公正有序的市场秩序，长三角地区的一体化发展也是如此。长三角一市三省着眼于构建一体化市场，特别重视对市场秩序的共建，推进市场秩序趋向公正有序。在长三角一体化上升为国家战略后，一市三省更加注重从地方立法、行政执法和保护消费者及企业的合法权益方面，推进形成公正有序的市场秩序。

从地方立法高度推进形成公正有序的市场秩序，长三角地区走在全国的前列。2018年6月，长三角地区主要领导座谈会在上海举行后的第二个月，长三角一市三省人大常委会主任就在杭州举行座谈会，四方签署了《关于深化长三角地区人大工作协作机制的协议》。协议提出，抓住关系长三角一体化发展的重大事项和重大议题，依法分别作出决定决议，发挥人大讨论决定重大事项在推进一体化发展中的优势和功效。经过一番程序，在2018年11月下旬，一市三省人大常委会相继通过了推进长三角高质量一体化发展的地方立法文件。上海市人大常委会行动最快，于2018年11月22日第一个表决通过了《关于支持和保障长三角地区更高质量一体化发展的决定》，主要内容是，强调了市人大在构建长三角一体化推进机制中的应尽责任,明确了市人大支持和保障长三角一体化发展的重点领域和重点工作,在规划对接、法治协同、市场统一、生态保护、共建共享等方面提出要求;推动长三角地区建立统一的市场标准体系,营造规则统一开放、标准互认、要素自由流动的市场环境,率先消除行政壁垒等;支持长三角地区信息服务平台互联互通、大型科学设施协作共享、异地就医直接结算、公共交通异地扫码通行、民生档案异地查询等;上海要进一步发挥好龙头作用,主动对接苏浙皖,积极协同、率先作为、互利共享,共同争取国家关于长三角地区一体化发展的综合规划及政策支持,在长三角地区先行先试。[21]2018 年 11 月 23 日,江苏省人大常委会和安徽省人大常委会同日召开会议,2018 年 11 月 30 日浙江省人大常委会也召开会议,分别表决通过了支持和保障长三角地区更高质量一体化发展的地方法规,江苏省、安徽省、浙江省还特别强调一市三省在大气、水、土壤、固体废弃物污染防治、海洋生态环境保护等方面的工作协同,提出"建设美丽长三角"①。可以说,长三角一市三省人大常委会立足地方国家权力机关的定位,在地方立法层面支持和保障长三角高质量一体化发展,为长三角地区形成公正有序的市场秩序提供了法律保障,是一大创举。

　　有了地方立法,长三角地区为维护公正有序的市场秩序,在行政执法方面也加快了一体化进程。比如,一市三省政府工商管理部门在市场监管方面长期进行合作,打破行政区界限共建长三角统一市场,在企业资格认可、产品标准认证、检验检测、质量可追溯等方面都相继成立了行业联盟,合作推进长三角一体化建设都已取得很大进展。为应对市场的复杂情况,还注重运用科技手段提高市场监管效能,经过一段时间的探索,2020 年 8 月 6 日,长三角一市三省政府市场监管部门共同签署了《长三角市场监管科技一体化合作协议》,并附 7 个备忘录,分别是市场监管科技一体化发展、加强反垄断执法协作、统一应用电子营业执照、共推绿色产品认证合作、检验检测机构能力验证、法制计量领域合作互认、消费投诉云平台合作,都是运用信息技术对市场监管赋能,不仅覆盖面广,而且保障公平公正,会推进市场监管一体化再升级,在复杂的市场运行中,保障市场秩序的公正有序,在

---

① 见上海市、江苏省、安徽省、浙江省人大常委会官网,以及新华社 2018 年 12 月 1 日报道:《长三角省市协同立法:支持更高质量一体化发展》。

对市场监管科学执法方面,也是全国的示范①。

　　长三角地区是超大城市群,建设和管理好超大城市群,城管行政执法一体化也很有必要。近年来,一市三省在这方面积极合作探索,城管行政执法一体化加快推进。2020年8月,长三角一市三省住房和城乡建设部门签署了《长江三角洲区域一体化城市管理综合行政执法协作机制》,发布了《长江三角洲区域一体化城市管理综合行政执法协作三年行动计划(2021—2023)》和《长江三角洲区域一体化城市管理综合行政执法协作清单》②,主要是加强一市三省城管行政执法信息互联互通、经验互鉴互用,有序推进城管行政执法制度标准"趋同化"、执法检查"协同化",建立区域信用联合惩戒机制,还加强对中国国际进口博览会、世界互联网大会、世界制造业大会、世界智能制造大会等区域内重大活动的执法协同保障,共同打造长三角地区良好的营商环境。

　　长三角地区合作推进公正有序的市场秩序建设,特别强调保护消费者和企业的合法权益。在保护消费者权益方面,不仅政府强调,而且企业更是主动作为。如2019年一市三省联合开展"满意消费长三角"行动,2020年初,长三角一市三省联合出台《"长三角地区异地异店线下退换货"服务承诺工作指南》后,商家积极响应,2020年5月14日,由吉利汽车、三只松鼠、银泰百货、海澜之家、来伊份等67家企业共同倡导发起,启动"长三角地区异地异店线下退换货行动",对消费者在异地异店线下已购的商品,自愿承诺退换货,是长三角"一家门"打造满意消费的标志性活动,受到长三角地区消费者的普遍赞许,会带动更多的商家参与③。此外,还联合惩罚消费者侵权案件。如2020年3月23日,长三角一市三省市场监管部门联合对外公布2019年度长三角地区侵害消费者合法权益的典型案例,从对企业警示教育层面,发挥了维护市场秩序的作用④。

　　在保护企业的合法权益方面,国家有关部门给予了很大支持,如国家税务总局于2019年12月下发了《关于支持和服务长江三角洲区域一体化发展措施的通知》,提出16项具体措施,其中包括便利企业跨省迁移涉税业务办理[22]。长三角

---

①　程恩琪:《长三角市场监管一体化再升级》,2020年9月1日《工商导报》。

②　何珂:《长三角城管执法一体化提速》,2020年8月10日《安徽日报》。

③　见2020年5月15日《新民晚报》。

④　见2020年3月23日《中国新闻社》。

地区纳税信用级别为 A 级、B 级的企业,因住所、经营地点在区域内跨省(市)迁移涉及变更主管税务机关的,税务机关可为符合相应条件的企业,办理跨省(市)迁移手续,迁出地税务机关即时将企业相关信息推送至迁入地税务机关,迁入地税务机关自动办理接入手续,企业原有信用级别等资质信息、增值税期末留抵税额等权益信息可以承继①。这样,长三角跨省(市)迁移涉税业务即迁即办,合法权益可以承继,有利于长三角地区在产业转型升级中的企业流动,对于维护公正有序的市场秩序也具有重要作用。

4. 生态保护趋向生态补偿

生态环境是公共资源,是每个人应有的生态福祉,具有公平均等性。我国作为社会主义国家,区域一体化的公平均等维度,也包括城乡居民在生态福祉方面的公平均等。在进入以经济发展为中心的社会主义初级阶段,经济发展当然也是区域一体化发展的中心,但经济开发存在着对生态环境造成破坏的可能性,生态福祉受到损害者应该获得补偿。根据公共产品理论的"利益相关者补偿"原则,生态补偿的内涵是,生态功能受益者对生态功能提供者付费的行为,付费的主体既可以是政府,也可以是个体、企业或者区域,由于政府是生态保护的责任主体,在一个区域范围对受损者的补偿可由全体受益者的代表即政府购买来实现。在这方面,长三角地区既有教训,也有经验,总结多年的经验教训,一市三省在一体化发展过程中都高度重视城乡居民的生态福祉。一个主要特征是,对生态保护从区域协作时期的共保联治,逐渐转向受益者对受损害者的生态补偿,在全国率先构建跨省区的生态补偿机制。

我国在国家层面提出建立生态补偿机制,最早是国务院在 2005 年 12 月 3 日颁发的《国务院关于落实科学发展观加强环境保护的决定》(国发〔2005〕39 号)文件中提出的,这个文件明确提出:"要完善生态补偿政策,尽快建立生态补偿机制。中央和地方财政转移支付应考虑生态补偿因素,国家和地方可分别开展生态补偿试点"[23];接着,国务院于 2007 年 5 月 23 日下发的《节能减排综合性工作方案》(国发〔2007〕15 号),进一步提出开展跨流域生态补偿试点工作,并由财政部和环保部牵头,确定试点省区,探索生态补偿机制[24]。两部经过综合比较,选择

① 王弘毅:《长三角跨省迁移涉税业务即时办》,2020 年 9 月 2 日《安徽日报》。

长三角地区跨安徽和浙江两省的新安江,作为全国首个跨省流域生态补偿机制试点。从 2011 年起启动实施,由财政部和环保部牵头组织,每年安排补偿资金 5 亿元,安徽与浙江约定,只要上游的安徽出境水质达标,下游的浙江省每年补偿安徽 1 亿元,反之,则安徽向浙江"补偿"1 亿元。这样,把生态补偿内在地嵌入共保联治之中,是调整生态环境保护和建设相关各方之间利益关系的一种制度安排。实施 3 年后成效大见,新安江流域安徽段 6600 多个网箱全部被清理,流域附近 90 多家排水、排气企业外迁,100 多家污染企业被关停,180 多个涉及水、气投资项目被拒绝,保证了新安江从安徽出境的水质均优于约定值,安徽每年向浙江境内的千岛湖输送 60 多亿立方米的二类水质以上的水资源。生态补偿机制还带来了经济效应,安徽获得生态补偿后,支持新安江上游的黄山市发展绿色产业,地区经济发展也趋向高质量。鉴于此,中共中央、国务院 2019 年 5 月 30 日颁发的《长江三角洲区域一体化发展纲要》要求,在总结新安江建立生态补偿机制试点的基础上,进一步建设新安江—千岛湖生态补偿试验区。

实际上,浙江省、江苏省很早就在探索建立省内的生态补偿机制。早在 2005 年,浙江省政府就出台了《关于进一步完善生态补偿机制的若干意见》[25],2006 年出台《钱塘江源头地区生态环境保护省级财政专项补助暂行办法》,在取得经验后,2008 年出台了《浙江省生态环保财力转移支付试行办法》,将在钱塘江实施的省级财政专项补助暂行办法向全省推广,成为全国第一个实施省内全流域生态补偿的省份[26]。江苏省也于 2008 年 1 月制定了《江苏省太湖流域环境资源区域补偿试点方案》,方案规定,建立跨行政区交接断面和入湖断面水质的控制目标,上游设区市的出境水质超过跨行政区交接断面控制目标的,由上游设区的市政府对下游设区的市予以资金补偿;上游设区的市入湖河流水质超过入湖断面控制目标的,按规定向省级财政缴纳补偿资金。该方案当年实施,双方都严格实行,太湖流域的生态环境得到了根本改善[27]。

安徽省也根据《长江三角洲区域一体化发展纲要》要求,一方面,围绕建设新安江—千岛湖生态补偿试验区,2019 年 9 月出台了《关于进一步推深做实新安江流域生态补偿机制的实施意见》,按照系统化、制度化、常态化、长效化的要求,进一步完善新安江流域生态补偿机制,构建全流域上下游横向生态补偿机制"长效版""拓展版""推广版"。到 2021 年上半年,新安江流域水资源与生态环境保护等主要指标持续保持全国先进水平,流域地表水污染来源及其污染负荷明确、水质稳定向优,皖浙两省跨界的街口出境断面水质生态补偿指数符合生态补偿年度目标要求,按质按量补偿标准合理,保护与受益价值平衡,禁止开发区域、重点生态功能区等重要区域生态补偿全覆盖。另一方面,把新安江流域生态补偿机制推广到全省,省委省政府出台了推广实施意见,重点对全省121个生态水断面全部实施生态补偿机制,每年涉及资金4亿元,并逐渐扩展到对空气、林地、湿地领域的生态补偿,加快省内生态补偿机制的全覆盖,高质量推进美好安徽建设。

新安江生态补偿是针对生态福祉受损而应得到的补偿,那么,实现绿色发展,使生态福祉不受损甚至增值的发展,岂不是更好? 长三角更高质量的一体化发展,应该向这个方向努力。但这需要更科学的发展,需要先小范围实验示范。正是基于这样的长远考虑,《长江三角洲区域一体化发展纲要》作了具有时代意义的特殊安排:建立长三角生态绿色一体化发展示范区。2019年11月,国家发展改革委发布了《长三角生态绿色一体化发展示范区总体方案》,示范区范围跨沪苏浙的"两区一县",即上海市的青浦区、江苏省苏州市的吴江区、浙江省嘉兴市的嘉善县,面积约2300平方公里(含水域面积约350平方公里),并选择青浦区的金泽镇和朱家角镇、吴江区的黎里镇、嘉善县的西塘镇和姚庄镇五镇,作为一体化示范区的先行启动区,面积约660平方公里。示范区的战略定位是生态优势转化新标杆、绿色创新发展新高地、一体化制度创新试验田、人与自然和谐宜居新典范,基本原则是坚持生态筑底、绿色发展,改革创新、共建共享,追求品质、融合发展,远近结合、联动发展,空间布局是统筹生态、生产、生活三大空间,把生态保护放在优先位置,不搞集中连片式开发,将生态优势转化为发展优势[28]。"两区一县"地处三省市交界处,是发展的相对洼地,在绿色发展方面有很大潜力,未来的发展既要一体化,更要生态绿色。这样,就会形成生态福祉既不受损而且会增值的发展局面,也就不再需要生态补偿了,这正是生态绿色一体化发展示范区建设的特殊意义所在,对长三角更高质量的一体化发展具有重要的示范引领作用。

二、智能化因素导入公平均等趋势

上述现状分析表明,在一体化发展的推动下,长三角地区的公平均等程度有很大提升,就业机会趋向公平均等,公共服务趋向便利共享,市场秩序趋向公正有序,生态保护趋向生态补偿,这"四个趋向"又深刻影响人的思想观念,推进了普惠共享的价值理念在长三角地区的普及。而智能化有力量使普惠共享的价值理念转化为人的社会实践,社会在发展中不仅是依靠制度和机制趋向公平均等,而且,居民更会凭借智能化力量,在发展中实现更高水平的公平均等。长三角地区是我国智能化程度最高的地区之一,展望未来,在一体化向更高质量发展的过程中,智能化因素的导入,公平均等会出现以下趋势:

1. 就业趋向创新创业机会公平均等

展望未来,随着智能化因素越来越多的导入,长三角地区就业格局将会发生大变化,显著特征是:一方面,随着智能化的发展,自动化将会大面积替代机械化,"人当作机器"的时代会进入"机器当作人"的时代,机器人会越来越多地取代人类的工作,一些职业岗位将会消失;另一方面,智能化会推进创新创业,又有一些新的就业岗位将会产生。这样,不仅就业机会趋向公平均等,而且,创新创业机会要公平均等,更会激发大众创新创业,在新的形势下,长三角地区会在创新创业带动基础上实现更高层次的充分就业。

2017 年 11 月 29 日,世界著名咨询公司麦肯锡发布了题为《未来的工作对就业、技能与薪资意味着什么》的报告,预测到 2030 年,全球将有多达 8 亿人的工作岗位可能被自动化的机器人取代,相当于当今全球劳动力的 1/5。在未来 13 年,全球至少有 3.75 亿人可能会因自动化寻找新的工作。就职业而言,这份报告认为,当自动化在工作场所迅速普及时,机器操作员、快餐店员工和后勤人员最容易被机器人取代,抵押贷款经纪人、律师助理、会计、文员也容易受到自动化的影响。就国别而言,这份报告认为,即便是美国、英国、德国等发达国家,也有 1/3 的工人需要在自动化的大势下重新寻找适合自己的就业岗位,如到 2030 年,美国有 2000 多万工人需要转行,英国有近 20% 的就业岗位消失。而另一方面,被机器人取代并不意味着大量失业,因为新的就业岗位将被创造出来,主要是收入与消费水平的变化和技术的发展与运用,以及人口老龄化可能催生更多护理工作岗位,都会刺激新的就业岗位增加。麦肯锡预计,在消费领域,2015—2030 年间全球消费预计将增长 23 万亿美元,因此将创造出 2.5 亿~2.8 亿个工作岗位;在技术开发领域,在 2015—2030 年间全球科技相关支出预计会增加超过 50%,仅仅在信息科技服务方面,全球将创造 2000 万~5000 万个就业机会[29]。

麦肯锡这份报告的结论是在对全球 46 个国家和 800 多个职业的分析基础上

得出来的,反映了智能化推进自动化会形成新的就业形势,那就是,有的就业岗位会消失,有的就业岗位会新生,但就业总量在新的形势下大体能保持供需平衡。在我国,特别是长三角地区,也会出现这种趋向。在这种形势下,就劳动者个人而言,技能成为获得就业机会的决定性条件,就国家或地区而言,应该营造更好的创新创业条件,创造出更多的就业岗位,使就业总量能大体保持供需平衡。这样,区域一体化发展在就业方面的公平均等,就已不仅仅是就业机会的公平均等,更重要的是创新创业机会公平均等。根据这个研判,在长三角地区,为适应智能化因素越来越多地导入区域一体化而形成就业格局的新变化,应在确保就业机会公平均等的基础上,促进创新创业机会趋向公平均等,以创新带动创业,造就新的职业岗位,以创业带动就业,力求劳动力就业供需平衡,在智能化因素导入下,创新创业机会趋向公平均等,创新创业带动就成为长三角地区的大趋势,为推进长三角一体化的更高质量发展提供创新创业支撑。

2. 公共服务趋向扩面升级

长三角地区经过多年来的努力,特别是 2018 年 7 月成立长三角一体化办公室以来,一市三省政府根据《长江三角洲区域一体化发展纲要》的部署,在共建共享普惠便利的公共服务方面已取得了很大进展,公共服务趋向便利共享。随着智能化因素越来越多的导入,长三角地区的公共服务将在便利共享的基础上,进一步趋向扩面升级,亦即扩大公共服务便利共享的领域,提升公共服务便利共享的水平,在更多方面形成更高水平的一体化公共服务,满足城乡居民对美好生活不断增长的需求。

在扩面方面,长三角地区从 2018 年 7 月起,就开始运用现代信息技术,开展跨地区的网上政务服务,主要是开展"一网通办",在与民生直接相关的公共服务方面,包括开展跨地区的养老保险待遇资格协助认证、跨省(市)异地就医直接结算、对工伤及失业保险的区域合作、民生档案跨省(市)查档服务工作、住房公积金异地提取和银行贷款的异地认证等,"一网通办"的公共服务领域还有限,而且只是三年试点,2020 年底试点结束。不过,三年试点过程也是在公共服务领域对现代信息技术运用的有益探索,特别是运用现代信息技术开展跨省(市)的公共服务,在全国尚是首次,上述几个领域的公共服务已形成省(市)便利共享的趋向,为进一步导入智能化因素扩大跨省(市)公共服务的领域奠定了良好的基础。"一网通办"的公共服务在2020年底试点结束后,扩面至少会出现两大趋向:一是扩大地域范围的趋向,现已开展的"一网通办"公共服务,实现在长三角地区41个地级及以上城市的全覆盖,使长三角地区的所有城乡居民,都能共享普惠便利的公共服务;二是扩大公共服务领域的趋向,特别是扩大新领域的趋向,比如,前面提出,随着智能化因素越来越多的导入,长三角地区的就业机会公平均等会趋向创新创业的机会公平均等,导入智能化因素为创新创业的机会公平均等提供跨省(市)的公共服务领域,就是长三角地区公共服务需要进一步扩大的新领域。

在升级方面,导入智能化因素推进跨省(市)公共服务便利共享程度的升级,在长三角地区既很紧迫,也是必然趋向。因为一方面,就当前而言,虽然已经运用现代信息技术对与民生直接相关的公共服务开展跨地区的网上服务,但尚处在试点阶段,一些方面的便利共享程度尚不高,不能完全满足民众的要求,一些地区和单位甚至会出现有"一网通办"但无"一网实办"的形式主义现象,迫切需要升级,以满足长三角地区城乡居民对便利共享公共服务越来越多的需求。另一方面,随着智能化技术水平的不断提升和应用领域的不断扩大,会为提升公共服务便利共享程度提供越来越好的技术支撑,长三角地区是我国智能化的高地,完全有条件提供这种支撑。因此,导入智能化因素推进跨省(市)公共服务便利共享程度的升级,在长三角地区是必然趋向。

3. 市场秩序趋向便捷透明

长三角一体化上升为国家战略后,一市三省从地方立法、行政执法和保护消费者及企业的合法权益等方面,推进形成公正有序的市场秩序,为长三角市场一体化建设提供了有效保障。随着智能化因素的导入,市场秩序不仅公正有序,而且会趋向便捷透明,使长三角市场一体化更有效率。因为有效率的区域一体化市场不仅是公正有序的,而且更应该是便捷透明的,也可以说,对成熟的区域一体化市场而言,公正有序是必要条件,便捷透明是充分条件,而运用互联网、大数据、云计算、人工智能等现代信息技术手段的智能化,恰恰具有便捷透明的基本功能,能够为长三角一体化市场趋向成熟提供充分条件。

比如,在市场主体进入的审批阶段,智能化因素的导入便于市场监管部门实施"无人审批""智慧审批",使市场秩序趋向便捷透明。因为市场监管部门可利用全程电子化平台全时开放企业登记,申请人可通过电子化名称平台自主申报、智能登记,市场监管部门对市场主体申请材料和填报信息能够核验通过的,可实行"零见面"无人审批,减少人为因素的误判,保障审批的透明性,而且,全天 24 小时都可办理,使审批更加便利。这样,全面实施市场主体名称自主申报和登记全程电子化,使数据"多跑路",人却不用跑路。而且,市场监管部门可运用大数据手段,对企业开办进行全程化、实时性监督,做到便捷而透明。

又比如,在市场主体营运的监管阶段,智能化因素的导入便于市场监管部门推进"智能监管",使市场秩序趋向便捷透明。因为市场监管部门可全面拓展物联网、大数据在市场监管中的应用与融合,可对市场主体的营运活动进行"智能监管",在对每个市场主体进行的如信用监管、食品监管、药品监管、特种设备安全监察、消费维权等领域构建大数据监管模型,及时汇总整合并分析市场监管的相关数据,可及时掌握市场主体经营活动的规律与特征,推动对具体事项的细则式监管,转变为事先设置安全阀及红线的触发式监管,实现对各重点领域和关键环节监管目标的精准定位,自动预警市场秩序风险,并及时而科学地生成处置建议,使市场主体能及时处理和解决出现的各类问题,会大幅提高市场监管的精准性、有效性,做到便捷而透明。

还比如,在对市场主体的服务方面,智能化因素的导入便于市场监管部门推进"智能服务",使市场秩序趋向便捷透明。因为市场监管部门可高效运用物联网、云计算等现代信息技术,对市场监管进行大数据分析,形成"市场监管云"的智能服务,而且,还可运用大数据分析结果,开展对市场交易、竞争秩序信息的采集、分析研判,科学评价消费者对消费环境及商品和服务质量的满意程度。还可进一步构建具有导向性的各类市场指数,如市场主体活跃程度指数、关乎国计民生的重要商品价格变化指数、食品安全指数、消费者对商品和服务质量的满意程度指数等评价指标体系,以及时了解市场秩序的变化情况,及时加强对市场主体的"智能服务",做到便捷而透明。

4. 生态保护趋向生态补偿的公平均等

生态补偿是生态保护的最有效手段,长三角在跨省区流域的生态补偿试点已取得一定成效,但跨省区生态保护的类型很多,不仅有流域,还有山林、草原、湿地、大气等。长三角地区目前只是在新安江这个不大的流域试点建立生态补偿机制；生态补偿途径也有多样，主要有政府补偿与市场补偿两种途径，新安江流域走的是政府补偿途径；不同的生态补偿途径会有不同的机制，都涉及责任主体、补偿主体、补偿方式、补偿额度、补偿期限等具体但又很重要的问题，长三角在新安江流域的生态补偿试点，对这些问题都尚在探索之中，所以，《长江三角洲区域一体化发展纲要》要求，在总结新安江建立生态补偿机制试点的基础上，进一步建设新安江—千岛湖生态补偿试验区，目的就在于在试验中探索和解决上述问题。如果上述问题不能得到科学的理论解释和采取可行的政策措施，很难说在生态环境保护上做到公平均等。但是，由于生态环境保护和生态补偿都很复杂，而我国的生态补偿工作起步不久，如何科学合理而又全面地解决跨省区的生态补偿，是长三角一体化更高质量发展的一大难题。不过，智能化因素的导入会加快解决这个难题，推进长三角地区的生态保护趋向生态补偿的公平均等。

可以预见，智能化因素的导入，会从两大方面解决这个难题，加快推进长三角地区实现生态保护和生态补偿的公平均等。一方面，长三角地区目前虽然只是在新安江一个流域试点建立跨省的生态补偿机制，而智能化因素的导入，会推进这个试点向全流域扩展和升级。因为智能化因素的导入是通过运用人工智能、大数据、物联网、云计算等现代信息技术，对新安江全流域的生态环境变化情况进行采集、分析、研判，从而会科学而合理地解决政府和市场两种补偿途径在跨省区流域的生态补偿机制问题，包括生态补偿的责任主体、补偿主体、补偿方式、补偿额度、补偿期限等具体问题，并在实施中检验其科学性、合理性和可行性，总结出一套可复制的跨省区生态补偿成熟模式，实现生态补偿的公平均等。这样的生态补偿成熟模式就可以在长三角乃至全国的江河湖流域推广，在更广大的地区实现生态补偿的公平均等。另一方面，长三角地区在山林、湿地、大气等领域也有大量的生态保护和生态补偿问题需要解决，智能化因素的导入，会推进这些领域探索和建立生态补偿机制，这样，就会在更多的领域实现生态补偿的公平均等。

长三角地区很早就广泛流传着"上有天堂、下有苏杭"的美好喻语，如果长三角一市三省大地都能建成如天堂般的苏杭，没有污染，没有对生态环境的破坏，就会从根本上解决生态保护和生态补偿问题。这已经不是空想，在《长江三角洲区域一体化发展规划纲要》中特别安排建立的长三角生态绿色一体化发展示范区，就看到了这种前景，而智能化因素的导入，会加快实现这个前景。从国家发展改革委发布的《长三角生态绿色一体化发展示范区总体方案》看,示范区的战略定位是生态优势转化新标杆、绿色创新发展新高地、一体化制度创新试验田、人与自然和谐宜居新典范。显然,将智能化因素导入示范区建设,会更高质量地实现这些战略定位,生态环境会得到完全而持久的保护,就从源头上解决生态环境受污染问题,也就不需要生态补偿了。从这个意义上讲,通过生态绿色一体化发展示范区的建设及其示范带动,会加快长三角更高质量一体化发展,长三角地区无论是城市还是乡村居民,每个人都会公平均等地分享生态福祉的美好前景。

参考文献

[1]中共中央 国务院印发《长江三角洲区域一体化发展规划纲要》[N].人民日报,2019-12-02.

[2]世界银行.2009年世界发展报告:重塑经济地理[M].北京:清华大学出版社,2009.

[3]安徽省政府.新一代人工智能产业发展规划(2018—2030年)[S],2018.

[4]肖金成,袁朱,等.中国十大城市群[M].北京:经济科学出版社,2009.

[5]长三角一体化发展三年行动计划(2018—2020年)[S],2018.

[6]国家发改委 交通运输部.推进"互联网+"便捷交通 促进智能交通发展的实施方案[S],2016.

[7]上海市政府.上海市智能联网道路测试管理办法(试行)[S],2018.

[8]国家发改委 交通运输部.长江三角洲地区交通运输更高质量一体化发展规划[S],2020.

[9]21世纪经济研究院,阿里研究院.中国新型基础设施竞争力指数白皮书(2020年)[R],2020.

[10]上海市政府.上海市推进新型基础设施建设行动方案(2020—2022年)[S],2020.

[11]唐·泰普斯科特.数字经济:网络智能时代的前景与风险[M].北京:机械工业出版社,2016.

[12]国家工业和信息化部安全发展研究所.中国云制造指数(2019)[R],2019.

[13]国家发展和改革委关于培育发展现代化都市圈的指导意见[S],2019.

[14]深圳市规划局.深圳2030城市发展策略[S],2005.

[15]国务院关于进一步推进长江三角洲地区改革开放和经济社会发展的指导意见[S],2008.

[16]史蒂夫·山姆马提诺.碎片化时代[M].北京:中国人民大学出版社,2015.

[17]克劳斯·施瓦布.第四次工业革命——转型的力量[M].北京:中信出版集团,2018.

[18]松江、苏州、嘉兴、杭州、金华、湖州、宣城、芜湖、合肥九市.共建共享G60科创走廊人才新高地行动方案[S],2018.

[19]长三角一体化办公室.长三角地区政务服务"一网通办"试点工作方案[S],2019.

[20]沪苏浙皖住房和城乡建设部厅(局).长三角住房公积金一体化战略合作框架协议[S],2020.

[21]上海市人大常委会.关于支持和保障长三角地区更高质量一体化发展的决定[S],2018.

[22]国家税务总局关于支持和服务长江三角洲区域一体化发展措施的通知[S],2019.

[23]国务院关于落实科学发展观加强环境保护的决定[S],2005.

[24]国务院.节能减排综合性工作方案[S],2007.

[25]浙江省政府.关于进一步完善生态补偿机制的若干意见[S],2005.

[26]钱塘江源头地区生态环境保护省级财政专项补助暂行办法[S],2006.

[27]江苏省政府.江苏省太湖流域环境资源区域补偿试点方案[S],2008.

[28]国家发展改革委.长三角生态绿色一体化发展示范区总体方案[S],2019.

[29]麦肯锡咨询公司.未来的工作对就业、技能与薪资意味着什么[D],2017.

第三章 长三角一体化
发展趋势的综合研判

本书第二章根据区域一体化"四维度"的理论分析框架,分别讨论了长三角地区近年来在提高密度、缩短距离、减少分割、公平均等四个方面的主要进展及其对促进一体化发展的重要作用;又将智能化因素导入增加密度、缩短距离、减少分割、公平均等,研究发现,这四个方面导入智能化因素会推进长三角一体化向更高质量的方向发展。实际上,在长三角一体化的发展过程中,智能化因素导入这四个方面的作用是相互促进的,本章便从这个视角,对导入智能化因素的长三角一体化发展趋势作出综合研判,发现有"三个率先"的发展趋势:近期是率先融入国内国际大循环,中期是率先形成优势互补、高质量发展的区域经济新布局,长期是率先迈向智能社会。

第一节 率先融入国际国内大循环

世界正处于百年未有之大变局之中,而中国在全面建成小康社会后,进入迈向社会主义现代化建设的新征程。在国际局势呈现复杂变局和世界经济遭遇新冠疫情重挫的严峻形势下,党中央审时度势,及时提出加快构建以国内大循环为主体、国内国际双循环相互促进的新发展格局。2020年8月20日,习近平总书记在安徽考察期间主持召开扎实推进长三角一体化发展座谈会上发表的重要讲话强调,面对严峻复杂的形势,要更好推动长三角一体化发展,必须深刻认识长三角区域在国家经济社会发展中的地位和作用,长三角区域要发挥人才富集、科技水平高、制造业发达、产业链供应链相对完备和市场潜力大等诸多优势,积极探索率先形成新发展格局的路径[1]。为此,长三角地区应充分认识加快构建以国内大循环为主体、国内国际双循环相互促进新发展格局的重大意义,为体现国家的战略意图，"十四五"期间应率先形成新发展格局，还要注重导入智能化因素，积极探索率先融入国内国际双循环的路径。

一、国内国际双循环的提出及重大战略意义

1. 国内国际双循环的提出

2020年5月14日，中央政治局常委会会议首次提出，要充分发挥我国超大规模市场优势和内需潜力，构建国内国际双循环相互促进的新发展格局。此后，习近平总书记在参加全国两会分组讨论时，进一步阐释了国内国际双循环特别是国内大循环的主要内容。7月21日，习近平总书记与企业家座谈，进一步明确指出，"中国开放的大门不会关闭，只会越开越大。以国内大循环为主体，是通过发挥内需潜力，使国内市场和国际市场更好联通，更好利用国际国内两个市场、两种资源，实现更加强劲可持续的发展"。7月30日中央政治局会议再次强调，加快形成以国内大循环为主体、国内国际双循环相互促进的新发展格局。可以说，党中央提出加快构建以国内大循环为主体、国内国际双循环相互促进的新发展格局，是经过深思熟虑的，在我国经济发展的现阶段具有必然性。

关于国内大循环，在改革开放初期，我国内地借鉴日本和亚洲"四小龙"经济腾飞的成功经验，逐步确立了出口导向型经济发展战略，但是1997年发生的东南亚货币危机逐渐演变成席卷全球新兴市场的亚洲金融危机，对我国经济发展负面影响不断加深，就开始强调重视国内需求。如1998年2月，国务院在《关于转发〈国家计划委员会关于应对东南亚金融危机，保持国民经济持续快速健康发展的意见〉的通知》中指出，要"立足扩大国内需求，加强基础设施建设"。这是中央文件首次将"扩大国内需求"作为一项政策提出来。同年2月底，中共十五届二中全会指出，应对亚洲金融危机最根本的是要做好我们国内的经济工作，以增强我们承受和抵御风险的能力，要努力扩大内需，发挥国内市场的巨大潜力；2002年的中共十六大再次强调，扩大内需是我国经济发展长期的、基本的立足点。2008年底全球金融危机爆发，再次凸显了扩大内需战略的重要性，2010年底，中共十七届五中全会审议通过《关于制定国民经济和社会发展第十二个五年规划的建议》，将扩大内需排在首要位置；2012年的中共十八大报告提出要推进经济结构战略性调整，特别强调牢牢把握扩大内需这一战略基点，加快建立扩大消费需求长效机制，扩大国内市场规模；2017年10月召开的中共十九大从满足人民日益增长的美好生活需求高度,强调进一步完善促进消费的体制机制、增强消费对经济发展的基础性作用,是更深层次的强调扩大内需。2018年以来连续三年的中央经济工作会议,都延续并强调了这些提法。

关于国际大循环,最早是在1987年10月底,国家计委经济研究所王建副研究员向中央提出了《关于国际大循环经济发展战略的构想》,很快引起了中央决策者的重视,并促成了"沿海发展战略"的提出。1987年11月至1988年1月初,当时的国务院主要领导赴江苏省、福建省考察后,向邓小平同志报告《沿海地区经济发展的战略问题》,邓小平对该报告做出批示:"完全赞成。特别是放胆地干,加速步伐,千万不要贻误时机。"1988年2月6日,中共中央政治局会议通过了组织实施我国地区发展战略的决定。同年3月中旬,十三届二中全会又深入讨论了实施沿海发展战略的有关问题。当时,沿海地区积极吸引外商直接投资,大力发展"三资企业","两头在外",大进大出,使经济运行由国内循环扩大到国际循环。1992年邓小平南方讲话之后,中国经济更快融入世界经济秩序,对外开放程度不断提高。特别是经过15年的艰难谈判,2001年中国成功地加入世界贸易组织(WTO),我国融入国际大循环的步伐加快,发达国家的资本、产能也加快向我国转移,全球化浪潮又促进了我国融入国际大循环,中国制造誉满全球,我国成为名副其实的"世界工厂"。到2011年,我国已是全球第一大出口国,从全球生产网络的边缘角色迅速成为世界制造业的中心。由于适时融入国际大循环,我国较好地解决了很多发展中国家普遍遇到的外汇短缺、国民储蓄短缺"双缺口"问题,在全球产业链、价值链、国际规则体系和全球金融市场等重要方面深度融入全球经济体系之中。2013年习近平总书记首倡"一带一路"建设,很快获得沿线国家和许多国际组织的呼应,8年多来进展很快,是中国对国际大循环的丰富和贡献。可以说,国际大循环和沿海发展战略已取得巨大成功。

2. 国内国际双循环的重大战略意义

回顾改革开放以来的发展实践可以看出,由于适时强调国内、国际大循环,我国经济增长更趋平稳,增长动力更为多元,经济增长由过度依赖投资出口,转向消费投资出口协调拉动。2012年,我国外贸依存度为45.4%,2019年为31.9%,回落了13.5个百分点;消费对经济增长的贡献率,2008—2012年平均为54.1%,2013—2019年平均为60.5%,上升了6.4个百分点;投资对经济增长的贡献率,

2008—2012年为57%,2013—2019年为39.4%,回落了17.6个百分点。这些都表明,我国作为超大经济体,为适应国内经济的发展和国外形势的变化,构建国内国际双循环相互促进的新发展格局具有必然性。与以往在不同时期或是强调国内大循环,或是强调国际大循环不同的是,这次既强调以国内大循环为主体,又重视国际大循环,新意是国内国际双循环,具有重大的战略意义。

强调以国内大循环为主体的战略意义是,在新的国际环境下,可以促进我国经济的持续高质量发展。从国际形势看,由于近些年贸易保护主义和新一轮科技革命与产业变革的影响,全球产业链供应链已呈现出本地化、区域化、分散化的逆全球化趋势,而波及200多个国家和地区的新冠肺炎疫情,对全球生产和供应网络产生了巨大冲击,各国都会从经济安全角度进行供应链的调整,必然会加剧经济去全球化的趋势。一方面,全球产业链供应链布局面临巨大调整的可能;另一方面,世界经济在短期内难免发生动荡乃至衰退。如据国际货币基金组织2020年9月发布的《世界经济展望报告》预测,2020年全球经济将萎缩4.9%,其中发达经济体将萎缩8%,新兴市场和发展中经济体将萎缩3%,实际情况是,2020年我国经济增长2.3%,是世界主要经济体中唯一正增长的国家,而美国经济萎缩3.5%,日本、德国、英国、法国、印度和俄罗斯经济萎缩分别达5.3%、5.0%、3.5%、8.3%、9.0%和5.3%,充分体现出我国经济抗风险的韧性和大国经济效应。我国融入国际大循环会受到很多不确定性的新阻力,但从国内形势看,中国有14亿人口、4亿多中等收入群体,更有1亿多户市场主体、1.7亿多受过高等教育或拥有各类专业技能的人才,具有大国经济优势,消费潜力仍有待释放,供给能力也在增强,发展国内大循环前景更广阔,对化解国外不确定性因素带来的新阻力、促进国内经济的持续高质量发展,具有重大战略意义。

强调国内国际双循环的战略意义是,进一步扩大高水平对外开放,充分利用国内国际两种资源、两个市场,开拓我国经济持续高质量发展的广阔空间。因为尽管世界上贸易保护主义和反全球化思潮抬头,但经济全球化潮流不可逆转,我国虽以国内大循环为主体,但并不意味着不重视国际经济循环,特别是更注重从商品和要素流动型开放迈向制度型开放,更深度地参与国际经济循环。应该看到,尽管经济去全球化加剧,但在市场机制调节下,居民和企业的需求往往是贸易保护主义的政府难以阻止的,国际市场仍很大。在这种形势下,我国既要继续推进贸易投资自由化便利化,在新的形势下继续"引进来""走出去"、稳出口扩进口,还要通过供给侧结构性改革,提高国内产品和服务的供给质量,使得国外产业更加依赖中国的产业链供应链,更加依赖中国的巨大消费市场,打造中国在国际分工中的新定位,提高中国产业链供应链的自主可控性和竞争力,在畅通国内大循环的过程中融入国际大循环,内外循环互为支撑、相互促进,对开拓我国经济持续高质量发展的广阔空间,具有重大战略意义。

人们都熟知,马克思主义政治经济学强调生产、交换、分配、消费四大环节在社会再生产中各有不可替代的重要作用;西方经济学强调要素及产品的市场供给与需求总是趋向均衡,其共同点是,都特别强调经济活动是一个周而复始的动态循环过程,无论是生产、交换、分配、消费四大环节,也无论是供给与需求,都是密切关联的,反映经济活动的过程,是生产要素和商品及服务在居民、企业和政府等不同主体之间流动循环的过程,体现了经济活动的本质是价值增值和使用价值增效。当今在产业链、价值链国际分工的全球化时代,每个国家的经济活动既会形成国内大循环,也会不同程度地参与国际大循环。在我国,党中央提出加快构建以国内大循环为主体、国内国际双循环相互促进的新发展格局,无论从马克思主义政治经济学的基本原理看,还是从西方经济学的分析方法看,都是有理论依据的,体现出国内国际双循环的深刻内涵。

二、以高质量一体化的发展融通国内国际双循环

长三角地区人才富集,科技水平高,制造业发达,产业链供应链相对完备,市场潜力大,参与国内国际双循环具有诸多优势,在全国构建国内国际双循环相互促进的新发展格局中,长三角地区要充分发挥诸多优势,把率先融通国内国际双循环,作为长三角一体化高质量发展的新使命,在国家战略中担当长三角的时代责任。为此,"十四五"期间,长三角地区要抓住"一体化"和"高质量"两个关键,着重从以下三个方面加大力度融入国内国际双循环[2]:

1. 以高质量一体化融入国内大循环

构建畅通高效繁荣的国内大循环,需要打破地区分割,构建国内统一大市场,既要有较为完善而强大的生产和服务供应链,又要形成统一、透明、公正、低成本的营商环境,推进要素自由流动和消费升级。在这方面,长三角地区经过多年的探索与积累,在区域合作基础上正在构建更加成熟的一体化发展机制,一市三省积极打破行政区分割,深度推进区域合作,推进从事务性合作转向政策性对接,从局部性合作转向整体性发展,从阶段性合作转向制度性安排。在基础设施建设方面全面推进互联互通,在产业发展方面深度推进协同创新,在市场培育方面打通要素流动"看不见的壁垒",劳动、资本、技术、土地、数据等要素市场一体化程度不断提升。这些方面的一体化发展从广度和深度上推进了长三角地区的统一市场建设,极大地提升了产品与服务的供给能力,奠定融入国内大循环的深厚基础。

面对国际国内复杂变化的新环境和新一轮科技革命与产业变革,长三角地区应发挥人才富集、科技水平高的优势,加快以智能化因素为一体化赋能,以高质量的一体化更多更好地融入国内大循环。新一轮科技革命与产业变革引发智能化风起云涌,正在形成人机互动、万物互联的泛在性通达网络,"云"层上的物联网对行政区界具有巨大的穿透力,以无形的力量打破地面上的行政区障碍,将大幅度地降低甚至消除国内大循环的制度成本。长三角地区是经济社会智能化程度较高的地区,一大批企业率先应用大数据技术,在"云"上进行决策、生产、销售、客户服务等,呈现出生产与服务精准化、客户关系稳定化、业务边界柔性化、经营业态多样化等新态势。智能化因素不仅大幅度提升单个企业组织形式的敏捷程度,更在整体上推进产业链线性化向智能化产业生态群的转变,推动在网络平台基础上打造实体与虚拟相融合的集群化产业发展新格局,实现关联企业在一体化的分工合作中分享发展红利,为融入国内大循环提供新的动力。长三角地区应继续扩大智能化因素对一体化赋能的范围,以高质量的一体化更多更好地融入国内大循环。

2. 以高质量一体化融入国际大循环

就国际大循环而言,我国是全球产业链不可或缺的重要一极。而长三角地区的产业体系较为完备,产业结构层次较高,对外开放起步早、发展好,经济国际化程度也较高,很多产业已融入全球产业体系。如到 2019 年,长三角地区经济外向度已达 52.4%,高于全国 18.4 个百分点;境外资本也大量进入长三角,目前长三角地区外商投资企业近 19.3 万家,投资总额达 2.5 万亿美元,均占全国的三分之一。而且,外商投资企业进出口总额已超过长三角地区的二分之一,达 50.6%,占全国外商投资企业的进出口总额也已超过四成,达 42.6%。这些数据表明,中外资本和中外产业在长三角地区已密切融合,你中有我、我中有你,共同参加国际大循环。长三角一体化不仅会提升企业参与国际分工的能力,而且会加深中外资本和中外产业的融合,也奠定了融入国际大循环的良好基础。

但是,由于近年来受贸易保护主义的影响,加之2020年初以来发生的新冠疫情对全球生产网络的巨大冲击,叠加新一轮科技与产业变革的共同作用,全球产业链与供应链布局正在发生重大调整。在这样的背景下,我国更要参与全球产业链的重构,积极布局国际产业链供应链,将中国企业有机嵌入国际产业链供应链之中,成为不可缺少的重要组成部分。长三角地区已有许多企业不同程度地融入了国际产业链供应链,面对国际市场的激烈竞争,特别是积极应对美国政府在前沿技术和高端产业方面极力阻挠我国企业进入国际产业链供应链的挑战,长三角地区应进一步培育、壮大和发挥创新策源地原始创新的优势,在一体化发展中突出协同创新产业体系建设,高质量建设区域创新共同体,高效率推进产业与创新融合发展,强化原始创新、技术创新、产业创新、制度创新"四创联动",提升配置全球资源能力,围绕产业链部署创新链,围绕创新链优化产业链,进一步提高产业基础高级化和产业链现代化水平,培育形成若干具有国际竞争力的世界级产业集群,以高质量的一体化,推进长三角地区多层次融入国际大循环。

3. 以高质量一体化融通国际国内双循环

由于外部环境在供给端方面的国外供应链出现高度不稳定性,在需求端方面受保护主义影响而又有更多的不确定性,全球经济陷入衰退,我国在国际经济循环方面会面临许多冲击。2020年全球经济大面积萎缩,2021年会恢复性上扬,但不确定性因素很多,世界经济发展并不稳定。面临这种态势,发挥我国超大规模市场优势,构建以国内循环为主的双循环,应对外部环境不稳定、不确定的困扰,增强对外开放的主动性,融通国内国际双循环。以国内大循环为主体,以扩大内需为战略基点,高水平扩大对外开放,以"内循环"支撑"外循环",以"外循环"带动"内循环",内外循环相得益彰、相互促进。长三角地区应发挥自身优势,以一体化的高质量发展融通国内国际双循环。

长三角地区以一体化的高质量发展融通国内国际双循环,首先要进一步培育和发挥一体化高质量发展的新优势,聚力培育和壮大世界级产业集群,稳住国际产业链的关键环节,提升重点产业链供应链在国际市场的份额和影响力,增强其在国际产业与产业链发展中的不可替代性,打牢国内国际双循环融通的产业链供应链基础,保证产业链供应链的内外完整通畅。其次,在推进一体化高质量发展中，注重引入智能化因素，完善国内国际双循环融通的产业配套体系，特别是要加快提升长三角地区产业与产业链的整体技术水平，解决产业链与产业发展的"卡脖子"关键技术问题，在融通国内国际双循环中，提升优势产业在世界市场供应链关键环节的自主可控性，确保长三角及我国产业与产业链能独立发展，在一些优势领域能引领发展。再次，要发挥企业在长三角一体化发展中的主体作用，培育和支持企业协会和行业联盟发展，引导行业龙头企业实施基于内需的经济全球化战略，并向国际市场扩张生产能力和服务网络，为在长三角地区构筑国内国际双循环的融通打牢企业基础。

三、引入智能化因素高质量融通国内国际双循环

构建以国内大循环为主体、国内国际双循环相互促进的新发展格局，是我国适应国内外发展新形势的必然选择，背景既是当今世界出现百年未有之大变局的深刻影响，更是勃勃兴起的第四次工业革命对世界经济的深度更新，国内国外只是形式，经济循环则是本质，而经济能循环起来，关键是提升产业链供应链的现代化水平，这就需要大力推进科技创新，加快关键核心技术的攻关，在世界经济形势复杂多变的市场环境下，提高产业链供应链的自主可控性。而这一切不会是一帆风顺的，在国内会有困难，在国外会有阻力。长三角地区科技水平高，应以创新驱动将智能化因素导入区域一体化，从增加密度、缩短距离、减少分割、公平均等四个维度方面，推进长三角地区高质量地率先融通国内国际双循环。

首先，在"提高密度"维度，长三角地区应全面实施创新驱动战略，通过创新驱动做大做强实体经济，提高实体经济的密度，保障规模不断扩大、质量不断提升的内需，筑牢融入国内国际双循环的战略基点。我国当前已进入第四次扩大内需的新高潮，由于长三角地区的产业和资源特征，每一次扩大内需的新高潮，都是一市三省加快发展的新机遇。但这一次扩大内需高潮与前三次不同的是，我国的内需已进入向品质升级的新阶段，要求企业和生产经营者提供更加优质的产品和服务，国内大循环的竞争也愈加激烈，更需要通过创新驱动提供更加优质的产品和服务。在这种形势下，长三角地区应深度融入第四次工业革命，实施全面创新驱动战略，把做实做强做优实体经济作为创新驱动的主攻方向，一手抓传统产业转型升级，一手抓战略性新兴产业发展壮大，提高产业链供应链稳定性和现代化水平。在继续加大工业领域创新的基础上，还要重视推动农业与服务业的创新发展。如农业的创新发展注重推进"互联网+农业",积极发展创意农业、分享农业、众筹农业、休闲农业、多功能农业等新业态和田园综合体、专业村、特色镇等新载体,促进农业高质量发展;服务业的创新发展要加大电商平台建设,广泛推进服务业与农业、制造业的深度融合,使服务业不仅更好地为居民的高品质生活需求服务,而且还高效地为实体经济的高质量发展服务,开拓长三角地区服务业提质扩量的新局面。

第二,在"缩短距离"维度,长三角地区应走全面智能化道路,加快5G的商业化、普及化,推进地理空间到信息空间的深度转变,以"万物互联"的全覆盖缩短距离。长三角地区的各市县无论发达程度如何,地理空间区位总是受限于人口、交通、空间距离等因素,而信息空间区位是一种可以无限扩张的虚拟数字区位,不受人口、交通、空间距离等因素的限制,通过信息的聚合效应和扩散效应,信息空间区位可以快速复制或强化,扩大经济活动边界,多方面地缩短空间距离乃至时间距离,一个市县、一个企业乃至一个自然人,都可以在信息空间区位便捷地融入国内国际大循环。长三角地区信息技术发展日新月异,智能终端应用的不断推广,智能手机与智能化数字设备在现实生活中的深入应用,信息即生活已演变为当前生活的常态;而电子商务更是发展很快,在"云"上经营、决策的企业越来越多,经济活动不断由地理空间向信息空间迁徙,到处都在缩短距离,会形成融入国内国际大循环的新潮流。为此,长三角地区各级政府要突破传统的地域概念,强化信息空间理念,认真实施网络强国战略,加强信息领域的区域合作,积极投入"数字长三角"建设,丰富信息网络,提升信息资源获取与利用能力,畅通区域内信息传递与获取渠道,构建良好的信息环境,加快区域比较优势向信息优势的转变,以释放信息化发展的巨大潜能,推动信息技术与经济社会发展深度融合,以信息化缩短距离,引领区域经济转型升级,提升融通国内国际双循环的内在能力。

第三,在"减少分割"维度,长三角地区应注重以"万物互联"推进经济循环,以更多、更快、更好的经济循环减少分割。因为无论是国内大循环还是国内国际双循环,本质是经济循环,而分割是循环的主要障碍和最大堵点,因此,减少分割乃至消除分割,则是长三角地区率先融通国内国际双循环的关键。当前,我国在经济循环方面仍存在着许多障碍和堵点,如产业融合发展的不足,实体经济与虚拟经济的脱离,科技研究与成果应用的结合不紧,关键核心技术受制于人,全产业链供应链管理能力不强,实体经济供给和需求的适配性不足,房地产业冷热不均,企业资产总额回报率降低,大城市和乡村出现发展分化,贫富差距难以抑制,各种要素的流动性不同程度地受阻,国内循环与国际循环之间的障碍有增加趋势,还有区域间文化认同和融合不够,等等难题,都是经济循环现实和潜在的障碍和堵点,都会造成经济循环的不畅和分割。针对这些问题,长三角地区发展基础好,应进一步深化改革开放创新,在减少分割乃至消除分割方面率先突破,特别是全面导入智能化因素,以新观念、新业态、新的经营模式为依托,运用广覆盖高效率的"万物互联",在各个方面的循环上减少分割乃至消除分割。应该看到,互联网造就的"万物互联",会大幅度提高经济、社会、思想、文化等领域的沟通效率,使得不同地域间人与人之间的交流成为可能,有利于减少乃至消除分割。长三角地区互联网普及率高,"万物互联"发展好,应充分发挥这些优势,以更多、更快、更好的经济循环减少分割,加快融入国内国际双循环。

第四,在"公平均等"维度,长三角地区应将智能化因素全面导入社会管理,推进社会治理现代化,在融入"双循环"中打造利益共同体,在利益共同体中实现公平均等。构建以国内大循环为主体、国内国际双循环相互促进的新发展格局,也是在新的国内外环境下,我国经济发展的新转型,虽然是发生在经济领域,但经济同社会是密切相关的,也会影响到社会转型,而民生问题又是社会转型的基本问题,会涉及利益的调整。应该看到,"双循环"是一个过程,并不会必然很快就带来经济的高质量发展和人们利益的提升,比如,双循环的深入会带来产业链供应链的重塑,会导致利益的调整,而不是利益的提升,各个社会群体的利益诉求多样化,也会出现利益分化问题。针对类似的各种社会问题,为在新的调整中实现公平均等,应该探索在相关人群之间利益的公正让渡问题,促进社会各个群体的合作共赢,这就需要有普惠共享意识,推进实现共同富裕。而智能化的价值理念是信息的分享和发展成果的普惠,人人可从"万物互联"和数据释放中获取发展红利,会从多方面推进共同富裕。因此,将智能化因素全面导入社会管理,会培育和增强人们的普惠共享意识,在"双循环"的经济转型影响到社会转型时,利益相关者会适应对利益的公正让渡,在智能化中融入新的利益共同体,获得新的发展,从推进共同富裕方面保持社会的和谐稳定。长三角地区智能化程度高,不仅要在经济领域广泛导入智能化因素,还应把智能化因素导入社会管理领域,运用智能化理念和方法推进社会治理现代化,为融入"双循环"提供社会治理保障,在融入"双循环"中打造利益共同体,在新的层面上实现公平均等。

第二节　率先形成优势
互补、高质量发展的区域经济布局

形成优势互补、高质量发展的区域经济布局,是习近平总书记在 2019 年 8 月 26 日中央财经委员会第五次会议发表重要讲话时首先提出来的。他强调,要根据各地区的条件,走合理分工、优化发展的路子,落实主体功能区战略,完善空间治理,形成优势互补、高质量发展的区域经济布局①。2019 年第 24 期《求是》杂志发表了习近平总书记的重要文章,系统地阐述了新形势下促进我国区域协调发展的思路、促进区域协调发展的主要举措,为当前及今后实施区域协调发展战略进一步指明了主攻方向[3]。长三角地区是发达地区,应该率先形成优势互补、高质量发展的区域经济布局,而导入智能化因素对一体化增加密度、缩短距离、减少分割、公平均等四维度的推进,会加快长三角地区率先形成优势互补、高质量发展的区域经济布局。

一、持续发挥可以互补的递增性区域比较优势

形成优势互补、高质量发展的区域经济布局,关键是优势互补,亦即区域间有优势、能互补,且互补是高质量、可持续的。因为优势互补是高质量发展的区域基础,更是区域间合理分工、优化经济布局的"黏合剂"。从长三角地区看,无论是沪苏浙皖一市三省,还是各市县区,都各有优势,也能在一定范围得到一定程度的互补,如果导入智能化因素而增加密度、缩短距离、减少分割、公平均等,促进一体化的更高质量发展,会形成可以互补的递增性比较优势,这样的优势互补不仅是高质量的,也是可持续的,长三角地区就会率先形成优势互补、高质量发展的区域经济布局。

所谓可以互补的递增性比较优势,是在区域间分工、互补中使经济规模和发展能力得以递增的比较优势,也就是说,区域分工和互补可以扩大比较优势的规模、提升比较优势的能力,从而使区域比较优势递增。递增性比较优势产生的必

---

① 见 2019 年 8 月 27 日《人民日报》第 1 版。

共服务趋向扩面升级、市场秩序趋向便捷透明、生态保护趋向生态补偿，形成更高层面的公平均等。这样，公平均等程度的提升更加凸显普惠共享的价值理念，会充分体现我国社会主义制度的优越性，多方面、深层次地优化长三角一体化的发展环境，使那些可以互补的递增性比较优势得以持续释放，从而会更有效地推进长三角地区形成优势互补、高质量发展的区域经济布局。

二、推进东中一体协调发展

长三角与中部地区相邻，南有长江大动脉联通上海、江苏、安徽、江西、湖北、湖南，北有淮河连接江苏、安徽、河南，这种江河流域上的关联性，成为区域经济一体化发展的地理基础。作为中部省份的安徽已加入了长三角，与东部地区的沪苏浙在国家功能区布局中成为一体，长三角地区率先形成优势互补、高质量发展的区域经济布局，必将产生巨大的周边溢出效应：推进东中一体协调发展，重塑东中部经济地理。而智能化因素从增加密度、缩短距离、减少分割、公平均等四个维度的导入，既会推进长三角一体化向更高质量方向发展，又会在广度和深度上加快东中一体协调发展，促进东中部地区形成优势互补、高质量发展的区域经济布局。

"东中一体"最早是由中国社科院课题组与经济日报社在 2017 年 6 月 22 日共同发布的"2017 年中国城市竞争力报告"中提出的，这个报告通过对东部地区和相邻的中部地区城镇化、都市圈、城市群发展的考察与比较，认为东中部地区正在形成"东中一体"的网络状城市体系[①]；2018 年 6 月 23 日共同发布的"2018 年中国城市竞争力报告"又提出，一年来"东中一体"具有强化趋势[②]；2019 年 6 月 24 日共同发布的"2019 年中国城市竞争力报告"又进一步提出，"东中一体"趋势已初现端倪[③]。这个研究报告连续三年对"东中一体"演变发展的观察与分析，很有启发价值，而且都是从城市群布局的新变化提出的，这个判断是正确的，而我们这里讨论的"东中一体"协调发展，是进一步从区域发展一体化的视角提出的，特别强调区域协调发展，含义更为丰富[4]。

为什么要从区域发展一体化的视角，特别强调区域协调发展？因为我国是地域辽阔、区域差异又显著的大国，改革开放初期实施东部沿海地区率先开放、率先

---

① 见 2017 年 6 月 22 日中国经济网。

② 见 2018 年 6 月 23 日《经济日报》。

③ 见 2019 年 6 月 24 日《经济日报》。

发展的区域不平衡战略,可以辐射带动中西部地区发展,加快解决全国性的贫困问题,努力建设小康社会。2000 年实现基本建成小康社会、基本解决了全国性贫困问题的战略目标后,为进一步在全国范围建成全面小康社会,进而向社会主义现代化强国迈进,必须实施区域协调发展战略,推进各地区共同发展、全国人民共同富裕,逐步缩小区域发展差距。所以,进入 21 世纪,党中央特别强调推进区域协调发展,党的十九大报告正式提出实施区域协调发展战略。理论和实践都证明,区域一体化是实施区域协调发展战略的最有效途径,但区域一体化不可能在全国范围实施,只能先在局部地区推进,而东、中部地区最有条件推进跨省区的一体化发展,"东中一体"协调发展就会上升到国家战略层面[4]。

中部地区包括河南、山西、安徽、江西、湖北、湖南六省,2020 年区域面积 102.84 平方公里,总人口 3.65 亿人,地区生产总值 22.22 万亿元,分别占全国的 10.7%、25.8% 和 21.0%,人均 GDP 达 6.09 万元,相当于全国平均水平的 84.1%,是我国发展潜力大、速度快的经济板块(见表 3-1)。

表 3-1　中部地区人口、GDP、人均 GDP 与全国及东部地区的演变比较

年度/指标		GDP	人均 GDP	常住人口
2005 年	数量	35202 亿元	10608 元	35202 万人
	占全国	18.8%	73.5%①	27.4%
	相当于东部平均水平	33.9%	44.6%	75.9%②
2020 年	数量	22.22 万亿元	60928 元	36469 万人
	占全国	21.0%	84.1%①	25.8%
	相当于东部平均水平	46.1%	71.9%	64.4%②
变化	与全国平均水平比	提升 2.2 个点	缩小 10.6 个点	减 1.6 个点
	与东部平均水平比	提升 12.2 个点	缩小 27.3 个点	减 11.5 个点

注:①相当于全国平均水平;②相当于东部地区人口总量。

资料来源:2005 年数据见国家统计局《中国统计年鉴　2006》,中国统计出版社 2006 年版;2020 年数据见全国及各省市国民经济和社会发展统计年报及"七普"人口公报。

改革开放前期,中部地区与东部地区的发展差距有所扩大,2006 年党中央、国务院颁发实施《关于促进中部地区崛起的若干意见》(中发〔2006〕10 号)[5],标志着中部崛起纳入国家区域总体战略,"东中一体"协调发展因素就在国家战略实施中孕育、生长和增强,开始重塑中部地区的经济地理。由表 3-1 可见,一个重

要的特征是,从 2005 年到 2020 年,中部地区经济持续 15 年稳定发展,与全国及东部地区的差距都缩小了。如中部地区常住人口占全国总人口的比重,由 2005 的27.4%下降到 2020 年的 25.8%,下降了 1.6 个百分点,说明中部地区的人口持续向东部地区转移,但转移规模呈减少趋势,地区经济发展却在加快,人均收入水平也在提升,与全国及东部地区的差距逐年缩小。如地区生产总值占全国的比重,由 2005 年的 18.8%提高到 2020 年的 21.0%,提升了 2.2 个百分点,人均地区生产总值相当于全国的程度,由 2005 年的 73.5%上升到 2020 年的 84.1%,更缩小了10.6 个百分点;与东部地区相比,中部地区经济总量相当于东部地区的程度,由2005 年的 33.9%提高到 2020 年的 46.1%,提升了 12.2 个百分点,人均地区生产总值相当于东部地区的程度,更由 2005 年的 44.6%上升到 2020 年的 71.9%,缩小了 27.3 个百分点。中部地区与东部地区差距的缩小程度都高于全国,在一定程度上反映了东中部地区已走上了优势互补的发展道路,按照这种态势发展下去,中部地区与东部地区实现"东中一体"协调发展既是可能的,也是可行的。

随着东中部地区深度融入新一轮科技革命与产业变革,智能化因素从增加密度、缩短距离、减少分割、公平均等四个维度导入长三角一体化发展,必然向相邻的中部地区溢出,从广度和深度上推进东中一体协调发展,在东中部两大地域板块,推进形成优势互补、高质量发展的区域经济新布局,重塑东中部地区的经济地理。

从提高密度维度看,东中部地区都会引入智能化因素提升传统产业,发展战略性新兴产业,增强各省区的产业优势,以产业链为主线形成优势互补,就会提高东中部地区的经济密度,在产业发展的分工合作方面推进"东中一体"协调发展。面临新的发展形势,东中地区都会抓住新一轮科技与产业革命即第四次工业革命的机会,以智能化因素对工业化"赋能",对产业链升级,可以提高有技术含量的经济密度。比如,长三角地区发挥科技创新优势,推进智能化产业的发展,中部地区发挥制造业优势,推进智能制造业的发展,长三角和中部地区会通过优势互补发展这些产业,形成跨省区的供应链,这样,会提高地区工业化水平,从提高密度方面推动东中部地区形成优势互补、高质量发展的区域经济新布局。

从缩短距离维度看,智能化因素的引入会加快东中部地区高速化的交通网和泛在性的互联网的发展。高速化的交通网会提升东中部地区之间的通达性,人流、物流会更加便捷,通过一体化综合交通运输体系的发展,以缩短行程时间替代缩短空间距离。泛在性的互联网会提升东中部地区之间的信息通达性,依托互联网的虚拟分工合作会逐渐发展,特别是5G率先商业化、普及化,更多的市场主体会利用"云"缩短距离,会从线下到线上都以时间替代空间缩短距离,从缩短距离方面推动东中部地区形成优势互补、高质量发展的区域经济新布局。

从减少分割维度看,通过多年来的改革,东中部地区的各级政府都不同程度地主动打破行政区障碍,搭建各种形式的区域合作平台,积极组织区域合作,以改革开放减少分割,东中部地区正在形成要素自由流动的区域统一市场。智能化因素的引入,东中部地区共同创新"万物互联"的体制机制,赋予商品、资本、人员和知识流动对行政区界更强的穿透力,企业和各类市场主体运用信息化手段组织生产经营活动,会进一步地减少分割。这样,智能化因素广领域、深层次地减少分割,会从减少分割、培育区域统一市场层面,推动东中部地区形成优势互补、高质量发展的区域经济新布局。

从公平均等维度看,长三角地区在一体化发展中,公平均等的领域不断扩大,程度也不断提升,中部地区以此为示范,公平均等也不断推进。智能化因素的引入,又会在广度和深度上推进公平均等,如在就业方面会更加突出创新创业的机会均等,在公共服务方面会更加便利共享,在市场秩序方面会更加便捷透明,在生态补偿方面会更加突出公平,这些也会是中部地区的示范,某些重要方面还会主动与长三角地区接轨,带动中部地区在广度和深度上推进公平均等。所有这些,都会推进"东中一体"协调发展,从公平均等维度推进东中部地区形成优势互补、高质量发展的区域经济新布局,加快东中部地区人民实现共同富裕。

"东中一体"协调发展虽有广阔前景,但中部六省在经济发展上与东部地区的关联程度不同,"东中一体"协调发展的程度与进展也会不同,有的省区可以先行,有的省区则随之后续。中部六省可分南北两大板块,安徽、江西、湖北、湖南四省是南部板块,河南、山西两省是北部板块,根据两大板块与东部长三角地区在自然地理、经济文化方面的关联程度,南部板块的安徽已加入长三角,是"东中一体"协调发展的先行区;另三省江西、湖北、湖南位于长江中游,有长江和沿江高速与长三角便捷相通,长江中游城市群正在推进一体化发展,并与长三角城市群连绵,也可以成为"东中一体"协调发展的先行区。北部板块的河南全省与安徽和江苏两省的北部地区已纳入淮河生态经济带统一规划发展,又有陇海铁路、宁洛高速等多条交通动脉与长三角地区横向相连;山西与河南又有密切的经济文化联系,这样,中部地区北部的河南、山西两省,依托淮河生态经济带和陆桥通道,可以成为"东中一体"协调发展的后续区。随着"东中一体"协调发展的深入推进,长三角和中部地区会优势互补、共同发展,连体构建优势互补、高质量发展的区域经济新布局,是东中部地区发展的必然趋势。

三、促进长江经济带东西互动

长江是我国第一大河、世界第三大河,全长6300余公里,横跨我国的东、中、西三大区域;长江流域包括上海、江苏、浙江、安徽、江西、湖北、湖南、重庆、四川、贵州、云南等11个省市,以长江干流为主轴的长江经济带,面积205.23万平方公里,2020年的区域面积、人口和地区生产总值分别占全国的21.4%、42.9%和46.4%,是我国区域战略布局中的最大发展带,在全国具有重要的战略地位。但由于横跨东、中、西三大地区,上中下游经济发展的差距很大,发展不平衡不充分问题很突出(见表3-2)。长三角位于长江下游,是长江经济带的"龙头",率先形成优势互补、高质量发展的区域经济布局,必将产生巨大的流域带动效应,促进长江经济带东西互动,逐步解决发展不平衡不充分问题。而智能化因素从增加密度、缩短距离、减少分割、公平均等四个维度导入长三角一体化发展,又会加快长江经济带的东西互动协调发展。

表3-2　长江经济带及上中下游地区人口面积及经济总量占比（2020年）

流域	面积		人口		地区生产总值		人口密度（人/平方公里）	人均GDP（万元）
	数量（万平方公里）	占比（%）	数量（亿人）	占比（%）	数量（万亿元）	占比（%）		
下游	35.03	17.1	2.35	38.7	24.47	51.9	671	10.41
中游	56.46	27.5	1.69	27.9	11.09	23.5	300	6.55
上游	113.74	55.4	2.02	33.4	11.59	24.6	179	5.75
合计	205.23	100.0	6.06	100.0	47.15	100.0	296	7.78
占全国	21.4%		42.9%		46.4%		2.01倍	1.08倍

注:末行"占全国"的人口密度和人均GDP数据是全国平均水平的倍数。

资料来源:11省市2020年统计公报和全国"七普"人口分省统计数据。

长江经济带虽然是我国的最大发展带,但区域差距较大,开发和保护的矛盾突出,发展中的问题很多。就区域差距而言,由于上、中、下游自然地理环境的差异和经济发展的基础不同,上、中、下游地区经济发展的差距较大。由表3-2可见,以全流域的人均GDP为基准,2020年全流域的人均GDP为7.78万元,略超过全国平均水平数(7.24万元),下游地区已达10.41万元,是全流域平均水平的1.338倍,中游地区为6.55万元,是全流域平均水平的0.8419,而上游地区只有5.75万元,仅是全流域平均水平的0.7391。若以下游地区人均GDP为基准,下、中、上游的人均GDP之比为1:0.63:0.55,人均收入的区域差距较大。

区域作为经济社会综合体,其发展状况如同人体的健康程度一样,可分为健康、亚健康、病态三种状况。评价这三种状况的基本标准,是区域发展的协调程度。区域协调发展是健康状况;区域不协调发展,轻则是亚健康,重则是病态。就长江经济带而言,尽管改革开放以来11个省市经济发展都很快,但从区域协调发展的视角看,却很难说都是很健康的。就长江而言,习近平总书记在2016年1月就极为关切地指出,"长江病了,而且病得还不轻"[6]。整个长江经济带的"亚健康"问题不可小视,主要表现,一是流域发展不平衡不协调问题突出,不仅上、中、下游地区经济发展差距较大,还有三峡库区、中部蓄滞洪区和7个集中连片特困地区脱贫后防返贫攻坚任务还很繁重。二是开发和保护之间存在矛盾,虽然强调"共抓大保护、不搞大开发",但早年一些过度开发的后遗症在短期内难以根治,沿江产业污染物排放基数大,废水、化学需氧量、氨氮排放量分别占全国的43%、37%、43%,污染产业向中上游转移风险隐患加剧;流域生态功能退化还没有抑制,接近30%的重要湖库仍处于富营养化状态,不少湖泊频频干旱见底,长江生物完整性指数下降[7]。三是产业发展不协调,同构现象比较突出。如根据联合国工业发展组织(UNIDO)提出的产业相似系数公式计算,2018年下游地区的长三角四省市之间的产业相似系数,上海与江苏达0.82,上海与浙江达0.76,浙江与江苏高达0.97,江苏与安徽也达0.80[8];在中游和上游省市间,也相当程度地存在着产业同构现象。四是城乡发展不协调,城市规模膨胀、交通拥堵、环境恶化、住房紧张、就业困难等"城市病"逐渐加深,而农村大量劳动力流向城市,农业、农村、农民的"老三农"问题尚未解决,又出现了老人农业、空心村、失地农民的"新三农"问题,又加重了"乡村病"。五是长江黄金水道的作用尚未充分发挥,与世界著名黄金水道的差距很大。如长江航道还存在着瓶颈制约,港口分工合作不够,运力不足和过剩同时存在，航运产业的恶性竞争常有发生，长江岸线保护不够，塌崩现象时有发生，岸线、港口乱占滥用、土地粗放利用的问题仍然突出。

这些问题表明，在长江经济带，区域繁荣与问题并存，发展不协调的"亚健康"问题突出，有些地方甚至出现"病态"。治理长江经济带的"亚健康"问题，当然要依靠上、中、下游各省区的艰辛努力，也需要东、中、西部地区的互动合作。如早在2014 年 9 月，国务院印发的《关于依托黄金水道推动长江经济带发展的指导意见》，就将长江经济带定位为具有全球影响力的内河经济带、东中西互动合作的协调发展带，突出依托长江黄金水道，高起点高水平建设综合交通运输体系，推动上中下游地区协调发展[9]。长三角地区在长江经济带处于高势能区位，在建设东中西互动合作的协调发展带中应发挥"龙头"带动作用，而长三角一体化向更高质量方向的发展，也内含着这样的要求，如中共中央、国务院 2019 年 5 月 15 日颁发的《长江三角洲区域一体化发展规划纲要》就明确指出，长三角一体化要"引领长江经济带发展，为全国区域一体化发展提供示范"[10]。

长三角一体化可以在许多方面对长江经济带的协调发展发挥示范带动作用，但从长远角度看，走智能化道路，以智能化对一体化赋能，则是最具价值的示范带动作用。前面已经分析，长三角地区率先形成优势互补、高质量发展的区域经济布局，所产生的周边溢出效应是推进东中一体协调发展，而智能化因素更从增加密度、缩短距离、减少分割、公平均等四个维度推进长三角一体化向更高质量方向发展，又会在广度和深度上加快东中一体协调发展，促进东中部地区形成优势互补、高质量发展的区域经济新布局。同样的，长三角地区率先形成优势互补、高质量发展的区域经济布局，也会产生流域溢出效应，智能化因素也会从增加密度、缩短距离、减少分割、公平均等四个维度推进长江经济带的东中西互动合作，开拓长江流域的协调发展的广阔前景。

首先，在"提高密度"维度，以人工智能技术为核心的智能化产业，是高质量、高成长性的战略性新兴产业，长江经济带若突出提高智能化产业的密度，会推动智能化对长江经济带产业体系赋能，既会提高产业发展质量，又会加快培育上中下游的产业优势，助力地区间的分工合作和产业协同，推进长江经济带高质量的协调发展。

第二，在"缩短距离"维度，5G 的商业化、普及化会形成"万物互联"，将地面上的以时间替代空间缩短距离,升级为空间上的利用"云"缩短距离,会更有效率、更有质量地缩短距离,甚至消失距离,既会扩大协调发展的区域范围,又会提高协调发展的质量。长江经济带已大面积地推进 5G 的商业化、普及化,为推动区域协调发展提供技术支撑。

第三,在"减少分割"维度,"万物互联"会从社会基层推进改革开放创新,以新观念、新业态、新的经营模式为依托,以广覆盖高效率的"万物互联"而革命性地减少分割,会大幅度减少制度成本,提高区域协调发展效率。长江经济带的改革基础好,开放能力强,创新又活跃,新一轮的改革开放创新会为区域协调发展提供纵横相融的体制机制支撑。

第四,在"公平均等"维度,第四次工业革命的价值理念是信息的分享和发展成果的普惠,人人可从"万物互联"和数据释放中获取发展红利,这更是革命性的升级,资源会得到更科学的利用,生态环境会得到更充分的保护,长江经济带突出普惠共享的价值理念,会推进共建共享、合作多赢,提升公共服务均等化水平,从提升社会福利、优化生态环境、促进社会进步等方面推动区域协调发展。

显然,智能化新因素融入密度、距离、分割、公平四个维度,会开拓区域协调发展的广阔道路,长江经济带上中下游地区都应加强智能化发展,积极探索协调发展的新路径,加快长江经济带上中下游地区人民实现共同富裕的步伐。

近年来,长江上中下游地区已注重智能化因素的引入,对长江流域的协调发展发挥了推进作用。不仅下游地区的长三角广泛引入智能化因素推进一体化向更高质量方向发展,中上游地区也主动引入智能化因素,推进地区经济的高质量发展。如武汉市的智能产业发展很快,存储器、智能网络汽车、新能源和航天等四个产业都成为国家级新基地,2018 年"三新"经济占经济总量的 27%,对经济增长的新贡献达 60%[11];重庆市实施以大数据智能化为引领的创新驱动发展战略行动,聚力发展智能产业、智慧制造,数字经济,2018 年、2019 年成功举办了中国国际智能产业博览会,成为智博会的永久性会址,特别是全面引入智能化因素建设智慧城市,将大数据、物联网、人工智能、云计算等智能化手段运用于城市管理,实现了"以大城智管促大城细管带大城众管"[12];成都市以智能化推动制造业提升,电子信息、新型显示、软件、信息安全、氢能产业等领域跻身全国前列,积极推进 5G产业布局,快速公交成功实现全球首例户外 5G 测试,建成全国首个 5G 示范街区,加快建设西部金融中心,成功举办第六十届泛美开发银行理事会年会,新经济活力强劲,成为最适宜新经济成长的城市[13]。据华东师范大学 2019 年 11 月发布的《长江经济带城市协同发展能力指数(2019)》,协同发展能力居前 10 位的城市依次是上海、南京、杭州、武汉、成都、重庆、苏州、长沙、无锡、宁波,其中,中游的武汉、上游的成都、重庆的协同发展能力进入前 6 位,都比 2018 年提升了 1 位[14],说明长江经济带上中下游地区城市的协同发展能力差距明显缩小。差距缩小的原因很多,起重要作用的是智能化因素。

长江经济带上中下游地区尽管发展水平有差异,但智能化发展几乎是同时起步、各有优势,正在形成协调发展的新动力、新机制。因此,从智能化高度思考长江经济带协调发展,结合长江经济带的发展实际,在增加密度、缩短距离、减少分割、公平均等四个维度引入智能化新因素,推进长江经济带的东中西互动合作,在全流域形成优势互补、高质量发展的经济布局,是长江经济带协同发展的大趋势。

第三节　率先迈向智能社会

长三角地区目前在整体上已进入工业化的后期阶段,按照工业化阶段性发展理论,下一阶段将进入后工业社会。但是,后工业社会是什么,人们的认识并不清楚。展望智能化推进长三角一体化更高质量发展的前景可以认为,长三角地区将要进入的后工业社会,应该是智能社会。

一、“后工业社会”是智能社会

“后工业社会”是美国哈佛大学教授丹尼尔·贝尔首创的,1959 年在奥地利萨尔茨堡的学术研讨会上,他第一次提出“后工业社会”概念,1973 年出版了《后工业社会》一书,对后工业社会是什么作出专门的阐述,很快被世界学界所公认,成为迄今以来对“后工业社会”的最权威解释。丹尼尔·贝尔认为,后工业社会有五个主要特征:(1)经济方面:经济发展会由产品生产经济转变为服务性经济。(2)职业分布:在诸多的行业中,专业和技术人员阶级都处于主导地位。(3)中轴原理:理论知识处于中心地位,是社会革新和制定政策的源泉。(4)未来方向:科学技术会快速发展,但为防止技术对人类可能造成的损害,需要控制技术发展,特别是对技术的应用要先作出鉴定。(5)制定决策:政府更要注重激励人们创造新的"智能技术"[15]。如今看来,这五个特征的概括是有远见的,尤其是第五个特征提出的"智能技术"更有远见,在那个时期已出现了第一代计算机,但这种计算机所形成的智能技术,只用于处理"条理化复杂性"问题的统计技术和逻辑技术,能级是很低的。近半个世纪过去了,如今的智能技术已更高级了,在第四次工业革命蓬勃发展中已形成了智能化浪潮,快速发展的智能技术已成为推进人类社会发展的强大动力和主导因素。智能化对人类社会发展带来的深刻影响,使人们逐渐看清,后工业社会将是智能社会。

在第四次工业革命中孕育和快速发展的智能化浪潮,正对人类社会带来革命性的影响,其巨大的历史贡献,从生产力角度看,是提升了工业化,带来了智能化;从社会发展角度看,是更新了工业社会,开启了智能社会,已经引起人们的关注。尽管世界当前仍处于工业社会,但人们已经看到了智能社会的曙光,已有一些中外学者进行研究,对智能社会作出不同程度的描述[16][17],这些描述不可能对未来的智能社会作出科学而完整的概括,而当前系统地回答智能社会是什么也为时过早,但从当前世界出现的大量情境看,智能社会至少已显现出三个主要特征:

一是表现在经济上,是智能化对工业化给予革命性的赋能,不仅会推进工业的整体升级,而且会促进工业与其他产业的跨界发展、实体经济与虚拟经济的融合发展,进而会形成智能化的现代经济体系,世界经济将更为发达。

二是表现在社会上,是智能化已逐渐渗透到人们的出行、居住、穿戴、医疗、教育、文化、交往等各个领域,从人们的生活、社会交往到社会结构、社会管理等,都会发生深刻变化,社会结构趋向多元化,社会管理趋向现代化,会推进社会全面进步。

三是表现在人的发展上,由于人工智能特别是机器人可以替代人的复杂性、重复性、艰苦性、危险性的劳动,促进了人的自身解放,而人人可以从万物互联和数据释放中获取发展红利,信息分享和发展成果普惠的价值理念会逐渐广播于世,使人的发展机会更公平,使人们的生活更丰富、工作更便捷、交往更广泛,又会促进人类自身的进步。

这三个主要特征表明,智能社会也是人工智能和人类智慧高度融合发展的社会。因为人工智能将人从繁重的劳动和常规性的技术操作中解放出来,更有条件投入创造性的思考与发现,在新的发展条件下不断丰富人类智慧,又会对人工智能赋予新的动力,促进人工智能向符合人类理性需求的方向发展,如丹尼尔·贝尔所预警的那样,防止人工智能技术对人类可能造成的损害。这样,人工智能和人类智慧相互促进、融合发展,"人机协作"越来越科学,会造就更加和谐繁荣发达的人类社会。因此,智能社会基于工业社会、又高于工业社会,是人类社会应该努力建设的美好社会。而在工业化后期兴起的第四次工业革命,这三个主要特征已在许多国家出现而日益凸显,会逐步汇成势不可摧的时代潮流,人类进入的后工业社会,一定就是智能社会。

改革开放以来,我国工业化快速推进,特别是适时抓住第四次工业革命的机遇建设创新型国家,智能化因素快速成长,并以越来越快的速度和越来越大的规模对工业化赋能,以上三大特征也不同程度显现,综合国力不断增强,社会主义制度优越性得到充分发挥。2017年11月,习近平总书记在中国共产党第十九次全国代表大会的报告中,明确提出我国要建设"智慧社会"[18],说明建设智能社会符合社会主义发展规律,社会主义国家进入后工业社会也一定是智能社会。

二、长三角地区率先迈向智能社会

就长三角地区而言,实施智能化战略,以智能化推进一体化的更高质量发展,也会出现上述三大特征,表明长三角更高质量一体化发展的前景,是率先迈向智能社会。

一是从经济发展层面看,长三角更高质量的一体化不仅会推进智能产业的优先发展,还会带动其他产业的智能化发展,更为重要的是,智能因素会广泛进入产业链层次,企业在"万物互联"中会迅速而高效地穿透行政区界,高效率地配置产业资源,又通过政府推动的更高质量一体化发展,有效形成地区间产业的协同发展,可在更大的地域范围和更多的行业领域,推进产业基础的高级化和产业链的现代化,长三角地区经济就会形成持续更高质量发展的大趋向。

二是从社会发展层面看,智能化因素在长三角地区社会领域的应用较早,范围也较广,在更高质量一体化发展中,不仅智能化因素会在社会领域得到更广泛的应用,推进社会管理的智能化、精准化和现代化,而且,由于更高质量的一体化会推进长三角地方政府区域政策趋向高集成,尽管长三角地区间仍存在着发展差距,但地方政府推行均等化的公共服务政策,会最大限度地实现社会福利的公正,更会推进社会的全面进步。

三是从人的发展层面看,不仅是智能化推进长三角经济的更高质量发展,为人的发展创造了丰富的物质条件,也不仅是智能化因素推进长三角地区社会的全面进步,为人的发展创造了良好的社会条件,而且,因为智能化是以普惠共享为价值导向,在智能化推进长三角一体化更高质量发展的过程中,人们会在万物互联、人机互动的环境下贡献信息又分享信息,普惠共享的先进价值理念会广泛深入人心,更会开辟人自身发展的广阔路径。

以上三大特征在长三角地区目前已都有显现,今后会越来越成为主流,主导着长三角地区的发展。这种发展趋向会展现出,智能化推进长三角更高质量一体化的发展前景,是率先迈向智能社会。

长三角更高质量一体化发展会率先迈向智能社会,具有重大的国家战略意义和社会进步意义,会发挥促进时代发展的引领作用。展望我国的发展,在蓬勃开展的新一轮科技革命和产业变革中,我国在人工智能、新一代信息技术等领域已居世界第一方阵,在智能化方面加快了追赶发达国家的步伐,会推进中国社会向智能社会迈进。党的十九大报告提出第二个百年的战略目标,是把我国建成富强民主文明和谐美丽的社会主义现代化强国,更是全国人民共同富裕的强国,可以认为,我国要建成的这样的强国,应该是后工业社会的智能社会强国。但我国又是区域差异显著的大国,各省区工业化处于不同发展阶段,针对这种国情,需要发达地区率先成为智能社会,率先共同富裕,再带动其他地区和全国走向智能社会,实现全国人民共同富裕。长三角地区就是这样的发达地区,以智能化推进一体化的更高质量发展而率先迈向智能社会,体现了长三角在实施国家战略中的区域担当,对长江经济带和其他地区的智能化发展和智能社会建设,都会发挥引领和示范作用,为实现党的十九大报告提出的中华民族伟大复兴事业作出长三角地区的时代新贡献。

智能化推进长三角地区率先迈向智能社会的前景展望也表明,后工业社会在我国已不遥远,智能社会也正悄然来临,我国的学术界现在应该关注后工业社会、智能社会,在当前情况下,可以通过对长三角地区以智能化推进更高质量一体化发展的实践考察,深入研究我国如何建设智能社会,特别要深入研究如何通过网络强国建设迈向智能社会。长三角等发达地区率先进入后工业社会的丰富实践,会为我国学术界研究智能社会提供丰富素材,可以探索构建具有中国风格、中国智慧的智能社会建设理论,这也是构建中国特色社会主义发展经济学的重大选题,人们期盼在这方面会有更多的研究成果问世。

参考文献

[1]新华社.习近平主持召开扎实推进长三角一体化发展座谈会并发表重要讲话[N],人民日报,2020-08-22.

[2]程必定,孔令刚.长三角以高质量的一体化发展融通国内国际双循环[N].光明日报,2020-08-31.

[3]习近平.推进形成优势互补、高质量发展的区域经济布局[J].求是,2019(24).

[4]程必定.推进"东中一体"协调发展[N].经济日报,2020-09-06.

[5]中共中央　国务院关于促进中部地区崛起的若干意见[S],2006.

[6]杜尚泽.为了一江清水浩荡东流——习近平总书记调研深入推动长江经济带发展并主持召开座谈会纪实[N].人民日报,2018-04-28.

[7]赵腊平.不尽长江的历史机缘[N].中国矿业报,2019-08-16.

[8]李永盛.长三角区域实体经济一体化发展的短板与对策[J].长江经济带研究要报（上海社科院）,2019(9).

[9]国务院.关于依托黄金水道推动长江经济带发展的指导意见[S],2014-09-30.

[10]中共中央　国务院印发《长江三角洲区域一体化发展规划纲要》[N].人民日报,2019-12-02.

[11]黄晓宇.2019年武汉市政府工作报告[N].长江日报,2019-01-10.

[12]吴陆牧,冉瑞成.重庆数联智驱,城市治理更精准[N].经济日报,2020-10-02.

[13]罗强.2019年成都市政府工作报告[N].成都日报,2019-01-28.

[14]李治国.长江经济带各城市协同发展能力差距缩小[N].经济日报,2019-12-03.

[15]丹尼尔·贝尔.后工业社会的来临[M].北京:商务印书馆,1984:

20，38．

　　[16]高金波.智能社会[M].北京:中信出版集团,2016:19,77.

　　[17]理查德·沃特森.智能化社会（中文版）[M].北京:中信出版集团,2017:95,143,22.

　　[18]习近平.决胜全面建成小康社会夺取新时代中国特色社会主义伟大胜利——在中国共产党第十九次全国代表大会上的报告[M].北京:人民出版社,2017.

市政府于 1998 年在全省率先作出"融入苏浙沪"的重要决策,以优惠政策吸引苏浙民营企业参与国有企业和乡镇企业的改制重组,兴办经济开发区,面向苏浙招商引资入驻,推进了改革开放和经济发展。马鞍山、滁州两市与江苏毗邻,也加快了融入江苏及南京的步伐。在这其中,不少企业主动作为,成为"融入"的主体,是对推进东向发展的有益探索。

第三步是全省"融入长三角"。宣城、马鞍山、滁州等与苏浙毗邻地区"融入苏浙沪"所取得的成效,对全省启迪很大,得到省委、省政府的肯定,意在引导全省"融入长三角"。2002 年 5 月,浙江省党政代表团来安徽考察,签订了两省进一步加强经济技术合作的协议,达成了 140 多个项目合同,并成立了"安徽省浙江企业家联合会",安徽与浙江的合作由毗邻市县向全省拓展,重心也向企业界下移。2003 年 4 月,中共安徽省委召开七届四次全会,正式作出全省"融入长三角"的决定,同年 9 月,安徽两次组团走访沪苏浙,合肥、马鞍山、滁州、芜湖、淮北等市与江苏省南京、苏州、徐州等市达成多项合作协议,更多的企业唱主角,全省"融入长三角"进入了新的层次。

三、全省进入东向发展阶段

经过一部分地区在上一阶段的成功探索,2005 年以后全省进入东向发展阶段,这一阶段大体延续到 2014 年,主要也迈进了三大步:

第一步是与苏浙毗邻市县的全面东向发展。安徽有 7 个地级市、23 个县(市、区)与苏浙毗邻,是全省东向发展的"排头兵"。2005 年 6 月,省委首次在与浙江接壤的宁国市召开了"加快毗邻苏浙地区发展座谈会",23 个与苏浙毗邻县(市、区)的党政主要负责人出席,就全面东向发展达成了共识。6 月 14 日,省发展改革委员会出台措施支持毗邻苏浙地区加快全面东向发展,从思想观念到体制创新,从基础设施到城镇建设,从产业发展到市场秩序,为这些地区与苏浙的"无缝对接"给予支持,并列入省"十一五"规划,推进了与苏浙毗邻市县的东向发展。

第二步是参与泛长三角区域合作与分工。2008 年 1 月 11 日至 14 日,中共中央总书记、国家主席、中央军委主席胡锦涛同志考察安徽工作时指出"安徽要发挥区位优势、资源优势,积极参与泛长三角区域合作与分工",肯定了安徽的东向发展。接着,国务院于当年下发的《国务院关于进一步推进长江三角洲地区改革开放和经济社会发展的指导意见》,也明确要"积极推进泛长三角区域合作",把安徽纳入泛长三角。[2]在这些背景下,全省各市县、各行业都在探索如何发挥区位、交通、资源、成本四大优势,以优质农产品、能源、原材料、劳务输出、承接产业转移等五大领域为重点,参与泛长三角区域合作与分工。其中最为突出的是,号称是世界第一条高速高压输电通道的500千伏"皖电东送"工程2008年7月建成投运,增强了上海及苏南地区的电力保障,发挥了安徽能源优势参与泛长三角区域合作与分工。

第三步是皖江城市带成为国家级的承接产业转移示范区。由于安徽积极参与泛长三角的区域合作与分工,特别是承接沿海发达地区的产业转移具有独特优势,经过安徽的努力,2010年1月12日,国务院批复了《皖江城市带承接产业转移示范区规划》,定位皖江城市带为区域合作发展先行区、中部地区崛起重要增长极、全国重要的先进制造业和现代服务业基地。[3]这是安徽的第一个国家战略层面的规划,标志着安徽东向发展取得了重大进展。皖江城市带包括安徽沿江的安庆、池州、铜陵、芜湖、马鞍山和近江的合肥、滁州、宣城全部及六安的部分地区,共59个县(市、区),是安徽省的经济发达地区。据2010年的统计,皖江城市带面积7.6万平方公里,人口3079万人,生产总值8408.8亿元,分别占全省的54.5%、45.1%和68.0%。各市县注重发挥自身优势,科学承接沿海地区的产业转移,其中,2010年皖江城市带的实际利用外省资金有61.4%来自沪苏浙,说明沪苏浙的企业和投资者十分看好皖江城市带的发展条件和发展前景,是安徽东向发展的新突破。

在2010年至2014年的五年间,皖江城市带承接产业转移示范区建设进入高潮期。在皖江地区的带动下,皖北、皖西、皖南地区也注重发挥相对比较优势,积极承接长三角及东部地区的产业转移,东向发展已向全省拓展。

四、全省参与长三角一体化发展阶段

经过30多年融入长三角的探索与积累,安徽已逐渐具备了参与长三角一体化发展的条件。以2014年《国务院关于依托黄金水道推动长江经济带发展的指导意见》第一次明确提出合肥是长江三角洲城市群副中心为标志,安徽开始由融入长三角转向全省加入长三角的新阶段,由长三角的"旁听生"成为"正式生",作为长三角一体化发展的重要方面军发挥积极作用。

长三角地区原来只有沪苏浙三省市,其领导协调机构是"长三角地区主要领向整体性统筹逐步深扩，在主体上由政府间的单一合作向政府、企业、社会组织多元合作共同联动，在动力上由行政推动为主向市场机制引导为主深刻转换，在成果上由合作互惠向联动共享全面延伸。

第二，中部地区和东部地区有一体化发展的共识，在重要领域有一体化规划并且得到共同实施。特别是跨行政区的基础设施一体化得到先行，市场一体化的行政障碍得到清除，生产要素打破行政区界限而实现跨行政区流动，在此基础上打破行政区界限谋划一体化发展，推进重大交通运输体系的一体化、市场发展的一体化、区域创新体系的一体化、资源节约和环境保护的一体化、城乡发展一体化等，区域一体化发展逐步走向成熟。

第三，中部地区和东部地区城镇化已达到较高水平，城市间的同城效应逐渐放大，形成跨行政区的网络化、同城化的城镇体系。城镇化率超过50%，依托高速化的综合交通运输体系和泛在性的物联网，形成跨行政区、多中心、网络化的城市群，以城市群为主体，由大中小城市和小城镇组成的城镇体系健康协调发展。

第四，中部地区和东部地区间的相对比较优势得以充分交换，在此基础上形成各有特色、分工合作、协同发展的产业体系。特别是在分工方面，跨行政区的垂直分工、水平分工向虚拟分工延伸，在合作方面，形成跨行政区、有竞争力的产业集群，通过发挥比较优势和产业间的分工合作，在某些领域形成跨行政区的产业发展综合体。

第五，中部地区和东部地区间的发展环境、生态环境同步改善，公共服务趋向均等。有共同保护的生态环境，有共同维护的市场环境，有一体化的政务环境和法治环境，共同保护知识产权，共同提升社会保障的统筹层次，逐渐推进地区间公共服务趋向均等，共同构建民主和谐文明富裕的社会综合体。

第六，中部地区与东部地区间的区域差距逐渐缩小，人民生活水平大体相当。通过区域合作和一体化的推进，发达地区带动欠发达地区走共同富裕的道路，区域差距、城乡差距、居民收入差距逐渐缩小，人民生活水平趋向大体相当，同步进入现代化社会。

但是，中部六省地域广阔，六省与东部地区协调发展的时序和程度都不相同，而安徽在地理上与国家区域战略形成的既是中部省份又是长三角省份的双重区位特征，为安徽在从融入长三角到参与长三角一体化发展的30多年历程中形成

"东中一体"协调发展格局提供了充分和必要条件,目前在安徽已形成了"东中一体"协调发展的上述六个标志性特征:一是与沪苏浙跨行政区的区域合作深入开展,形成了有效的区域合作机制;二是有与沪苏浙一体化发展的共识,重要领域的一体化规划正在共同实施;三是与沪苏浙城市间的同城效应逐渐放大,形成跨行政区的网络化、同城化的城镇体系;四是与沪苏浙广泛推进产业的分工合作、协同发展,在某些领域正在区域创新共同体;五是与沪苏浙在市场环境、生态环境方面共治共建,公共服务一体化也加快推进;六是与沪苏浙在经济总量和人均收入水平方面的差距逐渐缩小,如在2005—2020年间,在经济总量上安徽相当于沪苏浙的差距缩小了5.63个百分点,在人均地区生产总值上安徽与沪苏浙的差距缩小了21.5个百分点(见表4-1)。安徽形成"东中一体"协调发展的六个标志性特征说明,"东中一体"协调发展与安徽有密切的关联性,安徽全省加入长三角,有条件也有能力在推进长三角一体化更高质量发展中,率先实现"东中一体"协调发展。

改革开放40多年来,从区域板块的角度看,我国由"站起来"变为"富起来",东部地区的率先发展带动起到了关键作用;在新时代我国再由"富起来"变为"强起来",当然还要继续发挥东部地区的带动作用,但仅靠东部地区是不够的,还需要中部地区对标东部地区加快崛起、高质量发展,推进"东中一体"协调发展,重塑东中部地区的经济地理。党中央、国务院既高度重视中部地区发展,又及时引导长三角地区对中部地区的辐射带动,注重发挥长江、淮河两大动脉相贯通的优势,依托高速化的综合交通运输网络,推进东中部地区的要素流动和区域合作,正在形成"东中一体"协调发展的新态势。特别是2006年党中央、国务院颁发实施《关于促进中部地区崛起的若干意见》(中发〔2006〕10号),中部崛起纳入国家区域总体战略,[7]国家发改委又先后出台长江经济带和淮河生态经济带发展规划,[8]中部地区经济发展速度加快,与全国及东部地区的差距都逐渐缩小了。从国际比较看,2019年中部地区的面积与德英法3国接近,人口是英德法3国的1.66倍,按美元计算的生产总值(31708亿美元),相当于德国的82.45%,已是英国的1.12倍、法国的1.17倍、印度的1.10倍、俄国的1.86倍、韩国的1.93倍。有这样的经济体量基础,又有巨大的发展潜力,中部地区完全可以肩负起时代新使命,加快高质量发展。2021年3月30日,中央政治局会议审议批准了《关于新时代推动中部地区高质量发展的指导意见》[9]，将会深度推进"东中一体"协调发展，重塑东中部地区的经济地理，为实现第二个"一百年"的战略目标扩大区域支撑，我国建成世界社会主义现代化强国就更有保障。

"东中一体"协调发展虽然是我国学术界提出的，但一提出就受到党和政府及决策规划部门的重视，并得到认可。特别是党中央、国务院批准作为中部省份的安徽纳入东部地区的长三角一体化规划，标志着"东中"已在安徽这个局部地区"一体"了。2019年5月30日中共中央、国务院印发的《长江三角洲区域一体化发展规划纲要》第三章第二节"加快都市圈一体化发展"中，还明确提出"加强南京都市圈与合肥都市圈协同发展，打造东中部区域协调发展的典范"[10]，其所言的"东中部区域协调发展"，意同"东中一体"协调发展。可见，在中部6省中，安徽与"东中一体"协调发展更有密切的关联。本书后面部分在讲到"东中一体"协调发展时，有时也以"东中部区域协调发展"或"东中部协调发展"作表述，以与中央的提法相一致。

二、安徽参与长三角一体化发展的重大意义

区域一体化是"一体化"和"区域"两个词的组合，"一体化"是发展水平的概念，"区域"是发展空间的概念，这种组合本身就说明，区域一体化既有对发展水平的要求，又有对发展空间范围的要求，高质量的一体化不仅应是高水平的一体化，而且应尽可能扩大区域范围，使更大区域范围内的企业和居民都能分享一体化的成果。比如，欧洲一体化有20多个国家参与，是有较大区域范围的跨国区域一体化，因而被公认为当今世界最高质量的区域一体化。长三角一体化是国内的区域一体化，不能只局限在沪苏浙一市两省范围内，还应就近向属于中部地区的安徽扩展，开拓"东中一体"协调发展的新布局，这就是安徽参与长三角一体化的重大意义。

在以沪苏浙一市二省为范围的长三角时期，区域一体化已推进了多年，但并没有作为国家战略，而当安徽加入长三角后，党中央、国务院立即把长江三角洲地区一体化上升为国家战略，就具有兼顾提升区域一体化的发展水平和扩展区域范围两个方面的意义，以达到更高质量一体化发展的战略目的。长三角地区一市三省应该从这个意义上理解党中央、国务院的战略意图，既要以发达的沪苏浙发达地区为基础进一步提升一体化的发展水平，又要带动长三角地区新成员但又是欠发达的安徽参与一体化建设,扩大一体化的空间尺度。把提升一体化的发展水平和适度扩大一体化的区域范围有机结合,才是党中央、国务院的战略意图。作出这种研判,既体现党的十九大精神,是我国建设社会主义现代化强国的国家战略需求;又符合沪苏浙皖的市情、省情,在长三角地区实现真正意义上的中国式更高质量的区域一体化。

从贯彻落实党的十九大精神看,党的十九大是开启全面建设社会主义现代化强国新征程的一次具有历史意义的重要会议,确立习近平新时代中国特色社会主义思想为党的指导思想,围绕实现"两个一百年"的伟大目标,全面推进创新发展、协调发展、绿色发展、开放发展、共享发展,在 2020 年全面建成小康社会的基础上,到 2035 年基本实现国家现代化,到本世纪中叶把我国建成富强民主文明和谐美丽的社会主义现代化强国,实现中华民族的伟大复兴。实现这个宏大目标,需要全国各个地区的共同发展,逐渐改变总是部分地区发达、部分地区不发达的经济地理格局。这就要求发达地区不仅要更高质量发展,还要带动欠发达地区加快发展。因为发达地区有很好的发展基础,今后实现更高质量的发展是顺势而为、在所必然,已不是什么"奇迹",而欠发达地区的发展基础差,如能在发达地区的带动下也实现高质量发展,与发达地区一起实现共同富裕,那才是真正的"奇迹"。我国走的是中国特色的社会主义道路,从社会制度、发展理论、思想路线、体制机制等方面,都有实现这种"奇迹"的自信和保障。所以,从党的十九大精神高度和建设社会主义现代化强国的站位看长三角一体化上升为国家战略,就应该理解为,长三角更高质量的一体化不能只局限在沪苏浙发达地区,还要包括欠发达的安徽。从实际情况看,因为沪苏浙的区域一体化基础好,即使长三角一体化不上升为国家战略,沪苏浙更高质量的区域一体化也是会实现的,而安徽与沪苏浙一起共同实现更高质量的一体化发展就有相当的难度,需要上升为国家战略,使安徽在深度参与长三角更高质量一体化中,通过自身努力进入发达省份行列,或者达到与沪苏浙大体相当的发展水平,那才是中国式更高质量一体化发展的"奇迹",更是建设社会主义现代化强国的国家战略需求。长三角一体化上升为国家战略,是会创造出这样的发展"奇迹"的。

从沪苏浙皖的市情、省情看,在长三角实现中国式更高质量的区域一体化,既是必要的,更是可行的。就沪苏浙而言,一市二省是我国的发达地区,区域一体化已达到较高水平,迈向更高质量的区域一体化是必然趋势。就安徽而言,与沪苏浙相比尽管经济欠发达,但与沪苏浙有着自然天成的流域关联、由来已久的历史关联、逐渐拓展的经济关联、日益紧密的城市关联和互动发展的政策关联,沪苏浙皖地域相连,人缘相亲,文化相通,要素相流,经济相融,特别是进入 21 世纪后安徽实施东向发展战略,已在一定程度上融入沪苏浙一体化发展。2011 年后安徽渐次成为长三角成员,2014 年后 8 个地级市成为长三角城市群成员,合肥成为长三角城市群副中心,合肥都市圈成为长三角城市群五大都市圈之一,扩大了长三角及长三角城市群的空间范围,是适应长三角城市群向世界级跨越的客观需要,具有必然性和必要性,安徽有条件深度参与长三角更高质量一体化发展,更有广阔的发展前景,既可从高度上提升长三角一体化的发展水平,又可从广度上扩大长三角一体化的空间范围,开启我国发达地区与欠发达地区共同迈向更高质量一体化发展、实现共同富裕的新路快路,在全国具有示范作用,符合国家的战略需求。应从这个视角理解长三角一体化上升为国家战略,认真实施国家的这个重大战略。

　　进一步从安徽的情况看,安徽与沪苏浙相比经济欠发达,在国家区域总体战略规划中又属中部地区,这种既是长三角成员又是中部省份的“双重身份”,在全国是唯一。正因为这种“双重身份”,使安徽在实施区域协调发展国家战略中,肩负特殊的区域功能:向东,深度参与长三角更高质量一体化发展,并上升为国家战略;向西,又会通过长江经济带、淮河生态经济带扩展与中部地区相邻省份的区域一体化发展,形成“东中一体”协调发展的新局面,重塑东中部经济地理,这是安徽深度参与长三角更高质量一体化,在实施区域协调发展战略方面所显示的重要意义,也是安徽深度参与长三角更高质量一体化的重大作为,对长三角、长江经济带、淮河生态经济带的发展都会有重要贡献,也是我国跨省级行政区探索区域经济协调发展的示范。特别是自 2005 年全省实施东向发展战略以后,重视与东部地区,特别是与沪苏浙的区域合作,逐步接轨长三角一体化建设,就是对“东中一体”协调发展即东中部协调发展的积极探索,经济发展年均增速都居全国和中部地区前列,与沪苏浙的差距也逐年缩小。

　　如在 2005—2020 年间,安徽省地区生产总值占全国的比重提升了 0.88 个百分点,人均地区生产总值与全国平均水平的差距缩小了 25.7 个百分点;安徽省经济总量相当于沪苏浙的程度提升了 5.63 个百分点,人均地区生产总值与沪苏浙的差距也缩小了 21.5 个百分点(见表 4-1)。在全国 31 省(市)区的排名中,2005 年安徽省地区生产总值居第 16 位,人均地区生产总值仅居第 28 位,到 2020 年,安徽省地区生产总值居第 11 位,人均地区生产总值居第 13 位,在 15 年间,安徽省地区生产总值在全国的排名上升了 5 位,人均地区生产总值的排名更上升了 15 位,成为全国发展最快的省份,在科技创新、数字经济、制造业等领域已经跻身全国省区第一方阵,正成为"东中一体"协调发展的先行区。2016 年 4 月习近平总书记在考察安徽的重要讲话中指出,安徽要"立足自身优势,加强改革创新,努力闯出新路";2020 年 8 月习近平总书记再次考察安徽的重要讲话又指出,安徽要"实现跨越式发展,关键是创新"。可以说,安徽努力建成"东中一体"协调发展先行区,也是在推进区域一体化发展方面的改革创新,呼应习近平总书记的殷切期盼,是安徽在新时代应该努力闯出的新路。其区域经济学的意义是,不仅为后发地区的崛起提供借鉴,更会开拓我国处于不同发展阶段省区间协调发展的新路,因而在全国也具有重要的示范意义。

表 4-1　2005—2020 年安徽省 GDP、人均 GDP 与全国及沪苏浙的演变比较

安徽省		GDP	人均 GDP
2005 年	数量	5375 亿元	8675 元
	占全国比或相当于全国人均水平	2.93%[1]	61.79%[2]
	相当于沪苏浙总量或人均水平	13.14%	30.01%
2020 年	数量	38681 亿元	63383 元
	占全国比或相当于全国人均水平	3.81%[1]	87.49%[2]
	相当于沪苏浙总量或人均水平	18.77%	51.51%
变化	占全国比或与全国人均水平比	提升 0.88 个百分点	缩小 25.7 个百分点
	相当于沪苏浙总量或人均水平比	提升 5.63 个百分点	缩小 21.5 个百分点

注:①指 GDP 占全国、沪苏浙总量的比例。②指人均 GDP 相当于全国、沪苏浙的平均水平。

资料来源:2005 年数据见国家统计局《中国统计年鉴　2006》,中国统计出版社 2006 年版,2020 年数据见全国及沪苏浙皖当年的国民经济和社会发展统计年报。

第三节　安徽参与长三角更高质量一体化发展的新思路

中共中央、国务院印发的《长江三角洲区域一体化发展规划纲要》,围绕把长三角地区建成全国发展强劲活跃增长极、全国高质量发展样板区、率先基本实现现代化引领区、区域一体化发展示范区和新时代改革开放新高地的战略定位,对长三角一体化发展作了系统的规划[10]。中共安徽省委十届九次全会审议通过的《安徽省实施长江三角洲区域一体化发展规划纲要行动计划》,从省情出发、扬皖之长,围绕把安徽省建成我国的科技创新策源地、新兴产业集聚地、绿色发展样板区和内陆开放新高地"三地一区"的战略定位,对全省深度参与长三角一体化发展作了周详的规划,已纳入"十四五"规划纲要组织实施。[11]安徽深度参与长三角一体化是时代赐予的重大发展机遇,必然会开拓安徽在新时代发展的新思路,明确新阶段发展的新目标,迈向高质量发展、共同富裕的新路径。

一、迈向第一方阵:安徽参与长三角更高质量一体化发展的目标

历史上,安徽是我国的经济文化发达省份,江淮地区是富饶之地。早在唐代,杜牧在《上宰相求杭州启》中就称,"今天下以江淮为国命"。从明代到清初,安徽与江苏、上海同属江南省,是全国经济文化最发达的地区。清康熙六年(1667年)江南省分立为安徽、江苏两省,安徽由于经济上有驰名全国的徽商,经营有方,江南一带号称"无徽不成镇";文化上有名誉天下的桐城文派,人才济济,时有"天下文章皆出桐城"之说。徽商与桐城文派一商一文两大"区域品牌"的巨大影响力,显示安徽仍然是中国的经济文化发达省份,也可称是中国省区的"第一方阵"[1]。

但是,进入近代,受帝国主义、封建主义、官僚资本主义"三座大山"的压榨,加之战乱兵匪、自然灾害"人祸天灾"的吞噬,社会生产力遭到严重破坏,徽商与桐城文派也逐渐消失。到1949年中华人民共和国成立时,安徽已衰退为我国的经济文化落后省份。1949年以来,安徽同全国一样,在中国共产党的领导下走社会主义道路,经济社会很快由恢复到发展,在探索中也经历了成功与曲折,但由于经济基础较弱,并没有改变欠发达的省情面貌。到2000年尽管基本实现了小康社会的建设目标,但在全国长期处于经济总量居中、人均水平居后的状况。如2000年

安徽人口 5986 万人,居第 9 位,占全国 4.62%,而地区生产总值 3038.24 亿元,居第 14 位,仅占全国 3.43%,人均地区生产总值 4867 元,仅居第 22 位,只相当于全国平均水平的 68.76%、中部地区平均水平的 86.2%,甚至只及西部地区平均水平的 92.9%。

安徽在区位和资源方面都有比较优势,但仍然是经济欠发达省份,导致这种状况的重要原因,是近代以来安徽屡屡错过了中国工业化高潮的机遇。我国是自第二次鸦片战争失败后才进入工业化的,到 20 世纪末大体出现了四次工业化高潮,安徽几乎每一次都错过了机遇。第一次工业化高潮是发生在 1861—1894 年间的洋务运动时期,洋务派兴办的近代工矿业无一在安徽,安徽错过了中国工业化第一次高潮的机遇;第二次高潮发生在辛亥革命后的 20 世纪头 20 余年,涌现了一批新兴的民族工商业者,而安徽受地方军政府压榨和盘剥,工商业难能发展,大量工商业者转移到沪苏浙,又错过了第二次工业化高潮;第三次是 20 世纪 50 年代开始的大规模社会主义工业化建设,工业化的建设重点是京广线以西的"内地",而安徽列为"沿海"省份,不是国家工业化的重点,又错过了第三次工业化高潮;第四次是改革开放初期的 20 世纪 80—90 年代,中国工业化形成了规模更大、水平更高的高潮,重点是东南沿海地区,而此时安徽列为中部省份,不是"沿海"省份,又错过了第四次工业化高潮。

2002 年党的十六大报告提出了"走新型工业化道路",强调"坚持以信息化带动工业化,以工业化促进信息化,走出一条科技含量高、经济效益好、资源消耗低、环境污染少、人力资源优势得到充分发挥的新型工业化路子"[12],标志着我国开始进入工业化第五次高潮。而此时,由德国发起并受到世界经济论坛创办人克劳斯·施瓦布(Klans.Schwab)极力支持的第四次工业革命开始在全球兴起,在我国称之为新一轮科技与产业革命。安徽抓住了这次机遇,一方面,省委、省政府确立了工业强省战略,不少市县提出工业强市、工业强县战略,注重提高科技含量、经济效益,节能降耗,减少污染,鼓励创业,扩大就业,新型工业化快速发展;另一方面,党的十八大后省委、省政府又大力实施创新驱动战略,以科技创新为新型工业化赋能,逐渐融入第四次工业革命,不仅传统产业逐步得到改造提升,一批战略性新兴产业也快速成长,加快了全省的经济发展。

2005 年省委提出东向发展战略,主动融入长三角一体化,是安徽快速崛起的重要转折点;2010年国务院批准建设皖江城市带承接产业转移示范区,推动产业发展融入长三角一体化;2014年《国务院关于依托黄金水道推动长江经济带发展的指导意见》明确合肥是长江三角洲城市群副中心[4];直到2019年10月皖北、皖西、皖南等7个地级市被批准加入"长三角城市经济协调会",标志着安徽全省加入长三角,实现了从融入到加入的跨越,推进了全省经济发展的跨越。由表4-2可见,2020年与2005年相比,安徽主要指标在全国位次的变化是:人口位次降1位,地区生产总值上升了4位,人均地区生产总值上升了15位,人均地区生产总值相当于全国平均水平上升了25.7个百分点,彻底改变了长期以来在全国经济总量居中、人均水平居后、有时差距还有拉大的局面,省情省力发生了重要变化。

表4-2　2005—2020年安徽省GDP、人均GDP在全国位次的变化

指　　标		2005年	2020年	变化
常住人口	总量(万人)	6120	6102.7	少17.3万人
	占全国之比(%)	4.68	4.32	降0.36个百分点
	居全国位次	8	9	降1位
地区生产总值	总量(亿元)	5371.2	38681	增长7.20倍
	占全国之比(%)	2.93	3.81	升0.88个百分点
	居全国位次	15	11	升4位
人均GDP	数量(元)	8675	63383	增长7.31倍
	相当于全国平均水平	0.6179	0.8749	升25.7个百分点
	居全国位次	28	13	升15位

资料来源:2005年数据见国家统计局《中国统计年鉴　2006》,中国统计出版社2006年版;2020年数据见全国及沪苏浙皖当年的国民经济和社会发展统计年报和全国人口"七普"公报。

安徽自2005年以来的持续快速崛起,为安徽在新时代重返中国省(市)区第一方阵带来了希望,更奠定了扎实的发展基础。因此,安徽参与长三角更高质量一体化的发展目标,应是迈向中国省(市)区第一方阵。

从理论上看,地理学有一个"板块理论":若一个地理板块受到周边板块的挤压,将会出现两种结果:一是隆起而成为高地,二是塌陷而成为凹地。经济区域也是如此,若一个经济区域在经济发展中受到周边区域的挤压,也会出现两种情况:一是崛起而成为发达地区,二是塌陷而成为落后地区。安徽作为一个区域经济板块,错过了中国工业化前四次高潮的机遇,成为长三角沿海发达地区的腹地,大量

优质要素受"虹吸"而流出,是导致安徽省长期以来在全国经济总量居中、人均水平居后,有时差距还有拉大趋势的区域经济学原因。安徽加入长三角后,长三角一体化的国家战略会改变这种格局。如前所述,安徽参与长三角更高质量一体化发展的重大意义是开拓"东中一体"协调发展的新布局,以上海为龙头,沪苏浙皖各扬其长,重塑长三角地区的经济地理。对安徽来说,虽然经济发展水平低于沪苏浙,但拥有创新活跃强劲、制造特色鲜明、生态资源良好、内陆腹地广阔等优势,在深入参与长三角更高质量的一体化发展中,既能发挥安徽的这些相对比较优势扬皖之长,又会吸纳沪苏浙的先进因素补皖之短,形成递增型的相对比较优势,在一体化发展中学习沪苏浙,追赶沪苏浙,进入中国省(市)区第一方阵。由前面的表4-1、表4-2可见,在2005—2020年期间,安徽地区生产总值占全国总量的比例提高了0.88个百分点,人均地区生产总值相当于全国的平均水平更上升了25.7个百分点;安徽地区生产总值相当于沪苏浙的总量已提高了5.63个点,人均地区生产总值相当于沪苏浙的平均水平更上升了21.5个点,说明安徽在从融入到参与长三角一体化发展中,不仅与全国平均水平的差距缩小了,与沪苏浙的差距也缩小了,缩小的程度都比较大。可见,把迈向中国省(市)区第一方阵作为安徽参与长三角更高质量一体化的发展目标,也被实践证明具有很大的可能性。

所谓中国省(市)区第一方阵,就经济方面看,主要是地区生产总值和人均地区生产总值都进入全国省(市)区前10位。对安徽来说,2020年地区生产总值已居全国省(市)区第11位,与迈向中国省(市)区第一方阵只有1位之差,在"十四五"前期就可以实现,关键是人均地区生产总值能否进入全国省(市)区前10位,何时进入全国省(市)区前10位。

在未来经济发展中,由于各省(市)区人均地区生产总值在全国位次变化是不确定的,难能预测安徽人均地区生产总值在全国位次到何年进入省(市)区前10位。但是,据对中华人民共和国成立70多年来统计资料的分析发现,人均地区生产总值进入全国省(市)区前10位的省(市)区,其值一定达到全国平均水平。这样,以安徽人均地区生产总值达到全国平均水平的年份作为替代,就可以预测安徽人均地区生产总值进入省(市)区前10位的大体年份。结合地区生产总值总量位次的预测,就可以判断安徽大体到何年进入省(市)区第一方阵。

2020年,安徽人均地区生产总值相当于全国平均水平的87.49%,与全国平均水平相比,差距还有 12.51 个百分点。由表 4-1、4-2 可以看出,自 2005 年以后,安徽人均地区生产总值与全国平均水平的差距是逐年缩小的,到 2020 年的 15 年期间,共缩小 25.7 个百分点,年均缩小 1.71 个百分点,考虑未来的不确定性因素,今后安徽人均地区生产总值与全国平均水平的差距每年缩小 1 个百分点是可能的,比前 15 年的年均值降低 0.7 个百分点。那么,需要 13 年可达到全国平均水平。这样,大体在 2033 年前后,安徽人均地区生产总值可以达到全国平均水平。加上在"十四五"前期全省地区生产总值就能进入全国省(市)区前 10 位,那么,在 2033 年前后即"十六五"时期,安徽的经济总量和人均生产总值会双双进入全国第一方阵,实现安徽人民自近代以来孜孜追求的愿景。[13]

二、走智能化道路:安徽参与长三角更高质量一体化发展的新路径

安徽深度参与长三角更高质量一体化,开拓"东中一体"协调发展新布局,进入全国省(市)区第一方阵,必须有科学的战略引领,走正确的发展道路。在中国特色社会主义决策体制下,一个省区的重大决策不仅要坚定地落实党中央、国务院的战略部署,贯彻国家的战略意图和政策思想,还要联系本省区的实际,提出具有针对性、前瞻性的发展战略,探索具有科学性、可行性的发展道路,国家的战略意图和政策思想在本省区扎根、开花、结果,这样的发展战略和发展道路因更有本省区"个性"特征而具有生命力,并能持续地贯彻下去。正如习近平同志 2002年在任浙江省委书记时,为浙江省谋划的"八八"战略,既具有浙江的"个性"特征,又是具有世界眼光和战略思维而放眼全局谋一域的发展战略和发展路径①。

基于上述考虑,着眼于百年未有之大变局的世界形势和我国中长期发展重大确定性的分析,立足于安徽发展的阶段性特征和发展趋势的研判,安徽深度参与

---

① 浙江省"八八"战略:一是进一步发挥浙江的体制机制优势,大力推动以公有制为主体的多种所有制经济共同发展,不断完善社会主义市场经济体制;二是进一步发挥浙江的区位优势,主动接轨上海,积极参与长江三角洲地区交流与合作,不断提高对内对外开放水平;三是进一步发挥浙江的块状特色产业优势,加快先进制造业基地建设,走新型工业化道路;四是进一步发挥浙江的城乡协调发展优势,统筹城乡经济社会发展,加快推进城乡一体化;五是进一步发挥浙江的生态优势,创建生态省,打造"绿色浙江";六是进一步发挥浙江的山海资源优势,大力发展海洋经济,推动欠发达地区跨越式发展,努力使海洋经济和欠发达地区的发展成为全省经济新的增长点;七是进一步发挥浙江的环境优势,积极推进基础设施建设,切实加强法治建设、信用建设和机关效能建设;八是进一步发挥浙江的人文优势,积极推进科教兴省、人才强省,加快建设文化大省。

长三角更高质量一体化的思路应该是,以习近平新时代中国特色社会主义思想为指导,以创新、协调、绿色、开放、共享发展为主题,发挥安徽省创新活跃强劲、制造特色鲜明、生态资源良好、内陆腹地广阔等优势,全面贯彻新发展理念,主动融入新发展格局,面向现代化,对标沪苏浙,扬皖之长,补皖之短,全面、深入开展与沪苏浙的区域合作,实施智能化战略,走智能化道路,围绕科技进步、社会进步和重点产业发展,促进全省经济高质量发展,提升社会管理水平和居民生活品质,加快冲刺省(市)区第一方阵的步伐。

这个思路的核心是实施智能化战略,走智能化道路。智能化战略是运用新一轮科技与产业革命的成果,以智能化因素对工业化赋能,进而促进社会进步的战略。前面第三章第三节已讨论过,长三角更高质量发展一体化的远期前景是率先迈向后工业社会的智能社会,安徽省作为长三角的组成部分,是长三角更高质量发展一体化的重要方面军,应加快冲刺省(市)区第一方阵的步伐,与沪苏浙共同迈向后工业社会的智能社会。长三角更高质量一体化发展的这个总趋势决定了安徽深度参与长三角更高质量一体化,应该实施智能化战略,走智能化道路。

提出安徽实施智能化战略,走智能化道路深度参与长三角更高质量一体化,首先是基于对百年未有之大变局的世界形势和我国未来发展确定性的研判。世界百年变局的最大变化,是新一轮科技与产业革命对人类社会带来的深刻影响,主要是在信息化基础上兴起了智能化革命,其巨大的历史贡献,从生产力角度看,是带来了智能化,给工业化赋能,使新型工业化获得高质量发展的强大动力;从社会发展角度看,是重塑工业社会,开启智能社会,推进人类社会在后工业化时代进入智能社会新时代。我国抓住了新一轮科技与产业革命的机遇,人工智能、信息技术等领域已领先世界,智能产业和数字经济发展尤快,更会推进中国社会向智能社会迈进,这是具有确定性的发展大趋向。因此,安徽实施智能化战略,走智能化道路符合人类社会发展规律,符合中国特色社会主义现代化发展规律,体现出国家的战略意图。

其次,实施智能化战略,走智能化道路深度参与长三角更高质量一体化,符合安徽的省情实际,与安徽发展的阶段性特征相吻合。改革开放初期,为实现党的十二大报告提出的到 2000 年基本实现小康社会的战略目标,省委、省政府针对农业大省的省情特征,在全国省区较早提出实施工业化战略,走工业化发展道路。[14]

尽管从"七五"到"十三五"随着形势发展的需要又增加了若干战略，但核心还是工业化战略，并且持续坚定地实施，终于厚积薄发，安徽由农业大省发展成为工业大省，改变了长期在全国排名靠后的局面。在20世纪80年代重点发展乡镇企业，促进了农村经济的发展；在20世纪90年代重点发展轻工业，安徽一跃成为全国的轻工大省；进入21世纪的第一个10年又重点发展制造业，安徽很快又成为全国的制造业大省；党的十八大后，省委、省政府更加重视自主创新，适时实施创新驱动战略，在围绕产业创新建设芜蚌国家自主创新示范区后，又陆续围绕制度创新建设系统推进全面创新改革试验省、围绕原始创新建设合肥综合性国家科学中心、围绕技术创新建设合肥滨湖科学城，形成"四个一"创新主平台，又推出一系列支持科技创新的政策措施，引导企业、大众、科研机构和高校创新，到2019年，全省规模以上工业企业R&D全时当量达124491人年，居全国第7、中部第2位，三种专利授权数82524件，居全国第9、中部第2位，区域创新能力连续8年居全国第一方阵。尤其是合肥市的创新能力更强，已形成有影响力的区域创新集群。据世界知识产权组织发布的2018年全球创新指数报告，合肥市首次进入世界区域创新集群百强，居97位，2019年又上升7位，居第90位。而且，"智能+"在生产、生活、社会治理领域的应用越来越多，智能社会悄然来临。据有关研究机构对我国智能社会发育程度的最新测算，安徽总体指标已居全国第9位。为主动融入新一轮科技与产业革命，安徽深度参与长三角更高质量一体化发展，完全有必要、也有能力实施智能化战略，走智能化道路，对工业化赋能，再造产业基础，以智能化充实和丰富正在实施的其他战略，以智能化纾解发展中出现的矛盾和压力，促进全省迈向全国省（市）区第一方阵。

再次，实施智能化战略，走智能化道路，是实现习近平总书记对安徽发展的期盼，更好地落实党中央、国务院批准安徽加入长三角的战略意图的要求。2016年4月，习近平总书记视察安徽并发表重要讲话，提出"加强改革创新，努力闯出新路"的时代要求；2019年5月，习近平总书记在南昌召开促进中部崛起座谈会，对6省的未来发展提出8条要求，第一条要求就是积极融入新一轮科技与产业革命。2020年8月习近平总书记再次考察安徽，提出"实现跨越式发展，关键是创新"的新要求。安徽省提出实施智能化战略，是开拓战略视野，主动融入新一轮科技与产业革命，可以闯出安徽崛起的新路，是实现习近平总书记对安徽发展殷切期盼的具体行动。安徽是中部省份,多年来坚持东向发展战略,主动融入长三角一体化,全省加入长三角后,出现了东中部协调发展的新局面,中共中央、国务院颁发的《长江三角洲区域一体化发展规划纲要》,称之为"打造东中部协调发展的典范",也是"东中一体协调发展"的典范[10]。能否成为典范,关键在于相对欠发达的安徽能否追上经济发达的沪苏浙,而实施智能化战略,正是扬皖之长、追赶沪苏浙的最佳路径。因此,安徽应有眼光、智慧和决心实施智能化战略,走智能化道路深度参与长三角更高质量一体化发展,在打造东中部协调发展的典范中体现安徽对国家战略的责任担当。

第四节　合肥朝着国家中心城市方向发展

2020 年,在面对复杂的国际经济形势、突如其来的新冠肺炎疫情及罕见的洪灾情况下,合肥地区生产总值达 10042.6 亿元,比上年增长 4.3%,成为我国第 20个经济总量过万亿元的城市。合肥市经济总量过万亿,是新跨越,更是新起点。在这个新起点上,合肥市应向什么方向发展呢? 2020 年 12 月 1 日中共安徽省委十届十二次全会通过的《中共安徽省委关于制定国民经济和社会发展第十四个五年规划和二〇三五年远景目标的建议》,对此提出了明确的方向,那就是"朝着国家中心城市发展"。[13]合肥市朝着国家中心城市发展对安徽迈向中国省(市)区第一方阵具有重大作用,这就有必要认识,合肥市为什么要朝着国家中心城市发展;对标国家中心城市,合肥市应走什么道路冲刺国家中心城市。

一、什么是国家中心城市

国家中心城市最早是中国城市规划设计研究院 2005 年受建设部(现住建部)的委托,在编制《全国城镇体系规划(2006—2010 年)》过程中首次提出的。[15]《全国城镇体系规划》是城乡规划中最顶层的法定规划,是关于全国城镇发展和城镇空间布局的统筹安排,是积极稳妥推进城镇化的重要政策依据,也是各地制定省域城镇体系规划和城市总体规划的依据。可见,国家中心城市是中国城镇体系规划设置的最高层级的城市,是在直辖市和省会城市层级之上出现的新的"塔尖",不仅是全国城镇体系的核心城市,在推动国际经济发展和文化交流方面也发挥着重要的门户作用,具有全国范围的中心性和一定区域的国际性两大基本特征。根据这两大基本特征,国家发展和改革委员会把国家中心城市定义为:居于国家战略要津、肩负国家使命、引领区域发展、参与国际竞争、代表国家形象的现代化大都市。

2010 年,《全国城镇体系规划(2010—2020 年)》首次确定北京、天津、上海、重庆和广州 5 市为国家中心城市。国家中心城市提出以来,一些大城市对照标准,积极创建国家中心城市,国家发展改革委、住建部根据全国城市化的发展和区域发展战略的实施需要,先后对国家中心城市作了三次扩容:第一次是 2016 年 5 月,国家发展改革委、住建部联合印发了《成渝城市群发展规划》,将成都列为国家中心城市[16];第二次是 2016 年 12 月,经国务院批复同意,国家发展改革委发布的《促进中部地区崛起“十三五”规划》,提出支持武汉和郑州建设国家中心城市[17];第三次是 2018 年 2 月,经国务院批复,国家发展改革委发布的《关中平原城市群发展规划》,又明确提出“建设西安国家中心城市”[18]。这样,全国共有 9 个国家中心城市。其中,东部地区 4 个,即北京、天津、上海、广州,中部地区 2 个,即武汉、郑州,西部地区 3 个,即重庆、成都、西安,东北地区目前尚无国家中心城市布局。

国家中心城市各有特殊的功能定位。从目前的情况看,9 个国家中心城市的功能定位如下。

北京:首都,全国政治中心、文化中心、国际交往中心、科技创新中心,北京—天津国际性综合交通枢纽。

天津:直辖市之一,环渤海地区的经济中心,北京—天津国际性综合交通枢纽。

上海:直辖市之一,国际经济、金融、贸易、航运、科技创新中心,国际性综合交通枢纽。

广州:广东省省会,国家历史文化名城,全国重要的中心城市、国际商贸中心,广州—深圳国际性综合交通枢纽。

重庆:直辖市之一,全国重要的中心城市,国家历史文化名城,长江上游地区经济中心,国家重要的现代制造业基地,西南地区综合交通枢纽。

成都:四川省省会,国家历史文化名城,西部地区重要的中心城市,国家重要的高新技术产业基地、商贸物流中心,成都—重庆国际性综合交通枢纽。

武汉:湖北省省会,国家历史文化名城,中部地区的中心城市,全国重要的工业基地、科教基地和国际性综合交通枢纽。

郑州:河南省省会,国家历史文化名城,中部地区重要的中心城市,国家重要的综合交通枢纽。

西安:陕西省省会,国家历史文化名城,西部地区重要的中心城市,国家重要的科研、教育和工业基地,国际性综合交通枢纽。

二、合肥市为什么要朝着国家中心城市发展

我国地域广阔,区域差异较大,且人口世界第一,不仅要建成社会主义现代化强国,而且还要进入世界舞台的中央,仅有 9 个国家中心城市是不够的,有研究机构认为,我国至少需要 16 个国家中心城市,合肥就在候选国家中心城市之列。从 2010 年到 2018 年短短 8 年间的三次扩容可以预测,国家中心城市的再次扩容是大概率的趋势。正因如此,2019 年初山东省委、省政府第一个明确表态,支持济南建设国家中心城市。安徽省委、省政府也审时度势,在"十四五"规划和二〇三五年远景目标的建议中,明确提出合肥要朝着国家中心城市发展。合肥市政府在《合肥市国民经济和社会发展第十四个五年规划和二〇三五年远景目标纲要》中又进一步提出,要"奋力迈向具有竞争力的国家中心城市"[19],在省委、省政府建议的基础上又加了"具有竞争力",体现了合肥市冲刺国家中心城市的决心和信心。

提出合肥要朝着国家中心城市发展是有战略远见的,是合肥在成为长三角城市群副中心的功能定位后,从国家视野对合肥功能定位的丰富和提升,而且,合肥若成为国家中心城市,才能进一步增强长三角城市群副中心的功能。对照国家中心城市的定义,合肥是有可能建设成为国家中心城市的。

第一,在国家战略要津方面,合肥位居东中接壤、南北交会地带,地势平坦没有大山阻隔,"米"字形高铁网直达 23 个省会城市,新桥国际机场跻身长三角机场群重要区域枢纽,江淮运河工程全面建设,合肥港集装箱年吞吐量突破 37 万标箱,"一环八线"高等级公路网不断完善,成为第十九个全国性综合交通枢纽,城市建设进入都市时代,2020 年首次入选新一线城市。显然,在位居国家战略要津方面,合肥比南京、杭州更有优势。

第二,在肩负国家使命方面,2017 年 1 月,合肥依托中国科学院合肥物质科学研究院和中国科学技术大学,获批建设全国第二个综合性国家科学中心,是科技创新策源地。合肥国家实验室率先挂牌运营,能源、人工智能、大健康研究院和环境综合研究平台陆续组建运行,聚变堆主机关键系统等一批重大科技基础设施加快推进,"九章""墨子号""质子刀""托珠单抗""量子显微镜"等国际领先的科技成果不断涌现,已建、在建和预研的大科学装置达 10 多个,在北京怀柔、上海张江、安徽合肥和广东深圳四个综合性国家科学中心中,合肥的大科学装置数位居前列。国家科学中心成为吸引人才的"强磁场",目前合肥已汇聚各类人才近 200 万人,每 10 万人口中拥有大学文化程度的达 2.6 万人,是全国平均水平的 1.73 倍。显然,从把科技自立自强作为国家发展的战略支撑的高度看,合肥可以肩负起国家的重要使命。

第三,在引领区域发展方面,合肥是长三角城市群西部的门户城市,又是中部地区的省会城市,而包括山西、河南、安徽、江西、湖北、湖南 6 省的中部地区,区域面积 102.8 万平方公里,与英德法 3 国接近,人口 3.72 亿,是英德法 3 国的 1.7 倍,是我国下一个发展时期最有潜力和希望的区域板块,而合肥居于东中接壤的战略要津地位,是东中接壤的枢纽城市,可以推动"东中一体"协调发展,具有引领区域发展的可能与条件。引领区域发展关键靠产业,当前,合肥以"芯屏汽合"(音同成语"心平气和")、"集终生智"(音同成语"急中生智")为引领的战略性新兴产业已领跑全国,连续三年获得国务院通报激励,新型显示器件、集成电路、人工智能入选首批国家战略性新兴产业集群,新能源汽车产业加快集聚;现代服务业快速发展,入围国家物流枢纽布局承载城市、首批国家骨干冷链物流基地、国家检验检测高技术服务业集聚区。世界制造业大会、全球显示大会等高端展会永久落户合肥。显然,从"东中一体"协调发展高度看,合肥铸就的这些有竞争力的地标性产业,具有引领区域发展的条件与能力。

第四,在参与国际竞争方面,经过多年的积累,合肥市的创新能力不断增强,已成为有影响力的世界级区域创新集群。据世界知识产权组织发布的 2018 年全球创新指数报告,合肥首次进入世界区域创新集群百强,居第 97 位,2019 年又上升 7 位,居第 90 位;在国内,合肥也跻身国家创新型城市十强。合肥还入围全球AI 最具创新力城市,在中国入围的城市中,合肥排名全国第四。又据《2020 年中国城市人工智能发展指数报告》称,合肥市人工智能发展总指数得分全国排名第 8

位;跻身第一梯队。合肥的国家级高新技术企业近 4000 家,境内上市公司数量达到 63 家,在肥工作的世界顶尖科学家和高层次人才 5000 余人,在肥服务的"两院"院士达到 135 位,基础理论研究方面发表的成果多年来走在全球城市前列。显然,合肥已有底气、有能力在科学发现、技术创新、产业发展等方面参与国际竞争。

第五,在代表国家形象方面,改革开放以来,合肥市的地区生产总值 1978 年仅 10 亿元,1994 年 100 亿元,2006 年 1000 亿元,2015 年 5000 亿元,2020 年过万亿元,短短的 42 年,经济总量增长 1000 倍,城市功能从一个四线城市发展为新一线城市,这样的奇迹正是中国改革开放发展奇迹的缩影,代表着我国改革开放发展的国家形象。展望未来,合肥位居国家战略要津之地,依托综合性国家科学中心的科技创新策源地,以东中接壤的枢纽城市引领"东中一体"协调发展,在科学发现、技术创新、产业发展等方面有能力参与国际竞争,而且,2021 年 1 月 18 日合肥市十六届人大四次会议通过的《合肥市国民经济和社会发展第十四个五年规划和二〇三五年远景目标纲要》,对此又作了高瞻远瞩的规划。可以说,在"十四五"及未来时期,合肥市在高质量发展代表的新时代,能代表国家形象活跃在世界大舞台。

对照国家中心城市的定义,从合肥市的发展基础和发展趋势看,可以回答合肥市为什么要朝着国家中心城市发展的这一时代性重大战略课题。

三、走智能化道路冲刺国家中心城市

国家中心城市具有全国范围的中心性和一定区域的国际性两大基本特征。对照这两大基本特征,合肥市还有不小的差距。就具有全国范围的中心性而言,合肥市的经济总量虽过万亿元,但其中心性主要还在本省内的江淮地区,对皖北和皖南地区的辐射带动力还较弱,远远不及南京、杭州的中心性,已越过本省的范围,还辐射到我省的部分地区,与南京、杭州相比,合肥市引领区域发展的作用还不足;就一定区域的国际性而言,合肥市的国际化程度远远低于南京、杭州,国际影响力还很弱。由此可见,合肥市冲刺国家中心城市的时代任务还很艰巨,在新的时代背景下,合肥市必须实施智能化战略,走智能化道路冲刺国家中心城市,以智能化为主线,提高在全国范围的中心性和一定区域的国际性,闯出一条冲刺国家中心城市的新路、快路。

提出合肥市实施智能化战略、走智能化道路,闯出一条冲刺国家中心城市的新路、快路,首先是开拓战略视野,主动融入新一轮科技与产业革命的时代要求。智能化是世界新一轮科技和产业革命培育的人工智能新潮流,将有效地提升产业结构、深刻改造社会结构。一是产业发展智能化。从生产力角度看,智能化给工业、服务业发展赋能。要聚焦重点行业智能升级,打造"智能车间""黑灯工厂""智慧园区"。二是人民生活智能化。从社会发展角度看,智能化将更新工业社会,开启智能社会,以人工智能技术和产品创新应用,努力为公众提供个性化、多元化、高品质服务。三是城市治理智能化。从城市治理角度看,运用数据技术推进城市治理创新,全面提升社会治理智能化水平。合肥市人工智能起步早、基础好,有条件实施智能化战略,走智能化道路提高在全国范围的中心性和一定区域的国际性,冲刺国家中心城市。

其次,提出合肥市实施智能化战略、走智能化道路,是合肥市冲刺国家中心城市的时代要求。合肥市经济总量过万亿,虽意味着已进入工业化的后期阶段,但工业化的任务并没有完成。实施智能化战略,走智能化道路,是运用新一轮科技与产业革命的成果,以智能化因素对工业化赋能的道路,既不是"再工业化",更不是"去工业化",而是"升工业化",这是工业化后期阶段的基本特征,既可增加经济总量,更可提升经济发展质量。为此,不仅要有走在世界前沿的原始创新,有自立自强的科技创新,更要将原始创新技术化、产业化,将科技创新成果及时推广运用;用智能化技术打好产业基础高级化和产业链现代化攻坚战,提升产业结构和产品质量;用智能化方法提高供给与需求的适配性,主动融入国内国际"双循环",提高市场主体的经营收入;用智能化知识武装大众,提高大众特别是青年人创业创新的能力。因此,"十四五"期间,合肥市要加快推进人工智能、新一代信息技术、5G、互联网、工业物联网、大数据、区块链等的广泛应用,提高社会的智能化程度,就会增强全社会的创新活力,动员社会力量在提高经济发展质量方面闯出一条新路,打造以智能化赋能高质量发展的合肥新版本。

再次,提出合肥市实施智能化战略、走智能化道路,符合合肥市情实际,与合肥市的发展阶段性特征相吻合。改革开放初期,合肥市在我省最早实施工业化战略,特别是长丰县,因为实施"工业强县"战略,很快由国定贫困县跨越为全国百强县,肥东、肥西成为全国百强县,四个市辖区中,包河、蜀山、庐阳三区也进入全国百强区,根本原因是实施工业化战略。党的十八大后,合肥市突出创新驱动战略,2019 年居于世界区域创新集群百强第 90 位,有必要、也有能力走智能化道路,以智能化冲刺省区国家中心城市,走智能化道路纾解发展中出现的矛盾和压力,促进全市经济的高质量发展;以智能化因素对工业化赋能,进而促进社会进步的战略。应该看到,世界百年未有之大变局的最大变化,是新一轮科技与产业革命在广度和深度上促进人类社会发展带来的深刻变化,主要是在信息化基础上兴起了智能化革命,其巨大的历史贡献,从生产力角度看,是带来了智能化,给工业化赋能,使新型工业化获得高质量发展的强大动力;从社会发展角度看,是重塑工业社会,开启智能社会,推进人类社会在后工业化时代进入智能社会新时代。我国抓住了新一轮科技与产业革命的机遇,人工智能、信息技术等领域已领先世界,智能产业和数字经济发展尤快,更会推进中国社会向智能社会迈进,这是具有确定性的发展大趋向。因此,合肥市实施智能化战略,走智能化道路冲刺国家中心城市,符合人类社会发展规律,符合中国特色社会主义现代化发展规律,与合肥市的发展阶段性特征相吻合,体现出国家的战略意图。

最后,提出合肥市实施智能化战略、走智能化道路冲刺国家中心城市,是实现习近平总书记对安徽发展的期盼,更好地落实党中央、国务院批准安徽加入长三角的战略意图,体现合肥市对国家战略的责任担当。2016 年 4 月,习近平总书记视察安徽并发表重要讲话,对我省提出"加强改革创新,努力闯出新路"的时代要求[20];2019 年 5 月,习近平总书记在南昌召开促进中部崛起座谈会,对 6 省的未来发展提出 8 条要求,第一条要求就是积极融入新一轮科技与产业革命。[21]2020 年 8 月 18 日至 21 日,习近平总书记再次考察安徽,在合肥参观安徽创新馆时,对安徽提出"跨越式发展,关键是创新"的新要求,并称赞合肥是"养人的地方"[22],既是对安徽和合肥在推进科技创新和发展战略性新兴产业上取得的积极进展给予充分肯定,又是对安徽和合肥继续实施创新驱动战略寄予厚望。四年前习近平总书记视察安徽时对安徽提出要下好创新"先手棋"的要求,极大地激励安徽实施创新驱动战略;这次又把创新上升到"关键"层面对安徽提出了新的要求,就应全面实施创新驱动战略,在新的国际国内发展形势下,推动经济总量尽快迈入全国省(市)区第一方阵,合肥市肩负重要担当,实施智能化战略、走智能化道路,闯出一条冲刺国家中心城市的新路、快路,既符合安徽省和合肥市发展的阶段性新特征的新要求,也是党中央和习近平总书记对安徽和合肥发展的新期盼。

合肥市实施智能化战略,走智能化道路,闯出一条冲刺国家中心城市的新路、快路,关键靠人才。安徽各地不仅应把人才工作摆上重要议程,还要创造条件,进一步营造养人养家养业的创新创业环境,吸引创新人才,留住创新人才,集聚创新人才,以人才的充分发展,促进各地经济的协调充分发展。合肥市应走在全省前列。首先是"养人",即以优惠的人才政策吸引创新人才;其次是"养家",即帮助解决人才家庭的住房、子女教育和配偶就业问题,留住创新人才;第三是"养业",即营造一流的创新生态,使人才的创新事业有保障、有前途,并会集聚更多的创新人才。政府与企业、高等学校、科研院所密切结合,积极营造"养人、养家、养业"的环境与条件,把合肥市建成吸引人才的"强磁场",就会加快冲刺国家中心城市的进程。

参考文献

[1]安徽省地方志办公室.安徽省志(综合卷)[M].合肥:安徽人民出版社,2020.

[2]国务院关于进一步推进长江三角洲地区改革开放和经济社会发展的指导意见[S],2008.

[3]国务院关于皖江城市带承接产业转移示范区规划的批复[S],2010-01-12.

[4]国务院关于依托黄金水道推动长江经济带发展的指导意见[S],2014.

[5]国家发展和改革委员会.长江三角洲城市群发展规划[S],2016.

[6]程必定.推进"东中一体"协调发展[N].经济日报,2018-09-06.

[7]中共中央 国务院关于促进中部地区崛起的若干意见[S],2006.

[8]国家发展和改革委员会.淮河生态经济带发展规划[S],2018.

[9]新华社.中央政治局会议审议批准关于新时代推动中部地区高质量发展的指导意见[N].人民日报,2021-03-31.

[10]中共中央 国务院印发《长江三角洲区域一体化发展规划纲要》[N].人民日报,2019-12-02.

[11]中共安徽省委.安徽省实施长江三角洲区域一体化发展规划纲要行动计划[S],2019.

［12］江泽民.在中国共产党第十六次全国代表大会上的报告［M］.北京:人民出版社,2002.

［13］中共安徽省委关于制定国民经济和社会发展第十四个五年规划和二〇三五年远景目标的建议［S］,2020.

［14］苏桦,欧远方.安徽发展战略［M］.合肥:安徽人民出版社,1987.

［15］国家建设部.全国城镇体系规划(2006—2010年)［M］.北京:商务印书馆,2010.

［16］国家发展和改革委员会.成渝城市群发展规划［S］,2016.

［17］国家发展和改革委员会.促进中部地区崛起"十三五"规划［S］,2016.

［18］国家发展和改革委员会.关中平原城市群发展规划［S］,2018.

［19］合肥市人民政府.合肥市国民经济和社会发展第十四个五年规划和二〇三五年远景目标纲要［S］,2021.

［20］新华社.习近平总书记考察安徽回访记［N］.安徽日报,2016-04-28.

［21］新华社.习近平主持召开推进中部崛起工作座谈会［N］.人民日报,2019-05-22.

［22］新华社.习近平在安徽考察［N］.人民日报,2020-08-21.

第五章 安徽参与
长三角一体化的四维度分析

本书第二章从增加密度、缩短距离、减少分割、公平均等"四维度",对长三角一体化的现状特征作出分析,并把智能化因素分别导入,发现在增加密度、缩短距离、减少分割、公平均等四个方面的效果会更好,并得出长三角一体化可以更高质量发展的趋势研判。这些特征和趋势也包括安徽在内,本章即从"四维度"视角进一步对安徽参与长三角一体化作出分析和研判,这既是对第二章在内容上的补充,也是反映安徽在这些方面的特色。

第一节 从增加密度视角的分析

在第二章第一节,已从增加密度的视角,以包括安徽在内的长三角 41 个地级及以上市为单元,对长三角的 2019 年的经济密度、人口密度情况作出分析,从现状看有四个明显的特征,反映了增加密度对长三角一体化发展的作用;导入智能化因素后,发现有四个趋势,会推进长三角一体化更高质量的发展。这里对安徽以 16 个地级市为单元作进一步的分析,发现既有共同的特征和趋势,也有安徽的特点。

一、现状特征

表 5-1 是以安徽 16 个地级市 2019 年的经济总量排序为基准,反映安徽经济密度、人口密度的分布状况。以长三角 41 个地级及以上市为单元 2019 年的密度特征为参照可以看出,安徽 16 个地级市的密度有以下四个明显的特征:

表 5-1　安徽省 16 市经济、人口密度排名表（以经济总量排序为基准，2019 年）

城市	经济总量（GDP，亿元）		面积（平方公里）	常住人口（万人）	经济密度（亿元/平方公里）		人口密度（人/平方公里）	
	数量	位次			数量	位次	数量	位次
合肥	9409.4	1/7	11445.1	818.9	0.8221	1/14	716	3/17
芜湖	3618.3	2/21	6026	377.8	0.6004	2/17	627	6/20
滁州	2909.1	3/25	13398	414.7	0.2173	9/31	309	13/36
阜阳	2705.0	4/26	10118.2	825.9	0.2767	7/30	824	2/12
安庆	2380.5	5/27	13590.0	472.3	0.1752	13/37	348	11/34
马鞍山	2111.8	6/28	4049	236.1	0.5256	3/19	583	7/25
蚌埠	2057.2	7/29	5950.7	341.2	0.3457	5/27	573	9/27
宿州	1978.8	8/30	9787	570.1	0.2022	11/34	583	7/25
亳州	1749.0	9/31	8374	526.3	0.2089	10/33	628	5/19
六安	1670.1	10/32	15451	487.5	0.1981	12/35	316	12/35
宣城	1561.3	11/34	12340	266.1	0.1265	14/38	216	14/38
淮南	1296.2	12/37	5533	349.7	0.2343	8/32	632	4/18
淮北	1077.9	13/38	2741	227.8	0.3933	4/24	831	1/10
铜陵	960.2	14/39	3008	164.1	0.3192	6/29	546	10/28
池州	831.7	15/40	8272	148.5	0.1005	15/39	180	15/39
黄山	818.0	16/41	9807	142.1	0.0834	16/41	149	16/40
安徽	37114		140400	6365.9	0.2643		453	
长三角	237252.3		358000	22714.0	0.6627		635	
全国	990865		9600000	140005	0.1032		146	

注："/"前的数据表示在安徽 16 个市的位次，"/"后的数据表示在长三角 41 个地级及以上市的位次。

资料来源：安徽 16 个地级市 2020 年国民经济和社会发展统计公报、《安徽统计年鉴2020》、《中国统计年鉴　2020》。

1. 地级市的经济、人口密度在长三角地区总体上靠后，地区之间差异明显，发达市的经济密度位次高于人口密度的位次

由表 5-1 可见，安徽省 2019 年的经济密度为 0.2643 亿元/平方公里，仅是长三角地区平均水平的 39.88%，人口密度为 453 人/平方公里，也只是长三角地区

平均水平的 71.45%，在长三角地区都处于低位，但都高于全国水平，经济密度是全国平均水平的 2.56 倍，人口密度是全国平均水平的 3.11 倍。与长三角和全国平均水平相比，安徽的人口密度都高于经济密度，这既造成安徽人均水平较低的状况，但也说明安徽在人口和劳动力方面具有后发优势。进一步分析可以看出，16 个地级市的经济密度和人口密度都差异明显，发达市的经济密度位次高于人口密度的位次，这与长三角的整体特征相一致，而人口密度位次高于经济密度的市，都是在农产品主产区的粮食生产大市，如皖北地区的阜阳、宿州、亳州，这是安徽在长三角的一个突出特征。

2. 经济发展基础决定经济密度，自然地理状况影响人口密度

在长三角地区，41 个地级及以上市的经济密度、人口密度与经济发展基础条件和自然地理状况相吻合（见第二章第一节），形成了经济发展基础决定经济密度、自然地理状况影响人口密度的特征。从经济发展基础看，安徽地级市中经济密度高于长三角平均水平的只有省会合肥 1 市，在长三角 41 个地级及以上市中，合肥只居第 14 位，仅及第 1 位上海的 13.6%、第 2 位无锡的 32.1%、第 4 位南京的 38.5% 和第 11 位杭州的 90.1%，是因为合肥市的经济发展基础在安徽最好，但与上海、无锡、南京、杭州相比却差距较大，说明经济发展基础决定经济密度的特征在安徽更为突出。从自然地理状况看，皖北平原地区的人口密度比皖西、皖南山区高 5 倍左右，说明自然地理状况对人口密度的影响在安徽也很突出。这样，安徽不少地区又是人口密度高、经济密度低的地区，这些地区优质要素长期被长三角发达地区"虹吸"，经济密度难以提升，有的进入了"后发优势陷阱"，是安徽值得高度重视的大问题。

3. 经济密度与城市化程度不对称，人口流动性强

在长三角地区，41 个地级及以上市的经济密度与城市化程度呈正相关特征（见第二章第一节），但在安徽 16 个地级市，这个特征却不太突出，经济密度与城市化程度呈不对称特征。由表 5-2 可见，在 16 个地级市中，经济密度与城市化的位次呈现三种情况：一是经济密度与城市化的位次相同，只有合肥 1 市，均居全省第 1 位；二是经济密度的位次高于城市化的位次，有芜湖、蚌埠、铜陵、阜阳、滁州、亳州、宿州、六安 8 市；三是经济密度的位次低于城市化的位次，有马鞍山、淮北、淮南、安庆、宣城、池州、黄山 7 市。16 个地级市经济密度与城市化在全省位次不对称的特征表明，

安徽的人口流动性强,城市化变化程度大,经济密度高而城市化率低和经济密度低而城市化率高的情况同时存在,大体各占全省地级市的一半。

表 5-2　安徽省 16 市经济密度与城市化水平关系（以经济密度排序为基准,2019 年）

城市	经济密度（亿元/平方公里）		城市化率（%）	
	数量	位次	数量	位次
合肥	0.8221	1/14	76.33	1/5
芜湖	0.6004	2/17	65.0	4/22
马鞍山	0.5256	3/19	69.12	2/12
淮北	0.3933	4/24	65.1	3/21
蚌埠	0.3457	5/27	58.6	6/31
铜陵	0.3192	6/29	57.2	7/32
阜阳	0.2673	7/30	43.29	15/40
滁州	0.2552	8/31	54.54	10/35
淮南	0.2343	9/32	65.04	5/22
亳州	0.2089	10/33	41.0	16/41
宿州	0.2022	11/34	43.96	14/39
六安	0.1981	12/35	47.09	13/38
安庆	0.1752	13/37	49.98	12/37
宣城	0.1265	14/38	55.21	8/33
池州	0.1005	15/39	54.9	9/34
黄山	0.0834	16/41	52.49	11/36
安徽	0.2643		55.81	
长三角	0.6627			
全国	0.1032		60.60	

注:"/"前的数据表示在安徽 16 个市的位次,"/"后的数据表示在长三角 41 个地级及以上市的位次。

资料来源:安徽 16 个地级市 2020 年国民经济和社会发展统计公报、《安徽统计年鉴 2020》、《中国统计年鉴　2020》。

4. 随着人均 GDP 水平的提高,城乡居民收入差距趋向缩小

由表 5-3 可以看出,安徽 16 个地级市中,人均 GDP 水平较高的地区,城乡居民收入差距相对较小,而人均 GDP 水平较低的地区,城乡居民收入差距却相对较大,说明随着人均 GDP 水平的提高,城乡居民收入差距趋向缩小,这与长三角 41

能化因素既来源于科技创新，又会推进科技创新，经济领域导入智能化因素而增加经济密度，关键要有科技支撑。安徽作为长三角地区经济密度最低的省份，增加经济密度的最有效办法，是依靠科技创新培育智能化因素，广泛导入智能化因素。进入21世纪以来，安徽省依托中国科学技术大学、中国科学院合肥物质研究院等大学大院大所的科研力量，在原始创新、自主创新方面走在全国前列，自2012年以来，创新能力连续进入全国第一方阵，智能化因素逐步导入经济领域，是安徽增加经济密度的重要因素。特别是2017年国务院批准组建合肥国家综合科学中心，成为全国四大科技创新策源地之一，围绕合肥国家综合科学中心发展又建设合肥滨湖科学城，加上一大批高等学校、科研院所和合芜蚌国家自主创新示范区，安徽科技创新能力会进一步增强，全省会形成创新发展网络，将会激发智能化因素的成长、发展和传播，为导入智能化因素带来优越的条件，会带动安徽全省创新发展，为增加经济密度提供科技支撑。《中共安徽省委关于制定国民经济和社会发展第十四个五年规划和二〇三五年远景目标的建议》提出："坚定下好创新先手棋，打造具有重要影响力的科技创新策源地。"[1] 显然，有了这样的科技创新策源地，未来的趋势必然是进一步推进智能化因素的导入和全省创新发展，为增加经济密度提供更强劲的科技支撑。

3. 智能化因素的导入会对全省产业转型升级赋能，为增加经济密度提供产业保障

安徽正处于工业化中期向后期升级发展的重要时期，智能化因素对工业化升级发展的赋能，主要是对产业转型升级的赋能，必然会推进农业、工业、建筑业、服务业等实体经济的高质量发展，构建现代化产业体系，增加经济密度。《中共安徽省委关于制定国民经济和社会发展第十四个五年规划和二〇三五年远景目标的建议》提出："坚持把做实做强做优实体经济作为主攻方向，坚定不移推进制造强省、质量强省、网络强省、交通强省、数字江淮建设，一手抓传统产业转型升级，一手抓新兴产业发展壮大，打好产业基础高级化和产业链现代化攻坚战，提高经济质量效益和核心竞争力。"[1] 而智能化因素是打好产业基础高级化和产业链现代化攻坚战最有效的先进技术因素，全面推进三次产业的提能升级，提高经济质量效益和产业的核心竞争力，必然会增加经济密度。目前，安徽省战略性新兴产业、高新技术增加值占规上工业比重分别达31.0%和40.1%，合肥集成电路、新型显

示器件、人工智能和铜陵先进结构材料入列第一批国家战略性新兴产业集群,核心竞争力都有显著提升;钢铁、煤电、化工、有色金属、建筑材料,商贸服务乃至农业等传统产业,也逐步导入智能化因素推进转型升级,质量效益都逐渐提升;一大批企业导入智能化因素推进技术创新、经营管理创新,质量效益普遍提升;互联网、物联网、大数据、人工智能、云计算、区块链同各产业深度融合,质量效益也会整体提升。显然,智能化因素的导入对全省产业转型升级赋能,为增加经济密度提供产业保障,也就是必然趋势。

第二节　从缩短距离视角的分析

对安徽而言,从推进长三角更高质量一体化的角度看,缩短距离有对外和对内两个方面,对外主要是与沪苏浙之间的距离缩短,对内是本省内部的缩短距离,两者密切联系、相互促进,推进安徽从融入到参与长三角一体化高质量的发展。对外与沪苏浙之间的缩短距离,已在前面第二章第二节作过分析,这里主要分析在省内缩短距离的情况,以及导入智能化因素后的变化趋势研判,反映出缩短省内的距离,对安徽深度参与长三角一体化更高质量发展具有基础性的作用。

一、现状特征

改革开放以来,随着交通基础设施建设的快速发展、市场机制的广泛引入和政府管理职能的持续转换,安徽在省内对资本、劳务、商品、服务、信息流动的缩短距离成效显著,推进了安徽从融入沪苏浙到深度参与长三角一体化发展,从现状看可概括为四大特征:

1. 打通主动脉、畅通大循环、丰富毛细血管

在交通方面,安徽也进入长三角大交通体系,综合交通网由线到面拓展,在省内的显著特征是打通主动脉、畅通大循环、丰富毛细血管,交通运输由制约经济社会发展的"短板",成为推动全省经济社会发展的重要支撑,全省无论是城乡还是平原、山区,都以行车时间替代了地理空间,大幅度缩短距离。所谓"打通主动脉",主要是突出高速铁路、高速公路的科学布局和新建扩建,打通与全国高速铁路、高速公路的密集衔接,作为全省交通主动脉;所谓"畅通大循环",主要是突出

加密公路省道、县道网,提高公路等级,使市县乡镇连通循环起来,市市通高速铁路、县县通高速公路,实现全省融入长三角乃至全国交通大循环;所谓"丰富毛细血管",主要是突出乡道、村道、市政道路和公共交通建设,村村相通、社区相连,乡村形成半小时生活圈,城镇形成 15 分钟生活圈,更加方便城乡居民工作生活。"十三五"期间,全省交通固定资产投资 4100 亿元,是目标任务 3000 亿的 1.37 倍。2019 年,全省铁路、高铁、公路、等级公路、高速公路和内河航运营运里程均居长三角首位(见表 2-6),铁路、公路、内河航运线路密度都高于全国平均水平 2 ~3 倍(见表 2-7)。如今的安徽,高速公路横贯东西、直通南北、国省干道纵横交错、连线成网,农村公路通城达乡、进村入户,水运航道干支衔接、通江达海,民航布局"一干多支"加快发展,客货运输覆盖城乡、走向世界,交通运输业的规模、结构、质量、效益都发生了巨大变化。"内联外通、四通八达"的交通网络,"人便其行、货畅其流"的运输服务,提升了安徽东中接壤、南北交汇的区位优势,为全省各市县缩短距离深度参与长三角一体化发展提供了可靠支撑。

2. 形成多层次的交通枢纽和集散中心

与打通主动脉、畅通大循环、丰富毛细管相适应,逐渐形成了多层次的交通枢纽和集散中心。全省 16 个地级市形成不同等级的区域性综合交通枢纽,9 个县级市、50 个县城关镇也形成了有一定能力的小区域交通运输枢纽或集散中心,这既为长三角大枢纽网络的有机组成部分,又提升了省内这些交通枢纽中心、集散中心的运输能力,从缩短距离方面为长三角一体化发展需要提供了便捷条件。从集散能力和辐射范围看,全省 16 个地级市、59 个县市的交通枢纽可分为 5 个层级:第一层级是全国性综合交通枢纽,为省会合肥,"米"字形高铁网直达 23 个省会城市,"一环八线"高等级公路网通达全国,新桥国际机场跻身长三角机场群重要区域枢纽,合肥港成为内河集装箱吞吐量大港,全国性综合交通枢纽地位进一步巩固提升。第二层级是辐射功能较强、辐射范围较大的区域性综合交通枢纽,为芜湖、蚌埠两市,基本拥有公铁空内河航运等多种交通运输方式,辐射范围又超过本市行政区,并达及周边邻省部分地区。第三层级是辐射功能较弱、但腹地较大的区域性综合交通枢纽,为安庆、阜阳两市,多种交通运输方式尚未形成,综合交通功能不强,跨地级市的辐射功能较弱,需要进一步培育。第四层级是小区域性的综合交通枢纽,为其他 11 个地级市,交通运输方式只有两三种,辐射范围主要在本市之内。第五层级是更小区域性的交通枢纽或集散中心,为9个县级市、50个县城关镇,交通运输方式单一,只有一两种,辐射范围主要在本县市之内。5个层级的交通枢纽和集散中心构成网络,放大了缩短距离的效能,对推进长三角一体化的高质量发展发挥重要作用。

3. 全省形成一体化的区域市场

对一个省区来说,缩短距离在市场方面的基本要求是打破省内行政区的分割,形成一体化的区域市场。这方面安徽与全国各省区一样,改革开放以来已经形成全省市场的一体化,近年来又以深化商事制度改革为主线,以持续释放改革红利提升市场的一体化水平。主要做法,一是优化市场准入环境,如大幅度简化企业登记手续,实行"证照合一""一网通办、全程网办、一日办结";工业产品生产许可目录由60类压减至10类,工商登记后置审批事项从194项压减到137项,成为长三角审批事项最少省份。二是维护公平有序市场竞争环境,如深入推进反垄断和反不正当竞争的执法工作,制订公平竞争审查制度并实现省市县三级政府全覆盖;在全国第一个颁布实施《安徽省价格监督检查条例》地方法规,第一个制定发布全国电商平台合同示范文本,全面加强价格、广告、合同、网络市场监管执法。三是持续改善市场消费环境,如修订颁布《安徽省消费者权益保护条例》,加强消费者权益保护,以最严要求筑牢食品药品、特种设备、工业产品质量安全底线,在全国率先出台省级特殊食品生产企业体系检查管理办法,在建立食品安全追溯体系中还推出省、市、县三级食品安全工作责任清单,有序推进消费投诉公示、放心消费创建进乡村等工作,2020年已覆盖全省75%以上行政村,人民群众的消费满意度不断提高。四是深度参与长三角市场体系一体化建设,在市场准入、数据共享、执法协作、标准协同、产品质量共治、检测结果互认等20个领域与沪苏浙开展合作,认真实施各项合作协议,30项涉企高频政务服务事项在长三角实现"一网通办",统一启用"310"号段的长三角标准一体化编号,共同发布多个区域协同标准,有效落实一市三省的市场准入"一扇门"、市场信息"一张网"、市场监管"一把尺"、质量服务"一体化"。这些做法提升了省域市场的一体化水平,也促进了市场主体的发展,2016年以来,全省市场主体户数年均增长率20.3%,到2020年末,全省各类市场主体达580.38万户,其中企业165.84万户,分别比2015年增长了110.34%和155.59%。

4. 人口流动趋向就近就地城镇化

由于在交通上打通主动脉、畅通大循环、丰富毛细管,为人口流动提供了便捷条件,又由于全省形成了一体化的区域市场,为流动人口的生活就业提供了必要条件,从多方面缩短了人口流动的距离,推进了农村人口与劳动力向城镇的流动,出现了人口流动就近就地城镇化的趋势。改革开放初期,安徽农村富余劳动力主要向沿海发达地区流动,进入 21 世纪以后,这种流向发生了变化,即安徽有相当多的农村富余劳动力在本省本地流动,是因为沿海地区工业企业生产成本提升、资源与生态环境压力加大,一些产业和企业便逐步向安徽等中部省份转移,安徽抓住机遇积极承接沿海地区的产业转移,建设了大批工业企业,对工人有很大需求,就在当地招工,大量农村富余劳动力应招就地就近到这些企业务工,既能减少去外地务工的成本,又可以照顾到家庭,人口流动发生由省外城市向省内城镇的分流,出现人口流动趋向就近就地城镇化趋向,加快了安徽城镇化的进程。比如,安徽常住人口城镇化率,2000 年仅为 28.0%,2010 年上升到 43.2%,2020 年又上升到 58.33%,平均每年上升 1.51 个百分点。还有一个可喜的变化是,安徽城镇化的快速发展还吸引了省外人口和劳动力,如据 2019 年全国 0.780‰人口抽样调查的数据表明,安徽外地人口占常住人口的比例为 17.18%(见表 2-9),其中相当一部分人口来自省外,他们来安徽或是创业,或是就业,或是经商,说明安徽工业化、城镇化发展质量提升了,已有条件吸引省外人口在安徽城镇居住,其中就包括缩短距离对人口流动所提供的条件。

二、智能化因素导入缩短距离的趋势

本书第二章第二节从缩短距离维度对长三角地区的分析提出,随着智能化因素的全面导入,长三角地区在缩短距离方面会出现四大趋势,安徽全省加入长三角后,也会呈现这四大趋势,进一步细化导入智能化因素在安徽省内的趋势分析,还会具有以下特征:

1. 智慧交通快速发展,成为缩短距离的主要因素

2021 年 2 月,中共中央国务院印发《国家综合立体交通网规划纲要》,提出建设"全国 123 出行交通网"的发展目标,即都市区 1 小时通勤、城市群 2 小时通达、全国 3 小时覆盖,是交通强国战略的具体实施[2]。因为突出"综合立体交通网",既会继续兴建大批交通运输线路、提升各个层级综合交通枢纽的功能,使综合立

体交通成网,更会广泛引入智能化因素发展智慧交通,使综合立体交通网的运行更高效、更安全,更会大幅度地缩短距离。安徽作为东中接壤、南北过渡省份,既会兴建一批交通运输线路、发展若干综合交通枢纽,更会广泛引入智能化因素发展智慧交通,从发展趋势看,智慧交通会快速发展,将成为缩短距离的主要因素。《安徽省实施长江三角洲区域一体化发展规划纲要行动计划》提出,安徽不仅要建设一体化的现代综合交通体系,而且还要推进与沪苏浙一体化的智能化交通管理,主要是深化重要客货运输领域协调监管、信息交换共享、大数据分析等管理合作。积极开展车联网和车路协同技术创新试点,争取长三角智慧交通示范项目建设,全面推行长三角地区联网售票一网通、交通一卡通[3]。显然,参与比安徽发达的沪苏浙推进一体化的智能化交通管理,将会带动安徽的智慧交通发展。对此,安徽省政府编制的《安徽省国民经济和社会发展第十四个五年规划和 2035 年远景目标纲要》也作出了基础性、战略性的长远安排,一方面,实施"轨道上的安徽"建设工程、高速公路"贯通加密扩容"工程、"翅膀上的安徽"建设工程、"通江达海"水运建设通达工程,合肥都市圈建设轨道交通网、皖北和江淮地区建设城际铁路网,新建、扩建一批公、铁、水运输线路和机场、港口等交通枢纽,另一方面,实施"新基建+"行动,构建系统完备、高效实用、智能绿色、安全可靠的现代化综合交通基础设施体系,落实国家《推进"互联网+"便捷交通智能交通发展实施方案》,在全省积极发展智慧交通,推广智能驾驶汽车等[4]。比如,2021 年 3 月 15 日,芜湖港口实现区块链无纸化进口放货,是继上海、厦门、青岛、宁波、广州、天津等沿海港口之后,成为我国第一个实现区块链无纸化进口放货的内河港口①。显然,智能化因素会广泛导入交通运输领域,公、铁、水运输线路和不同层次的区域性交通枢纽功能会加快趋向智慧化,为缩短距离输入新动能,智慧交通会逐渐成为主体,成为缩短距离的主要因素。

2. 企业"上云"普及化,成为企业缩短距离新形态

"十三五"期间,安徽工业化与信息化的"两化融合"发展很快,而且,农业、服务业与信息化的融合也快速发展。一个显著特征是,越来越多的企业注重利用互联网、大数据在"云"进行决策、生产、销售、经营、为客户服务,缩短了企业与上下

---

① 郑莉:《芜湖港第一个"吃螃蟹"》,2021 年 3 月 18 日《安徽日报》。

游关联企业及消费者的距离，甚至消除了这种距离，大幅度地提升了企业运行的
敏捷程度，显著降低了企业营运的经济成本和制度成本，可以扩展生产与服务网
络空间，提升企业的规模效益和在细分市场的占有率。由于有这样的效果，又会
激励企业主动推行信息化，安徽企业信息化程度也不断提高。据国家统计局的资
料，2019 年全国百家企业拥有的网站数为 51 个，安徽已达 60 个，与江苏省并列全
国第二位，有电子商务交易活动企业的占比达 14.4%，高于沪苏浙，仅次于北京而
居全国第 2 位①。网站在企业的普及又推动了"双创"，出现了"荣事达模式"的
"双创"典型案例，受到了国务院、工信部肯定，到 2020 年底，全省已有 22 家企业、
25 个项目被工信部确定为制造业"双创"平台试点示范项目。在运用大数据打造
新模式新形态方面，安徽的企业也成效显著，涌现了一批骨干企业，如安徽云轨科
技、奇瑞汽车、中科类脑等 14 家企业，先后入选国家大数据产业发展试点示范。
说明安徽对企业信息化的重视，企业信息化已走在全国前列。在这些骨干企业的
试点示范带动下，将会有更多的企业"上云"，成为企业缩短距离的新形态。"十四
五"期间，数字经济将成为新主流，《安徽省国民经济和社会发展第十四个五年规
划和 2035 年远景目标纲要》适应顺应这个新趋势，对安徽省数字经济的发展也作
出了规划，提出实施人工智能产业创新工程、"人工智能+"应用示范工程、"皖企登
云"提质扩面行动[4]。显然，按照这样的规划发展，会推动数字产业化和产业数字
化的快速发展，这种形势将会加快推进企业"上云"的普及化，提升企业"上云"的
效率，企业在"云"上经营管理而缩短距离的新形态，在安徽企业界也将会成为
主流。

　　3. 同城化、信息化惠及全民，更好地为居民工作生活缩短距离

　　缩短距离不仅是使资本、劳务、商品、服务、信息和观念穿越空间的程度由难
变易，提高企业的经营效益，也要惠及民众，缩短居民在工作和生活中的距离。而
智能化因素的导入对同城化、信息化的深度推进，会更好地为居民工作生活缩短
距离。在安徽，同城化、信息化都处于加快发展时期，智能化因素的导入，更会惠
及民众，有效缩短居民在工作、生活上的距离。就同城化而言，因为构成了 1 小时
通勤圈，智能化因素的导入会在方方面面为居民在工作、生活上缩短距离带来更

---

　　①　《中国统计年鉴　2020》，中国统计出版社 2020 年版，第 556 页。

好的条件,居民在工作上会节省通勤时间,在生活中会更为方便,无差别化惠及同城化范围内的全体居民。在安徽省,不仅是合肥都市圈所构成的 1 小时通勤圈有这样的效果,16 个地级市都会形成 1 小时通勤圈,59 个县及县级市的建成区周边也逐渐形成半小时通勤圈,都会有这样的效果。由于城郊地区的生态环境优于建成区,而智能化因素的导入又会使城郊地区和建成区的居民能共享基本公共服务,人们更愿意居住在生态环境好的城郊地区而工作在建成区,出现 1 小时车程以内"城郊化"的职居分离现象,就是智能化因素导入同城化,为居民工作生活缩短距离而出现的一种社会新现象。就信息化而言,手机、电脑、支付宝、宽带入户是信息化进入居民工作生活的普遍形式,更是直接缩短了居民工作、生活中的距离,这在安徽城乡已被居民广泛使用。随着智能化因素越来越多地进入家庭,将会在更多方面、以更多形式缩短居民在工作生活中的距离,智能化因素会更有效地惠及安徽城乡居民。

第三节　从减少分割视角的分析

在我国,减少分割是针对商品、资本、人员和知识流动无障碍地穿透行政区界而言的。对安徽而言,为推进长三角更高质量一体化的发展,减少分割也表现在对外和对内两个方面,对外主要是与沪苏浙之间的减少分割,对内是本省内部的减少分割,两者也有密切的关联。前面第二章第三节已从总体上对包括安徽在内的长三角地区减少分割作过分析,这里主要是分析安徽在省内减少分割的情况,以及导入智能化因素后的变化趋势研判。

一、现状特征

安徽在省内减少分割的情况比省外与长三角地区减少分割更加全面、深刻,大体有以下特征:

1. 规范政府权力与责任,省市县乡镇四级政府统一政策,从行政执法上减少分割

这方面的突出特征是,安徽省总结改革开放以来行政审批和行政执法在减少行政分割方面的经验教训,针对聚焦政府的权力和责任,按照"法定职责必须为、

法无授权不可为"的原则,贯彻党的十八大精神,2014 年 10 月在全国率先建立省级政府权力清单和责任清单制度,于 2015 年 3 月实施。"两清单"涉及省级政府 75 个行政管理部门,明确各部门在各领域行政审批和行政执法中的权力和责任,而且权责对应,按照行使权力所要承担的责任,落实责任主体,严格责任追究,防止权力行使中的越位、缺位、错位行为,推进机构、职能、权限、程序、责任法定化,切实做到"政府权力进清单、清单之外无权力"。为此,对省级政府及各部门的权力和责任大摸底、大清理,对照中央层面的相关法律法规和党纪政纪规定,省级政府权力事项从 5405 项减少到 1712 项,精简近七成;行政审批事项从 316 项减少到 213 项,精简超过三成,非行政许可审批一律取消。在此基础上,下延到市县镇政府,也分别建立了权力清单和责任清单。省市县乡镇四级政府统一政策,上下衔接、周边一致。2019 年 12 月,根据全省经济社会发展新情况又对"两清单"进行动态调整、优化完善,省级政府权力事项减少到 1343 项,又精简了 21.5%,涉及市场监管、生态环境保护、文化市场、交通运输、农业等五个领域,进一步从行政审批和行政执法上减少分割。

安徽省政府权力清单和责任清单制度包括 10 个方面内容:一是确围,确定行政权力清理范围,做到权力单位和权力种类全覆盖。二是清权,清理行政权力事项,全面梳理、摸清底数。三是确权,审核确认权力事项,能减则减、应放尽放。四是确责,明确行使权力职责,权责匹配、权责一致。五是晒权,公开权力清单和责任清单,依法公开、接受监督。六是优化流程,优化权力运行流程,简化环节、便民高效。七是打造平台,建立权力清单和责任清单运行平台,融合清单与载体。八是行权,实行权力规范透明运行,网上办理、阳光操作。九是制权,强化权力制约监督,建立配套制度,完善约束机制。十是追责,严格追究责任,跟踪权力运行,加大问责力度。而且规定,这 10 个方面的要求必须严格实行。①

"两清单"实施以来,在减少行政分割方面已取得很好的成效。一是权力事项大幅精简,仅省级 75 个部门,两次权力事项精简达 75.2%,省级政府权力事项在全国属于最少之列。二是政府行政审批事项进一步规范,资质资格认定类权力得到削减,非行政许可审批事项该取消的一律取消。三是政府直接配置资源权力大

———————————

① 以上见《安徽省人民政府关于公布安徽省省级政府权力清单和责任清单目录的通知》,2014 年 10 月 31 日。

幅度减少,省级政府财政资金、土地资源管理、投资项目等权力得到进一步精简和规范,减少了各级政府对微观事务的干预,充分发挥了市场在资源配置中的决定性作用。四是通过下放行政处罚权,执法重心进一步下移,破解"管得着的看不见"的难题,确保"看得见的管得着",让权力与责任的对应没有弹性,把政府权力套上责任的"紧箍咒",确保权责一致有章可循、落到实处。显然,这些都从行政审批和行政执法上有效地减少分割。2017 年以后,又按照国务院的统一部署广泛开展"放管服","放"即简政放权,降低准入门槛,"管"即创新监管,促进公平竞争,"服"即高效服务,营造便利环境,这样,简政放权、放管结合、优化服务,减少分割就更有保障。

2. 深入推进户籍管理制度改革,对人口与劳动流动减少分割

安徽是人口大省、农业大省,改革开放以后,人口与劳动力流动加快,城镇化也呈加快发展之势,但是,由于受户籍管理制度改革缓慢的限制,对人口与劳动力流动造成了制度性分割。党的十八大后,我国加快了户籍管理制度改革步伐,特别是 2014 年初国务院颁发了《关于进一步推进户籍制度改革的意见》(国发〔2014〕25 号),安徽省结合实际,深入推进户籍管理制度改革,从对人口与劳动力流动方面减少分割。

在以往改革的基础上,安徽这次户籍管理制度改革突出四个重点:一是进一步调整户口迁移政策,主要是分类放开城镇落户限制,即全面放开建制镇和城区人口 50 万以下的小城市、县级市市区的落户限制,进一步放开中等城市的落户限制,有序放开大城市的落户限制。二是创新和规范人口管理,主要是取消农业户口与非农业户口之分,建立城乡统一的户口登记制度,全面实施居住证制度。以居住证为载体,建立健全与居住年限等条件相挂钩的基本公共服务供给机制,建立和完善以公民身份号码为唯一标识,以人口基础信息为基准的全省省级人口基础信息库,分类完善劳动就业、教育、社保、房产、信用、卫生计生、税务、婚姻、民族等信息系统,逐步实现跨部门、跨地区信息整合和共享,为人口服务和管理提供支撑。三是切实保障农业转移人口及其他常住人口合法权益,主要是完善农村产权制度,坚持依法、自愿、有偿原则,引导农业转移人口有序流转土地承包经营权,对进城落户农民是否有偿退出土地承包经营权、宅基地使用权、集体收益分配权,在尊重农民意愿前提下开展试点;扩大基本公共服务覆盖面,保障农业转移人口及

2019 年 7 月，安徽省委、省政府制定的《安徽省实施长江三角洲区域一体化发展规划纲要方案》，也强调全省支持皖北建设承接产业转移集聚区[3]。为此，2020 年 10 月国家发改委还专门下发了《促进皖北承接产业转移集聚区建设的若干政策措施》，从国家层面提出了十多项支持政策；2020 年 12 月，安徽省委、省政府根据国家发改委的意见制定了《皖北承接产业转移集聚区建设实施方案》，突出承接载体建设、承接发展重点、优化空间布局、推动绿色发展、创新体制机制等①。一方面，依托已建的 10 个南北合作共建的现代产业园，合肥及沿江发达地区在产业转型升级中，加大有市场需求和资源、劳动力保障的传统产业向皖北地区的转移，另一方面，合肥及沿江发达地区要与皖北地区合作共建产业创新平台体系，为皖北地区的高质量发展输入动力源。产业的转移与承接以产业链、供应链为主线，这样，支持皖北建设承接产业转移集聚区建设又会通过产业链、供应链的培育和壮大，以优势互补、分工合作方式，进一步从深层次推进省内发达地区与欠发达地区之间在产业发展方面减少分割。

2020 年 6 月 28 日，商合杭高铁合肥至湖州段正式开通，为推进安徽南北合作和皖北建设承接产业转移集聚区创造了更好的条件。商合杭高铁在安徽境内长 612 公里、设 23 个高铁站，每日开行动车组列车最高达 60.5 对，线路设计最高时速 350 公里，从北到南贯穿安徽的亳州、阜阳、淮南、合肥、芜湖、宣城六个地级市，是连接河南、安徽与浙江三省的"华东第二通道"，也是安徽南北发展的新主轴，使人口、劳动力、技术、资本、信息等要素的南北流动更便捷，更会推进安徽的南北合作和皖北地区承接长三角、合肥及沿江地区的产业转移，成为安徽省内发达地区与欠发达地区在产业发展方面减少分割的大动脉。

二、智能化因素导入减少分割趋势

前面第二章第三节，就智能化因素的导入对长三角地区减少分割趋势作出研判，安徽除了具有共性的趋势外，在省内减少分割还有以下值得重视的趋势：

1. 智能化因素的导入促进政府管理由行政化向数字化升级，政府有效推进消除分割

安徽省率先对政府部门实行权力清单和责任清单管理，规范政府权力与责

---

① 见中共安徽省委、省人民政府办公厅关于印发《皖北承接产业转移集聚区建设实施方案》的通知，2020 年 12 月 19 日。

任,省市县乡镇四级政府统一政策,从行政执法上减少分割,智能化因素的导入在方法上带来的革命性变化,是自上到下从"电子政务"向"数字政府"转变,促进政府管理由行政化向数字化升级,行政管理已由减少分割转向消除分割。安徽省各级政府在 2005 年以后就开始推行电子政务,智能化因素的导入会加快这种转变,推进由减少分割向消除分割的跨越。

"数字政府"虽然与"电子政务"一脉相承,但有两个重要的转变与升华:一是在管理目标上,从注重政府行政管理信息化向服务于国家治理体系和治理能力现代化的转变与升华;二是在管理内容上,从注重"用数据治理"向"对数据治理"的转变与升华。这两个转变与升华的重要作用,会从多方面、深层次地推进政府管理由减少分割向消除分割的升级,效果主要体现在四个方面:

一是因为"数字政府"可以提高政府办公效率,各种文件、档案、社会经济数据都以数字形式存贮于网络服务器中,可通过计算机检索机制快速查询、即用即调,从中挖掘出许多未知的有用知识和信息,服务于政府决策,会减少乃至消除政府部门之间在管理乃至决策上的分割。

二是"数字政府"会营造"网上在线办公"创造出"虚拟政府"环境,政府官员和公务人员处理公务不受时空限制,而且,数字政府表现为分布式的网络结构,政府服务只是对一定网络用户的权限进行管理,因精简而高效,也会减少公务人员数量,在政府层级从空间和时间上减少乃至消除分割。

三是"数字政府"是高度民主的政府,由于"数字政府"与千家万户的计算机相连,任何公民都可参政议政,可以形成全民参与,群策群力实施相关法令、法规和政策,还含有纠错、预警与应急机制,在政府和民众之间减少乃至消除分割。

四是"数字政府"不存在政府公务人员及其等级的概念,公务人员的身份与等级是以用户权限来体现的,不附着个人权力色彩,公务处理按计算机程序进行,可通过日志文件有据可查,避免人为干预,可以减少乃至消除官员腐败,在避免官员寻租上减少乃至消除分割。

2. 智能化因素的导入带来户籍管理创新,推动人口与劳动流动由减少分割向消除分割的跨越

安徽自 2014 年以来深入推进户籍管理制度改革,一方面是大幅度地减少了对人口与劳动力流动的分割,但另一方面也加快了人口与劳动力的流动。人口与

劳动力流动的证件只需居民身份证,居民日常生活中的许多事都要凭居民身份证办理,这样,在人口与劳动力流动被分割的制度性因素解决后,办理及使用身份证的便捷程度,也就成为减少乃至消除分割的技术性因素。智能化因素的导入带来户籍管理创新,居民身份证的办理及使用更为便捷,会推动人口与劳动力流动由减少分割向消除分割的跨越。

同全国各地一样,安徽省户籍管理已普遍建立了"电子户籍档案",是应对上述问题对户籍管理的创新。主要是全省公安系统导入智能化因素共建了"户籍档案综合管理系统",并与包括沪苏浙在内的全国各省(市)区联网,形成集便民、实战、智能、规范多功能于一体的"电子户籍档案"。其主要作用,一是使户籍档案管理规范化,不仅将群众申报、信息录入、人像采集、材料拍摄、数据存储、系统审批、文件整理、归档、立卷、装盒、上架、信息利用等全流程智能化管理,而且将历史档案数字化,把已有纸质文件转化为数字信息进行存储,可按智能化办法规范管理户籍档案。二是网上办理便民化,做法是材料网上流转、网上审批,确保户籍业务"一次性"办结,信息网上跑代替群众路上走,极大地缩短了办理周期,提高了办事效率,真正实现了便民化。三是处理信息可以"海量化",因为"电子户籍档案"采用先进技术,对电子档案生成的图片进行文字转化,会衍生出海量数据,可以为大数据平台提供真实有效的基础数据支撑,可以服务人口大规模流动需要,很快回答和处理流动人口提出的各种问题,而且可以进行事前、事中、事后全程智能化监管。显然,智能化因素的导入带来户籍管理创新,在人口与劳动力流动被分割的制度性因素解决后,可以解决人口与劳动力大规模流动带来的技术性问题,消除人口与劳动力流动在制度和技术上的分割。安徽的不少基层派出所还设置自助服务机,供居民在户籍大厅查询办理身份证、居住证、户籍业务,更加便于人口与劳动力的流动。

3. 智能化因素导入南北结对合作,对欠发达地区的发展由行政化援助转向市场化辐射带动而减少乃至消除分割

皖北地区是安徽的欠发达地区,自 2012 年开始实施南北结对合作以来,促进了皖北地区的发展。不过,这种南北结对合作还相当程度地带有地方政府间的结对援助因素,虽然是必要的,但却难以长期持续。而且,这种地方政府间的结对援助对改变欠发达地区面貌的作用也有限,不能从根本上解决发达地区与欠发达地

区间的地区分割问题。智能化因素导入南北结对合作，会推进对欠发达地区的行政化援助转向市场化辐射带动，从产业协同发展层面发挥市场机制的作用，可以培育欠发达地区的内生发展动力。这样，对欠发达地区在合作中实行的行政化援助，就会因转向由市场化辐射带动而减少乃至消除地区间的分割。

这是因为，由于自然、地理、历史、文化、资源等方面的地区差异，地区间的经济发展水平必然会有差距，消除这种差距，关键是提高欠发达地区的人均收入水平。但是，欠发达地区提高人均收入水平的最有效途径，不是依赖发达地区在合作中实行"输血式"的政府援助，而要依靠欠发达地区"造血式"的内生发展动力，发展实体经济，提高人均收入水平。而智能化因素的导入，会为欠发达地区培育"造血式"的内生发展动力给予多方面赋能。一方面，欠发达地区通过与发达地区政府间的合作共建产业园，接受发达地区的产业外溢和技术辐射，引入发达地区的先进管理经验推进体制机制创新，可以培育和增强欠发达地区"造血式"的内生发展动力，在更深层次上激发欠发达地区的全民创业、大众创新，这样，在发达地区的辐射带动下，欠发达地区会获得技术赋能、产业赋能和思想观念上的赋能，可以逐渐做大经济总量，提高政府财政收入和当地就业人口的收入水平。另一方面，智能化因素的导入，欠发达地区与发达地区的结对合作会由产业领域扩大到资源配置领域，推进欠发达地区与发达地区之间的优势互补，而欠发达地区人口和劳动力资源丰富，发达地区又有能力吸纳欠发达地区的剩余劳动力，这些剩余劳动力向发达地区转移，在劳动力市场也会找到合适的就业岗位而提高收入水平。这样，欠发达地区无论是当地就业人口还是转移就业人口，都不需要依靠政府的援助而提高收入水平，缩小与发达地区的居民收入差距。

从安徽南北结对合作的成效看，智能化因素的导入也会形成这样的趋势。比如，合肥与阜阳是南北结对合作城市，一方面，合肥已在阜阳共建四个现代产业园，增加了阜阳市的经济总量，阜阳市也积极承接合肥市的产业外溢、技术辐射和先进管理经验，自我推动产业赋能、技术赋能和思想观念更新，近年来经济发展很快，2019年与2015年相比，阜阳市经济总量占全省的比重由5.75%上升到7.29%，差距缩小了1.54个百分点，人均GDP相当于全省平均水平由44.78%上升到56.17%，差距更缩小了11.39个百分点。另一方面，合肥市在与阜阳市的南北结对合作中，也发挥市场机制对资源配置的决定性作用，特别是为适应产业发展而对就业人员不断增长的需求,大量吸纳欠发达地区的剩余劳动力,其中不少就是阜阳市转移的剩余劳动力。据第七次全国人口普查资料,2020 年与 2015 年相比,合肥市常住人口由 778.95 万人增长到 936.99 万人,占全省的比例由 12.67%增长到 15.35%,提高了 2.68 个百分点,在全省的位次由第二位上升到第一位;阜阳市常住人口由 790.15 万人增长到 820.02 万人,占全省的比例由 12.86%上升到 13.44%,仅提高 0.58 个百分点,在全省的位次由第一位下降到第二位。阜阳市 5 年来人均 GDP 水平的显著提升和常住人口总量的较慢增长,虽然同与合肥市的南北合作有一定关联,但并不是靠合作中的政府援助,而是靠"造血式"的内生发展动力的增长,智能化因素在其中也起了重要作用。芜湖市、马鞍山市与亳州市、宿州市等的南北合作,也出现了与合肥阜阳结对合作相同的情况。可以预料,随着智能化因素越来越多的导入,安徽南北结对合作对欠发达地区的发展,会加快由行政化的援助转向市场化的辐射带动,从深层次上减少乃至消除欠发达地区与发达地区间的地区分割。

第四节　从公平均等视角的分析

公平均等是有空间尺度的,由于区域间在发展条件和发展水平上的差异,在区域一体化发展中,公平均等的实现程度也是会有区别的。本书第二章第四节已从长三角的空间尺度对公平均等作出分析,本节从安徽的空间尺度对此作出进一步的分析。

一、现状特征

改革开放以来,安徽社会事业建设不仅发展很快,各项公共服务也趋向公平均等,尤其是在教育、卫生、就业和生态环境保护等四个方面,公平均等趋向更为明显。

1. 坚持教育优先发展、权利平等,义务教育实现均衡

改革开放以来,安徽坚持把教育摆在优先发展的战略位置,全省教育格局发生重大变化,人民群众教育获得感明显增强。到 2019 年,全省已有各级各类学校 2.2 万所,在校生 1251.4 万人,占常住人口的 19.7%,专任教师 69.3 万人,生师比

达 18.06;学前教育毛入园率、义务教育巩固率、高中阶段毛入学率分别达 88.7%、94.6%、89.6%,分别高于全国平均水平 5.3、0.1、7.8 个百分点。在高等教育方面,全省共有普通高校 120 所,高校数居全国第 9 位,3 所高校入选世界一流大学和一流学科建设高校,13 个学科入选世界一流建设学科,2020 年高等教育毛入学率超 50%,普通本专科招生、在校生数居全国第 9 位。还在全国率先建立起应用性高等教育体系,分类建设特色高水平大学 8 所、应用型高水平大学 9 所、技能型高水平大学 29 所,这些做法被教育部向全国推广[①]。由于坚持教育优先发展,全省教育事业主要指标已经达到或超过全国平均水平,总体上进入全国中上、中部地区前列的位次。

安徽教育事业发展的一个显著特征是,坚持权利平等、有教无类,努力推进教育公平,义务教育已实现均衡。一是完善基本公共教育服务体系,推动义务教育城乡均衡发展,全省 104 个县(市、区)全部实现县域义务教育基本均衡发展,建立完善了义务教育均衡发展动态监测制度,每年发布《全省义务教育均衡发展监测报告》,九年义务教育巩固率进步程度全国排名第 8 位。二是坚持义务教育免试就近入学制度,推动初中学业水平考试招生制度改革,完善高中学业水平考试和综合素质评价制度,实行省示范高中指标到校政策,有效引导初中生源合理分布。三是完善政府主导、社会参与、公办民办并举的办学体制,率先在全国出台省级政府鼓励社会力量兴办教育促进民办教育健康发展实施意见,民办教育发展水平居全国第五位。四是全面改善贫困地区义务教育薄弱学校基本办学条件,精准实施教育脱贫攻坚,拓宽贫困家庭子女上升通道,保障特殊群体受教育权益,将义务教育经费保障、学前教育促进工程、家庭经济困难学生资助、贫困地区义务教育学生营养改善、贫困地区义务教育小规模学校(教学点)等项目纳入省政府民生工程,在 2015 年至 2020 年的五年间,各级财政投入教育资金累计达 632.45 亿元。五是重视职业教育发展,推进职业教育办学主体多元化,着力打破部门界限和学校类型界限,在全国首创省市统筹、以市为主的职业教育管理体制,打破条块分割、各自为政的政策壁垒,全省有中等以上专业技术学校 220 所,职业中学 7792 所,在校生 53.6 万人,7 所院校入选全国职业院校管理 50 强,13 所高职院校入选国家优

---

①　李和平:《美好安徽"十三五"成就巡礼——安徽"十三五"教育事业改革发展情况》,中安在线,2020 年 11 月 26 日。

质学校或教育部"双高计划",39所中职学校入选国家改革发展示范校,组建46个省内职教集团和长三角国际商务职教集团,入选首批国家产教融合型城市试点建设省份,职业院校技能大赛成绩居全国第一方阵,为全省经济社会发展培养了大批技术技能人才。[6]

2. 基本医疗卫生制度城乡全覆盖,居民健康机会均等

安徽是全国农村人口占比较高的人口大省,改革开放以来,安徽在财政紧平衡的情况下,以建设健康安徽为目标,持续深化医药卫生体制改革,扎实推进医疗卫生服务体系建设,基本医疗卫生制度逐渐成熟定型并覆盖城乡居民,疾病防治能力不断增强,新冠肺炎疫情防控取得重大战略成果,人民群众健康水平明显提高。到2019年,全省医疗机构数26436家,卫生技术人员数36.1万人,千人口床位数6.1张、千人口执业(助理)医师2.44人、千人注册护士2.57人,婴儿死亡率、五岁以下儿童死亡率、孕产妇死亡率分别下降至3.8‰、4.5‰、11.8/10万,均低于全国平均水平(5.6‰、7.8‰、17.8/10万),主要健康指标好于全国平均水平。①

安徽医疗卫生发展的一个显著特征是,合理布局医疗资源配置,推进基本医疗卫生制度城乡全覆盖,努力实现城乡居民健康机会均等。一是按照区域医疗规划,构建分级诊疗新格局,推动省内医疗卫生资源均衡布局,实现市域三甲医院全覆盖,县域内基层首诊,提升基层服务能力,全省常住人口8万人以上的乡镇卫生院全部达到二级医院水平,108所中心卫生院达到二级综合医院水平,组织市县级医院下派专家帮扶,全面完成县乡一体化信息平台,基本形成"15分钟就医圈",县域内就诊率达到83%以上,高于全国平均水平2个百分点,乡镇卫生院开展外科手术占比达74.2%,极大地方便农村患者就医。二是提升公共卫生服务均等化水平,主要是加强贫困地区医疗卫生服务建设,省政府出台《关于健康脱贫工程的实施意见》,全省卫生健康系统细化举措,组织26家省市三级医院"组团式"帮扶31个贫困县的县级医院,选派医疗专家驻村2年,实施乡村医生定向委培三年行动计划和乡村医疗卫生服务能力提升工程,消除贫困地区村医和村卫生室"空白点",贫困人口全面实现基本医疗有保障。三是全面推进城市公立医院改革,基本

---

① 李必方:《美好安徽"十三五"成就巡礼——安徽"十三五"医疗卫生改革发展情况》中安在线,2020年12月3日。

医疗卫生制度建设成效明显,主要是破除以药补医机制,探索创新县域医共体,到2020年11月,全省已建立125个紧密型县域医共体和35个紧密型城市医联体,上下级医疗卫生机构建立稳定的技术帮扶和分工协作关系,开展远程会诊、远程心电诊断和远程影像服务,医共体内县乡电子病历互联互通覆盖率达49%。重点人群家庭医生签约服务率达到65.5%,处于全国领先水平。四是提升基本医疗保障水平和传染病防控能力明显,人均基本公共卫生服务经费补助标准从2015年的40元提高到2020年的74元,基本公共卫生服务项目增加至12大类45项,公共卫生体系建设不断推进,传染病防控能力进一步增强,2020年初新冠肺炎疫情防控在全国较早启动一级响应,用一个月时间控制住疫情蔓延,一个半月左右的时间实现住院患者"清零",三个月左右的时间取得重大战略成果。其他常态化疫情防控有力有序、局势平稳。慢性病防控稳步实施,基本建立了覆盖全省的传染病监测报告网络,2019年法定传染病网络报告质量综合评价位居全国前5名,可预防传染病发病率降至历史最低水平。五是组织实施基层中医药服务能力提升工程"十三五"行动计划,各级财政共投入1.6亿多元建设基层中医馆1469个,通过基层中医药工作先进单位创建、基层中医馆建设、城市中医医院对口支援、县域医共体建设、中医药适宜技术推广等手段,扩大基层中医药服务的覆盖面,提高中医药服务的可及性和可得性,基本解决基层中医药服务"有没有"的问题,正进入解决基层中医药服务"好不好"问题的新阶段,让老百姓在家门口就能享受到高品质的中医药服务。

3. 就业创业机会趋向公平均等,技能人才显著增长

安徽是人口和劳动力资源大省,改革开放以来,除了有近千万劳动者流向省外务工经商就业创业以外,随着本省经济社会发展,省内的就业局势持续保持稳定,新就业人员稳定增长。如在"十三五"期间,全省城镇新增就业339万人,年均增长67.8万人,其中,2017年、2019年的就业工作是获得国务院督查激励表彰的全国5个省份之一,中央财政还对安徽增加就业补助资金8.59亿元。就业结构持续优化,第三产业从业人员占比达40.51%,企业劳动合同签订率基本稳定在95%以上,劳动者的权益得到有效保障;劳动者工资收入合理增长,2019年全省居民人均可支配收入26425.1元,居全国第15位,比2013年提升3位。创业活力持续增强,突出表现是市场主体逐年增加,2020年全省各类市场主体587.8万户,比2015

年增长 113.5%，年均净增加 62.6 万户。城镇调查失业率、城镇登记失业率都处在合理区间，全省就业局势持续保持稳定。[①]

安徽就业局势持续保持稳定的显著特征，是就业创业机会趋向公平均等，技能人才显著增长。一是积极做好公共服务，为劳动者提供公平均等的就业创业机会，主要是实施"放管服"改革，在县区乡级基层建立就业社会保障服务中心，其中县区级 75 个，乡镇级 304 个，县乡村（社区）综合服务实现全覆盖，发放社会保障卡，持卡 5895.74 万人，覆盖全省 92% 以上的常住人口；推进"减证便民"，在就业创业、社会保障方面取消 144 件次政务服务事项的申请和证明材料，取消灵活就业认定证明，极大地方便了劳动者的就业创业。二是健全社会保障体系，为就业创业者和用人单位解决后顾之忧，主要是全面实施企业职工基本养老保险省级统筹，建立城乡居民基本养老保险待遇确定和基础养老金正常调整机制，工伤保险预防、补偿、康复"三位一体"制度逐步健全，并提高相关标准，如企业退休人员月人均基本养老金从 2015 年的 1953 元提高至 2019 年的 2411 元，增长 23.4%，失业保险金计发比例由最低工资标准的 75% 提高至 90%，达到 1281 元/月。对用人单位落实降费率和减免缓政策，如 2020 年 1 至 10 月在新冠肺炎防疫期间，全省累计减征企业社会保险费 416 亿元。三是切实维护劳动者合法权益，劳动关系总体和谐稳定，主要是认真贯彻落实《保障农民工工资支付条例》，深入推进根治欠薪工作，在全国率先出台行政执法装备配备标准，实施拖欠农民工工资"黑名单"、社会保险领域严重失信联合惩戒对象名单管理制度，建立劳动保障监察投诉举报省级联动平台、案件查处平台一体化智慧监察体系，成立省劳动人事争议仲裁委员会，"十三五"时期全省共处理劳动人事争议 20 多万件，仲裁结案率保持在 95% 以上。四是重点群体就业优先，主要是推进就业扶贫，帮助解决贫困人口、零就业家庭就业问题，免费为待业人员进行技能培训；健全高校毕业生就业部门联动机制，为 18 万名困难毕业生发放求职创业补贴 2 亿元，帮助解决高校毕业生的就业问题，全省高校毕业生总体就业率保持在 94% 以上。五是实施新时代江淮英才计划，加大高端领军人才选拔培养力度，截至 2019 年底，全省人才总量已达 901.2 万人，其中专技人才 414.6 万人，高层次人才 26.7 万人，享受政府特殊津贴专家 4038 人、战

---

① 徐建：《美好安徽"十三五"成就巡礼——安徽"十三五"劳动就业发展情况》，中安在线，2020年 12 月 8 日。

略性新兴产业领军人才 2058 人,累计招收博士后研究人员 5845 人。仅"十三五"时期五年,全省新增专业技术人才 115.6 万人,技能人才 169.4 万人,劳动力资源大省已成为"技工大省"。

4. 生态环境保护修复有新的进展,扩展了公共福祉的共享范围

生态环境作为公共资源具有公平均等性,是每个人应有的生态福祉,如果某企业造成了环境污染,企业获利了,但周边居民的生态福祉却受到损伤;同样,某地区造成了环境污染,经济发展了,但周边地区的生态福祉却受到损伤。因此,生态环境的保护修复,就是保护了更多人的公共福祉。安徽近年来在推进区域一体化发展中十分注重生态环境的保护修复,取得了新的进展,扩展了公共福祉的共享范围。据安徽省生态环境厅 2020 年 12 月 21 日在"美好安徽'十三五'成就巡礼"系列新闻发布会上提供的资料,截至 2020 年 11 月底,从大气环境质量看,全省 PM_{10} 平均浓度 58.5 微克/立方米,较 2015 年同期下降 18.8%,城市 $PM_{2.5}$ 平均浓度为 37 微克/立方米,较 2015 年同期下降 28.8%,空气质量优良天数比例达85.9%,达到有监测记录以来历史最好水平;从水环境质量看,全省 106 个国考断面中,水质优良断面比例为 84%,好于考核目标 9.5 个百分点,无劣 V 类断面,其中长江流域水质优良断面比例达 90%,创国家考核以来最好水平。近期安徽省统计局专项民意调查显示,全省生态环境满意率首超九成,也为历年来最高[1]。显然,安徽生态环境的这些改善,扩展了本省及相邻省份居民公共福祉的共享范围。

安徽生态环境保护修复的新进展,突出体现在以下方面:一是构建起生态环境保护制度体系,如修订了《安徽省环境保护条例》《巢湖流域水污染防治条例》《安徽省大气污染防治条例》《安徽省机动车排气污染防治办法》等地方法规规章,出台相关地方标准和安徽省生态环境行政处罚裁量基准规定,在全国率先实现省级督察全覆盖、率先推动重点污染源自动监控设备安装、联网、运维监管"三个全覆盖",形成、完善并复制推广生态补偿的"新安江模式",与浙江省共建新安江——千岛湖生态补偿试验区,探索市场化、多元化补偿新路径,与苏浙沪联动实施长三角大气和水污染防治协作,成立跨区域辐射监测机构和生态环境损害司法鉴定专业机构。二是严格责任,转变方式,印发实施《安徽省省直有关部门生态环境保护

---

[1] 《绿色江淮美好家园建设迈出坚实步伐》,2020 年 12 月 23 日《安徽日报》。

责任清单》《安徽省党政领导干部生态环境损害责任追究实施细则（试行）》,推动出台《关于构建现代环境治理体系的实施意见》等重要制度,在全国率先建立河长制、林长制,严格落实党政同责、一岗双责的要求,全省已形成环境保护从"小环保"到生态环境"大环保"转变,从污染物总量减排向以改善生态环境质量、注重生态修复转变;从以监督企业为主向"督政"与"督企"并重转变。三是突出重点,长江大保护、巢湖水污染治理取得新成效,如长江大保护突出沿江干支流生态修复,落实"10年禁渔"规定,进一步优化岸线资源配置,努力将马鞍山等地打造成长三角的"白菜心"等;巢湖水污染治理突出面污染治理,还建立入河排污口"排长制"。四是强力推进蓝天、碧水、净土三大保卫战,在蓝天保卫战方面,强化控煤、控气、控尘、控车、控烧"五控"措施;在碧水保卫战方面,全面落实"水十条",重点推进城镇污染、农业农村污染、水源地污染、工业污染、船舶港口污染治理;在净土保卫战方面,优先保护耕地土壤环境,突出工业污染场地治理与修复,开展危险废物专项整治三年行动。五是加大生态保护修复力度,主要是聚焦践行"绿水青山就是金山银山"理念,积极推进生态文明建设示范创建,形成一批具有示范推广价值的实践模式,宣城等1市10县(市、区)成功创建为国家生态文明建设示范市县,岳西等4县(市、区)被命名为"两山"实践创新基地,马鞍山等1市23县(市、区)被命名为省级生态文明建设示范市县。淮北市矿山生态修复成果显著,被授予"第十届中华环境优秀奖"。

二、智能化因素导入公平均等趋势

前面第二章第四节,就智能化因素的导入对长三角地区公平均等趋势作出研判,安徽除了具有这些共性的趋势外,在省内会有以下值得重视的发展趋势：

1. 普通教育年限缩短,终身教育成为常态

本书在第一章第三节提出,后工业社会是智能社会,长三角地区以智能化对一体化赋能,会率先进入智能社会。这样,智能化因素会全面导入教育领域,将会发生两个重要的变化：一是普通教育年限会缩短,二是终身教育会成为常态。安徽的教育领域也会发生这两大变化,居民在教育方面会实现更大范围、更高水平的公平均等。

普通教育是指从小学到大学本科阶段的学历教育,需要16～17个年头,若加上3～5年的硕博生学习阶段,则需要19～22个年头。如果一个人6周岁上小学,

最快在 22 岁大学本科毕业,25 岁硕士毕业,28 岁博士毕业。从后工业社会人的工作周期看,人们用在普通教育阶段的时间太长了。我国在 20 世纪 60 年代末至 70 年代中期的"文化大革命"期间,从小学到大学都缩短了学制,70 年代后期又恢复了,进入 21 世纪后,又有人提出缩短中小学学制的建议,但条件不成熟。将智能化因素导入后,开展智慧教育,适当降低中小学生的课业负担,小学缩短 1 年、高中缩短 1 年是可行的,不仅可以缩短学制,早让年轻人走向社会、进入职场,而且可以有效减轻家庭负担、缓解老龄化程度、提高教育资源利用率、丰富社会劳动资源等,是时代发展的必然要求。在 2021 年 3 月 4 日开幕的第十三届全国人民代表大会第四次会议上,就有全国人大代表提出这样的建议①。安徽作为国家教育信息化试点省,已从 2016 年开始建设智慧学校,先在 32 个贫困县(市、区)的 2090 所小规模学校(教学点)完成布点,2020 年又在全省 58% 的乡村中小学(3479 所)完成智慧学校建设,不断扩大优质教育资源覆盖面。据教育部发布的 2019 年度中国教育信息化发展报告显示,安徽基础教育信息化综合发展水平居全国第 5 位。显然,有了基础教育信息化条件,可以推进智能化因素导入教育领域,而智能化因素的导入,又会为缩短普通教育年限创造基础条件。

另一方面,智能化因素的导入,终身教育将成为常态。终身教育(lifelong education)是指人们在一生各阶段当中所受各种教育的总和,是人所受不同类型教育的统一综合,具有终身性、全民性、广泛性、灵活性和实用性。"终身教育"作为一个崭新的教育理念,是 1965 年时任联合国教科文组织成人教育局局长的法国人保罗·朗格朗(Paul Lengrand),在联合国教科文组织召开的成人教育促进国际会议期间首次提出,很快在世界广泛传播,引起全世界的关注和重视,在许多国家已有不同程度的实践。[7]对受教育者而言,终身教育就是终身学习,按中国人的说法就是"活到老学到老",意即一个人要有所作为,不仅要在普通教育阶段完成学业,在毕业后的工作中还要适应发展形势的新要求继续学习、终身学习。联合国教科文组织及许多国际机构也大力提倡、推广和普及终身学习,这些国际组织及机构于 1994 年在罗马隆重举行了"首届世界终身学习会议",终身学习很快在世界范围内形成共识,许多国家在构建国民教育体系和制定教育方针、政策时,都以终身

---

① 全国人大代表张红伟 2021 年 3 月 4 日提出,见"北青网" 2021 年 3 月 6 日报道。

教育理念为依据,积极鼓励人们终身学习。我国也十分重视终身教育或终身学习,早在1982年10月召开的中国共产党第十二次全国代表大会就明确提出,我国要"形成全民学习、终身学习的学习型社会,促进人的全面发展"。智能化因素广泛而持续地进入人类社会、影响社会,必然会形成学习型社会,而学习型社会也就必然要求形成终身教育或终身学习的社会风气。因此,智能化因素的导入,终身教育就会成为常态。在安徽,许多企业和机构通过举办各种培训组织员工继续学习、终身学习,引导人们接受终身教育。比如,刚刚兴办起"安徽继续教育网络"通过上线学习组织人们终身学习,2020年已入驻100多所高校及其他教育机构,上线学习者累计超过45万人。这些趋向表明,智能化因素导入终身教育将成为常态,安徽深度参与长三角一体化,将会加快这种趋势的到来。

2."互联网+医疗健康"、医养康养结合普及化

《中共中央关于制定国民经济和社会发展第十四个五年规划和二〇三五年远景目标的建议》提出全面推进健康中国建设,实施积极应对人口老龄化国家战略,培育养老新业态,构建医养康养相结合的养老服务体系。[8]安徽也提出全面推进健康安徽建设,推进医养结合。智能化因素的导入,安徽将会出现"互联网+医疗健康"、医养结合普及化的发展趋势,居民在医疗和养老方面实现更大范围、更高水平的公平均等。

所谓"互联网+医疗健康",是运用互联网远程医疗技术推进远程医疗,为人民群众提供更加便利的医疗服务模式,主要是通过远程医疗、互联网医院、便民惠民的服务措施,人工智能在其中发挥着重要作用。我国十分重视发展"互联网+医疗健康",《"健康中国2030"规划纲要》《国务院关于积极推进"互联网+"行动的指导意见》和国务院办公厅《关于促进"互联网+医疗健康"发展的意见》等文件中都作出了部署,可以让百姓看病少跑腿、数据多跑路,不断提升医疗卫生公共服务均等化、普惠化、便捷化水平,为人民群众提供全方位、全生命周期健康服务。到2018年,全国所有的三级甲等医院都开展了远程医疗服务,并覆盖了全国所有的贫困县,正在向乡和村一级延伸。随着智能化因素的广泛导入,"互联网+医疗健康"将会在全国普及。安徽是国家"互联网+医疗健康"建设示范省,除了按国家要求逐步建立省市县乡四级远程医疗服务体系、积极发展智慧医院、互联网医院外,还主动创新,依托全省医学影像云平台,推出面向社区的"智医助理"新模式,

目前,"智医助理"已覆盖全省基层医疗卫生机构,可以将智能化因素引向城乡社区和人民群众,实现"互联网+医疗健康"的普及化,会推进医疗卫生服务在全社会趋向更加公平均等。

所谓医养康养结合,是医与养结合和健康与养生结合的统称。医养结合在我国早已实施,又把康养结合提到与医养结合同等重要的位置,是我国应对人口老龄化的重大措施。因为康养结合是以健康为目的,以养生为手段,而以养生保障老龄人的健康是科学的养老模式,更加符合老龄人的心愿和需求。对不需要住院的老龄人而言,到大自然中陶冶,在文化中修身,是最佳的养生方式,我国到处都有康养价值的自然或者文化资源,将智能化因素导入,不仅使老龄人融入自然和文化中养生具有可行性,而且还在健康方面,为老龄人实现最大程度的公平均等。安徽是我国人口老龄化程度较高的省份,2019 年 65 岁及以上人口占总人口的比例达 13.93%,高于全国平均水平 1.36 个百分点,对医养康养需求大,到 2020 年 11 月底,全省已有医养结合机构 489 家,医养结合机构从业人员 20383 人,医养结合综合示范区 4 个、示范基地(园区)6 个、示范项目机构 27 个、社区示范中心 31 个,在国家卫生健康委和世界卫生组织联合开展的 2018—2019 双年度合作项目"医养结合在中国的最佳实践"全国医养结合典型经验征集推广活动中,安徽有 10 个典型案例入选[1]。尽管医养康养结合在安徽还处于起步阶段,但可以看出,将智能化因素导入,可加快推进医养康养结合在安徽的普及化,提高全社会公平均等的水准。

3. 弹性就业、共享员工趋向增多

本书在第二章第四节,对智能化因素导入长三角一体化发展在就业创业方面的趋势研判是,就业趋向创新创业机会公平均等。安徽也具有这种趋势,特别会出现弹性就业、共享员工趋向增多的特征,以新的形式反映出创新创业机会趋向更高层面的公平均等。

所谓弹性就业,是指相对于全日制就业形式而言,劳动者包括在非全日制工作、临时性工作、季节性工作、小时工作等方面不限时间、不限收入、不限场所的灵活多样的就业形式。这种就业形式也是一种兼职就业形式,多适用于技能型劳动

---

① 李必方:《美好安徽"十三五"成就巡礼——安徽"十三五"医疗卫生改革发展情况》,中安在线,2020 年 12 月 3 日。

者或特殊需要的岗位,对这些人的就业更为公平均等。比如在改革开放初期,长三角地区大城市出现的"星期天工程师",工作日在本单位上班,星期天应邀到附近县区的乡镇企业帮助解决一些技术工艺等问题,并获得一定的报酬。在安徽,这种"星期天工程师"现象在合肥、芜湖、蚌埠等城市和高校及科研机构中也早有出现。随着智能化因素的导入,新经济、新产业、新业态、新模式的发展,这种弹性就业模式在安徽的大中城市会逐渐增多。比如,在 2020 年的新冠肺炎疫情期间,安徽的一些行业就出现利用线上平台居家办公、居家经营等"宅经济"现象,就是弹性就业的一种典型形式。近年来,安徽省政府也支持和引导弹性就业的健康发展,如省人力资源和社会保障厅出台的人才分类评价指导意见,就明确提出"向用人单位放权""向人才松绑",支持高校和科研机构可以自主聘用员工,进一步畅通专业技术人才流动,为实现人才使用具体化、项目化而细化了改革措施等,都会推进弹性就业在安徽的新发展。

　　所谓共享员工,是指企业或用人单位之间为调节特殊时期阶段性用工需求,在尊重员工意愿、多方协商一致的前提下,将闲置员工劳动力资源进行跨界共享并调配,以解决用工需求缺口的多方共赢式新型合作用工模式,也被称为"柔性用工"。共享员工模式是灵活用工模式的一种创新形态,有五个特征:一是用人单位有可供共享的闲置劳动力资源,以机动用工实现多方共赢;二是以"跨界用工"分享"剩余"劳动力,是信任经济下的新型用工模式;三是适用于季节性、密集型、流动性用工较大的企业;四是可为低技能、低收入劳动者提供就业机会;五是不解除原有劳动合同关系,具有短期的应急性、灵活性[9]。显然,这些特征有利于技能不专、收入不高的普通劳动者就业更为公平均等。长三角地区共享员工早就存在,2020 年新冠肺炎流行时期形成高潮,一市三省政府都以共享员工帮助复工复产企业解决短期用工不足的问题。2020 年 7 月,国家发展改革委、中央网信办、工业和信息化部等 13 部委还联合出台意见,为推动"互联网+"和大数据、平台经济等迈向新阶段,鼓励发展便捷化线上办公,发展跨越物理边界的"虚拟"产业园和产业集群,打造"随时随地"的在线办公环境,发展基于新技术的"无人经济"和微经济,鼓励"副业创新",吸引更多个体经营者线上经营创业,引导"宅经济"合理发展,支持建立灵活就业、"共享用工"服务平台,提供线上职业培训、灵活就业供需对接等就业服务等,以多种方式扩大就业①。在国家多部门的支持下,"共享员工"就业新模式在全国普遍发展起来,安徽也是发展最快的省份之一。展望未来,随着智能化因素越来越广泛的导入,共享员工在安徽也会趋向增多。

4. 生态保护由部门管理转向全社会共治,绿色发展推进生态福祉趋向更加公平均等

生态环境保护进入智能化时代,大数据使人们对生态保护更有"数"。前面第二章第四节,对智能化因素导入长三角一体化发展在生态保护方面的趋势研判是,生态保护趋向生态补偿的公平均等。安徽也具有这种趋势,特别是随着绿色理念在全社会的广泛接受和绿色低碳发展的逐渐普及,全省将会出现生态保护由部门管理向全社会共治的深刻转变,绿色发展会广泛而持续地推进生态福祉趋向更加公平均等。

生态保护由部门管理向全社会共治的深刻转变,是绿色发展持续而广泛推进的必然趋势。因为生态保护涉及社会各个领域、各个方面和所有的企业、机构及自然人,需要全社会合力共保共治,仅仅靠政府生态环境主管部门是不够的。在长三角地区,生态保护的全社会共治起步较早,特别是 2019 年 5 月中共中央国务院颁发的《长江三角洲区域一体化发展规划纲要》,明确要求"加强生态空间共保,推动环境协同治理,夯实绿色发展生态本底,努力建设绿色美丽长三角"[5],一市三省的生态保护都加大了由部门管理向全社会共治转变的力度,在安徽也有多方面的体现,如在全国率先建立河长制、林长制,严格落实党政同责、一岗双责的要求,全省已形成环境保护从"小环保"到生态环境"大环保"转变。智能化因素的导入,可以运用网络、大数据、物联网和人工智能等技术支持,为各个领域、各个方面和所有的企业、机构及自然人参与生态保护创造条件,使生态保护由部门管理向全社会共治的转变具有可能性。比如,早在 2016 年 3 月,我国就发布了《生态环境大数据建设总体方案》,高度重视大数据对生态环境保护与修复的作用,经过几年的努力,全国已构建起共享生态环境监测数据联网,实现生态环境数据互联互通和开放共享,为全社会参与生态环境保护与修复提供有力支撑。安徽也积极运

---

① 国家发展改革委、中央网信办、工业和信息化部、教育部、人力资源社会保障部、交通运输部、农业农村部、商务部、文化和旅游部、国家卫生健康委、国资委、市场监管总局、国家医疗保障局:《关于支持新业态新模式健康发展激活消费市场带动扩大就业的意见》,2020 年 7 月 14 日。

用监测数据联网加强生态环境大数据综合应用和集成分析,在全社会的参与下,全省生态环境保护与修复不断取得新进展。随着智能化因素向全社会的更广泛导入,将会加快安徽生态环境保护由部门管理向全社会共治的深刻转变。

绿色发展是以效率、和谐、持续为目标的经济增长和社会发展方式,已经成为当今世界发展的一个重要趋势。2015年10月,中共十八届五中全会通过《中共中央关于制定国民经济和社会发展第十三个五年规划的建议》,将绿色发展与创新、协调、开放、共享等发展理念共同构成五大发展理念,成为我国社会主义现代化强国的战略任务。[10]坚持绿色发展,培养公民环境意识,推动全社会形成绿色消费自觉,形成绿色发展方式和生活方式,可以绿色富国、绿色惠民,为人民提供更多优质的生态产品,是在更深层次、更广范围持续推进生态福祉趋向更加公平均等。在安徽,绿色发展理念也是逐渐深入人心,绿色发展成效更是日益显现,特别是2019年7月15日中共安徽省委十届九次全会通过的《安徽省实施长江三角洲区域一体化发展规划纲要行动计划》提出,安徽要建设绿色发展样板区,绿色发展正在向社会各领域推进[3]。2021年3月11日第十三届全国人民代表大会第四次会议通过的《中华人民共和国国民经济和社会发展第十四个五年规划和2035年远景目标纲要》,又进一步提出"完善生态文明领域统筹协调机制,构建生态文明体系,推动经济社会发展全面绿色转型",不仅要提升生态系统的质量和稳定性,更要持续改善环境质量,加快发展方式绿色转型,全国人民将会更加公平均等分享绿色发展带来的生态福祉[11]。而智能化因素的导入,又从理念和技术层面加快绿色发展,保障生态福祉在全国人民间更加公平均等的分享。在安徽,智能化因素也正广泛地导入绿色发展之中,也会同全国一样,推进生态福祉在全省人民间更加公平均等的分享,在深度参与长三角更高质量一体化发展中,对沪苏浙人民也会作出安徽的贡献。

参考文献

[1]中共安徽省委关于制定国民经济和社会发展第十四个五年规划和二〇三五年远景目标的建议[S],2020.

[2]中共中央　国务院印发《国家综合立体交通网规划纲要》[N].经济日报,2021-02-25.

［3］中共安徽省委.安徽省实施长江三角洲区域一体化发展规划纲要行动计划［S］,2019.

［4］安徽省人民政府.安徽省国民经济和社会发展第十四个五年规划和2035年远景目标纲要［S］,2021.

［5］中共中央　国务院印发《长江三角洲区域一体化发展规划纲要》［N］.人民日报,2019-12-02.

［6］安徽省人民政府新闻办公室.美好安徽"十三五"成就巡礼［N］.中安在线,2020-11-24—2020-12-10.

［7］陈琦,刘儒德.当代教育心理学［M］.北京:北京师范大学出版社,2007.

［8］中共中央关于制定国民经济和社会发展第十四个五年规划和二○三五年远景目标的建议［N］.经济日报,2020-11-04.

［9］"共享员工",打开企业用工新思路［EB/OL］.新华网,2020-02-16.

［10］中共中央关于制定国民经济和社会发展第十三个五年规划的建议［S］,2015.

［11］中华人民共和国国民经济和社会发展第十四个五年规划和2035年远景目标纲要［S］,2021.

第六章　扬皖所长
深度参与长三角一体化发展

中共中央、国务院印发的《长江三角洲区域一体化发展规划纲要》指出，推进长三角一体化发展，要发挥上海龙头带动作用，苏浙皖各扬所长。上海之长是拥有国际经济、金融、贸易、航运和科技创新"五个中心"的优势，江苏之长是具有制造业发达、科教资源丰富、开放程度高等优势，浙江之长是具有数字经济领先、生态环境优美、民营经济发达等特色优势，安徽之长是具有创新活跃强劲、制造特色鲜明、生态资源良好、内陆腹地广阔四大优势[1]。安徽深度参与长三角一体化更高质量发展的重大课题是，发挥智能化因素在增加密度、缩短距离、减少分割、公平均等方面的综合作用，培育和增强这四大优势，扬皖之长，更好地发挥安徽作为长三角一体化重要方面军的作用。

第一节　扬创新活跃强劲之长，
培育更高质量发展动力源

习近平总书记2018年5月28日在中国科学院第十九次院士大会、中国工程院第十四次院士大会上发表讲话，引用了《墨经》的一句话，"力，形之所以奋也"，就是说动力是使物体运动的原因[2]，用来突出科技创新对于建成社会主义现代化强国的重要性，是更高质量发展动力源。安徽和长三角走智能化道路推进一体化更高质量发展的动力源是什么？当然是科技创新。因此，安徽应扬创新活跃强劲之长，在共建长三角科技创新共同体中培育高质量发展动力源，在科技自立自强的国家战略中体现安徽的责任担当。

一、携手上海"两心共创"，打造科技创新策源地
科技创新作为高质量发展的动力源，基础在于有科技创新策源地。面对少数

西方发达国家对我国高科技的打压,中国要实现建成社会主义现代化强国的伟大目标,在科技创新方面必须加快由跟跑向并跑乃至领跑的跨越,在关系国家重大需求方面的科技创新努力走在世界前沿,就要有一批科技创新策源地。我国承担科技创新策源地功能的规模化载体主要是综合性国家科学中心。因为综合性国家科学中心是国家创新体系建设的基础平台和科技领域参与国际竞争的重要平台,可以汇聚世界一流科学家,突破一批重大科学难题和前沿科技瓶颈,快速提升中国基础研究水平,强化原始创新能力,成为高质量发展建设社会主义现代化强国的动力源。

截至2020年,我国已建有上海张江、安徽合肥、北京怀柔和粤港澳大湾区四大综合性国家科学中心。其中,安徽合肥综合性国家科学中心是2017年1月经国务院同意、国家发展改革委和科技部联合批复的建设方案而成立的,是继上海张江之后我国建设的第二个综合性国家科学中心,标志着安徽在全国创新大格局中战略地位的上升,成为代表国家参与全球科技竞争与合作的重要力量。

2017年9月7日,安徽省委省政府和中国科学院共同印发《合肥综合性国家科学中心实施方案(2017—2020年)》,总体要求是:坚持尖端引领、多方推动、协同创新、体制突破的原则,以国家实验室为基石,依托世界一流重大科技基础设施集群,布局一批前沿交叉创新平台和产业创新转化平台,建设若干"双一流"大学和学科,打造多类型、多层次的创新体系,成为代表国家水平、体现国家意志、承载国家使命的国家创新平台。三年实施方案的建设已经完成,依托大科学装置集群,聚焦能源、信息、生命、环境等四大领域,吸引、集聚、整合全国相关资源和优势力量,已建成了由6个大科学装置、4个国家实验室、3个国家工程实验室、一批高端转化平台和周边重大项目组成的前沿基础性、尖端引领性的科技创新体系(见表6-1)。随着创新力量的增强,适应国家战略需求,合肥综合性国家科学中心还会统筹布局具有国际原始创新引领水平的新型平台,科技创新体系进一步增量扩能。

表 6-1　合肥综合性国家科学中心前沿基础性、尖端引领性的科技创新体系

类型	创新主体
大科学装置	(1)中国聚变工程实验堆(CFETR);(2)全超导托卡马克核聚变实验装置(EAST);(3)稳态强磁场实验装置(SHMFF);(4)合肥先进光源(HALS);(5)大气环境立体探测实验研究设施(AEOS);(6)强磁光综合实验装置
国家实验室	(1)量子信息科学国家实验室;(2)国家同步辐射实验室(NSRL);(3)合肥微尺度物质科学国家实验室;(4)磁约束核聚变国家实验室
国家工程实验室	(1)类脑智能技术及应用国家工程实验室;(2)大气环境监测国家工程实验室;(3)大健康研究院
高端转化平台	(1)人工智能中心;(2)天地一体化信息网络(合肥中心);(3)核聚变中心;(4)能源创新中心;(5)基因中心;(6)离子医学中心（含合肥离子医学中心、质子重离子公共医学平台、中国科学院合肥肿瘤医院）
周边重大项目	(1)中科院(安徽)科技产业创新平台;(2)中科院微电子所下一代通信芯片研究院;(3)中科院安徽中领环保技术研究院;(4)中国信通院合肥研究院;(5)中科院广州生物院干细胞与再生医学合肥研究院;(6)中科院重庆绿色智能产业研究院合肥分院;(7)中国科学院成都文献情报中心合肥分中心;(8)安徽大学绿色产业创新研究院

资料来源:作者根据合肥综合性国家科学中心的有关公开信息整理。

　　在合肥地区,依托合肥综合性国家科学中心,正在聚力创建合肥滨湖科学城。合肥滨湖科学城规划面积491平方公里,地域范围涉及肥东、肥西2县和包河、蜀山、庐阳3个市辖区的部分区域,覆盖3个国家级开发区(合肥高新区、合肥经开区、合肥出口加工区)和4个省级开发区(肥东经开区、肥西经开区、包河经开区、蜀山经开区),环绕合肥市主城区,形成多组团、圈层状、嵌入式、紧凑型、绿色化的空间布局。发展定位是全国创新驱动发展样板区、长江经济带高品质美丽城区示范区、长三角高质量发展重要增长极和内陆对外开放新高地。《中共安徽省委关于制定国民经济和社会发展第十四个五年规划和二○三五年远景目标的建议》也明确提出,聚力创建合肥滨湖科学城,积极创建国家级科学城[3]。显然,合肥滨湖科学城既依托于合肥综合性国家科学中心,又内含着合肥综合性国家科学中心,既便于科技创新策源成果的就地高端转化应用,又可为合肥综合性国家科学中心

面向世界科技前沿、面向经济主战场、面向国家战略需求、面向人民生命健康,提供科技创新策源的发展方向和重大选题。这样,就会大大缩短我国在科技创新方面从跟跑向并跑乃至领跑跨越的时间,也会大大提升科技创新策源地的现实和未来战略价值。

我国目前的4个国家综合科学中心,合肥和张江两个在长三角地区,体现了长三角地区在我国科技创新策源地布局的重要地位和作用。为落实党的十九届五中全会关于"强化国家战略科技力量"的战略部署,安徽应携手上海"两心共创",共建国家科技自立自强先导区。主要是从高端合作入手打造科技创新策源地,以"两心共创"带动合肥滨湖科学城建设,探索构建科技创新策源地与创新成果就地高端转化应用双向反馈的合肥模式,通过建设大科学装置和国家实验室,集聚国内外创新资源,汇集高层次人才和科研机构,推进重大基础前沿科学研究、关键核心技术突破和系统集成创新,辐射带动全省科技创新,在更高的起点上构建系统、完备、高效的科技创新体系,推进科技创新的快速转化应用,既满足国家的战略需求,又为安徽深度参与长三角一体化更高质量的发展培育动力源。

二、实施全面创新驱动战略,推进区域创新共同体全覆盖

中共中央、国务院印发的《长江三角洲区域一体化发展规划纲要》提出"构建区域创新共同体",是以创新驱动长三角一体化更高质量发展的重大举措[1]。安徽不仅要积极参与长三角区域创新共同体建设,还要实施全面创新驱动战略,推进长三角区域创新共同体在安徽全覆盖,多领域、多层次为深度参与长三角高质量一体化发展注入动力源。

长三角区域创新共同体是从建设国家技术创新中心开始的。2020年3月23日,科技部印发《关于推进国家技术创新中心建设的总体方案(暂行)》的通知(国科发区〔2020〕70号),长三角地区积极响应,2020年6月6日,上海、江苏、浙江、安徽一市三省科技部门在浙江湖州签署了《共同创建长三角国家技术创新中心的框架协议》,共同筹建长三角国家技术创新中心,为主动支撑长三角科技创新共同体建设打造引领性平台①。在此基础上,国家科技部积极编制《长三角科技创新共同体建设发展规划》,2020年12月20日,经中央推动长三角一体化发展领导小组

---

① 见2020年6月7日《江苏经济报》报道。

同意,印发了这个规划,从协同提升自主创新能力、构建开放融合的创新生态环境、聚力打造高质量发展先行区、共同推进开放创新等四个方面,对长三角科技创新共同体建设作出发展规划(国科发规〔2020〕352号)[4]。基于沿G60沪昆高速及西北向扩展沿线的松江区、苏州市、嘉兴市、杭州市、湖州市、金华市、宣城市、芜湖市、合肥市等9市区自2016年以来合作共建G60科创走廊,国家科技部牵头编制并于2020年12月26日发布了《长三角G60科创走廊建设方案》,明确长三角G60科创走廊"中国制造迈向中国创造的先进走廊""科技和制度创新双轮驱动的先试走廊""产城融合发展的先行走廊"的战略定位,到2025年形成若干世界级制造业集群。可以说,跨沪苏浙皖G60科创走廊的形成,标志着长三角科技创新共同体正在向区域创新共同体转型发展。

安徽要抓住这个机遇,积极参与长三角科技创新共同体和国家技术创新中心建设,推进区域创新共同体建设在安徽全覆盖。从全省层面看,以共建合肥与张江综合性国家科学中心和G60科创走廊"两心一廊"为重点依托,在16个地级市建设产业创新平台,形成跨市县的区域创新共同体,推进科技成果转化,带动世界级和国家级的产业集群发展;从市县层面看,各市县各扬其长,积极转化应用"两心一廊"的科创和产创成果,主动开展与沪苏浙相关科研机构、高等学校、市县区和产业园的"双创"合作,从市县层面逐步实现长三角区域创新共同体在全省的全覆盖,带动市县区经济的高质量发展。

推进区域创新共同体在安徽全覆盖,必须实施全面创新驱动战略。首先,克服科技创新只是高等学校、科研机构的专业、专利的片面认识,在继续加大高等学校、科研机构创新驱动力度的基础上,进一步支持企业和大众创新,努力使企业特别是民营企业成为创新驱动发展的主体,使大众特别是青年人成为创新驱动发展的强劲力量。实际上,高等学校、科研机构主要承担基础理论和新兴技术的原始创新功能,创新成果向经济社会各领域的推广应用,主要是依靠企业和大众。如今,原始创新成果向技术创新、产业创新转化应用渠道很多,机制也很灵活,那些高校、科研机构少或缺的地区,应打消无法创新的无所作为思想,积极探索创新驱动的新路径。比如,位于皖西北的县级界首市根据产业创新需求,近年来在高等学校、科研机构最为集中的上海成功地兴办了离岸研发中心,借智引智推进了本市的技术创新、产业创新,就是科技资源缺乏地区全面实施创新驱动战略的有效路径。

其次,在继续加大对各类创新主体支持力度的基础上,进一步建设创新驱动公共服务体系,营造鼓励创新的良好环境。为此,要加快推进体制机制改革,坚持以科技创新为核心,以制度创新为保障,着力深化科技及相关领域改革,加大政策支持保障力度,提升科研资金投入占比,推动资金、人才和技术等要素资源向应用创新领域集聚,在更大范围、更高层次上集聚创新要素、释放创新活力。进一步完善区域创新发展政策体系,构建政府多部门联动的体制机制创新生态圈。还要大力弘扬科学家的奉献精神、企业家的创新精神、产业工人的工匠精神和领导干部的担当精神,完善相关激励政策,为"双创""双招双引"提供强有力的保障,以完善的创新驱动公共服务体系、优良的创新创业环境,为全面实施创新驱动战略构筑良好的社会基础。

第三,在继续加大经济领域创新驱动力度的基础上,重视在社会领域、文化领域、环保领域、管理领域等所有领域的创新驱动,形成全社会实施创新驱动发展战略的新局面。随着安徽城镇化水平的提高,应突出城市的创新发展,以推进城市管理智能化为重点,地级市、县级市要积极创造条件构建城市大脑,统筹全城大数据收集、分析和运用,统筹推进城市规划、道路交通、城市管网、园林绿化、城市能源、社会治安、防灾减灾、传染病防治等的智能化管理,提高城市建设和城市治理的现代化水平。县(市)乡镇层面要推进"互联网+政务服务""互联网+社会服务"行动计划,在政务、教育、医疗、文化、体育、社会保障、公共安全、扶贫防返、减灾救灾等公共服务领域,构建统一的网络信息服务体系,以创新办法提供高效便捷的智慧便民惠民服务,推进创新共同体建设扩展到各个领域,深入社会基层。

三、打好关键核心技术攻坚战,提供科技自立自强的战略支撑

当今世界正处于百年未有之大变局,深刻变化的国内外形势对科技创新提出了更加迫切的要求。从国内看,我国已转向高质量发展新阶段,支撑发展的条件正在发生变化,要素成本上升,传统发展动力减弱,科技创新对发展的重要性更为突出。从国际上看,一方面,新一轮科技革命和产业变革加快推进,科技创新作为核心竞争力愈益成为国家之间竞争的焦点;另一方面,国际力量对比正在发生深刻调整,单边主义、保护主义上升,关键核心技术是买不来、要不来的,特别是美国及其铁杆盟国在关键核心技术方面对我国"卡脖子"将是全面的、长期的,也迫使我国要有自己的关键核心技术。在这种形势下，党的十九届五中全会提出，坚持创新在我国现代化建设全局中的核心地位，把科技自立自强作为国家发展的战略支撑[5]。这是党中央基于国内外形势而推出的重要战略举措，为"十四五"和今后一个时期做好科技创新工作指明了前进方向、提供了行动指南。国家科技部编制的"十四五"科技创新规划就明确提出，健全新型举国体制，集中力量打好关键核心技术攻坚战①。安徽扬创新活跃强劲之长，应打好关键核心技术攻坚战，为国家和本省的高质量发展提供科技自立自强的战略支撑。

首先，进一步增强原始创新能力和引领创新的能力。一方面，依托合肥综合性国家科学中心的大科学装置、国家实验室等，聚焦能源、信息、生命、环境等四大领域开展基础性、原始性研究，在核心关键环节取得重要突破，争取在并跑、领跑层面取得世界前沿的创新成果；另一方面，还要支持高校、研究院所的科学家、学者特别是青年人开发"越轨创新"潜力，允许和激励他们按个人专长和学术兴趣潜心开展自主创新研究，实现"从 0 到 1"的突破，争取在领跑层面取得颠覆性的创新成果。安徽尤其是合肥市在这两个方面都有深厚的基础和良好的条件，举国体制下的统筹谋划和自主机制下的个人奋斗相结合，经过不懈的努力，安徽会不断增强原始创新能力和引领创新的能力，为打好关键核心技术攻坚战提供基础性、原创性支撑。

其次，打好关键核心技术攻坚战。主要是聚焦人工智能、量子信息、集成电路、生物医药、先进结构材料等重点领域，瞄准工业"四基"瓶颈制约，实施科技重大专项、重大创新工程攻关等计划，加快突破一批"卡脖子"技术，形成更多的"高峰技术"，打通先进技术转化应用的"最先一公里"②。历史证明，中国人民是智慧的，中国人的脖子不是说卡就能卡住的。比如，在数字时代，数据是战略物资，算力是国与国之间的核心竞争力，"卡脖子"点之一是数据核心技术掌握在美国手里，算力必须从美国购买，但中国航天科工界的几位工程师 2021 年初在 3 天内仅用 30 万元完成的一个"小"项目，用一款特殊的软件，"即插即用"、无缝替换了美国的 Oracle（甲骨文）数据库，用 10 台低端 PC 服务器替换了两台价值上千万的美国小型机，性能提升了 40%，从而打破了大名鼎鼎的"IOE"（美国小型机和 Oracle

① 见 2021 年 1 月 5 日《每日经济新闻》。
② 见《安徽省人民政府关于 2021 年重点工作及责任分解的通知》，2021 年 2 月 23 日。

数据库)技术垄断,科研人员称之为是世界首创的"逃生舱技术"①。安徽省政府已制定了科技创新"攻尖"计划,并逐年动态扩容升级,仅 2021 年就围绕突破一批"卡脖子"关键技术和共性基础技术难题,开展 500 项左右科技重大专项和重点研发计划项目。如此坚持下去,关键核心技术攻坚战会不断取得新成果,提升企业和产业的技术自主自强能力。

第三,深化与沪苏浙在关键核心技术攻坚方面的全面合作。主要是积极参与长三角科技创新共同体和国家技术创新中心建设,瞄定关键核心技术,集沪苏浙皖之优势共同攻坚,成果共享。在近期,可在长三角 G60 科创走廊起步,以培育和发展具有国际竞争力的世界级制造业集群为重点,以产业联盟为依托,联合相关企业和高等学校、科研院所,对关键核心技术合作攻坚,总会获得预期成效。此外,更要加强省内在关键核心技术攻坚方面的深度合作,以国家实验室、合肥综合性国家科学中心、合肥滨湖科学城、合芜蚌国家自主创新示范区、全面创新改革试验省为"五个一"创新主平台,对关键核心技术联合攻坚,以国家实验室为内核、以合肥综合性国家科学中心为基石、以合肥滨湖科学城为载体、以合芜蚌国家自主创新示范区为外延、以全面创新改革试验省建设为网络,推进科技创新共同体全覆盖,为更多市县、更多企业攻克关键核心技术难题提供帮助。

四、激发人才创新活力,培育集聚人才"强磁场"

习近平总书记深刻而生动地指出:"硬实力、软实力,归根到底要靠人才实力"[2]。安徽扬创新活跃强劲之长,在共建长三角科技创新共同体中培育高质量发展动力源,在科技自立自强的国家战略中作出安徽的时代贡献,就要牢固确立人才引领发展的战略地位,全面聚集人才,着力夯实创新发展人才基础,激发人才创新活力,培育集聚人才"强磁场"。

改革开放以来,特别是进入 21 世纪以来,安徽人才队伍快速增长,到 2019 年,全省人才总量达 901.2 万人,其中专业技术人才 414.6 万,高层次人才 26.7 万人,产业领军人才 2058 人。但另一方面,安徽的人才流失也很严重,导致全省人才不足,特别是科技领军人才匮乏。由表 6-2 可以看出,2019 年全省常住人口占全国的 4.54%,但规模以上工业企业 R&D 人员全时当量仅占全国的 3.95%,高校专任

---

① 穆森:《中国人脖子不是说卡就能卡住的》,2021 年 3 月 22 日《环球时报》。

教师总量只占全国的 3.58%，国内三项专利授权量也只占全国的 3.34%，都低于人口占全国之比，这从总体上反映出安徽人才不足问题（见表 6-2）。

表 6-2　反映安徽人才总量在全国地位几个数据对比表（2019 年）

指标	总量	在全国位次	在全国占比（%）
常住人口（万人）	6366	8	4.54
规模上工业企业 R&D 人员全时当量（人年）	124491	8	3.95
高校专任教师（万人）	62374	13	3.58
国内三项专利授权量（件）	82524	9	3.34
技术市场成交额（亿元）	449.07	13	2.01
每千人口卫生人员（人）	2.17	30	全国 2.77
地区生产总值（亿元）	37114	11	3.75

注：据全国人口"七普"调查公报，2020 年安徽常住人口 6102.7 万，占全国 4.32%，居全国第 9 位。

资料来源：国家统计局《中国统计年鉴　2020》，中国统计出版社 2020 年版。

针对这个问题，安徽省也采取了许多积极措施，如实施江淮英才计划，制定江淮人才政策，推进深化编制周转池、首席科学家、股权期权激励、人才团队创新创业基金等制度建设，制定海外引才工作新机制，构建充分体现知识、技术等创新要素价值的收益分配机制，深化科技成果使用权、处置权、收益权改革，开展赋予科研人员职务科技成果所有权或长期使用权试点。还实施知识更新工程、技能提升行动，壮大高水平工程师和高技能人才队伍，培育"江淮工匠"等。这些政策大多是各省（市）区所通用的，安徽也应继续实施，不过，面对流行全国的"人才大战"，安徽在吸引和集聚人才方面也应扬创新活跃强劲之长，营造"养人、养家、养业"的创新创业生态，培育集聚人才"强磁场"。

营造"养人、养家、养业"的创新创业生态，首先是"养人"，主要是针对那些有志创新但收入水平低的青年人才，以优惠政策吸引他们在最佳年龄阶段创新创业；其次是"养家"，主要是针对那些有家庭负担的中年创新人才，帮助他们解决住房、子女教育和配偶就业问题，解决他们的后顾之忧而使他们能专注于技术创新；第三是"养业"，主要是针对那些有事业抱负的高端人才，他们的价值导向是对专业顶峰的追求,而不是物质待遇,需要营造一流的创新生态,有志同道合、配合默契的研究团队,使他们的技术创新有保障、有前途,就会集聚更多的创新人才。政府与企业、高等学校、科研院所密切配合,积极营造"养人、养家、养业"的环境与条件,合芜蚌在这方面应走在全省前列,通过营造"养人、养家、养业"的创新创业生态培育集聚人才"强磁场",激发人才创新活力,从根本上培育推进更高质量发展的动力源。

第二节　扬制造业特色鲜明之长,打造新兴产业聚集地

安徽形成制造业特色鲜明之长,既是安徽一省发生的大事,又是可以解读我国改革开放后快速崛起的地方"密码";安徽如何扬此之长打造新兴产业聚集地,既是安徽在新时代的重大战略任务,也可以说是我国迈向社会主义现代强国的一个省区缩影。从这两层意义上看,安徽扬制造业特色鲜明之长深度参与长三角一体化发展,是具有时代意义的责任担当。

一、农业大省的工业化之路:"制造强省"突起

安徽是我国的农业大省,中华人民共和国成立后的第一个五年计划我国就开始了社会主义工业化建设,但安徽不是国家工业化重点省份;到改革开放初期,安徽仍然是农业大省,1978年全省工业增加值仅36.26亿元,居全国第18位,只占地区生产总值31.8%,比全国平均水平低12.5个百分点,人均地区生产总值244元,仅相当于全国平均水平的64.4%;工业门类主要是能源开发、金属冶炼、农产品加工及少量的轻工业,制造业能力很弱。1982年党的十二大报告提出到2000年实现小康社会的战略目标,安徽社科理论界受省委的委托研究全省发展战略,首先提出了工业化战略,农业大省开始走上了工业化之路[6],大体走了三大步,"制造强省"的突起形成了特色鲜明的优势。

第一步是从轻工业起步。由于安徽在全国率先实行农业联产承包制,提高了农民收入,对自行车、缝纫机、手表"小三件"的需求很旺,安徽便与上海开展横向合作,在上海的支持下办起了自行车厂、缝纫机厂、手表厂等一批轻工企业;到20世纪80年代末,随着电视机、洗衣机、家用空调"大三件"的需求上升,安徽又靠与

上海企业"贴牌生产"大力发展家电产业，仅仅五六年，安徽家电产量就进入全国前5位。1994年4月26日至5月2日，安徽省经济成果展览会在北京民族文化宫举行，所展出的轻工业产品震惊京华，首都媒体赞誉安徽是"轻工大省"，这个美誉也一直传颂全国。到2010年，安徽洗衣机、家用空调产量居全国第2位，电冰箱产量跃居全国第1位[7]。

第二步是发展装备制造业。20世纪90年代中期以后，汽车开始成为消费热点，安徽抓住了这个热点，外靠与上海合作发展汽车制造业，内靠科技创新打造自主品牌，如合肥江淮汽车制造厂自主开发成功40多种客车专用底盘，形成了"多品种、中高低、短中长、前后置、汽柴油"齐全的系列化产品；芜湖奇瑞汽车制造公司于1997年成功研制出我国第一台自主创新的汽车发动机，是中国汽车关键部件国产化的重大突破。汽车发展又带动了装备制造业的升级，工程矿山机械制造、电工电器制造、机床工具制造、仪器仪表制造、计算机及通信设备制造、农业机械制造、锻压设备、变压器、柴油机等蓬勃发展，涌现了一大批知名品牌，有的产品技术达到全国一流、世界领先水平，产品出口世界70多个国家和地区，机械制造业的上市公司占全省上市公司总数近四分之一，安徽由"轻工大省"又跃升为"制造大省"。

第三步是快速发展高新技术产业和战略性新兴产业。进入21世纪，根据党的十六大提出走新型工业化道路的战略，安徽提出创新驱动战略，部署发展高新技术产业和战略性新兴产业。高新技术产业主要是制造业，2003年省委、省政府提出的"861行动计划"①，把高新技术产业作为重点发展的八大产业之一。到2010年，全省高新技术产业实现增加值1623亿元，占全省工业增加值的30.7%，实现出口额55.75亿美元，占全省出口总额的44.9%。2012年党的十八大以后，又进一步提出发展战略性新兴产业，在合肥、芜湖、滁州、马鞍山等市率先布局，2013年安徽被确定为全国5个国家战略性新兴产业区域集聚发展试点省份之一，逐渐形成规模。为落实"中国制造2025"战略部署，2015年4月25日省政府颁发《关于加快建设战略性新兴产业集聚发展基地的意见》，重点支持新一代电子信

---

① "861行动计划"指：发展加工制造业、原材料产业、化工产业、能源产业、高新技术产业、农产品加工业、旅游业、文化产业等八大重点产业，建设防洪保安工程、交通通达工程、信息工程、生态工程、信用工程、人才工程等六大基础工程，2007年人均GDP超1000美元。

息、先进装备制造、新能源汽车、现代医药、智能家电、现代化工和新材料等7个领域的战略性新兴产业发展,分两批建设了24个战略性新兴产业集聚发展基地,发展势头强劲,形成了新型显示、人工智能、集成电路、新能源汽车、生物医药、先进结构材料等有竞争力的产业集群,人工智能、新型显示产业集群的技术水平已居国内一流、世界领先地位。2018年起,世界制造业大会、世界显示产业大会永久落户合肥。2019年,全省战略性新兴产业产值占规模以上工业产值比重达到35.5%,已进入全国第一方阵,"制造大省"又跃升为"制造强省"[8][9]。

　　安徽走工业化之路由农业大省很快跃升为"制造强省"的鲜明特色,合肥形成的以"芯屏汽合""集终生智"为特色的地标性工业体系最有代表性。具体说来,"芯"是集成电路,"屏"是新型显示,"汽"是新能源汽车,"合"是制造业与服务业、工业互联网融合发展,"集"是集成电路,"终"是智能终端,"生"是生物医药,"智"是人工智能,其中,合肥的新型显示、集成电路、人工智能和铜陵的先进结构材料4个产业集群,首批入选国家战略性新兴产业集群,所取得的成效在国内外都产生了很大影响。如联合国前秘书长潘基文、德国前总理克里斯蒂安·武尔、联合国工业发展组织前总干事卡洛斯·马格里诺斯出席2018世界制造业大会,潘基文感慨地说,"安徽是制造业大省,非常了不起,给我留下了深刻的印象……安徽的电子、汽车工业等发展良好,并且有很好的产业发展政策和经济发展环境,对世界经济发展都有所贡献"。①

　　由上可以看出,安徽制造鲜明特色的形成有三个显著特征:一是坚持以市场为导向,根据市场需求确定产业发展方向,如从生产"小三件"到"大三件",从轻工业到制造业;二是坚持技术进步和创新驱动,如从生产普通产品到高新技术产品,再到发展战略性新兴产业;三是坚持与上海的区域合作,承接上海的产业转移,体现了上海的龙头带动作用。这也表明,安徽扬制造业特色鲜明之长打造新兴产业聚集地,仍需要发挥上海龙头带动作用,在深度参与长三角一体化更高质量发展中开拓新的发展前景。

二、发展数字经济:以智能化提升工业化

　　在新一轮科技革命和产业变革蓬勃发展的新时代,安徽扬制造特色鲜明之长

---

①　见2018年5月28日《安徽日报》报道。

深度参与长三角一体化发展，必须突出发展数字经济，进而带动全省产业结构的全面转型升级，由"制造强省"进一步发展成为"智造强省"，带动安徽进入全国经济强省方阵。

本书第四章第三节已提出，在新时代，安徽深度参与长三角更高质量一体化发展的新路径是走智能化道路，而数字经济则是走智能化道路的主引擎。数字经济是美国学者唐·泰普斯科特（Don Tapscott）于 1996 年在其著作《数字经济：网络智能时代的前景与风险》中首次提出的[10]，直到 2016 年 9 月，《二十国集团数字经济发展与合作倡议》才提出了反映当前世界共识的数字经济定义，即数字经济是指以使用数字化的知识和信息为关键生产要素、以现代信息网络为重要载体、以信息通信技术的有效使用为提升和经济结构优化的重要推动力的一系列经济活动[11]。显然，数字经济有三个基本特征，一是数据成为新的生产要素，二是现代信息网络是重要载体，三是现代信息通信技术成为核心推动力。如今，数据已扩展为"大数据"，现代信息网络已发展为互联网、物联网，现代信息通信技术已升级为新一代信息技术。数字经济的三大基本特征，同样也是智能化的基本特征。进一步看，数字经济由数字产业化和产业数字化两部分构成，而数字产业化的核心是智能产业化，表现为发展新产业、新经济、新业态、新模式，可对经济做"加法"；产业数字化的核心是产业智能化，表现为给现有产业赋能，可对经济做"乘法"。因此，从经济发展的角度看，安徽走智能化道路，必须突出发展数字经济，以数字产业化和产业数字化的程度体现智能化发展的经济成果，以智能化提升工业化，推动全省产业的转型升级，在智能化基础上构建现代产业体系。

长三角地区也是数字经济发达地区，安徽抓住了机遇，以"大（大数据）智（人工智能）移（移动通信）云（云计算）"为牵引的数字经济蓬勃兴起。据中国信通院《中国数字经济发展白皮书（2021 年）》显示，2020 年安徽数字经济增加值达 1.02 万亿元，总量排名全国第 13 位，是中部地区数字经济发展最快的省份，合肥市数字经济规模突破 4000 亿元，居全国城市第 14 位、省会城市第 7 位，并在全国率先启动市级数字经济产业创新试验区建设。适应数字经济的发展趋势，安徽应继续围绕"数字江淮"的建设部署，全面融入"数字长三角"，以发展数字经济作为推动互联网、大数据、人工智能和实体经济深度融合的主引擎，促进数字产业化、产业数字化，培育若干数字经济产业集群，加快新型基础设施建设，为智能化在全省城乡发展提供支撑。

首先,数字产业化发展要坚持"三突出"。一是突出发展电子信息产业,为数字经济发展提供技术支撑。安徽电子信息产业基础好,发展较快,"十三五"期间,全省电子信息制造业规上工业增加值年均增速超过20%,营业收入总量居全国同行业第10位,营收增速居中部地区和长三角地区首位,有条件加快发展,提高对全省经济发展的贡献率。二是突出发展新型显示、集成电路和智能终端三大特色产业,提高在世界市场占有率。目前,合肥新型显示产业基地是国内面板产能最大、产业链最完善、技术水平最先进的产业集群,集成电路已形成从设计、制造、封装和测试,到材料、装备、创新研发平台和人才培养等较完整的产业链条,智能终端也快速增长,全省微型计算机产量居全国第5位,彩色电视机产量居全国第3位,智能手表/手环产品位居全球同类产品出货量前列,这三大特色产业的龙头企业都有自主知识产权的核心竞争力,走向世界市场前景广阔。三是突出软件服务业发展,为数字经济发展提供优质软件服务业。"十三五"期间,安徽软件服务业产业年均增长29.74%,2020年全省行业营业收入1202.2亿元,智能语音、类脑智能创新能力持续增强,涌现出如科大讯飞、华米科技、国盾量子、科大国创等优势企业,其中,以科大讯飞为龙头建成的"中国声谷",2020年入园企业1024家、营业收入达1060亿元。当前,安徽软件服务业处于快速成长期,可进一步扩大在全国和世界市场的软件服务网络。

其次,产业数字化发展要突出"三推进"。一是推进智能制造发展,进一步落实"中国制造2025"战略部署。2017年,安徽省政府提出了《安徽省智能制造工程实施方案(2017—2020年)》,实施以来成效显著,到2020年,全省已认定98个省级智能工厂、472个数字化车间,在机械、钢铁、石化、建材、冶金、汽车等十大领域500多家企业推广应用工业机器人已超过3万台,43个项目成为国家智能制造综合标准化和新模式应用项目、试点示范,今后应进一步推进"制造强省"向"智造强省"的跨越。二是推动企业上云,发展一批线上"枢纽型"平台企业。"十三五"期间,安徽实施"皖企登云"工程,支持企业运用大数据打造新模式新业态,安徽云轨科技、奇瑞汽车、中科类脑等14家企业入选国家大数据产业发展试点示范,培育出三只松鼠食品全产业链协同制造平台、华升泵阀机泵数字化平台、中科美络车联网公共服务平台等一批数字经济创新共享服务联合体。今后,应加快发展线上"枢纽型"平台企业，带动全省产业数字化发展。三是推进工业化与信息化"两化融合"发展及其管理体系建设。到2020年，全省已累计通过"两化融合"贯标评定企业1417家，位居全国第4位。今后，应进一步发展"两化融合"，全面普及"两化融合"管理体系标准，引导企业积极参与"两化融合"对标评估，提升企业数字素养。

第三，新型基础设施建设要在加快5G和工业互联网发展的基础上突出"三统筹"：一是统筹谋划"新基建"与传统基建的顶层设计，加强两者的有机衔接，便于使用时协同发力、优势互补；二是统筹协调"新基建"与传统基建的建设时序与重点，合理配置建设力量，增强协同能力；三是统筹推动"新基建"与传统基建的融合创新发展，推进"新基建"与传统基建的资源共享、空间共用、统筹空间布局和要素连接，充分发挥智能技术的牵动作用，以"新基建"改造提升传统基建的功能，以传统基建为"新基建"提供支撑，提高协同效率。在长三角地区，安徽的5G发展虽然起步不早，但发展较快。如2020年3月省政府印发了《支持5G发展若干政策》，从夯实网络基础、培育产业生态、促进行业应用、优化发展环境四个方面提出了十大措施，2020年全省不仅累计完成5G基站站址建设29415个，还推广5G全域化创新应用，收集5G应用场景100个，涌现出以海螺集团5G+工业互联网项目、马钢5G智慧矿山等为代表的"安徽省5G+工业互联网"十大创新应用案例，受到国家工信部的肯定并在全国推广。今后，安徽应进一步推进5G、工业互联网的融合发展，争创国家数字经济创新发展试验区，以数字经济为主引擎，实现以智能化提升工业化的战略意图，以数字经济的新高地深度参与长三角一体化更高质量发展。

三、融入双循环：走智能化道路，培育具有竞争力的产业集群

安徽扬制造业特色鲜明之长打造新兴产业聚集地，必须有一批具有竞争力的新兴产业集群。本书第三章分近中远期对长三角一体化的发展趋势作了综合研判，提出长三角地区近期会在全国率先融入以国内大循环为主体、国内国际双循环相互促进的新发展格局，安徽作为长三角一体化的重要方面军，应扬制造业特色鲜明之长，在融入双循环中培育一批具有竞争力的制造业和其他领域的产业集群，拓展安徽产业集群融入双循环的范围和领域。

2020年8月20日，习近平总书记在合肥主持召开扎实推进长三角一体化发展座谈会上,提出长三角区域要发挥人才富集、科技水平高、制造业发达、产业链供应链相对完备和市场潜力大等诸多优势,积极探索率先形成新发展格局的路径[12]。对安徽来说,最基本、最重要的路径,是扬制造业特色鲜明之长,走智能化道路,培育具有竞争力的产业集群。

关于培育具有竞争力的产业集群,在安徽很早就受到重视,并组织实施。早在 1997 年深化国有企业改革时,根据党的十五大关于对国有企业实行战略性重组的部署,安徽省委对国有企业实行"抓大放小"的重组方针,"抓大"就是以大型国有企业为龙头组织企业集群,"放小"就是把小型国有企业全部放开。1997 年 9月,省政府下发了《关于组建和发展省级重点企业集团的实施意见》,首批确定了马钢、铜化、海螺、皖能、新集、江淮汽车、美菱、荣事达、古井、叉车、扬子、飞彩等 12家省级重点企业集团①,这些企业集团的主要经济技术指标大都处于全国前 10位,海螺集团还被列为全国百户试点企业集团[13]。进入 21 世纪,企业集团开始向产业集群演变,在传统优势产业、战略性新兴产业、现代服务业领域陆续培育和发展了一批产业集团。特别是"十三五"期间实施"战略性新兴产业集聚发展工程",突出了战略性新兴产业集团的培育,围绕新一代信息技术、智能装备、智能家电、新材料、新能源、汽车和新能源汽车、生物医药、节能环保、现代农业机械、先进轨道交通装备等重点优势产业,进一步培育和发展了一批产业集群②。

"十四五"期间,安徽产业集群进入提质扩量的新阶段。为进一步扬制造业特色鲜明之长,《安徽省国民经济和社会发展第十四个五年规划和 2035 年远景目标纲要》对此作出规划,重点发展新一代信息技术、人工智能、新材料、节能环保、新能源汽车和智能网联汽车、高端装备制造、智能家电、生命健康、绿色食品、数字创意等十大新兴产业集群,其中,新型显示、集成电路、新能源汽车和智能网联汽车、人工智能、智能家电 5 个产业集群进入世界级,还在先进结构材料、化工新材料、生物医药、现代中药、机器人、核心基础零部件、高端装备制造、云计算、网络与信息安全等领域,建设 30 个左右在全国具有较强影响力和竞争力的重大新兴产业基地。并且特别强调这些产业集群要提升竞争力,世界级的产业集群要形成国际

---

① 安徽省人民政府:《关于组建和发展省级重点企业集团的实施意见》(皖政〔1997〕49 号),1997 年 9 月 21 日。

② 安徽省人民政府:《安徽省国民经济和社会发展第十三个五年规划纲要》,2016 年 3 月。

竞争力,深度融入双循环[14]。

强调提升产业集群的竞争力,是在国内外经济发展格局发生新变化的形势下,安徽融入双循环新发展格局的紧迫要求。从国内大循环看,内需是国内大循环的起点,我国当前已进入第四次扩大内需的新高潮,与前三次高潮不同的是,这一次高潮是我国内需已进入向品质升级的新阶段,要求企业和生产经营者提供更加优质的产品和服务,国内大循环的竞争也愈加激烈,在这种形势下,安徽的产业集群融入国内大循环,必须提升产业集群的竞争力。从国际大循环看,由于新一轮科技革命和产业变革的蓬勃发展,加上新冠肺炎蔓延世界的深刻影响,全球产业链供应链已发生深度重组,特别是贸易保护主义抬头等会长期存在,增加了中国产品进入国际市场的难度,更迫使安徽产业集群进入国际大循环需要提高国际竞争力。但是,与沪苏浙及其他发达省市相比,安徽只有个别产业集群具有一定的国际竞争力,其他产业集群的竞争力都普遍不高。比如,国家工信部以"赛马论英雄"方式,对先进制造业集群通过两轮竞赛,2021年3月22日最终确定25个重点支持集群,目标是让它们去冲击"世界冠军",安徽只有合肥智能语音集团1家入围,而上海有集成电路、张江生物医药2家入围,浙江有杭州数字安防、宁波磁性材料、温州乐清电气3家入围,江苏更有南京软件、南京智能电网、苏州纳米材料、无锡物联网、常州新型碳材料和徐州徐工等6家入围①。所以,安徽的产业集群必须加大竞争力的培育力度,带动全省产业更好更多融入双循环。

培育和增强产业集群竞争力的途径很多,从适应世界发展的大趋势看,应走智能化道路,深入推进"+智能",加快智能化因素对各类产业的赋能,提高产业链供应链的现代化水平和稳定性,世界级的战略性新兴产业集群更要瞄准世界前沿,走"换道超车"之路,在关键核心技术上实现从"0到1"的突破,在更多的领域率先迈出"最先一公里",加快"并跑"跨向"领跑",从源头上提高产业链供应链的自主可控性。

从国内外的实践经验看,安徽走智能化道路培育和增强产业集群的竞争力,以产业链供应链为主线,推行产业集群群长制、产业链供应链链长制、产业联盟盟长制"三长制",应是有效措施。"三长制"是长三角G60科创走廊于2019年最先

---

① 工业和信息化部公示先进制造业集群竞赛决赛优胜者名单,见工信部网站,2021年3月22日。

提出的,中共安徽省委在"十四五"规划及2035年的远景目标建议中也特别强调这项措施,部署全省推广[3]。"三长制"的核心是链长制,合肥市在全省率先实行产业链链长负责制,以市委、市政府负责人分头担任链长,牵头研究推动产业链发展各项工作,全面掌握产业链重点企业、重点项目、重点平台、关键共性技术、瓶颈等情况,绘制产业链图、技术路线图、应用领域图、市县分布图,制定产业链发展规划及工作计划,实施科技产业协同创新、产业基础再造、技术改造等重大工程,加大重要产品和关键核心技术攻关力度,协调推进招商引资、项目建设、人才引进、技术创新等重大事项,可以精准帮扶产业链协同发展,在最短时间内补齐产业链供应链短板,提高产业集群融入双循环的竞争力。合肥市实施产业链链长负责制已初见成效,省经济和信息厅已在全省推广,2021年全省发展100个链长制产业集群。今后,会在此基础上进一步完善,由产业链供应链链长制扩大到产业集群群长制、产业联盟盟长制。

需要特别指出的是,链长制要打破局限在一市一地的封闭观念,面向国内国际双循环,着眼于技术进步规划产业链发展与布局,加强与长三角及发达地区的合作,不断提升产业链的现代化水平。

鉴于安徽传统产业在长三角地区的比例最高,钢铁、有色金属、煤电、化工、水泥等传统产业还是安徽的优势产业,应特别重视提升传统优势产业集群的竞争力而更多地融入双循环,而且国内外的经验也表明,提升传统产业集群的竞争力必须推进工业互联网建设。工业互联网通过对人、机、物的全面连接,变革传统产业的发展模式、生产组织方式和产业形态,可及时跨企业、跨行业、跨地区打通产业链供应链的对接,有效提升传统产业集群的竞争力。安徽较早应用5G技术发展工业互联网,到2021年3月,全省已建成国家级工业互联网相关试点示范项目59个,涌现了海螺集团5G+智能工厂升级版、宝武马钢5G智慧矿山智慧料厂、合力叉车5G无人驾驶、科大智能5G+能源物联网、环新集团5G智能工厂等应用案例,这些智能工厂连接5G基站把工人机器人应用到许多生产环节,车间只要几个工人在控制室的LED监视器前适时跟踪各类参数,过去的工人自豪地成为"办公室的职员",对传统产业减少体力劳动、提升竞争力效果尤为显著。为贯彻落实国家工业互联网创新发展行动计划(2021—2023年),长三角地区一市三省通信管理局于2021年3月17日联合成立了"长三角工业互联网标识一体化建设专班",合力推进长三角工业互联网一体化建设,安徽应进一步发展与沪苏浙的合作,站在长三角工业互联网一体化的更大平台上,通过畅通产业链供应链的深化链接,提高传统优势产业的集群竞争力,为更多的传统优势产业融入双循环提供有保障、可持续的工业互联网支撑。

四、强基固本：培育具有发展活力的领军型企业

安徽扬制造业特色鲜明之长培育具有竞争力的产业集群,企业是基础,关键是具有发展活力的产业领军型企业。所谓产业领军型企业,是在技术创新、产品质量、经营管理、市场开拓等方面走在本行业前列,并能带动产业发展的龙头骨干企业,经营理念和发展业绩得到业界公认。在行业发展中涌现的"头部企业"可以承担产业链的链长功能,对保持产业链供应链的稳定性、提升产业链供应链的现代化水平具有关键作用。因此,必须强基固本,把培育具有发展活力的领军型企业,作为安徽培育具有竞争力产业集群的基础性工程。

安徽一向重视产业领军型企业的培育与发展。早在 1997 年对国有企业进行战略性重组时,提出的"抓大"方针就是发展行业领军型企业,首批确定的 12 家省级重点企业,都是各行业的领军型企业。不过,这些企业都是国有企业,而安徽的民营经济也发展很快,在细分市场上涌现了一批领军型企业,显示出强劲的发展活力。进入 21 世纪,特别是党的十八大后,安徽借鉴浙江、江苏、广东、福建、山东等发达省份的先进经验,更加重视在民营企业中培育与发展产业领军型企业。2013 年 2 月,省委、省政府颁发的《关于加快民营经济发展的若干意见》,共 20 条,第 1 条明确提出,在民营经济中"大力培育一批行业领军型企业与企业家"[①]。安徽省徽商发展研究院和中国科学技术大学管理学院积极响应省委号召,在学界、业界和新闻界的支持下,对安徽民营企业中的领军型企业和企业家开展了理论研究和公益性评选,对这些企业家授予"徽商领军人物"荣誉称号,社会反响较大,安徽籍著名学者、清华大学李稻葵教授还出席评选大会并发表讲话,称他从中看到家乡崛起的大好前景。可以说,安徽的民营企业已与国有企业并肩,涌现的领军型企业担当着引领安徽产业集群发展的时代重任。

实践表明,大中型企业是产业集群"头部企业"或产业链链长的来源,评价某

---

① 《中共安徽省委安徽省人民政府关于加快民营经济发展的若干意见》(皖发〔2013〕6 号),2013 年 2 月 5 日。

个省市产业集群的发展能力,可视其大中型企业的数量和质量。表 6-3 是长三角一市三省 2019 年大中型工业企业数、资产利润率、营业收入利润率、全员劳动生产率及与全国平均水平的比较,由表可见,安徽大中型工业的全员劳动生产率已略高于浙江及全国平均水平、营业收入利润率也略高于江苏,作为工业基础并不强的省份,大中型工业发展到这个水平是很不容易的,是安徽作为农业大省走工业化之路而"制造强省"突起的体现,也是进入 21 世纪后发展数字经济以智能化提升工业化的综合成就。但是,与沪苏浙及全国平均水平相比,安徽大中型工业数量偏少,资产利润率、营业收入利润率、全员劳动生产率还有差距,需要进一步发展大中型工业,特别是提升其资产利润率、营业收入利润率、全员劳动生产率,为发展具有竞争力的产业集群打造一批领军型企业,积极培育企业资源。

表 6-3 长三角一市三省大中型工业企业的相关比较(2019 年)

省市	大中型工业企业数（个）	资产利润率（%）	营业收入利润率（%）	全员劳动生产率（万元）
安徽	1407	5.22	6.56	146.28
上海	1169	6.78	7.96	248.81
江苏	5218	6.29	6.48	156.51
浙江	4328	6.65	7.96	134.90
全国	48184	5.47	6.65	146.12

资料来源:国家统计局《中国统计年鉴 2020》,中国统计出版社 2020 年版。

强基固本,培育具有发展活力领军型企业的举措有很多,但最基本又最具普遍适用性的战略举措,是走智能化道路,以智能化因素对各类企业赋能。新一轮科技变革和产业革命所形成的智能化浪潮已席卷全球各类企业,适应这个时代浪潮,企业就会生,也会发展壮大;不适应这个时代浪潮,企业就会衰退、淘汰而至死亡。因为企业内总是存在人和机器的关系,在工业化时代,人要向机器学习,主动适应由机器确定的流水线;而在智能化时代,机器要学习人、适应人,形成人与机器对话的"流水线",这种新型"流水线"既内含着生产力因素,又渗入体制机制因素,企业发展活力的形成也就会发生颠覆性变化。这是新一轮科技变革和产业革命所推动的巨大进步,从这个意义上讲,对企业而言,智能化因素已不仅仅是技术因素,而且还会重塑企业文化、经营理念、管理模式乃至体制机制,是不同类型企业发展活力的重要来源。在网络化、智能化新时代,企业尤其是领军型企业对发展活力要有这样的认识和理解,并真正地在企业中实践。

就安徽而言,推进企业走智能化道路,以智能化因素对各类企业赋能,需要从企业的外部和内部两个方面着手。从企业外部而言,因为智能化是开放、共享的社会性大系统,需要政府协调社会建设,形成智能化的基础设施、技术条件、运行规则、法律法规及相关政策,为企业提供导入智能化因素的外部条件,并且能够适应智能化的发展要求而不断升级。在这方面,安徽已经初步形成了这样的外部条件,"十四五"期间要补短板、抓提升,"与智俱进",省人民政府编制的"十四五"规划及到 2035 年的远景目标纲要,对此已做出了系统的规划,主要有加强新型基础设施建设、增强数字江淮能力、加快数字化发展、全面推进与沪苏浙协同合作、支持企业提升技术创新能力等[14],这些规划应得到认真实施。从企业内部而言,安徽的各类企业,不论从事何类行业,不论规模大小,也不论国有民营,都应提升对企业发展活力的新认识,深刻理解智能化因素已成为企业发展活力的新来源,主动实行"智能+",将智能技术融入企业运营的各个环节,建立从市场分析、产品研发、采购物流、内部生产到销售服务的智能化管理系统,以智能化因素推进企业的效率变革、质量变革、动力变革,提升自身的发展活力。这样,政府、企业、社会密切结合,外部和内部相互融合,以智能化因素对各类企业赋能,就会提升各类企业的发展活力,形成一批"顶天立地"的大企业,培育一批具有安徽特色、创新优势的单打冠军、隐形冠军和独角兽企业。这些企业都有可能成为相关产业的领军型企业,安徽培育具有竞争力的产业集群就会有雄厚的企业资源。比如,国家工信部为支持"专精特新"小企业发展,自 2019 年起在全国每年评定"小巨人"企业,到 2021 年,全国三轮共评定"小巨人"企业 4672 家,安徽入选 229 家,居全国第 8 位,其中,合肥市 61 家,在全国地级及以上城市居第 11 位,在长三角地区仅次于宁波居第 2 位。这些"小巨人"企业都是智能化企业,安徽和合肥市"小巨人"入选企业数进入全国前列,说明安徽的企业界已自觉走智能化道路,主动引入智能化因素对企业赋能,以智能化"强基固本"在安徽正取得显著成效。

第三节　扬生态资源良好之长,建设绿色发展样板区

安徽山川秀丽、生态资源良好,具有自然条件优越和资源禀赋丰厚的独特优势。扬生态资源良好之长,建设绿色发展样板区,是中共中央、国务院在《长江三角洲区域一体化发展规划纲要》中对安徽的新定位,也是安徽作为长三角一体化发展的重要方面军所肩负的战略使命。2020年6月,安徽省委省政府颁发了《关于扎实推进绿色发展着力打造生态文明建设安徽样板实施方案》。如何扬生态资源良好之长、建设绿色发展样板区? 必须以全新的理念认识绿色发展样板区,全省要在生态环境保护、修复的基础上,深度推进生态产业化和产业生态化,探索绿色发展的智能化道路,系统推进绿色发展样板区建设。

一、以全新的理念认识绿色发展样板区建设

绿色发展是习近平总书记在2015年提出的新时代五大新发展理念之一,其科学理念源于"绿水青山就是金山银山"理论,其根本要义是解决好人与自然的和谐共生问题[15]。安徽虽然生态资源良好,但却是自然灾害多发省份,据有关研究机构统计,全省经常发生的自然灾害有气象灾害、生物灾害、环境灾害、土地灾害、地质灾害、事故灾害等6大类32种之多,还有大量的工业污染、生活污染和传染疾病,给全省人民生命财产和经济社会建设事业造成巨大损失,尤其是1991年夏淮河流域发生的百年未遇洪涝灾害,全省受灾面积达4242万亩,占全省耕地近三分之二[16]。

巨大的损失唤起了安徽的减灾意识和可持续发展理念,1995年编制的"九五"规划,就在全国较早地提出实施可持续发展战略;2002年又在全国较早地提出建设生态省,并编制了规划付诸实施。特别是在时任浙江省委书记习近平倡导和财政部支持下,安徽与浙江就解决新安江千岛湖蓝藻异常增殖等问题达成共识,2011年签订了《新安江流域水环境补偿协议》,每年设置5亿元补偿资金,其中中央财政承担3亿元、皖浙两省各出资1亿元,年度水质达到考核标准,浙江拨付给安徽1亿元,否则相反,成为我国跨省流域横向生态补偿的首个试点。三轮试点以来,新安江流域总体水质为优并稳定向好,跨省界断面水质达到地表水环境质

量二类标准,每年向千岛湖输送 60 多亿立方米干净水。2015 年,新安江跨流域生态补偿机制试点入选中央改革办评选的全国十大改革案例。由于上述一系列战略措施,人与自然和谐共生问题在安徽逐渐得到缓解,为安徽推进绿色发展奠定了一定的社会基础。

正因如此,绿色发展已引起全社会的关注,更受到党中央的高度重视,特别是 2015 年 10 月党的十八届五中全会把绿色发展与创新发展、协调发展、开放发展、共享发展作为完整的新发展理念,纳入我国"十三五"规划纲要的重要指导思想,安徽切身体会到绿色发展的重要性,因而认真践行,2017 年 4 月制定了"安徽省绿色发展行动实施方案",明确了加快构建绿色生态屏障、突出抓好重点领域污染防治、大力发展绿色循环低碳经济、健全资源有偿使用和生态补偿机制、完善环境保护体制机制等五项重点任务。"十三五"期间安徽的绿色发展成效显著,主要是污染防治攻坚战阶段性目标顺利实现,生态环境质量大幅改善,空气质量优良天数比例达到有监测记录以来历史最好水平,长江流域水质达到国家考核以来最好水平。2020 年,全省 $PM_{2.5}$ 平均浓度下降 25%,空气质量优良天数比率 82.9%,城市黑臭水体基本消除,森林覆盖率 30.22%。沿江岸线按 1 公里、5 公里、15 公里的"1515"三级管控有序实施,水清岸绿产业优、美丽长江(安徽)经济带建设深入推进,成为共抓大保护、不搞大开发的生动实践。淮河(安徽)生态经济带、环巢湖生态示范区、新安江—千岛湖生态补偿试验区、合肥骆岗生态公园建设全面推进,成功创建全国首个林长制改革示范区,河(湖)长制逐步完善。能源供给结构大幅优化,可再生能源生产和使用快速增长,非化石能源消费比重达到 8.4%,比 2015 年提高 4.2 个百分点。全省生态环境显著改善,人民满意率首超九成。2020 年 8 月,习近平总书记到安徽视察马鞍山市薛家洼生态公园和合肥巢湖沿岸十八联圩时,对马鞍山市的矿山塌陷区生态修复和巢湖污染治理表示肯定,对马鞍山市提出做长三角的"杭嘉湖""白菜心"的要求,希望合肥市把巢湖做成自己靓丽的名片。安徽绿色发展取得的成就,为建设绿色发展样板区奠定了良好的基础。

当前,长三角地区绿色发展正在向深度延伸,沪苏浙在许多方面都走在全国前列,沪苏浙合作共建的长三角绿色一体化发展示范区也顺利开局。在这种形势下安徽要建设绿色发展样板区,是一个非常艰巨的战略任务,必须扬生态资源良好之长,以全新的理念认识绿色发展样板区建设。

首先,随着时代的发展,绿色发展的广度会不断拓宽,涉及面会越来越广。一方面,广泛践行"绿水青山就是金山银山"理念,生态环境保护、开发、修复的空间范围会不断扩展,使更多的绿水变成流动的"白银",更多的青山变成搬不走的"金山",增强生态产品的供给能力,为绿色发展提供必要的支持条件。另一方面,全社会各领域都要绿色发展,如产业领域要绿色发展,绿色农庄、绿色工厂、绿色商场等会不断增多,社会事业要绿色发展,绿色学校、绿色医院、绿色机关乃至绿色家庭等都会逐渐普及。国家"十四五"及 2035 年远景目标规划纲要,就明确提出"十四五"期间要"推动我国经济社会发展全面绿色转型"[17]。这样,扩大人与自然和谐共生的广度,便成为绿色发展的必然趋势。

其次,随着社会进步,绿色发展的深度会不断拓展,各方面的要求会越来越高。从世界范围看,应对气候变化是摆在全世界各国政府和人民面前的共同挑战,我国作为负责任的发展中大国,以建设人类命运共同体为宗旨,为积极应对气候变化,已向全世界承诺,到 2030 年实现"碳达峰",2060 年实现"碳中和",不仅会对与碳排放有关的领域提出更加严格的要求,还需要再进一步完善生态文明领域统筹协调机制、法律法规、政策体系等,我国的绿色发展必然会向深度推进。从国内情况看,中国共产党坚持以人民为中心的根本宗旨,把人民对美好生活的向往作为奋斗目标,按照党的十九大对实现"中国梦"第二个百年目标的战略安排,到 2035 年第一阶段的奋斗目标是基本实现社会主义现代化,到那时,人均国内生产总值达到中等发达国家水平,广泛形成绿色生产生活方式,人民生活更加美好,生态环境根本好转,美丽中国建设目标基本实现。这就意味着,我国在 2020 年全面建成小康社会后,人民生活的品质会逐年提升,而优良的生态环境是人民的公共福祉,人民群众对提升生活品质的诉求,也必然要求绿色发展向深度推进。

第三,作为绿色发展的样板区,要具有样板的规范性、可复制性,随着绿色发展广度的拓宽和深度的拓展,样板区的标杆尺度会提高。2021 年 2 月 21 日,中央全面深化改革委员会第十八次会议通过了《关于建立健全生态产品价值实现机制的意见》,说明我国的绿色发展已进入生态产品价值实现的新阶段,对绿色发展样板区建设提出了更高的要求。"生态产品"是我国首创的新概念,"生态产品价值转化"是有中国特色的机制,关系人类与自然关系的重构,可从制度层面解决好人与自然的和谐共生问题,是构成生态文明的重要基石,实现绿色发展的要义。从我国绿色发展的需要看，绿色发展样板区至少要在生态环境的保护修复和生态产品价值实现两个方面，提供具有规范性、可复制性的标杆，这对安徽来说，是时代性的挑战。从生态环境的保护修复方面看，虽然已取得显著成效，但"绿水青山"转化为"金山银山"的范围和路径还有待拓宽；从生态产品价值实现方面看，虽然新安江跨省流域横向生态补偿的全国首个试点取得成功，但与生态产品价值实现的差距还很大，因为安徽不是生态产品价值实现的试点省份，在这方面还难以提供规范性、可复制的样板模式。因此，安徽扬生态资源良好之长、建设绿色发展样板区，还要进行多方面的艰辛探索。

由上可见，绿色发展作为反映人与自然和谐共生要义的科学理念，是解决好人与自然和谐共生问题的指引。由于时代发展和社会进步，人与自然和谐共生总会出现新的问题需要解决，解决新的问题需要有新的理念，绿色发展理念会不断更新，必须以解决新问题为导向，赋予绿色发展以全新的理念。安徽扬生态资源良好之长建设绿色发展样板区，应以绿色发展的全新理念，认识和建设绿色发展样板区，为建设绿色长三角、美丽中国做出安徽的新贡献。

二、以"三转两化"为主线建设绿色发展样板区

（一）问题的提出

绿色发展是"绿色+发展"，绿色是基础，源于优良的生态环境；发展是目的，体现生态环境的价值。为了巩固绿色发展的基础，就要保护生产环境，以维护生态系统的稳定，使山水林田湖草作为自然生命共同体的生态系统，保持其天然的自组织、自维持、自调控、自优化功能。为了体现生态环境的价值，人类就要遵循自然发展规律、经济发展规律和社会发展规律的客观要求，合理开发利用自然资源，使"绿水青山就是金山银山"；当开发利用一旦损伤了生态环境，超出其自身承载力，就要及时进行完整的修复，以维护生态系统的质量，使作为自然生命共同体的生态系统保持健康状态，亦即中国人常言的"留得青山在，不愁没柴烧"。可以说，这些都是绿色发展样板区应达到的基本标准。

但是，当前安徽的状况是，不仅"绿水青山就是金山银山"的效果没有得到充分体现，而且，生态环境在不同地区受到了不同程度的损伤，生态系统处于"亚健康"状态，有时处于不同程度的"病态"，甚至严重的"病态"。比如，安徽前一阶段发展很快，生态环境保护没有跟上发展的步伐，欠账过多，出现了开发和保护的矛

盾,有的矛盾还较突出,反映出安徽生态系统尚处于"亚健康"状态。

一般而言,反映一个省区的开发和保护矛盾程度,可以该省区的常住人口和GDP分别占全国的比例为两个基准比例,与相应的生态环境保护指标占全国的比例作比较,若这个比例高于一个基准比例,则反映在该指标上的开发和保护出现了矛盾,状况严重;若高于两个基准比例,则反映在该指标上的开发和保护矛盾突出,状况很严重;若高出的项目越多,或高出的值越高,则说明该省区的开发和保护矛盾程度严重或很突出。按照这个方法进行对比,对安徽2019年的11个主要指标进行比较,结果列为表6-4。

表6-4 安徽相关生态环境保护指标情况及程度分析表(2019年)

指标	数额	占全国比	程度①
基准比例		【1】人口占全国 4.55%	
		【2】GDP 占全国 3.75%	
耕地面积(万平方公里)	5.8668	4.36%	严重②
水资源总量(亿立方米)	539.87	1.86%	很严重
废水排放总量(万吨)③	233838	3.34%	严重
其中:化学需氧量(万吨)	49.59	4.86%	很严重
氨氮(万吨)	5.76	4.13%	严重
氮氧化合物(万吨)③	49	3.89%	严重
烟(粉)尘(万吨)③	28.08	3.53%	严重
工业固体废物产生量(万吨)③	12002	3.62%	严重
化肥施用量(万吨)	298	5.51%	很严重
农作物受灾面积(万公顷)	96.8	4.97%	很严重
森林病害发生面积(万公顷)	31.63	3.90	严重

注:①超过一个基准的为严重,超过两个基准的为很严重。②为逆向指标。③为2017年数据。

资料来源:国家统计局《中国统计年鉴 2020》,中国统计出版社2020年版。

由表6-4可见,11个指标与基准比例的比较,有7个指标状况严重,4个指标状况很严重,说明安徽资源开发和保护的矛盾较大,生态系统处于"亚健康"状态。从资源总量看,安徽土地、水资源总量占全国的比例都低于人口占全国的比例,人均土地、水资源拥有量低，特别是 2019 年水资源总量虽居全国第 15 位，但人均水资源拥有量 850.9 立方米，居全国第 22 位，只有全国平均水平的 40.96%，这就从总量上导致了开发与保护之间的矛盾。从资源开发质量看，由于安徽资源利用效率较低，加重了开发与保护之间的矛盾，特别是工业中的废水排放化学需氧量达 49.59 万吨，居全国第 6 位，农业中的化肥施用量 298 万吨，居全国第 3 位，反映出开发与保护之间的矛盾很突出。在不少地区，雾霾天气多发，农村垃圾污染、城镇垃圾围城及河道水体黑臭现象较为突出，是生态系统处于"亚健康"状态甚至"病态"的具体表现，这些都给安徽建设绿色发展示范区增加了难度。从这个量化分析可以得出这样的结论：安徽虽然拥有生态资源良好之长，但开发和保护的矛盾还比较突出。生态资源良好与开发和保护矛盾同时存在，是安徽建设绿色发展样板区面临的基本问题。

（二）如何以"三转两化"为主线建设绿色发展样板区

1. 以"三转两化"为主线的绿色发展样板区建设思路

基于以上分析得出的结论，安徽建设绿色发展样板区的思路应是，认真践行"绿水青山就是金山银山"理论，扬安徽生态资源良好之长，以全新的理念认识绿色发展，在继续加强生态环境保护的基础上，以"三转两化"为主线建设绿色发展样板区。

所谓"三转"，就是认真践行"绿水青山就是金山银山"理论，以生态产品的价值实现为中心，推进生态资源转为生态资产、生态资产转为生态资本、生态资本转为"金山银山"，形成资源、资产、资本转化的制度安排和机制创新，最大限度地提升生态资源的经济社会生态效益。所谓"两化"，就是在"三转"中科学推进生态产业化、产业生态化，实现高质量、可持续的绿色发展。显然，"三转两化"可成为安徽赋予全新理念的绿色发展样板区建设主线。

关于生态环境的保护，在中共安徽省委十届九次会议 2019 年 7 月 15 日通过的《安徽省实施长江三角洲区域一体化发展规划纲要行动计划》，以及省人大十三届四次会议 2021 年 2 月 1 日通过的省政府编制的《安徽省国民经济和社会发展第十四个五年规划和 2035 年远景目标纲要》，都有系统和详细的部署，本书不再重复，但今后面临的新问题需要深入探讨，主要是如何以增加优质生态产品和农产品的供给为目的，以"三转两化"为主线推进绿色发展样板区建设。

2. 以生态产品价值实现为中心深入推进"三转"

推进生态资源转为生态资产、生态资产转为生态资本、生态资本转为"金山银山"，是将产权理论与管理方法运用于生态资源的开发利用领域，使生态资源具有产权属性，把生态资源转化为生态产品，按照经济规律进行投入产出管理，以生态产品价值实现为中心，对生态产品的价值发现、价值评估、价值变现的连续运作过程，构成了生态产品价值实现机制。推进"三转"的基础是生态产品的价值评估，关键是生态产品的价值变现，这是个完全崭新的课题，也是安徽省建设绿色发展样板区需要解决的难点问题。

为践行"绿水青山就是金山银山"理论，"十三五"期间我国开始进行生态产品价值实现机制试点。根据国家的统一部署，选择浙江、江西、贵州、青海、福建、海南六个省和浙江丽水、江西抚州两个地级市开展这项试点，已取得了初步成效。安徽虽然不是试点省，但为建设绿色发展样板区，应学习试点地区的成功做法，在本省已开展的新安江流域、某些生态功能区及森林、湿地、地表水断面、空气环境质量生态补偿的基础上，通过"三转"积极探索构建生态产品的价值实现机制。

按大类划分，生态产品有三种类型，应针对不同的生态产品特征、功能，探索构建不同的生态产品价值实现机制。

一是供生产和生活消费的物质供给类生态产品，如农水畜禽产品、农作物秸秆、林产品、淡水、燃料等，可用市场化的办法构建生态产品价值实现机制。

二是文化和健康服务类的生态产品，如自然景观、空气、水质、气候、阳光、自然遗产等，这类生态产品有的可以通过生态产业化方式，用市场化的办法构建生态产品价值实现机制，有的需要对生态产品进行价值评估，用生态补偿等另外的方式构建生态产品价值实现机制。

三是生态调节和生命支持类的生态产品，如属于生态屏障、气候调节、水文调节、水土保持、疾病控制、物种多样性保护等生态系统，需要建立"保护者获利""受益者付费""破坏者赔偿"的生态补偿机制，使其生态价值得以实现。

构建生态产品价值实现机制，首先要对生态产品价值进行评估。我国对生态产品价值的评估，使用的评价指标是自然对人类福祉贡献指标，即生态系统生产总值（Gross Eco System Product，缩写为 GEP），旨在建立一套与国内生产总值（GDP）相对应、能够衡量生态良好的统计与核算体系。我国首个建立生态系统生产总值（GEP）机制的，是北京大学环境科学院与亿利公益基金会（EF）于 2013 年 2 月 25 日在内蒙古库布其沙漠实施的项目，该项目是亿利集团在 5000 多平方公里沙漠 20 年总投入 100 多亿元使之变成了绿洲，如果沿用 GDP 核算，产出只有 3.2 亿元，而用 GEP 核算，总价值高达 305.91 亿元，其综合效益包括遏制了刮向北京的沙尘暴，在一定程度上恢复了库布其沙漠的生物多样性，如出现了"大面积厘米级"的土壤迹象，以及大量的野生动物。GEP 首个实施项目创造几百亿福祉的生态价值，满足了人们对享受良好生态环境的需求，一提出就引起了国内外高度关注，正在探索与国民经济统计和核算体系接轨，争取获得国际社会接受。目前在六省两市开展的生态产品价值实现机制试点，使用的也是 GEP。如浙江省在丽水试点经验基础上，于 2020 年 10 月发布我国首部省级《生态系统生产总值（GEP）核算技术规范陆域生态系统》，涵盖了生态产品功能量核算方法、生态产品功能量定价方法等十个部分①。江苏省也于 2020 年 9 月发布了"南京市高淳区生态系统生产总值（GEP）核算标准体系"，是全国首个县域 GEP 核算体系，通过初步核算，2019 年高淳区生态系统生产总值为 1575 亿元，是全区当年 GDP 的 3.4 倍左右，人均 GEP 约为 34 万元②。GEP 核算反映了生态产品的价值和"两山"理论的应用成果，人们清晰认识到"一山一水一草一木"对区域生态系统的作用。安徽省也可借鉴浙江和江苏的经验，选择一个县或一个市辖区乃至一个地级市，试点建立生态系统生产总值（GEP）机制，为推进"三转"提供价值核算依据。

　　生态产品的价值得以科学评估，重要的是使生态产品的价值得以实现，国家开展生态产品价值实现机制试点的六省两市，对此也进行了有益的探索。如浙江省丽水市是山多林广的欠发达地区，抓住开展生态产品价值实现机制试点市的机遇，在构建起生态系统生产总值（GEP）核算体系基础上，又建立健全了生态产品价值转化政策体系，实施几年来成效显著，成为浙江省绿色发展先进市。首先，以"市场建设"强化"原动力"，在市、县层面组建"两山银行"服务平台，负责生态产品的运营管理和市场交易，在乡（镇）层面培育"两山公司"，作为市场主体参与生态产品交易；其次，以"金融创新"强化"驱动力"，推出与生态产品价值核算、生态信用评价挂钩的"生态贷""两山贷"等生态金融产品，政府还设立"生态基金"，重

---

① 见 2020 年 10 月 28 日《光明日报》报道。
② 见中国日报网 2020 年 9 月 22 日报道。

点投资生态产业培育等重大项目建设;第三,以"信用激励"强化"续航力",建立涵盖个人、企业、行政村为主体的生态信用制度体系,基于个人生态信用积分推出了"信易行""信易游""信易购"等10大类53项激励应用场景;第四,以"品牌培育"强化"支撑力",培育以"丽水山耕""丽水山居""丽水山景"为核心的地域特色公用品牌,如"丽水山耕"2020年销售额突破106亿元,平均溢价率30%,"丽水山居"成为全国首个由地级市注册成功的民宿区域公用品牌,"丽水山景"品牌引领发展全域旅游,截至2020年12月成功创建4A级景区镇31个、3A级景区村99个①。

安徽也以新安江流域开展我国首个跨省流域生态补偿机制试点为契机,先在黄山市的局部地区对生态资源转为生态资产、生态资产转为生态资本、生态资本转为"金山银山"的"三转",进行了初步的探索和实践。如2016年,新安江源头的休宁县流口村干部群众自发建立了第一个"垃圾兑换超市",收集农户家中的废弃物兑换油、盐、酱、醋、牙膏、洗衣粉等生活用品,改变农村群众乱丢乱扔等陋习,保持村庄干净整洁。如今,这个"垃圾兑换超市"已演变升级成140个"生态美超市",垃圾分类也从"政府推着走"变成"村民主动干",是初级形式的"三转"机制②。今后,安徽应借鉴学习丽水等国家试点省市的经验,选择有条件的市县对"三转"进行试点,取得经验后再推广,以生态产品价值实现为中心深入推进"三转",把绿色发展推向深入。

3. 以"绿水青山就是金山银山"为目标广泛推进"两化"

习近平总书记2018年5月18日在全国生态环境保护会议上的讲话指出:我国"必须加快建立健全以生态价值观念为准则的生态文化体系,以产业生态化和生态产业化为主体的生态产业体系"。安徽建设绿色发展样板区,应以"绿水青山就是金山银山"为目标,广泛推进生态产业化和产业生态化,扬生态资源良好之长,构建具有安徽特色的生态产业体系。

(1)生态产业化

所谓"生态产业化",是以生态资源为起点的"三转",即从当地实际出发,立足生态资源优势,在生态保护的基础上,把生态条件转化为发展资源,把生态资源转化为

---

① 见丽水市政府网,2021年1月18日。

② 见2019年11月13日《安徽日报》记者郑莉的报道。

生态产品,把具有优势的生态资源转化为生态产业,在发展中保护、在保护中发展,形成生态保护与生态价值实现的良性循环,实现绿水青山就是金山银山,实现生态美与百姓富的统一。安徽生态资源良好,生态产业化有着广阔的发展前景。

浙江省安吉县是习近平总书记"两山"理论产生之地,该县山清水秀,拥有生态资源良好之长。2005 年 8 月,时任浙江省委书记的习近平到该县考察时指出,如果能够把这些生态环境优势转化为生态农业、生态工业、生态旅游等生态经济的优势,那么绿水青山也就变成了金山银山。从此,安吉立足生态资源优势,找准适于当地发展的生态产业,成功探索出"绿水青山"变成"金山银山"的"三转"路子,"十三五"期间,地区生产总值和财政总收入增速分别比浙江全省高 1.4 和 4.5 个百分点,一个县就有 5 个上市公司,从浙江的一个欠发达县跃升为全国百强县、全国首批国家创新型县、全国首批全域旅游示范区,农业现代化综合发展水平走在全省前列①。

全国各地的经验表明,"绿水青山"变成"金山银山"的"三转",关键是找准路径,福建省地级南平市首创的"生态银行"也是成功的例子。南平市地处闽北山区和著名的武夷山旅游景区腹地,2017 年 12 月市委市政府为推进生态产业化,着手建设"生态银行",即借鉴商业银行分散化输入和集中式输出的模式,通过对碎片化生态资源的集中化收储和规模化整治,转换成集中连片优质高效的资产包,并导入产业,委托有实力的专业化运营商运营,从而将生态资源转变成资产和资本,实现综合效益最大化②。这个过程类似于银行的功能,因而称之为"生态银行",实际并非金融机构,而是自然资源运营管理平台,很好地解决了走"三转"之路的"桥"的问题,使绿水青山变成金山银山成为可能,是生态产品价值实现的机制创新。

实际上,安徽在改革开放初期,就是从黄山开始走生态产业化之路的。1979 年 7 月 10 日至 16 日,邓小平视察和游览著名风景区黄山,对安徽省委提出,"要有点雄心壮志,把黄山的牌子打出去"③。从此,安徽扬黄山独特风景和徽州文化之

---

① 见安吉县政府网:2021 年县政府工作报告。
② 见中国经济网 2021 年 2 月 22 日。
③ 中共安徽省委党史办公室编:《中共安徽省历史大事记（ 1949—1999 ）》,安徽人民出版社 2002 年版。

长,把黄山建成了国际生态文化旅游胜地,就是生态产业化发展的成功典型。如今,生态文化旅游已遍及全省各地,2019 年文化产业和旅游业占全省 GDP 比重分别达 4.52%和 5.47%,均高于全国平均水平,旅游业 GDP 已跨过支柱产业的门槛,发展势头强劲。但是,生态产业化的"产业"面很广,并不仅仅是文旅产业,还有生态康养、生态食品、生态农业、生态林业、生态工业、生态建筑、生态交通、生态金融、生态教育、生态文化、生态科普等生态产业,还包括运用绿色生态理念和先进生态技术培育发展起来的新型产业,以及传统产业中经过生态化改造后符合生态文明理念和要求的各类新兴产业,而这些产业安徽都发展不足,需要进一步扬生态资源良好之长,发展多门类的生态产业。不过,多门类生态产业的发展需要有多样化的新产品、新技术、新模式、新业态,搭建多种过"路"的"桥",这样的"路"和"桥"安徽都不足,需要更新理念、探索创新,开拓生态产业化的广阔前景。

（2）产业生态化

所谓"产业生态化",是以产业为起点的绿色发展,按照"绿色、循环、低碳"产业发展要求,或是采用节能低碳环保技术改造传统产业,或是利用先进生态技术发展新兴产业,并在不同产业、企业之间建立循环经济生态链,构建资源利用率高、能耗低、排放少、生态效益好的现代产业体系,实现产业的绿色循环低碳发展。在这方面,安徽同全国一样积极探索、实践,发展也很好。面临新时代的新课题,安徽应突出以下三个重点,深度推进产业生态化。

首先,加快推进传统产业的生态化改造。煤电、钢铁、有色、石化、汽车、建材等传统产业是安徽的支柱产业,对这些传统支柱产业的生态化改造,是安徽产业生态化的发展重点。实际上,早在 20 世纪 90 年代,安徽在对这些产业进行技术改造时就特别强调提高效益,其中就包括提高环境效益,实际上是对传统产业的生态化改造;21 世纪以来更加强调节能减排,对传统产业的生态化改造力度加大,并作为约束性硬指标加以考核,传统产业生态化改造的效果不断提升。特别是安徽在传统产业领域发展循环经济起步较早,铜陵有色金属集团控股有限公司和铜陵市双双成为全国循环经济发展示范单位,通过发展循环经济对传统产业的生态化改造更有深度。2013 年 1 月 23 日国务院颁发《循环经济发展战略及近期行动计划》以后,安徽对循环经济由点上示范向面上铺开发展,按照减量化、再利用、资源化和减量优先的原则,对传统产业改造存量、优化增量,全面进行循环化改造,生态化改造在所有传统产业铺开,某些方面已走在全国前列。总结以往的经验,需要按照提升产业生态效率的标准,对传统产业的生态化改造进行重新设计和统筹安排,进一步优化原料和产品结构与布局,加大传统产业的技术改造和装备更新力度,鼓励创新,淘汰、改造落后的工艺和设备,从严要求清洁生产,强化污染控制和废弃物资源化,特别要利用高新技术、先进适用技术和信息技术改造传统产业,提高产业自动化、数字化和非物质化水平。发挥大企业对传统产业生态化改造的示范带动作用,引导中小企业走"专、精、特、新"的发展路子,提高资源产出率,提高产业配套水平,推动产品向系列化、品牌化、高端化发展,在传统产业的生态化改造方面,成为绿色发展样板区。

第二,实现新兴产业发展全流程生态化。安徽是我国新兴产业发展较快的省份之一,并形成集群化发展趋势。"十四五"期间,规划实施战略性新兴产业集群建设工程,重点发展新一代信息技术、人工智能、新材料、节能环保、新能源汽车和智能网联汽车、高端装备制造、智能家电、生命健康、绿色食品、数字创意十大新兴产业,培育新型显示、集成电路、新能源汽车和智能网联汽车、人工智能、智能家电5个世界级战略性新兴产业集群,建设先进结构材料、化工新材料、生物医药、现代中药、机器人、核心基础零部件、高端装备制造、云计算、网络与信息安全等30个左右在全国具有较强影响力和竞争力的重大新兴产业基地,争取更多基地跻身国家级战略性新兴产业集群。[1] 新兴产业因为"新",一开始就应走产业生态化发展之路,对单个企业而言,也可能容易做到生态化,但集群化后,生态化就有可能会出现薄弱环节。为避免出现这种问题,应将"生态+"理念融入新兴产业集群建设的全过程、全领域,实现新兴产业发展全流程生态化。特别要加强集群企业在产品设计、生产工艺、产品分销、原料和设备采购、运营维护和回收处置利用全过程的生态化,构建以企业为主体、以市场为导向的绿色技术生态创新体系,实施有利于推动新兴产业发展全流程生态化的价格、财税、投资等政策,探索建立生产者生态责任延伸制度,以生态化实现程度为依据,对每个新兴产业集群和产业基地实施竞争性淘汰机制,以机制和政策保障新兴产业发展全流程的生态化。

第三,全面建设生态工业园。以经济开发区的生态化转型为重点,在企业乃

---

[1]　见《安徽省国民经济和社会发展第十四个五年规划和 2035 年远景目标纲要》。

至行业之间建立循环经济生态链,在广度和深度上推进产业生态化。从某种意义上讲,产业生态化在实质上是产业链的生态化,而产业链的形成是跨企业甚至是跨行业的,有生命力、可持续的产业生态化,也必然是以循环经济生态链作为基础性支撑。通过多年来的布局优化和结构调整,安徽的工业企业已基本布局在各类经济开发区,每个开发区又形成若干以关联企业为主体的功能区,为建立循环经济生态链创造了条件。近年来,安徽在开发区广泛推进循环化改造,一些开发区在此基础上又向前迈进了一步,初步构建起循环经济生态链,推进了产业生态化的广度和深度。比如,合肥高新技术开发区制定项目绿色准入标准,通过开展"加、减、乘(城)、除"四项措施,积极培育循环经济生态链,"加"法即增加生态环保基础设施建设项目,提升园区环境治理能力;"减"法即鼓励企业采用先进适用的生产技术和工艺,实现对全过程污染控制和末端减排,降低资源消耗和污染物排放量;"乘(城)"法即开展产城融合综合设计,建立基于生产、生活、生态"三生"融合的发展格局;"除"法即制定园区环境准入负面清单,对问题企业和项目制定关停搬迁计划,提高园区项目准入的环境"门槛"要求。通过几年的努力,关联企业间已形成了循环经济生态链,无论是广度还是深度,都推进了企业生态化发展,2017年成功获批中西部首批、安徽省首家"国家生态工业示范园区",在生态环境部、科技部、商务部联合开展的2018年度11个国家生态工业示范园区复查评估中,合肥高新技术产业开发区获评"优秀"等级。① 安徽应总结和推广合肥高新技术开发区的经验,以经济开发区的生态化转型为重点,在企业乃至行业之间建立循环经济生态链,推进产业生态化向广度和深度发展。

三、把碳达峰碳中和纳入全省生态文明建设

中共中央、国务院早在2015年4月25日就颁发了《关于加快推进生态文明建设的意见》,生态文明自此就成为中国特色社会主义建设久久为功的战略任务。生态文明建设涉及面很广,是对绿色发展的导向。2021年3月15日,习近平总书记在主持中央财经委员会第九次会议上提出,要把碳达峰碳中和纳入生态文明建设整体布局。安徽建设绿色发展样板区,要从省情出发,把碳达峰碳中和纳入全省的生态文明建设之中,在生产生活方式的绿色转型升级方面争取突破。

---

① 见2017年11月9日《新安晚报》。

　　气候变化是当今世界人们最为关切的话题,为应对气候变化,世界150多个国家和欧盟于2015年12月12日在气候变化巴黎大会上通过《巴黎协定》,长期目标是把全球平均气温升幅控制在工业化前水平以上低于2摄氏度以内,并努力将温度上升幅度控制在工业化前水平1.5摄氏度以内[18]。中国国家主席习近平2016年9月3日同美国总统奥巴马、联合国秘书长潘基文在杭州G20峰会共同出席气候变化《巴黎协定》批准文书交存仪式,2020年9月在联合国75届大会上提出中国在2030年实现碳达峰、2060年实现碳中和。我国随即制定碳排放达峰规划和行动方案,几年来已取得很大进展。主要是突出节能减排,成效显著。实际上,我国自2012年开始就广泛开展节能减排,从2012年至2019年,我国单位国内生产总值能耗累计降低24.4%,以能源消费年均2.8%的增长,支撑了国民经济年均7%的增长。2019年的能源消费总量,煤炭消费占比为57.7%,比2012年降低10.8个百分点,天然气、水电、核电、风电等清洁能源消费量占比为23.4%,比2012年提高8.9个百分点;非化石能源占能源消费总量比重达15.3%,比2012年提高5.6个百分点,已提前完成到2020年非化石能源消费比重达到15%左右的目标,是能源利用效率提升最快的国家。但是,我国作为世界第二大经济体,也是世界上最大的能源消费国,推进碳达峰碳中和的任务紧迫。而长三角地区是我国温室气体排放量很大的地区,实现碳达峰碳中和目标的步伐应该更快些;安徽由于产业结构偏重,温室气体排放多,应率先把碳达峰碳中和纳入全省生态文明建设,形成具有安徽特色的绿色发展样板区。

　　首先,进一步调整和优化能源生产和使用结构。因为引起气候变化的主要原因是大量使用石化能源,致使以碳为主体的温室气体排放量增长过快,尽快减少温室气体排放量已成为全世界的共识,并且达成了《巴黎协定》。中国认真执行《巴黎协定》,很早就开始节能减排,也是能源利用效率提升最快的国家,把节能减排作为我国应对气候变化、推进绿色发展的长期战略任务。安徽在国家的统一部署下,省政府于2017年8月制定了"十三五"节能减排实施方案①,把工业领域的节能减排作为重点,优化产业和能源结构目标都已实现,在"十三五"期间,全省单位GDP能耗累计降低16%,以3.4%的能源消费年均增速,支持7.3%的GDP年均

----

　　① 《安徽省人民政府关于印发"十三五"节能减排实施方案的通知》,2017年8月2日。

增速,2020 年,规模以上工业企业单位增加值能耗下降 18%,能源"双控"目标评价考核连续 5 年受到国家通报表扬。但是,由于安徽产业结构仍然偏重,煤炭消费占能源消费总量的比例仍高于全国平均水平,节能减排仍有很大空间,而且,要求所有产业领域节能减排,具有倒逼产业生态化的作用,因此,为应对气候变化,进一步节能减排,调整和优化能源生产和使用结构,应成为安徽产业发展生态化的首要任务。

其次,各类产业和企业,尤其是工业和工业企业的发展,都应考虑到气候变化的影响,自觉地把降低温室气体排放量作为产业和企业发展的社会责任。从理论上讲,各类传统经济学理论(包括宏观经济学、微观经济学、国际经济学、产业经济学、发展经济学等),都是从研究人类的经济行为及其成果分配的科学规律出发,关注消费者之间、企业之间、消费者与企业之间、产业之间、部门之间、地区之间和国家之间的经济关系,但却忽视了对产业和企业经济行为与自然资源和自然环境关系的研究,认为自然资源是用之不竭、取之不尽的,对产业界和企业界的影响根深蒂固,尽管资源经济学和环境经济学校正了各类传统经济学理论的这个不足,但产业界和企业界在很多情况下认为这与自己无关,应对气候变化是政府的事、未来的事,自己没有这个社会责任,出现了认识上的偏差。从实践上看,许多企业或是出于资金和利润的考虑,或者出于市场竞争的需要,并不主动去减少温室气体排放,以致出现"公共牧场悲剧",政府只能通过收取排污费或罚款加以控制,最好的结果是控制了温室气体排放量,但并不能使企业积极推进产业生态化。安徽的基本情况是,大企业和高技术企业、战略性新兴企业已经开始重视产业发展向生态化转型,并且取得明显的成效,如海螺集团、马钢公司、铜陵有色等"铜墙铁壁"传统产业,以及制造业、战略性新兴产业领域的大企业,但许多中小企业却做不到,致使全省工业领域的产业生态化发展较慢。因此,引导、鼓励、支持企业主动推进产业生态化发展,应成为安徽各级政府、各类企业应对气候变化共同的社会责任。

第三,推动居民生活方式的绿色转型,减少社会温室气体排放。把碳达峰碳中和纳入全省生态文明建设整体布局,推动居民生活方式的绿色转型,形成人与自然和谐协调的绿色生活方式。随着我国绿色发展的深入推进,绿色产品正广泛进入大众生活,绿色穿戴、健康饮食、绿色居住、绿色出行等正在成为社会主流消费风尚。为满足适应日益增长的绿色消费需求,政府和社会要增加绿色产品供给,为居民形成绿色生活方式创造客观条件。由于交通和公共机构是温室气体的主要来源,从碳达峰碳中和的紧迫要求看,应重点发展绿色交通和绿色建筑,建设绿色学校、绿色医院、绿色机关、绿色公共场所,使人们生活在绿色环境之中。安徽很早就注重绿色交通和绿色建筑建设,在绿色交通方面,省政府在 2014 年 4 月就下发了《关于大力倡导绿色低碳出行的指导意见》,主要是在城市部署发展公共交通、公共自行车和慢行系统①;以后,又大力发展和使用新能源汽车,芜湖的奇瑞集团是我国最早研制生产新能源汽车的大企业,年产量居全国前列,全省的社会新能源汽车使用量每年都有增长,2019 年全省已超过 10 万辆,城市公交新能源汽车使用量已超过 20%。在绿色建筑方面,据省住房和城乡建设厅的资料显示,2020 年全省绿色建筑占新建民用建筑面积比例已达 65%,装配式建筑占新建建筑比例已达 18%,具备太阳能利用条件的新建建筑,基本采用太阳能热水系统与建筑一体化的技术设计、同步建设;全省已建成一批省级装配式建筑产业基地,为绿色建筑发展提供技术支撑,还计划在公共机构开展碳中和试点,规定新建、改建、扩建建筑面积在 1 万平方米以上的公共建筑,应当利用不少于 1 种的可再生能源②。今后,应总结试点成功经验向市县和全社会推广,减少社会的温室气体排放。此外,还要引导人民群众树立绿色发展、共建共享的理念,使绿色消费、绿色出行、绿色居住成为人们的自觉行动,日月积累,自觉地养成绿色生活方式,让人们在充分享受绿色发展所带来的便利和舒适的同时,在绿色发展方面自觉履行公民应尽的责任和义务,使人与自然的良性循环上升为"良心循环"。这样,既能保障人的消费需求多样性和人性的丰富性,又能使广大民众以环保、节俭、健康的方式生活,实现人与自然的和谐,促进人的身心和谐与人的全面发展。

四、走智能化道路建设绿色发展样板区

安徽尽管有生态资源优良之长,但要建设绿色发展样板区,还有很多难点和障碍需要突破,必须更新观念、创新思路,运用新一轮科技革命和产业变革的最新成果突破各种难点和障碍,走智能化道路建设绿色发展样板区,以数字化增势赋

---

① 《安徽省人民政府办公厅关于大力倡导绿色低碳出行的指导意见》(皖政办〔2014〕41 号),2014 年 4 月 16 日。

② 何珂:《"安徽建造"加速"减碳"》,2021 年 4 月 8 日《工商导报》。

能推动绿色发展。从当前国内外的成功经验和未来发展趋势看,安徽应着重从以下几个方面积极探索智能化道路,建设绿色发展样板区。

首先,运用大数据构建 GEP 核算体系,为生态资源"三转"提供可量化的科学方法支持。前已指出,科学践行"绿水青山就是金山银山"理论,要以生态产品的价值实现为中心,推进生态资源转为生态资产、生态资产转为生态资本、生态资本转为"金山银山",形成资源、资产、资本转化的制度安排和机制创新,最大限度地提升生态资源的经济社会生态效益。显然,"三转"的基础是生态产品的价值核算,即要客观准确地计算出生态系统生产总值(GEP)。过去,人们对 GEP 的核算是不准确的,也是生态产品的价值核算体系在我国乃至世界难以建立的重要原因。如今有了大数据分析,可从科学方法上解决这个难题,使构建 GEP 核算体系成为可能。比如,北京大学环境科学院与亿利公益基金会(EF) 2013 年在内蒙古库布其沙漠实施的 GEP 核算项目,以及浙江省 2020 年发布的我国首部省级《生态系统生产总值(GEP)核算技术规范陆域生态系统》和江苏省于 2020 年发布的我国首部县级"南京市高淳区生态系统生产总值(GEP)核算标准体系",都是运用大数据分析而成功建立的,为生态资源转为生态资产、生态资产转为生态资本、生态资本转为"金山银山"而构建"三转"制度和机制创新提供了科学方法支持,使生态产品价值实现和补偿成为可能。安徽建设绿色发展样板区,也要运用大数据分析方法开展生态产品的价值核算,而大数据分析是智能化的基础性科学分析方法,说明安徽要建设绿色发展样板区,从一开始就要走智能化道路。

第二,以智能化推进产业生态化,为产业的绿色发展开拓新路、快路。产业生态化是按照"绿色、低碳、循环"发展要求,采用先进技术改造传统产业、发展新兴产业而推进产业转型升级的复杂过程,而智能化技术是当代最先进的技术,会高效推进传统产业的生态化改造,快速发展新兴产业,开拓产业生态化发展的新路、快路。实践表明,运用智能化技术对传统产业进行生态化改造,产出多、发展快、效益好、用料省,真正做到"多、快、好、省",而安徽的传统产业多,并且又是支柱产业、优势产业,这些产业既要发展、又要转型,最科学可行的办法就是广泛运用智能化技术,对这些产业进行生态化改造,开拓传统优势产业绿色发展的新路。大量的实践也表明,运用智能化技术发展新兴产业,可以从研发、生产到销售的全流程实现生态化,并且通过产业链供应链的连接、扩展,带动相关产业的绿色化发展,是新兴产业发展的快路。安徽科教资源较为丰富,又有创新活力强劲之长,以智能化推进新兴产业发展前景广阔。特别是智能化可以快速培育和发展新经济,而这些"新经济"基本上都是第三产业,这样,智能化推进新经济的发展,又会开拓产业绿色化发展的新领域,优化产业结构。比如,我国从 2013 年以来第三产业占国民生产总值的比例逐年上升,重要原因是智能化推进了新经济的发展。2020年,安徽省第三产业占国民生产总值的比例为 51.5%,低于全国平均水平 3 个百分点,更低于沪苏浙的水平,因此,安徽更需要走智能化道路发展新经济和第三产业,为产业绿色发展开辟新领域。

第三,以智能化技术促碳达峰碳中和,为应对气候变化做出新贡献。我国到 2030 年碳达峰、2060 年碳中和,已对世界做出承诺,是必须实现的战略任务,而安徽省由于产业结构偏重,实现碳达峰碳中和的目标任务艰巨,也必须走智能化道路,广泛运用智能化技术促碳达峰碳中和。碳达峰碳中和的首要任务是节能减排,安徽的节能减排任务也比较重,但近年来积极运用智能化技术对高能耗企业和产业进行生态化改造,节能减排的效果很明显,确保了全省每年都能完成国家下达的节能减排目标任务。此外,大量的实践也表明,无论是在调整和优化能源生产和使用结构方面,还是在企业和产业层面的绿色化发展方面,以及居民生活方式的绿色转型等方面,智能化技术的运用都能不同程度地减少碳排放和温室气体,在碳捕捉、碳储存、碳汇交易等方面,更需要运用智能化理念和技术,才能取得更好效果。比如,宣城市在工业快速发展中尽量降低碳排放,同时发挥森林资源丰富的优势,已在探索碳汇交易,2021 年初见成效的是,该市旌德县庙首林场按照国家温室气体自愿减排项目(CCER)标准开发碳汇造林项目,开发出林业碳汇 10331 吨;在该市的司尔特肥业股份有限公司以 14.57 万元购买其 3036 吨二氧化碳排放权,成为安徽省首单林业碳汇,是落实碳达峰碳中和任务的新突破。值得注意的是,近年来我国以互联网行业为代表的新经济快速增长,而互联网耗能大,这些新经济会成为新的能耗大户。根据国网能源研究院的资料,2020 年全国大型及以上数据中心的总机架数达 498 万个,预计 2025 年上升到 802 万个,能耗也会快速增长。根据中国电子节能技术协会的数据,中国数据中心的耗电量已连续 8 年增速超 12%,2020 年总耗电量达到 2962 亿 kWh,对实现我国碳达峰碳中和的目标任务是新的挑战①。解决这些新问题,仍然要运用智能化技术,以特高压引领中国能源互联网建设,发展智能发电、智能储能、智能用电、智能能源市场,实行智能电网调度,统筹发展与减排,加快清洁能源的大规模开发和广泛使用,在能源生产消费各环节、碳排放各领域,对煤、油、气等化石能源进行全方位深度替代,以能源体系"零碳革命"加快全社会碳减排,实现我国碳达峰、碳中和目标。安徽正在加快建设"数字江淮",数据中心也发展很快,更需要运用智能化技术解决互联网新经济发展的能耗平衡问题,为应对气候变化做出安徽的新贡献。

第四,以智能化为企业绿色发展增势赋能。新兴产业的企业进行生态化转型实现绿色发展,企业大多能做得到,但传统产业的企业和其他产业的小型企业,往往存在着"不敢转""不愿转""不会转"等问题,而这类企业正是需要绿色发展。安徽的这类企业又比较多,解决这个难题,仍要走智能化道路,以智能化技术为企业绿色发展增势赋能。在这方面,安徽也有不少成功的例子,如在水泥行业成功的典型有海螺集团,在钢铁行业成功的典型有马鞍山市宝武集团,在有色冶炼行业成功的典型有铜陵有色公司等。业界有这样的断言:传统产业"不拥抱数字化等于灭亡""不绿色发展等于灭亡"。但传统产业运用智能化技术绿色发展要因地制宜、因行制宜,如钢铁、能源等技术相对成熟,完全可以运用智能化技术为企业绿色发展增势赋能,而白酒等工艺相对传统的行业,核心工艺尚未找到合适的绿化转型道路,可以先从管理、物流等环节入手,运用智能化技术提升管理效率,优化供应链等。中小企业存在改造资金不足、基础配套能力不足、创新能力整体偏弱、研发人才资源匮乏等问题,可利用公有云资源解决资金、技术、人才不足短板,以智能化为企业增势赋能,带动绿色发展。所以,国家"十四五"规划和 2035 年远景目标纲要提出实施"上云用数赋智"行动,安徽"十四五"规划和 2035 年远景目标纲要也明确提出发展"数字江淮",智能化为企业绿色发展增势赋能很有发展前景。

---

① 见中国新闻网,2021 年 3 月 19 日。

第四节　扬内陆腹地广阔之长，
建设东中协调发展先行区

安徽省面积14.04万平方公里，占全国国土总面积的1.46%，在31个省、直辖市、自治区中只居第24位；据第七次全国人口普查，2020年全省常住人口6102.7万人，占全国总人口的4.32%，在31个省、直辖市、自治区中居第9位，是我国的地理小省、人口大省。虽然是地理小省，但《长江三角洲区域一体化发展规划纲要》为什么称安徽具有内陆腹地广阔优势？安徽在增加密度、缩短距离、减少分割、公平均等的区域一体化四个维度导入智能化因素基础上，如何扬内陆腹地广阔之长，在推进长三角更高质量一体化中发挥安徽的区域功能作用，是需要深入研究的战略问题。

一、如何认识安徽内陆腹地广阔的优势

安徽为什么具有内陆腹地广阔优势，应从长三角和东中部两个层面加以认识；每个层面又有区位因素和非区位因素。从这样的视角看，历史和现实都表明，安徽不仅具有内陆腹地广阔优势，而且在全国的区域协调发展战略布局中还具有重要的区域价值。

1. 从长三角层面认识安徽内陆腹地广阔的优势

从长三角层面看，安徽在区位上是内陆省份。一方面，国土面积大于江苏、浙江，比江苏省（10.26万平方公里）大3.78万平方公里，比浙江省（10.20万平方公里）大3.84万平方公里，分别是江苏、浙江的1.368倍、1.376倍；另一方面，安徽的人口密度低于江苏、浙江，据全国第七次人口普查资料，安徽省2020年为每平方公里435人，比江苏省（每平方公里826人）少391人，比浙江省（每平方公里633人）少198人，分别是江苏、浙江的52.7%、68.7%。相对于江苏、浙江，安徽国土面积大，人口密度低，不仅在区位方面，在非区位方面也凸显出安徽在长三角具有内陆腹地广阔的优势（见表6-5）。

表 6-5　安徽与苏浙面积、人口及人口密度比较（2020 年）

省份	面积(万平方公里)	常住人口(万人)	人口密度 (人/平方公里)
安徽	14.04	6102.7	435
江苏	10.26	8474.8	826
浙江	10.20	6456.8	633
安徽是江苏	1.368 倍	72.0%	52.7%
安徽是浙江	1.376 倍	94.5%	68.7%

资料来源：国家统计局发布的全国第七次人口普查资料,2021 年 5 月 11 日。

从非区位因素看,安徽在长三角与沪苏浙有着密切的区域关联。一是自然形成的流域关联,主要是长江贯通皖苏沪,淮河贯通皖北苏北,新安江贯通皖南与浙江,长江、淮河与新安江三大水系造就了安徽与沪苏浙自然形成的流域关联。二是由来已久的历史关联,安徽与江苏以及上海在明代同属江南省,是清初康熙六年(1667 年)把江南省析分为江苏、安徽的,而浙江与皖南地区早自东晋时期(317—420 年)起,就多次同属一个行政管辖区,从历史、文化角度看,安徽与苏浙都同属一个大板块,有很多一脉相承之处,形成了由来已久的历史关联。三是逐渐拓展的经济关联,由于安徽资源、劳动力丰富,工业与服务业相对落后,而沪苏浙工业及服务业发达,技术先进,资本较为丰裕,安徽与沪苏浙长期形成了资源互补、产业互补的经济关联,在明清时期,有号称为"中国十大商帮"之首的徽商大批在沪苏浙经商,改革开放以来,安徽有七八百万农民工到沪苏浙打工,沪苏浙有几十万家企业到安徽投资兴业,形成了逐渐拓展的经济关联。四是日益紧密的城市关联,城市是区域的中心,也是区域间相互关联的链接枢纽,由于历史的累积和现实发展的需求,安徽与上海及苏浙城市之间的关联逐渐紧密,既有密切关联的产业链供应链,又有互补互惠的经济技术合作,如今,安徽的不少市县区在沪苏浙都有友好结对市县区,到 2019 年末,安徽 16 个地级市全部成为"长三角城市经济协调会"的成员,城市关联更加紧密。五是国家层面互动发展的战略关联,在中华人民共和国成立初期,安徽与沪苏浙同属中央华东局,在国家战略层面是沪苏浙工业化的能源原材料和农产品供应基地,奠定了安徽与沪苏浙互动发展战略板块的基础,后来尽管有所调整、丰富,但互动发展的战略关联不仅没有改变,而且渐有深化、提升,2014 年后安徽加入长三角,是最高层次的战略关联[19]。

安徽与沪苏浙具有以上五个方面的区域关联,从不同层面提升了安徽在长三角内陆腹地广阔的区域价值:既能促进安徽发展,又能开拓沪苏浙的发展空间。特别是长三角一体化进入更高质量发展的新阶段,上海要建设国际经济、金融、贸易、航运和科技创新"五个中心",江苏要打造具有全球影响力的科技产业创新中心和具有国际竞争力的先进制造业基地,浙江要打造全国数字经济创新高地、对外开放重要枢纽和绿色发展新标杆,安徽拥有广阔的内陆腹地会为沪苏浙的新发展提供优越的地域支撑和空间回旋余地,在长三角整体层面彰显出安徽内涵丰富的相对比较优势区域价值。

2. 从东中部地区层面认识安徽内陆腹地广阔的优势

从东中部地区层面看,安徽作为中部省份,在区位上与中部其他 5 省都是内陆省份,都具有内陆腹地广阔的优势。从面积看,安徽是中部地区最小的省份;从人口密度看,2019 年安徽仅低于河南(每平方公里 577 人),比湖南(每平方公里 327 人)高 126 人,比湖北(每平方公里 319 人)高 134 人,比山西(每平方公里 239 人)高 214 人,比江西(每平方公里 238 人)高 215 人,安徽在中部地区较高的人口密度,从劳动力供给角度提升了安徽在中部地区腹地广阔优势的丰度。加上安徽在长三角也具有内陆腹地广阔的优势,因此,从东中部地区层面看,安徽的内陆腹地广阔优势在东中部地区共存,就更具有区域价值。

从非区位因素看,安徽与中部地区省份之间也有与沪苏浙相同的区域关联性,只不过是关联特点和程度有所不同。一是在流域关联方面,安徽既有长江贯通皖赣鄂湘,又有淮河贯通皖北豫东,长江、淮河两大水系造就了安徽与赣鄂湘豫自然天成的流域关联。二是在历史关联方面,早在战国时期就有楚国横跨鄂皖,道家思想在皖北豫东孕育发展,所以安徽有"吴头楚尾"之称,皖北豫东有"道家之源"之说,明代安徽与江西有过大规模的移民高潮,安徽与鄂湘赣在文化上的历史关联由来已久,并且代代传承,延续至今。三是在经济关联方面,虽然不及与沪苏浙之间的广度和深度,但在贸易流通方面安徽与鄂湘赣历史久远,如早在先秦时期,南有今属湖北的楚国与安徽地区的车船贸易,至今尚存记载这种贸易的"鄂君启节",北有涡河、颍河跨今皖北豫东的车船贸易,亳州一度成为商贾汇集的商都,后虽历尽沧桑,但仍逐渐拓展,特别是郑州、武汉、南昌已成为安徽相邻地区商品集散中心[20]。四是在城市关联方面,无论是小空间尺度的皖赣鄂接壤地带小城镇,还是大空间尺度的皖赣鄂省会城市,相互之间都有经济和文化上的联系,特别是2015年发起的长江中游四省会城市武汉、长沙、南昌、合肥的区域合作活动比较活跃,安徽与中部地区城市间的关联趋向加强。五是在国家层面互动发展的战略关联方面,自2006年中共中央、国务院提出《关于促进中部崛起的若干意见》后,安徽与其他5省的关联上升到中部崛起的国家战略高度,在建设国家粮食生产基地、能源原材料基地、装备制造及高技术产业基地和综合交通运输枢纽的"三基地一枢纽"方面,分工合作,互动发展,加强了中部六省的区域关联。

安徽与鄂赣豫湘的区域关联,既是安徽内陆腹地广阔优势在中部崛起的体现,又强化了中部地区的内陆腹地广阔优势,使安徽成为推进中部崛起的重要方面军。2021年3月30日,中共中央政治局审议通过了《关于新时代推动中部地区高质量发展的指导意见》[21],安徽内陆腹地广阔的优势在中部地区高质量发展中将会得到进一步发挥,与在长三角地区所具有的内陆腹地广阔优势相叠加,更显示出安徽这种优势的独特性和不可替代性。可以预见,安徽发挥好这种优势,在长三角高质量一体化和中部地区高质量发展中,都大有作为,尤其对推进"东中一体协调发展",可发挥先行区的典范作用。

二、中心引领、皖北崛起,推进安徽发展新跨越

安徽加入长三角后,全省经济快速发展,2020年地区生产总值达38681亿元,人均地区生产总值63383元,在全国31个省(市)区中分别跃居第11位、第13位,总量靠前、人均居中,结束了长期以来在全国总量居中、人均居后的后进局面。"十四五"期间安徽在经济总量上可以进入全国第一方阵,"十六五"期间力争人均水平进入全国第一方阵,实现经济发展新跨越,扬内陆腹地广阔之长、深度参与长三角更高质量一体化发展是重要途径。长三角一体化按中心区和非中心区两类区域布局,安徽中部8市为长三角一体化中心区,南北8市为长三角一体化非中心区,安徽扬内陆腹地广阔之长,应突出中心引领,带动皖北崛起,在新时代推进全省发展实现新跨越。

(一)长三角与安徽省一体化中心区的比较分析

区域一体化是有梯度的。在长三角地区,综合考虑区域差异及与核心城市的距离等因素,41个地级及以上城市分为一体化的中心区和非中心区两种类型,中心区有 27 个城市,非中心区有 14 个城市,具体分布及 2019 年主要指标的比较分别见表 6-6、表 6-7。

表 6-6 长三角一体化中心区与非中心区分布

类别	所在省市	城市
中心区	上海	
	江苏	南京、苏州、无锡、常州、南通、镇江、扬州、盐城、泰州
	浙江	杭州、宁波、绍兴、嘉兴、舟山、温州、湖州、金华、台州
	安徽	合肥、芜湖、马鞍山、铜陵、安庆、滁州、池州、宣城
非中心区	江苏	徐州、宿迁、连云港、淮安
	浙江	丽水、衢州
	安徽	蚌埠、淮北、亳州、宿州、阜阳、淮南、六安、黄山

表 6-7 长三角一体化中心区与非中心区主要指标比较 (2019 年)

指标	常住人口 (万人)	面积 (万平方公里)	人口密度 (人/平方公里)	GDP (亿元)	人均 GDP (元)	地均 GDP (万元/平方公里)
长三角	22710	35.8	634	237253	104452	6627
中心区	14055	22.5	624	165800	117963	7369
非中心区	8655	13.3	651	71453	82557	5372
中心区占比	61.89%	62.85%	0.96∶1[①]	69.72%	1.43∶1[①]	1.37∶1[①]

①为中心区与非中心区之比。

资料来源:国家统计局《中国统计年鉴 2020》,中国统计出版社 2020 年版。

由表 6-7 可见,长三角一体化中心区人口占比 61.89%,面积占比 62.85%,GDP 占比 69.72%,人均 GDP 和地均 GDP 分别是非中心区的 1.43 倍和 1.37 倍,但人口密度却低于非中心区和长三角的平均水平。这些指标表明,长三角一体化中心区的发展能力很强,从增加密度、缩短距离、减少分割、公平均等"四维度"视角看,非中心区人口具有向中心区流动和集聚的趋势。

安徽长三角一体化中心区有合肥、芜湖、马鞍山、铜陵、安庆、滁州、池州、宣城等 8 个地级市,非中心区有蚌埠、淮北、亳州、宿州、阜阳、淮南、六安、黄山 8 个地级市,2019 年中心区与非中心区主要指标的比较见表 6-8。

　　由表6-8可见,安徽中心区的各项指标都大大低于长三角中心区。从表面看,是因为安徽非中心区的数量最多,达8个,江苏只有4个,浙江只有2个,实质上是安徽中心区的发展水平和能力都低于江苏、浙江。比如,2019年安徽中心区的人均GDP只接近长三角非中心区的平均水平,地均GDP水平更低,只有长三角非中心区的61.5%,亦即只有六成。但中心区与非中心区的人口密度比为0.79∶1,更需要引导非中心区人口向中心区流动和集聚。

表6-8　安徽省长三角一体化中心区与非中心区主要指标比较（2019年）

指标	常住人口 （万人）	面积 （万平方公里）	人口密度 （人/平方公里）	GDP （亿元）	人均GDP （元）	地均GDP （万元/平方公里）
全省	6365.9	140400	453	37114.0	58496	2643
中心区	2898.5	71953	403	23772.5	82017	3304
非中心区	3467.4	68447	507	13341.5	38477	1949
中心区占比	45.53%	51.25%	0.79∶1[①]	64.05%	2.13∶1[①]	1.70∶1[①]

①为中心区与非中心区之比。

资料来源:安徽省统计局《安徽统计年鉴　2020》,中国统计出版社2020年版。

表6-9　沪苏浙长三角一体化中心区与非中心区主要指标比较（2019年）

指标	常住人口 （万人）	面积 （万平方公里）	人口密度 （人/平方公里）	GDP （亿元）	人均GDP （元）	地均GDP （万元/平方公里）
沪苏浙合计	163441.0	210900	775	200139.0	122453	9190
中心区	11156.5	146347	762	142027.5	127305	9705
非中心区	5187.6	64553	804	58111.5	112020	9002
中心区占比	68.26%	70.33%	0.95∶1[①]	70.96%	1.14∶1[①]	1.08∶1[①]

①为中心区与非中心区之比。

资料来源:国家统计局《中国统计年鉴　2020》,中国统计出版社2020年版。

　　需要指出,长三角的上述指标是包括安徽16个地级市在内的,如果不包括安徽,仅计算沪苏浙长三角一体化中心区与非中心区的主要指标,可以发现,安徽长三角一体化中心区及非中心区各项指标与沪苏浙的差距则更大（见表6-8与表6-9的比较）,特别是人均GDP和地均GDP指标,安徽中心区都低于沪苏浙的非中心区水平,分别只及沪苏浙非中心区的 73.2%、36.7%。安徽地均 GDP 指标大大低于苏浙两省,固然与安徽面积比苏浙大、山区面积更大有关,但是,不能居住的 500 米以上山地占本省面积的比例,安徽为 15.2%,而浙江高达 24.6%(见表6-10),既反映安徽地均 GDP 最低,也说明安徽内陆腹地广阔的优势并未得到很好的发挥。安徽对此应有清醒的认识,增强追赶的紧迫感,特别是在扬内陆腹地广阔之长方面要有新的突破,加快缩小与沪苏浙的差距。

表 6-10　皖浙苏 500 米以上山地面积比较

省份	面积(平方公里)	占本省面积(%)
安徽	21348	15.2
浙江	25027	24.5
江苏	5000	4.9

资料来源:《安徽经济地理》,新华出版社 1986 年版;《浙江经济地理》,新华出版社 1992 年版;《江苏经济地理》,新华出版社 1993 年版。

安徽扬内陆腹地广阔之长,在深度参与长三角一体化中追赶沪苏浙,要从广阔腹地的特征出发寻找新突破。安徽腹地广阔有两个基本特征:一是以淮河为界,南北经济发展水平差距较大,且安徽长三角中心区都集中在淮河之南,非中心区主要分布在淮河之北;二是淮河之南居皖之中的合肥都市圈,经济较发达且腹地广阔,淮河之北的皖北地区经济欠发达也地域广阔。基于这两个基本特征,安徽扬内陆腹地广阔之长追赶沪苏浙的新突破,一是做强和做优合肥都市圈,更好地发挥对全省新跨越的辐射带动作用;二是培育和增强皖北地区后发优势,加快皖北崛起。这样,中心引领、皖北崛起,就能推进安徽发展新跨越,在经济总量和人均水平两个方面进入全国第一方阵。

(二)中心引领:推进合肥都市圈向同城化、国际化战略升级

由表6-7、表6-8、表6-9 看出,2019 年安徽长三角一体化中心区的人均地区生产总值为 82017 元,只与长三角非中心区(82557 元)相当,仅及长三角平均水平(104452 元)的 78.5%,更只有沪苏浙非中心区(112020 元)的 73.2%,差距甚大。因此,在深度参与长三角一体化中扬内陆腹地广阔之长实现安徽发展新跨越,做强做优中心区就更为紧迫。因为中心区肩负着双重区域责任:一是对标对接沪苏浙中心区,加快缩小与沪苏浙中心区的差距;二是辐射带动非中心区,引领

全省深度参与长三角一体化。而要担当这两大区域责任,首先需要做强做优中心区。《中共安徽省委关于制定国民经济和社会发展第十四个五年规划和二〇三五年远景目标的建议》也指出,到 2025 年中心区人均地区生产总值基本达到长三角平均水平[3]。安徽中心区内已形成合肥都市圈,做强做优中心区,主要是做强做优合肥都市圈。因为中心区是地理区,内部不存在协调机制,而都市圈是功能区,内部存在着合作机制。所以,在做强做优合肥都市圈上突破,就能带动中心区做强做优,形成中心引领发展新格局。

合肥都市圈是由 2005 年成立的合肥经济圈经过四次扩容演变而来的,范围包括合肥、六安、淮南、滁州、芜湖、马鞍山、蚌埠 7 个地级市和县级市桐城。2019年区域面积 6.38 万平方公里,常住人口 3081.8 万人,地区生产总值 23367 亿元,财政收入 3440.7 亿元,分别占全省的 45.2%、47.0%、63.0% 和 60.3%,人均地区生产总值 75823 元(折合约 11000 美元),是全省平均水平的 1.29 倍;常住人口城镇化率达 63.2%,高于全省平均水平 7.4 个百分点。经过多年来的发展,合肥都市圈围绕区域一体化已构建起区域合作机制。如已建立了成员城市党政领导会商会议制度,编制了都市圈总体规划和重要专项规划任务,确定了产业合作、交通基础设施、大气污染联防联治等 16 个合作专题;成员城市发改、经信、农业、交通、规划、旅游、招商等对口部门建立定期联席会议制度,谋划具体合作项目。由于成员城市共同努力,区域合作协调机制趋向成熟,规划体系逐步完善,重大基础设施建设对接顺利推进,要素市场一体化建设统筹推进,产业合作互动不断拓展,环境同治联防成效明显,干部人才交流有序开展。这些进展表明,合肥都市圈已进入一体化向同城化战略升级的新阶段。

国内外理论和实践都表明,都市圈迈向成熟,要经历一体化、同城化、国际化三个发展阶段。一体化是区域间在资源禀赋差异基础上分工合作、共同发展的过程,是都市圈形成和引领区域发展的起步和基础;同城化是相邻城市之间形成"1小时通勤圈"而出现同城效应,居民在不同城市间的工作和生活,如处在同一个城市那样便捷,企业在不同城市间的要素配置和分工合作,如处在同一个城市那样高效,是都市圈走向成熟的标志;国际化是城市化地区的人口、资本、商品、技术、信息乃至文化诸要素出现跨国界的往来与交流,不同程度地进入国际大循环,是都市圈由成熟走向强大的标志。在我国,都市圈大多都进入同城化发展阶段,所以,国家发改委于 2019 年 2 月颁发的《关于培育发展现代化都市圈的指导意见》就明确指出,同城化是我国都市圈的发展方向①。把合肥都市圈做强做优,应着力推进合肥都市圈向同城化、国际化战略升级。"十四五"期间,应重点推进向同城化的战略升级,在此基础上推进向国际化的战略升级。

关于向同城化的战略升级,合肥都市圈面临的任务还很艰巨。据安徽省时代战略研究院 2019 年主持的《合肥都市圈引领区域联动发展研究》测算,分别以合肥和芜湖为中心,合肥都市圈 2018 年的同城化程度分别为 0.8043 和 0.7755 （见表 6-11 ）。清华大学中国新型城镇化研究院和北京清华同衡规划设计院 2019 年 3 月 1 日联合发布的《中国都市圈发展报告　2018》,以连通性、流动性、协同性为总体导向,对全国 34 个都市圈分成熟型、发展型、培育型三个层级作出整体评价的结论是:成熟型都市圈有 7 个,发展型都市圈有 16 个,培育型都市圈有 11 个,其中,长三角地区的上海、杭州、南京、宁波都市圈都是成熟型都市圈,而合肥都市圈只是发展型都市圈。因为同城化的基础是一体化,合肥都市圈的同城化程度不高,仍属发展型都市圈,主要原因是一体化还不高,在空间联系、基础设施、市场体系、产业分工协同、公共服务、城乡融合及发展机制等方面,一体化很不平衡,仍存在不少短板。由于合肥都市圈是在一体化还不充分的情况下进入同城化的,"十四五"期间应着重对一体化补短板,在体制机制上继续强化区域合作力度,在思想观念上增强融合意识,从广度和深度上推进一体化向同城化的战略升级。

表 6-11　合肥都市圈 2018 年同城化发展进程得分

指标 得分 城市	空间 联系	产业 结构	基础 设施	市场 发展	公共 服务	环境 保护	城乡 融合	发展 机制	同城化 总得分
合肥	0.0791	0.0892	0.1312	0.0836	0.1152	0.1213	0.083	0.1017	0.8043
芜湖	0.0494	0.0904	0.1312	0.0833	0.1152	0.1213	0.083	0.1017	0.7755

资料来源:安徽省时代战略研究院课题组《合肥都市圈引领区域联动发展研究》,此表由宋盛楠博士测算。

关于向国际化的战略升级,合肥都市圈应与向同城化的战略升级齐头并进,

---

① 国家发改委:发改规划〔2019〕328 号文件,2019 年 2 月 21 日。

争取在"十四五"期间有新的突破。一是扬创新活跃强劲之长,以合肥综合性国家科学中心为主平台,以中国科学技术大学、中国科学院合肥物质研究院等大学大所为主力军,在基础科学研究、重大科技创新等方面不断有所突破,推出更多的世界一流原创性科技新成果,以提高科创策源地的国际影响力,推进合肥都市圈向国际化发展。二是扬制造业特色鲜明之长,深度融入新一轮科技变革和产业革命,抓住全球制造业产业链供应链大重组的机遇融入国际大循环,走智能化道路培育具有竞争力的产业集群,打造新兴产业聚集地,向世界市场扩展优势产业、骨干企业的产品和服务网络,通过提高在国际细分市场的占有率和品牌影响力,推进合肥都市圈向国际化的战略升级。三是着力建设好中国(安徽)自贸区,用足用好自贸区改革自主权,带动对外开放平台建设,高水平建设芜湖港、合肥空港的对外交通枢纽,打造国际一流的营商环境,服务国内需求的升级扩大进口,服务"一带一路"建设,扩大产品、劳务、技术等出口,呼应《区域全面经济伙伴关系协定》(RCEP)成员国的发展需求积极开拓世界次区域市场,以更优质的走出去、更有用的引进来赢得更多国家政府、企业、智库和人民对安徽的关注,以在建设人类命运共同体中作出安徽更多的贡献,推进合肥都市圈向国际化的战略升级。四是在深度参与长三角更高质量一体化发展中,加强与沪苏浙在国际化发展方面的合作,特别是借力长三角世界级城市群的国际化平台,带动合肥都市圈向国际化的战略升级,如在科创方面深化合肥与上海张江两个综合性国家科学中心的协同攻关,在产业方面发展与沪苏浙的优势产业联盟建设,在对外贸易、投资等方面深化与沪苏浙的开放合作等,合肥都市圈都大有作为。可以说,在新的发展形势下,合肥都市圈向国际化战略升级的机会很多,空间很广,也有条件加快向国际化战略升级的推进步伐。

（三）促进皖北承接产业转移集聚区建设

皖北地区包括淮北、亳州、宿州、蚌埠、阜阳、淮南六市,区域面积4.23万平方公里,2019年常住人口2821万人,分别占全省的30.2%和44.3%,人口密度每平方公里667人,如果加上淮河南岸的滁州市定远、凤阳、明光和六安市霍邱四县(市),面积达5.24万平方公里、常住人口达3147.7万人,占全省的比例分别上升到37.3%和49.4%,人口密度每平方公里600人,是安徽内陆腹地广阔在皖北的体现。但皖北地区经济发展相对滞后,应抓住全省加入长三角的机遇,扬腹地广阔之长,主动承接产业转移。按照中共中央、国务院印发的《长江三角洲区域一体化发展规划纲要》部署,重点是建设皖北承接产业转移集聚区[1]。

2019 年 7 月 15 日,中共安徽省委十届九次全会通过的《安徽省实施长江三角洲区域一体化发展规划纲要行动计划》,对建设皖北承接产业转移集聚区做出了部署,提出充分发挥皖北地区粮食主产区、劳动力、煤电资源、消费市场等优势,在保障国家粮食安全的基础上,有序承接产业转移,打造区域高质量发展新的增长极。[22]接着,省政府制定了皖北承接产业转移集聚区建设实施方案,主要是在现有经济开发区的基础上,选一批条件较好的开发区与沪苏浙及本省合肥、芜湖等市开展园区结对合作,建设"6+2+N"产业承接平台,作为集聚区的主要载体。其中,"6"是指皖北 6 市各选择一个园区,即淮北濉溪经开区、亳州高新区、宿州高新区、蚌埠高新区、阜阳合肥现代产业园(阜阳经开区)、淮南高新区;"2"是指 4 个县(市)所在的滁州、六安两个市各选择一个园区,即凤阳经开区、霍邱经开区,作为省级重点推进的承接产业转移平台。"N"是指皖北其他符合条件的园区,根据自身优势和特色承接产业转移。按照这些部署,2020 年就承接了亿元以上在建省外投资项目 1077 个,同比增长 15.93%,实际到位资金 2637.99 亿元,同比增长 11.02%。皖北承接产业转移集聚区建设起步很好,内陆腹地广阔的优势正在释放。

皖北承接产业转移集聚区建设开局的良好势头受到国家发改委的重视。2020 年 9 月 24 日,国家发改委印发《促进皖北承接产业转移集聚区建设的若干政策措施》,对集聚区内重大项目的能源、用地、投资、引进人才、创新平台、基础设施建设和与沪苏浙及本省合肥、芜湖共建合作园区等方面给予政策支持①。可以预计,这些支持政策会促进皖北承接产业转移集聚区的新发展。

为进一步扬皖北地区内陆腹地广阔之长,加快皖北崛起,皖北承接产业转移集聚区建设应沿着两个方向发展:一是推进"6+2+N"产业承接平台特色化发展,形成皖北地区高质量发展新的增长极,二是发挥"6+2+N"产业承接平台的示范作用,带动皖北地区县域经济高质量发展。

关于第一个方向的发展,主要是"6+2+N"产业承接平台,都要着眼于融入国

---

① 见国家发改委:发改地区〔2020〕1499 号文件,2020 年 9 月 24 日。

内国际双循环,以供给侧结构性改革为主线,突出主导、适度多元,聚焦特色、各育优势,培育有竞争力的优势产业,深度融入国内国际相关产业链供应链之中,在市场上扎根,在竞争中发展,增强皖北承接产业转移集聚区的长期持续发展能力。例如,从目前的发展基础和产业前景看,"6+2"产业承接平台应聚焦发展有特色的优势产业,分别是:淮北濉溪经开区聚焦铝基高端金属材料产业,延伸培育高分子材料产业;亳州高新区聚焦现代中药产业,延伸新能源、培育农副产品深加工、医疗器械产业;宿州高新区聚焦云计算产业,延伸培育智能制造、机械加工产业;蚌埠高新区聚焦硅基新材料产业,延伸培育高端装备制造、汽车零配件、电子信息产业;阜阳合肥现代产业园(阜阳经开区)聚焦智能制造产业,延伸培育绿色食品、煤基新材料、电子信息产业;淮南高新区聚焦大数据产业,延伸培育高端装备制造、新型显示产业;凤阳经开区聚焦硅基材料产业,延伸培育农副产品深加工;霍邱经开区聚焦铁基新材料产业,延伸培育矿山机械、农副产品深加工产业。这样,以特色优势产业为支撑,皖北地区就会形成 8 个既持久而又有强劲发展活力的增长极。

关于第二个方向发展,主要是发挥"6+2"产业承接平台的示范作用,带动皖北地区县域经济高质量发展。因为皖北地区地广人多,经济欠发达,仅有 8 个增长极是不够的,而皖北地区的县又多是人口大县、地理大县,县域经济发展潜力很大,应以县域为经济发展的基本空间单元,在"县域突破"上闯出皖北崛起之路,而不能照抄照搬合肥和皖江地区"大工业、大城市"的发展模式。近年来,皖北地区的县域经济发展很快,2019 年经济总量居全省前 20 位的县,皖北地区就有濉溪、太和、怀远、颍上、蒙城、涡阳、萧县、临泉、界首等 9 县(市)。即使未进入前 20 位的县,也形成了各具特色的产业,如灵璧县已形成轴承产业集聚区,产值很快会发展到百亿元;阜南县形成柳编产业集聚区,产品主要出口;利辛县的丝网纱门产业形成特色,很有发展前景。2019 年,皖北地区经济总量占全省的比例为 29.3%,比 2018 年上升了 0.3 个百分点,扭转了自 2000 年以来经济总量占全省比例持续下降的局面,县域经济逐渐做大是重要原因。皖北县域经济虽然逐渐做大,但还不强,主要是受人才、技术条件的约束,县域产业层次较低,而"6+2"承接平台产业层次较高,技术力量较强,应以不同方式推动就近向县域产业园和企业技术外溢、产业带动,促进县域经济发展。显然,这正是皖北承接产业转移集聚区建设的区域意义所在,努力把皖北地区建设成为长三角高质量承接产业转移优选地、中西部地区产业集聚发展样板区、淮河生态经济带产城融合发展先导区、重要的能源和绿色农产品生产加工供应及先进制造业基地。

三、深化与苏浙毗邻地区合作,共建东中部协调发展典范区

改革开放以来,安徽一直重视东向发展,加入长三角后,随着长三角一体化的深入推进,安徽内陆腹地广阔之长愈加凸显,东向发展进入了更深层次,重点在皖东、皖南、皖东北与苏浙毗邻的四个区域板块,合作共建东中部协调发展典范区:一是皖东地区共建南京都市圈,二是宣城市共建"一地六县"长三角之心,三是皖南地区深度融入杭州都市圈,四是皖东北地区深度融入徐州都市圈。这样,扬腹地广阔之长提升毗邻效应,充分体现安徽在长三角更高质量一体化中的区域价值。

（一）皖东共建南京都市圈

包括滁州、马鞍山、芜湖和宣城四个地级市在内的皖东地区,从北西南三个方向与南京市相连,历史上就是南京的广阔腹地,有着悠久、广泛而密切的经济文化联系。江苏省会南京市作为历史文化名城和长三角城市群副中心,对皖东地区有较强的辐射力。1986年,原国家计划委员会提出南京组织跨省经济圈试点,同年成立南京经济区;2000年7月,江苏省提出打造以省会南京为中心的南京都市圈,安徽的滁马芜宣纳入其范围,是全国第一个跨省毗邻地区合作共建的都市圈,发展势头很好。2005年安徽开始建设合肥都市圈,2016年后扩大到滁州、芜湖、马鞍山,发展势头也很好。正因为有这样的良好基础,中共中央、国务院在2019年5月印发的《长江三角洲区域一体化发展规划纲要》中提出,"加强南京都市圈与合肥都市圈协同发展,打造东中部区域协调发展的典范"。2020年4月,国家发改委在《2020年新型城镇化建设和城乡融合发展重点任务》通知中提到,"支持南京等都市圈编制实施发展规划",2021年2月,国家发展改革委复函江苏、安徽两省政府,同意南京都市圈发展规划,成为我国第一个由国家发改委正式批复的都市圈规划。

南京都市圈规划范围包括苏皖两省8个地级市及33个市辖区、县、县级市,面积2.7万平方公里,2019年末常住人口约2000万人。其中,江苏省有20个市辖区、县、县级市,分别是南京的全部11个市辖区,镇江市的京口区、润州区、丹徒区、句容市,扬州市的广陵区、邗江区、江都区、仪征市,淮安市的盱眙县;安徽省有13个市辖区、县、县级市,分别是芜湖市的镜湖区、弋江区、鸠江区,马鞍山市的花山区、雨山区、博望区、和县、当涂县,滁州市的琅琊区、南谯区、来安县、天长市,宣城市的宣州区。规划拓展范围达8个地级市全域及常州市金坛区和溧阳市,总面积6.6万平方公里,2019年末常住人口约3500万人。

南京都市圈的战略定位是"一高地一中心一区一圈",即具有重要影响力的产业创新高地、长江经济带重要的资源配置中心、全国同城化发展样板区和高品质宜居生活圈;空间格局是"一极两区四带多组团","一极"为都市圈龙头南京市,"两区"为宁镇扬和宁马滁两个同城化片区,"四带"分别为东西方向的沪宁合创新服务中枢发展带、沿江方向的绿色智造发展带、南北方向的宁淮宣和宁杭滁两条生态经济发展带,"多组团"则为都市圈内的县城和重点镇。规划分两个阶段目标,第一阶段到2025年,瞄准全国,都市圈同城化建设水平全国领先,人均GDP超过15万元;第二阶段到2035年,瞄准世界,基本建成具有国际影响力的现代化都市圈。

南京都市圈中的安徽芜湖、马鞍山和滁州市3个地级市,同时也是合肥都市圈的成员城市,是全国唯一有部分地区重叠的都市圈,属于真正的共建都市圈。由于安徽又属于中部地区,经济相对欠发达,江苏4个地级市是东部经济发达地区,这种跨省又跨经济发达与相对欠发达地区而共建的都市圈,有条件建成东中部协调发展的典范区。

南京都市圈作为跨省共建都市圈,关键要在跨省共推"同城化"和共建合作机制两个方面做典范,建设东中协调发展典范区。在跨省共推"同城化"方面,既要发挥好地方政府的作用,又要打破行政区界限,以合作共赢、共建共享为原则,"一张图"规划同城化,"一盘棋"建设同城化,以同城化为导向引领和完善"一极两区四带多组团"空间布局。在共建合作机制方面,既要充分发挥政府的合作主体作用,更要充分发挥市场机制的决定性作用,在基础设施、科技创新、产业协作、开放合作、统一市场、公共服务、生态环保和城乡融合等方面,探索建立跨行政区的合作共建机制,深入项目层面构建联动对接机制,及时协商解决规划实施中遇到的重大问题,以合作共建机制确保实现两个阶段的发展目标。目前,滁州市和马鞍山市与南京市毗邻地区已形成了同城化的新型功能区,2021年上半年,两市分别成立了宁滁、宁马省际毗邻地区管理委员会,是融入南京主城区"同城化"发展的管理体制创新,对实现上述目标可以发挥重要作用。另外,安徽进入南京都市圈的芜湖市、马鞍山市和滁州市也是合肥都市圈的主力军,在融入南京都市圈发展中会提高各市的发展水平,本身就是对合肥都市圈建设的重要贡献,也是南京都市圈与合肥都市圈协同发展、合作共建东中协调发展典范区的体现。

（二）宣城共建"一地六县"的"长三角之心"

"一地六县"是指安徽省郎溪县和广德市、江苏省溧阳和宜兴市、浙江省长兴县和安吉县,以及在郎溪县境内的上海光明绿色发展基地(白茅岭农场),是一市三省共同接壤的唯一区域板块,面积约1万平方公里。因为这里是长三角地区的地理中心,被称为"长三角之心"。2020年6月,长三角地区主要领导座谈会决定在"一地六县"共建长三角生态优先绿色发展产业集中合作区,是对在上海青浦区、江苏省苏州市吴江区和浙江省嘉兴市嘉善县"二区一县"共建的长三角生态绿色一体化发展示范区的复制和拓展,面积比后者大4倍,也具有腹地广阔的优势。其中,郎溪县和广德市为宣城所辖,所以,宣城参与长三角一体化发展的一大重要任务,是扬内陆腹地广阔之长,与沪苏浙着力共建"一地六县"的"长三角之心",在生态绿色一体化发展方面成为东中部协调发展的典范区。

"一地六县"长三角生态优先绿色发展产业集中合作区的功能定位是,着力打造在长三角具有重要影响力的"两山"理念转化样板区、新兴产业集中发展区、生态型产城融合先行区、一体化合作发展体制机制试验区、文化旅游休闲康养基地;发展目标是,到2025年成为长三角经济发展最具活力、增长最快的地区之一,到2035年成为长三角更高质量一体化发展的重要标杆之一;整体布局是"1+6+N",其中"1"是依托上海光明集团绿色发展基地建设综合协调的中心服务区,"6"是加快推动六县(市)城区新型城镇化发展,"N"是"一地六县"合作共建的多个产业园区。宣城市在20世纪90年代末率先实施"融入沪苏浙"的东向发展战略,20多年来,郎溪县和广德市特别注重面向沪苏浙招商引资建设经济开发区,已具有一定优势,在共建"一地六县"的"长三角之心"中将大有作为。

郎溪县原是省重点扶持贫困县,原来只在县内埋头苦干,但脱贫效果并不显著。2000年后目光转向沪苏浙,先以整体承接江苏无锡市的压力容器行业为起步建设经济开发区,接着又承接浙江宁波的经编产业,扩大了经济开发区,工业从无到有,县域经济由弱变强,不到 10 年就摘掉了贫困县的帽子,被誉为"郎溪现象",2019 年人均 GDP 在全省 61 个县（市）中上升到第 13 位。到 2020 年末,郎溪经济开发区已有工业企业 410 家,其中 91.7% 的企业来自沪苏浙地区,已进入国家级经开区培育目录。2020 年 6 月,沪苏浙皖提出共建"一地六县"长三角生态优先绿色发展产业集中合作区后,郎溪县将会深度融入长三角一体化的更高质量发展,如很快与上海青浦区达成合作协议,共建青浦郎溪产业园等"园中园",又与上海光明绿色发展基地合作共建绿色农产品服务基地,在芜申运河的定埠港共建装配式建筑、金属加工产业园和临港物流园,在此基础上共建出口加工区。显然,这些合作共建会开拓毗邻地区一体化更高质量发展的新前景。

广德市刚由县改市,一个重要原因是融入沪苏浙增强了经济实力,提升了城镇化水平。广德直到 2002 年还没有像样的经济开发区,当年刚过春节上班的第一天,县委就召开扩大的中心组学习会,主题是研讨广德县的发展战略问题,请来安徽省发展战略研究会的专家共同研讨,最后达成的共识是面向沪苏浙招商引资,抓紧建设经济开发区。于是,县委县政府作出决定,全县上下齐心协力到沪苏浙招商引资,县财力不足,就自筹经济开发区建设的启动资金,很快打开了局面。主要特征是,不仅就近从浙江招商引资办起了经济开发区,而且注重发展高新技术产业,如与江苏省中关村高新技术产业开发区等合作共建电子电路产业园区,聚集了近 60 家相关企业,各项排放标准均优于国家生态环境部的部颁标准,被生态环境部作为"广德模式"在全国同行业进行推广。经济开发区推进了广德县的经济社会发展,2018 年经国务院批准县改市,2019 年人均 GDP 在全省 61 个县（市）中上升到第 9 位。2020 年 6 月沪苏浙皖提出共建"一地六县"长三角生态优先绿色发展产业集中合作区后,又规划建设广德片区,培育发展新能源及新能源汽车、高端装备制造、休闲康养等新兴产业集群,还依托上汽通用汽车研发试验中心、国家机动车产品质检中心两家国际一流汽车试验检测平台,打造"汽车检测+"特色小镇。可以预计,广德市与沪苏浙开展的这些合作共建项目,会推进"一地六县"一体化发展进入更高水平。

（三）黄山融入杭州都市圈

黄山与杭州山水相连、文化相通。黄山市的歙县与杭州市临安、淳安相邻,休宁县与衢州市开化县接壤,天目山把黄山和杭州的臂膀紧紧地挽在一起,发源于黄山市休宁县的新安江是钱塘江、富春江的正源，也是浙江省的入境河流和母亲河。明清时期的徽商沿着新安江水路和徽杭古道东进浙江、走向全国，称雄商界三百年，在杭州就涌现了胡雪岩、张小泉、黄宾虹等一大批徽商和徽文化的杰出代表，更有博大精深的徽州文化与绵延千年的吴越文化交汇融合、历久弥新。历史发展的脉络证明，黄山与杭州同属一个自然地理和经济社会文化板块，建设东中部协调发展典范区有深厚的历史基础。

1979 年 7 月邓小平视察游览黄山时提出"把黄山的牌子打出去"以后，文化旅游成为黄山与杭州共同发展的主导产业，两市的合作越来越密切，黄山市逐步融入杭州都市圈。2011 年起安徽与浙江共同开展新安江流域水环境补偿试点，区域合作进入体制机制创新层面。2014 年 3 月，国务院授权国家发改委批准《皖南国际文化旅游示范区建设发展规划纲要》，黄山市加快了融入杭州都市圈的步伐，而以杭州为核心城市的杭州都市圈作为长三角城市群的主要都市圈，发展活力越来越强劲，辐射带动空间也逐渐扩大。为适应黄山与杭州的共同发展趋势，2018 年 10 月 25 日杭州都市圈第九次市长联席会议上，批准黄山市加入杭州都市圈合作发展协调会，成为杭州都市圈的跨省成员城市，黄山融入杭州都市圈进入了新的发展阶段，成为建设东中部协调发展典范区的重要推进者。

2019 年 7 月 15 日，中共安徽省委十届九次全会通过的《安徽省实施长江三角洲区域一体化发展规划纲要行动计划》，对黄山市提出的发展目标是"美丽中国建设先行区、世界一流旅游目的地、中国优秀传统文化传承创新区"[22]。黄山市融入杭州都市圈后，应按照区域一体化发展要求，在功能定位、空间布局、生态环境、产业发展、基础设施、市场体系、公共服务等方面，主动对接杭州都市圈新一轮规划及相关专项规划，在推进都市圈各城市之间的协调发展、联动发展的基础上，着重从三个方面借力融入杭州都市圈，加快实现这些目标。

第一，借力融入杭州都市圈，把黄山的牌子做亮，建设世界一流旅游目的地。如今，黄山的牌子已经打出去，应进一步把黄山的牌子做亮，而黄山市融入杭州都市圈，会开拓做亮黄山牌子的新空间。因为杭州都市圈不仅有独特的文化旅游资源和发达的文化旅游产业，更有较高的国际化水平，黄山市可以借力杭州都市圈的国际化平台，在文化旅游资源和产业发展上优势互补、强强联合，既可丰富文化旅游的内容，又可提升文化旅游的品质，把黄山的牌子做亮，增强对境外旅游的吸引力,建设具有长三角地域特色的世界一流旅游目的地。为此,最重要的基础性工程是高水平建设都市圈"1 小时交通圈",形成水陆空内通外畅、高效智慧的现代综合交通体系。2019 年 12 月杭黄高铁的开通,杭黄两地通行时间从 3.5 小时缩短至 1.5 小时,把黄山纳入杭州都市圈的"1 小时交通圈",为杭黄两地文化旅游资源的优化配置和文旅产业的强强联合提供了基础性条件。这样,可以进一步联合打造跨界文旅精品、风光廊道、黄金线路,全面提升文化旅游发展质量和国际化水平,加快建设全新黄山、全景黄山、全球黄山,对外建成世界一流旅游目的地,对内建成杭州都市圈的第二居住地。

第二,借力融入杭州都市圈,把黄山"两化"产业做强,建设美丽中国先行示范区。"两化"产业即生态产业化和产业生态化领域的产业,主要是以"绿水青山就是金山银山"为目标推进"两化"产业发展,以"两化"产业为经济基础建设美丽中国先行示范区。因为美丽中国不仅是生态环境美,更要人民生活富、政府财力强,在多山多水地区,把"绿水青山"真正有效地转化为"金山银山"。黄山就是这样的地区,"绿水青山"可谓是天下最美,但当地人民的生活还不是全国最富,当地政府的财力也不是安徽全省最强,如 2019 年黄山的人均 GDP 为 57853 元,仅相当于全国平均水平的 81.6%,在长三角 41 个地级及以上市中居第 32 位;人均地方财政收入 5704.9 元,仅相当于全国平均水平的 79.0%,在长三角 41 个地级及以上市中居第 30 位之后。黄山融入杭州都市圈,应广泛借鉴浙江省践行"两山"理论的经验,在"两化"方面探索美丽中国建设先行区的路子,使黄山的人民更富、市县政府的可支配财力变强,在长三角乃至全国都具有示范价值。实际上,近年来黄山市不仅学习借鉴浙江省的经验,还积极引进杭州都市圈的企业到黄山投资,支持这些企业在"两化"领域发展。如到 2020 年,杭州都市圈投资者在黄山市兴办的企业 300 多家,总投资额超 200 亿元,办得最好的企业大多在"两化"领域有成功探索,发挥了很好的示范带动作用。目前,黄山市正与杭州都市圈的市县共建新安江生态经济示范区,打造以生态旅游、徽文化、大健康、绿色食品等为主导的杭黄绿色产业带。可以预计,黄山借力融入杭州都市圈,以生态产业化、产业生态化打通绿水青山向金山银山的转化之路,将会建成具有"两化"特色的美丽中国先行区。

第三,借力融入杭州都市圈,把徽州文化变活,建设中华优秀传统文化传承创新区。徽州文化是中华文化的地域标本,把徽州文化变活,根本上讲是要继承和弘扬徽州文化的核心价值。江泽民同志在视察黄山时提出要将徽文化"世世代代传下去"，也就是要将徽州文化的核心价值传下去。徽州文化的核心价值是三个关键词：和谐、善治、功效。其中，"和谐"是中华文化的核心价值，"善治"是徽州人运用和谐文化的价值观对地方社会、经济等民间事务的有效治理，"功效"是徽州文化作为支配徽州民间社会思想及行为的价值观，是中华文化务实精神的体现[23]。历史表明，和谐、善治、功效已深入徽州人世世代代的理念之中，引领他们的思想和行为。比如，徽商的经营活动就融进了和谐、善治、功效的价值观，而不是简单的经济思维。历史上杭州都市圈也在徽州文化圈之内，近代以后走在时代风尚的前沿而注重对徽州文化的创新，造就出发达的区域经济，而在对徽州文化的创新方面，黄山地区已滞后于杭州都市圈地区，也是黄山地区的经济发展滞后于杭州都市圈地区的一个重要原因。世界历史已以铁的事实证明，文化虽然是"软实力"，但离不开经济"硬实力"的支撑，如今黄山要建设中华优秀传统文化传承创新区，也离不开有发达经济"硬实力"的支撑。黄山融入杭州都市圈，可借力把黄山的牌子做亮，把黄山"两化"产业做强，建设世界一流旅游目的地、美丽中国建设先行区，会推动对徽州文化的创新和徽州文化核心价值的继承与弘扬，更能够逐渐把黄山经济做强，这样，建设中华优秀传统文化传承创新区就更有保障，也更有时代意义和区域价值。

（四）宿州与淮北融入徐州都市圈

江苏北部的徐州市位于苏皖鲁豫接壤地区，面积 11258 平方公里，2019 年常住人口 882.6 万人，地区生产总值 7151.4 亿元，在长三角 41 个地级及以上城市居第 10 位，徐州经开区居国家级开发区第 18 位。在全国，徐州市是国家级重要的交通要道和新亚欧大陆桥中国段六大中心城市之一；在长三角，徐州市是以工程机械为主的装备制造业、能源、现代农业基地和商贸物流中心、旅游中心；在江苏，徐州市是重要的工商业、金融和对外贸易中心，也是江苏文艺第一城、科教第二城、旅游第三城；在苏皖鲁豫接壤地区，徐州市是跨四省的区域中心城市。2018 年 11 月，国家发改委印发的《淮河生态经济带发展规划》，提出建设淮海经济区，徐州市是淮海经济区的中心城市①。目前，徐州与周边地区已建成网络化的综合交通体

---

① 见国家发改委：发改地区〔2018〕1588 号文件，2018 年 11 月 2 日。

系,100公里范围车程在1小时内,通达性很高,已形成"1小时"交通圈的徐州都市圈,江苏省在2017年就提出建设徐州都市圈,与南京都市圈、苏锡常都市圈并列为江苏的三大都市圈。安徽的宿州与淮北两市位于徐州市西南,三座相邻城市的市区间距离都不足60公里,都在"1小时"交通圈之内,地理近邻、文化同圈,融入徐州都市圈不仅是必然趋势,而且会促进两市发展,可扬安徽内陆腹地广阔之长,在皖北地区建设东中协调发展典范区。

实际上,宿州、淮北两市在改革开放以来就一直开展与徐州市的跨省区域合作,出现了三次高潮:第一次高潮是1986年提出建设淮海经济区后,不定期召开市长协调会,宿州、淮北都积极参加,重点与徐州市开展了一些经济技术协作;第二次高潮是2010年建立了包括徐州、连云港、宿迁、枣庄、济宁、淮北、宿州、商丘等8市在内的淮海经济区核心区市长会议机制,标志着淮北、宿州与徐州市由松散型的经济技术协作向紧密型的区域合作升级,也有不少实质性进展;第三次高潮是2018年国家发改委印发淮河生态经济带规划后,淮海经济区发展上升到国家战略,江苏又编制了徐州都市圈发展规划,淮海经济区核心区市长会议机制变更为徐州都市圈市长会议机制,宿州、淮北与徐州市按照"1小时"通勤圈的标准,在基础设施、产业发展、市场体系等方面开展了一体化建设,区域合作上升为区域一体化发展。通过长达35年的探索积累,为宿州、淮北融入徐州都市圈奠定了扎实的基础。

宿州、淮北加入长三角以后,两市融入徐州都市圈的步伐加快、范围也逐渐拓展。特别是与徐州市直接毗邻的宿州市萧县、灵璧县和埇桥区,不仅交通基础设施方面的一体化建设全面铺开,与徐州已形成了"1小时"通勤圈,而且,产业分工合作也有序推进。如萧县重点承接徐州市机械制造业转移,到2020年年底成功引进了徐州市86家机械制造企业,其中,徐工集团已在萧县经济开发区合作共建了"区中园",作为徐工集团下一步的发展基地;还与上海共建了张江萧县高科技园,成为皖北地区最大的小微高科技企业孵化平台。灵璧县瞄准徐州市及长三角地区和全国机械制造业对轴承的大量需求,在经济开发区兴办了轴承产业园,已引进30多家企业,规划产值规模达100亿元,是皖北地区最大的机械基础零部件特色产业园;为服务徐州观音机场的物流、人流需求,还在机场周边兴建了物流产业园,是皖北地区最大的临空产业园。埇桥区发挥临近徐州的区位优势,为缓解徐州工业用地不足的矛盾,在与徐州接壤地区兴办了工业集中区,已引进徐州市一批企业入驻;与徐州市产业发展相匹配,还建设了循环经济产业园,对减少工业城市的碳排放将会起到重要作用。淮北市与徐州市都是煤电城市,为推进采煤产业的分工合作,在濉溪县兴建了煤矿高端机械制造产业园,建成后将成为徐州都市圈最大的煤矿高端机械制造产业园。宿州、淮北两市发挥皇藏峪、虞姬墓等优质旅游资源优势,突出"汉文化"特色,与徐州市联合发展文化旅游产业。在这些基础上,宿州、淮北两市在"十四五"期间都强调进一步融入徐州都市圈,也得到了徐州市的积极呼应。

展望"十四五""十五五"及 2035 年远景目标,徐州市作为徐州都市圈核心城市的能级会进一步增强,徐州都市圈的发展方向将是提升一体化、迈向同城化。为此,徐州都市圈要进一步深化合作,构建"统分结合"协同发展新机制,围绕"提升一体化,迈向同城化"发展方向,统一规划、统一政策,各扬其长、分头行动,突出协同、汇聚合力,打破行政区障碍,减少分割、提高密度,推进城乡融合。在这种趋势下,宿州、淮北两市也应围绕"提升一体化,迈向同城化"的都市圈发展方向,深度参与徐州都市圈一体化向同城化战略升级,在皖北苏北共建东中协调发展典范都市圈。

就宿州、淮北两市而言,应发挥腹地广阔、资源丰富、交通区位优越等优势,积极融入徐州都市圈的一体化向同城化的战略升级。一是适应三市之间人流、物流快速增长的趋势,进一步推进基础设施同城化,主要是加快实施跨省市公共交通连线成网工程,率先实现公共交通同城化,率先取消省界高速公路收费站,加快推进徐宿淮城际轨道交通建设,形成"轨道都市圈"。二是针对生态环境保护修复压力加大,广泛推进生态保护同城化,联合打好蓝天碧水绿地保卫战,在推进产业生态化转型、经济开发区循环化改造等方面开展合作,积极探索复制皖浙新安江流域生态补偿机制。三是为满足居民提高生活品质的诉求,深入推进基本公共服务同城化,在卫生、教育、科研、文化等领域推进优质资源共享,学习借鉴南京都市圈的经验,对徐州都市圈居民在医疗、养老等社保方面实施异市共认与无差异接续。四是围绕建设高质量市场体系,加快推进都市圈市场准入同城化,主要是统一规范质量标准、企业注册标准,取消各种地方行政性限制,高质量建设都市圈统一市场。五是发挥宿州、淮北两市的特色产业优势,合力推进与徐州市和都市圈其他城市间的产业分工合作、协同发展,各扬其长、互助其优,取消比拼式的竞争,突出各市首位产业的差异化发展、深化分工合作,可依托各市最强的企业,在优势领域共建产业联盟,在开发区之间探索共建创新共同体,为企业技术创新服务,培育和增强企业的创新活力。

由于安徽与沪苏浙在经济、文化、技术等方面都有密切的关联,深度参与长三角更高质量的一体化发展,除了深化毗邻地区的合作外,其他非毗邻市县也应拓展与沪苏浙相关市县区的对口合作和结对共建,形成更多"飞地型""离岸式"的区块链接。比如,到2021年上半年,安徽已有18个省级开发区与沪苏浙共建省际产业合作园,16个地级市都与沪苏浙相关市签订了结对共建协议,22个城区与沪苏浙20个城区开展结对合作,很多都是非毗邻市县区,其与沪苏浙区域合作的深化,可以更好地扬安徽内陆腹地广阔之长,推进东中部协调发展。

四、共推中部地区高质量发展,建设东中部协调发展先行区

安徽既是长三角又属中部地区省份的双重区域角色,更使安徽在长三角具有内陆腹地广阔的优势。这种优势的意义,不仅可为长三角一体化发展提供广阔的腹地支撑,还会因为智能化因素的导入,在增加密度、缩短距离、减少分割、公平均等方面向中部地区扩展空间范围,为长三角辐射带动中部地区的高质量发展起到战略链接作用,开拓东中部协调发展的新格局。安徽应该是这种新格局的推进者和建设东中部协调发展的先行区,而贯穿于安徽南北的长江经济带、淮河生态经济带,正是建设东中部协调发展先行区的地域依托。中共中央政治局2021年3月30日会议《关于新时代推动中部地区高质量发展的指导意见》提出,中部六省要肩负起时代使命,各扬其长,共同推进中部地区的高质量发展。对于安徽而言,应依托长江、淮河等交通大动脉,深化与赣鄂湘豫的区域合作,建设东中部协调发展的先行区。

（一）在长江经济带建设中扩展与长江中游城市群的区域合作

长江经济带包括长江流域的11个省市,是我国最大经济板块,面积205.23万平方公里,占全国的21.4%;2020年人口6.06亿人,占全国的42.9%;地区生产总值47.15亿元,占全国的46.4%。其中,赣鄂湘的中游地区面积56.46万平方公里,人口1.69亿人,地区生产总值11.09亿元,分别占长江经济带的27.5%、27.9%和23.5%(见第三章表3-2)。2016年,中共中央国务院印发《长江经济带发展规划纲要》,长江经济带成为国家三大发展战略地带之一。改革开放初期,我国实行东部沿海地区先发展起来的区域发展战略,2000 年基本建成小康社会以后,更加强调区域协调发展,推进各地区人民走向共同富裕,党的十九大更把推进区域协调发展上升到国家战略高度,明确提出实施区域协调发展战略,而东中部协调发展就是国家区域协调发展战略在东中部地区实施的体现。在新时代,作为长江下游的东部地区和作为长江中游的中部地区,有条件建设东中部协调发展的先行区。

首先,长江黄金水道是长江下游和中游地区推进东中部协调发展的天然依托。长江下游的沪苏浙皖共推长三角一体化发展,长江中游中部地区的赣鄂湘也在积极推进区域合作。如今,长江干道有通畅的高等级航道,南北沿岸又有快速公铁交通干线,长三角的一体化发展必然会向长江中游的中部地区传递、辐射,东中部协调发展具有天然的经济地理优势。

其次,赣鄂湘的沿江地区是中部地区经济文化科技教育高地,湖北省会武汉是国家中心城市,湖南省会长沙和江西省会南昌是重要的省域中心城市,三市制造业发达,科教资源丰富,2020 年三市地区生产总值分别达 1.56 万亿、1.26 万亿、5003 亿元,分别居省会城市第 3 位、第 6 位、第 16 位;高等学校分别有 84 所、51 所、53 所,在校生分别达 94.8 万、61.1 万、60.1 万人,有推进东中部协调发展的综合实力。

第三,长江中游地区的一体化发展基础好,自 20 世纪 90 年代起就开始以推进区域一体化为目标,培育武汉都市圈、长株潭城市群、环鄱阳湖城市群(先是昌九城市经济带)三个省会都市圈、城市群,一体化水平不断提升,如今又向同城化方向迈进。进入 21 世纪以后,依托长江黄金水道,武汉、长沙、南昌三个省会都市圈、城市群之间积极开展跨省的区域合作,2014 年组合为长江中游城市群后,跨省的区域合作又向跨省的区域一体化方向发展,还构建了长江中游城市群的区域合作和区域一体化发展的体制机制,多方面为推进东中部协调发展奠定了基础。

第四,国务院于 2014 年 9 月 12 日颁发的《关于依托黄金水道推进长江经济带发展指导意见》(国发〔2014〕39 号),对长江经济带的定位之一是"东中西互动合作的协调发展带";中共中央国务院印发《长江经济带发展规划纲要》也强调了这个定位。而在长江下游的东部和中游的中部之间,互动合作、协调发展条件最好,推进"东中一体"协调发展,符合国家的战略要求。

这些都表明,长江经济带的中游地区有必要、有条件、也有能力对接东部地区,推进东中部协调发展。但是,中部地区地域广阔,又存在着区域差异,"东中一体"协调发展只能是递次推进,有先有后,而安徽既属长江下游又属中部地区的区位优势,在东中地区之间具有地理纽带和战略链接的区域功能,推进东中部协调发展可依托长江黄金水道先走一步,最有条件成为东中部协调发展先行区。

安徽建设东中部协调发展先行区,主要是扩展与长江中游城市群的区域合作,以城市群为空间主体,推进东中部协调发展。长江中游城市群包括武汉、长沙、南昌三个省会都市圈,历史文化悠久,科教资源丰富,经济技术发达,是鄂湘赣三省的黄金地区,2020 年,长江中游城市群地区生产总值达 7.19 万亿,占赣鄂湘 3省总量的 64.8%,是跨赣鄂湘区域一体化发展的巨大动力源。突出与长江中游城市群的区域合作,可在更大区域范围带动东中部协调发展。近年来,武汉、长沙、南昌与合肥积极开展中部 4 省会城市的区域合作,也是对建设东中部协调发展先行区的有益探索。今后,应进一步扩展合肥都市圈与长江中游城市群的区域合作,在更大区域范围、更多领域深化中部 4 省会城市的区域合作,充分发挥安徽作为东中部协调发展先行区的区域功能作用。

（二）在淮河生态经济带建设中扩展与中原城市群的区域合作

2018 年 11 月 2 日,国家发改委印发《淮河生态经济带发展规划》,规划范围跨东中部地区,包括东部地区的江苏、山东和中部地区的安徽、河南、湖北,共 25 个地市和 4 个县(市),面积 24.3 万平方公里,2020 年末常住人口 1.47 亿人,地区生产总值 8.24 万亿元,分别占全国的 2.53%、10.46% 和 8.11%,在全国具有重要的战略地位,安徽的蚌埠、淮南、阜阳、六安、亳州、宿州、淮北、滁州等 8 市在内[①]。淮河生态经济带规划分东部海江河湖联动区、北部淮海经济区、中西部内陆崛起区三大功能区布局,其中,安徽的滁州在东部海江河湖联动区,宿州、淮北在北部淮海经济区,蚌埠、淮南、阜阳、六安、亳州在中西部内陆崛起区。淮河生态经济带的一个重要定位是中东部合作发展先行区,三大功能区可从不同方面建设中东部合作发展先行区,安徽 8 市都将发挥各自的作用,在推进东中部协调发展先行区建

---

① 见国家发改委:发改地区〔2018〕1588 号文件,2018 年 11 月 2 日。

设的同时会提升各市的发展水平。

我国的区域发展已进入以城市群、都市圈为主导的发展阶段，城市群、都市圈是工业化、城市化布局的空间主体形态，人口和要素具有向城市群、都市圈加快流动、集聚的趋势。淮河生态经济带也会遵循这些规律，实现包括成为中东部合作发展先行区战略定位的发展要求。从这个视角看，在面积广达 24.3 万平方公里的淮河生态经济带，中原城市群、南京都市圈和徐州都市圈都会在淮河生态经济带发展中起主导作用，安徽在淮河生态经济带的 8 市，也会分别融入中原城市群、南京都市圈和徐州都市圈，与相邻省市共建中东部合作发展先行区。其中，滁州主要是融入南京都市圈，宿州、淮北两市主要是融入徐州都市圈，蚌埠、淮南、阜阳、亳州、六安五市主要是融入中原城市群。滁州融入南京都市圈和宿州、淮北两市融入徐州都市圈，已在本节的前面作过简要讨论，下面再简要讨论阜阳、亳州、淮南、六安、蚌埠 5 市在淮河生态经济带建设中融入中原城市群的发展趋向。

2016 年 12 月 28 日，国务院批复了国家发展改革委编制的《中原城市群发展规划》，范围包括河南、河北、山西、安徽、山东 5 省的 30 个城市，面积 28.7 万平方公里，2019 年常住人口 1.64 亿人，地区生产总值 8.63 亿元，分别占全国的 3.0%、11.7%、8.5%①。中原城市群的主体在河南省，规划范围大于淮河生态经济带，在中原城市群的 30 个城市中，有 11 个城市与淮河生态经济带重叠，其中河南 5 个、安徽 5 个、山东 1 个，安徽与淮河生态经济带重叠的 5 市是亳州、宿州、阜阳、淮北、蚌埠。由于区位关系，皖北地区应以建设淮河生态经济带为重点，同时呼应中原城市群的发展，在淮河生态经济带建设中统筹谋划扩展与中原城市群的区域合作，主要是亳州、宿州、阜阳、淮北、蚌埠五市与郑州市的区域合作。由于宿州、淮北两市发展的空间指向是徐州都市圈，主要是加快推进阜阳、亳州、蚌埠与郑州市的区域合作，合力推进中部地区高质量发展。

《中原城市群发展规划》与安徽有关的发展布局主要在两个方面：一是把亳州市纳入由 14 个城市组成的核心发展区，宿州、阜阳、淮北、蚌埠 4 市规划为联动辐射区；二是构建太原—郑州—合肥发展轴，涉及安徽进入中原城市群的全部 5 市。安徽扩展与中原城市群的区域合作，主要在这两个方面扩展与中原城市群的区域

---

① 见国函〔2016〕210 号文件，2016 年 12 月 28 日。

合作。

亳州市进入中原城市群的核心发展区,是亳州市加快发展的大好机遇。亳州市应抓住机遇,借力郑州国家综合交通枢纽的优势,推进中医药和文化旅游产业融入国内国际大循环。中医药产业虽然是亳州市的最大优势,但长期以来发展缓慢,产业难能做大做强;虽然亳州市具有独特的文化旅游资源,但至今仍是"盆景",未能形成"风景"。出现这些问题的一个重要原因是,产品进入国内大循环不畅,进入国际大循环很少,双循环进出的人流则更少。而郑州是国家重要的综合性立体交通枢纽城市,郑州航空港经济综合实验区是由国务院批准设立的国家级航空经济先行区,已形成四条丝路融入"一带一路",郑州机场 2020 年旅客吞吐量 2140.7 万人次,居全国第 11 位;货邮吞吐量 64 万吨,居全国第 6 位,还是中欧班列货运的主要枢纽,这些都是亳州市的短板。亳州市应抓住进入中原城市群核心发展区的发展机遇,加强与郑州市的合作,扬优补短,借力发展,加快建设世界中医药之都和具有特色文化旅游城市的进程。

构建太原—郑州—合肥发展轴,可为皖北地区沿线的阜阳、淮南、蚌埠产业发展带来新的机遇。这条发展轴是中原城市群连接长三角城市群、山西中部城市群的大动脉,可演变成为产业发展轴、城镇发展轴,对阜阳、淮南、蚌埠的产业转型升级和城市提升功能都有推进作用。就阜阳市而言,随着郑阜及商合杭高速铁路的通车,城市的区域地位显著提升,要素流动的区域范围会明显扩大,产业转型升级的机会增多,特别是阜阳高铁站与机场相距不到 1 公里,可以建成铁空联运交通综合枢纽,注重发展与郑州航空港的货邮合作,借力提升融入国内国际大循环与承接产业转移的能力,带动制造业和商贸业发展,加快建设皖豫接壤地区中心城市和"中原商贸之都"。就淮南市而言,因为受资源型城市内向型发展模式的限制,产业转型进展缓慢,尽管近年来也陆续发展了大数据产业、高端装备制造、新型显示产业等接续产业,但规模都较小,发展也较慢,加上我国为实现碳达峰、碳中和目标,传统煤电产业的发展压力增大,加快接续产业的发展就更为紧迫,太原—郑州—合肥发展轴经过淮南市,为淮南由内向型发展模式朝外向型发展模式的转变开辟了新空间,会推进接续产业的发展。就蚌埠市而言,尽管不在商合杭高速铁路沿线,但也在太原—郑州—合肥发展轴的范围之内,而蚌埠市的硅基新材料、纤维材料产业有优势,装备制造、电子信息产业也有一定基础,可借道太原—郑州—合肥发展轴,推进这些产业走向更大的市场,以产业发展带动蚌埠市尽快重返安徽的第一方阵。

参考文献

[1]中共中央　国务院印发《长江三角洲区域一体化发展规划纲要》[N].人民日报,2019-12-02.

[2]习近平.努力成为世界主要科学中心和创新高地[J].求是,2021(6).

[3]中共安徽省委关于制定国民经济和社会发展第十四个五年规划和二〇三五年远景目标的建议[S],2020-12-01.

[4]国家科技部.长三角科技创新共同体建设发展规划[S],2020-12-20.

[5]中共中央关于制定国民经济和社会发展第十四个五年规划和二〇三五年远景目标的建议[N].经济日报,2020-11-04.

[6]苏桦,欧远方.安徽发展战略[M].合肥:安徽人民出版社,1987.

[7]安徽省地方志办公室.安徽省志(1985—2010年综合卷)[C],2020.

[8]安徽省发改委.《安徽省国民经济和社会发展第十三个五年规划纲要》实施情况总结评估报告[R],2021.

[9]合肥市发改委.《合肥市国民经济和社会发展第十三个五年规划纲要》实施情况总结评估报告[R],2021.

[10]唐·泰普斯科特.数字经济:网络智能时代的前景与风险[M].毕崇毅,译.北京:机械工业出版社,2016.

[11]二十国集团数字经济发展与合作倡议[R],2016.

[12]新华社.习近平主持召开扎实推进长三角一体化发展座谈会并发表重要讲话[N].人民日报,2020-08-22.

[13]黄岳忠.安徽国有企业改革与发展实践探索(1997—2002)[M].合肥:安徽人民出版社,2008.

[14]安徽省人民政府.安徽省国民经济和社会发展第十四个五年规划和2035年远景目标纲要[S],2021.

[15]习近平.深入理解新发展理念//习近平谈治国理政:第二卷[M].北京:外文出版社,2017.

[16]程必定,吴泰康.中国安徽减灾研究[M].北京:中国林业出版社,1997.

[17]中华人民共和国国民经济和社会发展第十四个五年规划和2035年远景目标纲要[M].北京:人民出版社,2021.

[18]巴黎协定[S],2015-12-12.

[19]程必定,等.安徽与长三角:双城战略[M].合肥:安徽人民出版社,2015.

[20]程必定.安徽近代经济史[M].合肥:黄山出版社,1986.

[21]中共中央　国务院关于新时代推动中部地区高质量发展的指导意见[N].人民日报,2021-07-23.

[22]中共安徽省委.安徽省实施长江三角洲区域一体化发展规划纲要行动计划[S],2019-07-30.

[23]程必定.对徽州文化价值内涵的基本认识[N].安徽日报,2017-07-17.

第七章 推动形成优势互补、高质量发展的区域经济布局①

2019 年 8 月 26 日，习近平总书记在中央财经委员会第五次会议的讲话中指出："我国经济发展的空间结构正在发生深刻变化，我们必须适应新形势，谋划区域协调发展新思路，推动形成优势互补、高质量发展的区域经济布局"。2019 年第 24 期《求是》杂志发表了习近平总书记《推动形成优势互补高质量发展的区域经济布局》重要文章，为实施区域协调发展战略进一步指明了方向[1]。优势互补、高质量发展的区域经济布局必然要落实在各个省(市)区，安徽深度参与长三角一体化更高质量发展，在省内也要发挥智能化因素导入区域一体化而对增加密度、缩短距离、减少分割、公平均等的综合作用，推动形成优势互补、高质量发展的区域经济布局。

第一节 理论解析及趋势研判

形成优势互补、高质量发展的区域经济布局，是基于国家和地区的自然、经济、社会发展规律的客观要求，是区域空间结构演变的必然趋势。这就需要从理论上认识区域经济空间结构的演变规律。

一、区域经济空间结构的演变规律

区域空间结构是区域经济社会活动的空间关系，反映区域在不同的发展阶段，区域中心—腹地经济社会活动的疏密关系、集聚程度的变化。随着工业化、城市化的发展，区域空间结构会由较低层次向较高层次转型，每经过一次转型，区域经济社会发展都会进入一个新的阶段，这已成为普遍规律。综观中外区域发展史

---

① 本章相关部分由吕连生研究员、孔令刚研究员、谢培秀研究员、储昭斌副研究员、李颖博士、宋盛楠博士撰写，何鹏程工程师制图。

及长期趋势,区域空间结构会发生三次转型[2]。

第一次转型是区域空间结构由以农村为主导向以城市为主导的转型,发生时期起于工业化初期。因为这个时期出现了机械化的工业,初兴的工业基本布局在城市,城市便成为引领区域空间结构演变的主导因素。根据现代化先行国家的历史经验,第一次转型发生的标志是:城镇人口占比超 1/5,即人口城市化率超过20%,农业或第一产业占国民生产总值的比例低于 30%,人均 GDP 相当于目前低收入偏上国家的水平。

第二次转型是区域经济空间结构由以城市为主导向以城市经济圈为主导的空间转型,发生时期起于工业化中期。因为这个时期以城市为中心的经济圈出现了,工业和服务业向城市经济圈集聚,城市经济圈便成为引领区域空间结构演变的主导因素。根据现代化先行国家的历史经验,第二次转型发生的标志是,城镇人口占比超 1/2,即人口城市化率超过 50%,农业或第一产业占国民生产总值的比例在 10%以下,人均 GDP 相当于目前中等国家的水平。

第三次转型是区域经济空间结构由以城市经济圈为主导向以城市群为主导的空间转型,发生时期起于工业化后期。因为这个时期城市群出现了,工业和服务业向城市群集聚,城市群便成为引领区域空间结构演变的主导因素。根据发达国家成熟城市群的发展经验,第三次转型发生的标志是,城镇人口占比超 2/3,即人口城市化率超过 66%,农业或第一产业占国民生产总值的比例在 5%以下,通勤人口占总人口的比例超过 15%,城市之间的货运量占货运总量的比例超过 20%,人均 GDP 达世界高收入国家的水平。

区域经济空间结构的三次转型,是由面到点、由点到圈、由圈到群的演变升级过程,符合自然、经济、社会发展规律的客观要求,工业革命后在世界范围已得到体现。就我国而言,20 世纪 50 年代实施的社会主义工业化开始了第一次转型,90年代初期以省会及副省级以上城市经济圈(后称"都市圈")的兴起为标志发生了第二次转型,沿海发达地区在 90 年代后期率先发生了第三次转型,出现了京津冀、长三角、珠三角三大城市群。进入 21 世纪,中西部地区的城市群开始兴起。"十二五"期间,我国编制了以城市群为主体形态的主体功能区规划,"十三五"规划提出我国将建设 19 个城市群,形成"两横三纵"的城市群发展格局,涵盖了我国区域经济布局的四大板块。这些城市群承载我国七成以上的人口与国内生产总值,正成为我国经济社会发展的主要平台[3]。

二、城市群主导中国区域经济布局的趋势研判

区域经济空间结构的演变会推动区域经济布局的优化。经过区域经济空间结构的三次转型,我国已进入城市群时代。城市群造就了国家和区域经济社会发展的新的空间力量,正在重塑中国经济地理,我国的区域经济布局会发生革命性变化,必须以新的理论视角认识和把握区域经济布局的新趋势、新变化,推进区域经济高质量协调发展[4]。

1. 城市群成为国家和地区经济发展的动力源,人口与生产要素向城市群持续集聚

城市群是人口与生产要素向城市地区集聚的产物,而集聚的因果累积效应会降低经济活动成本,增加产业分工与合作机会,促进创新思想和创新行为的交汇等,形成枢纽集散功能,成为产业发展、技术进步、市场运行的地域支撑,城市群也就自然成为国家和地区经济发展的动力源,内生出促进区域经济高质量发展的引擎功能,又吸引人口与生产要素向城市群地区持续集聚。我国城市化率刚刚超过60%,尚未达到城镇人口占比超2/3的城市群起步阶段的城市化水平,今后新增的城市人口,将会优先选择向城市群地区流动,带动生产要素和高中端产业向城市群地区的持续集聚。

2. 城市群地区由单中心向多中心转变,形态多中心又进一步向功能多中心转型

在人口与生产要素向城市群持续集聚过程中,一方面,受自然条件决定的承载力约束,大尺度的集聚又会伴生小尺度的分散,城市群地区的空间形态会由"中心—腹地"的单中心向多中心转变,形成城市群—都市圈—中心城市—中小城市—小城镇的"金字塔"式规模序位结构,我国大中城市多、小城市少的倒"金字塔"结构将会改变;另一方面,因为分工与合作机会的增加,城市群的动力源也会遵循规模序位法则循序传递,每个层级的城市会形成与其条件和能力相适应的功能。这样,城市群的形态多中心又进一步向功能多中心转型,中心城市会形成综合型的动力枢纽功能,中小城市及小城镇会形成特色型的专门化分工功能,城市群的动力源在功能传递中会推进形成多中心的区域增长极系统。

3. 新一轮科技革命和产业变革对城市群的三大空间构成要素智能化赋能,推动形成高质量发展的区域经济新布局

按照区域经济学的布局理论,城市群地区有三大空间构成要素:中心城市、发

展廊道、空间网络。其中,中心城市是城市群的中枢大脑,发展廊道是城市群的四肢躯干,空间网络是城市群的循环系统。新一轮科技革命和产业变革会对这三大空间构成要素赋能,必然会提升区域经济的技术含量,推动形成高质量发展的区域经济布局。新一轮科技革命和产业变革是由人工智能技术为主开启的智能化革命,世界出现了智能化浪潮。智能化为中心城市赋能,会推进中心城市的智慧化、数字化,大幅度提升动力枢纽功能;智能化为发展廊道赋能,会提升发展廊道的集散功能,发展廊道会成为城镇发展密集带、产业发展密集带;智能化为空间网络赋能,会推进空间网络多元化、高效化发展,大体会形成高效化的四大空间网络,即产业网络、轨道交通网络、信息(数字)网络和公共服务网络。这样,智能化因素对城市群地区三大空间构成要素的全面赋能,会增强区域经济的发展韧性,有利于形成高质量发展的区域经济布局。

4. 都市圈作为城市群次区域的增长极,推动形成一体化、同城化的新型城乡关系,优化次区域的人口和产业布局

大尺度的城市群是由若干小尺度的都市圈构成的,而都市圈的地域范围只在一小时通勤圈之内,空间布局更为紧凑,是城市群次区域的增长极,在区域经济布局中的作用更为突出。随着都市圈增长极功能的增强,极核城市的产业结构会向高端化、服务化转型,制造业、中低端产业会向周边腹地的中小城市(镇)转移,极化效应转化为扩散效应,会提升极核城市对腹地乡村的辐射带动力,改变都市圈城乡分离的"二元"空间结构。这样,极核城市的功能会进一步提升,职住得以平衡,腹地的中小城市(镇)承接极核城市的某些产业功能,优势会得到发挥。都市圈的极核与腹地优势互补,推动形成一体化、同城化的新型城乡关系,优化城市群次区域的人口和产业布局。

5. 高速化的交通网和泛在性的物联网相融合,促进人口、商品、要素流动的"全国化"和区域经济发展融入"双循环",为欠发达地区释放后发优势带来机遇

由于高速公路、高速铁路、航空等快速交通网向全国各地的逐渐延展,形成高速化的交通网,人们不分东西南北,出行可"朝出夕归",远方的目标越来越近了,人口、商品、要素流动趋向"全国化";又由于人工智能、5G、云计算、移动互联网等技术的广泛运用,形成泛在性的物联网,人口、商品、要素流动对行政区界具有巨大的穿透力,任何一个区域经济发展都有可能融入国内国际大循环。而高速化的

交通网和泛在性的物联网是有机融合、相互促进的,加快形成区域统一市场和全国统一市场,为每个区域的质量变革、效率变革、动力变革创造条件,更为欠发达地区释放后发优势带来机遇,会加快缩小区域差距,形成区域共同发展的新局面。

6. 空间治理、生态保护愈加重要,农业和生态地区的战略地位会上升

由于人口和生产要素向城市群地区的持续集聚,无论是人口和经济密度高的城市群地区,还是人口和经济密度低的农业和生态地区,空间治理、生态保护都愈加重要,主体功能区制度对确保我国粮食安全、生态安全、边疆安全等方面的功能作用都愈加凸显,在社会主义制度"四梁八柱"体制愈加完善定型的基础上,必然会通过财政转移支付、生态补偿、基本公共服务均等化等机制化办法及完善的社会保障等公共政策,在发展中营造高密度地区和低密度地区的平衡。这样,农业和生态地区在优化区域经济布局中的战略地位会上升。

以城市群为主导重塑中国经济地理,在区域经济布局方面形成的上述六大新趋势、新变化,既会在广域增加密度、缩短距离、减少分割,有利于实现公平均等、推进区域一体化的高质量发展;又会在局域推进区域之间的优势互补,优化区域经济布局。全国是如此,一个省区也是如此。安徽深度参与长三角一体化更高质量发展,也要适应城市群主导中国区域经济布局的发展趋势,遵循区域经济空间结构演变规律的客观要求,立足于有区域差异的省情,着眼于长远发展,积极推动构建优势互补、高质量发展的区域经济布局。

三、国内外典型案例借鉴

关于推动形成优势互补高质量发展的区域经济布局,中外有许多值得安徽借鉴的典型经验。限于篇幅,本书对国外只选择日本和美国田纳西河地区、国内只选择江苏省和广东省共四个典型案例,各提炼出一条最值得安徽借鉴的经验。

1. 日本国土综合规划与建设及经验借鉴

日本国土面积只有 37.8 万平方公里, 2018 年人口为 1.265 亿人,人口密度达 347 人/平方公里,人均 GDP 为 39287 美元。日本国土面积虽然较小,但重视国土综合规划与建设,资源开发利用较好,区域经济布局比较合理。最值得借鉴的重要经验,是规划先行、适时调整[5]。

1950 年日本城市化率达 50%,进入以都市圈为主导的第二次空间结构转型时期,区域开发力度加大。在这个时候,日本政府制定了"第一次全国国土综合规

划"(简称"一全综"),此后,每隔10年根据发展需要作一次适当调整,衔接性好。目前实施的是"六全综"规划。其中,"一全综"突出"据点开发","二全综"强调"大规模项目开发","三全综"重点是"都市定居圈建设","四全综"提出形成"多极分散型国土结构","五全综"进一步提出形成"多轴型"国土结构,"六全综"提出形成"自立的多样性广域地方圈"的国土结构。连续六次规划与实施,使日本的区域经济布局实现了从点、线到轴,再到都市圈、城市群的优化发展历程。安徽编制国土空间规划,应借鉴日本国土综合规划与建设的经验,着眼于全局,为都市圈、城镇群等重点地区的发展预留足够的空间。

2. 美国田纳西河流域开发建设的空间治理及经验借鉴

田纳西河是美国第一大河密西西比河的第二大支流,流域面积10.4万平方公里,虽然资源丰富,但由于缺乏规划与管理,土地过度开垦、森林无节制砍伐、矿产资源掠夺式开采,导致水土流失、环境恶化。到20世纪30年代初,人口300万,人均收入仅168美元,只及全美人均收入的45%,成为美国最贫困落后的地区之一。为了解决田纳西河流域环境恶化带来的一系列恶果,在富兰克林·罗斯福总统的坚持下,美国国会于1933年成立了田纳西河流域管理局(简称TVA)。由于高效的管理机制,田纳西河流域开发治理取得了显著成效,从根本上改变了落后面貌,是流域成功开发的典型案例。其最值得借鉴的重要经验,是顺应自然法则,协同空间治理[6]。

TVA奉行协和一致的治理理念,了解自然、顺应自然,尊重自然法则开发与保护。一方面,制定《自然资源规划》,将与水相关的资源进行规划整合,提出可行的发展战略、措施和具体项目,并认真实施;另一方面,创设一体化的管理模式,协同进行空间治理,主要体现在两方面:一是制订了公众参与计划,让公众更好地参与规划的实施;二是把开发的水电廉价供给民众,又提高了参与流域开发与保护的积极性。空间的有效治理释放了后发优势,带动了经济发展。安徽淮河生态经济带、皖江城市带、江淮运河沿线及巢湖等生态脆弱地区的建设应借鉴田纳西河流域的空间治理经验,尊重自然规律做好大保护,不搞大开发。

3. 江苏省优化区域经济布局的经验借鉴

江苏省面积10.26万平方公里,2019年常住人口8070万人,人口密度达784人/平方公里,是安徽的1.73倍,人均GDP为12.36万元,是安徽的2.11倍;地级市人均 GDP 的最高与最低比为 2.87，而安徽高达 3.81；城乡居民可支配收入的最高与最低比为 1.91，安徽也高达 2.44。江苏省区域、城乡发展比较协调，一个重要原因是改革开放以来适应区域经济布局演变规律的客观要求，在优化区域经济布局方面成功走了四步棋：20 世纪 80 年代重点发展苏南，90 年代重点发展沿海，21 世纪初重点发展苏北，最近又重点发展南京。四步棋契合区域经济布局转型的演变规律，是促进区域协调发展的典型范例。其最值得安徽借鉴的重要经验，是重视优势互补，开展南北结对合作[7]。

苏南地区经济发达，进入 21 世纪后，为缩小南北差距，江苏省委省政府实施了南北结对合作发展战略，把苏南地区部分产业持续向苏北转移，南北合作共建苏北开发区，将苏南先进的园区建设管理理念、优秀的人才团队、灵活的投融资模式，与苏北地区的丰富资源、劳动力和优惠政策优势互补，全面对接，加快了苏北振兴，逐渐缩小南北差距，推动了区域协调发展。"十二五"以来安徽省也借鉴江苏南北结对合作的经验，开展合肥与阜阳、芜湖与亳州、马鞍山与宿州 3 对地级市及 6 对县区的"3+6"南北结对合作，已经取得明显成效，但鉴于现有省情及高质量发展需要，仍需继续坚持、不断提升，推进安徽省南北地区的协调发展。

4. 广东省推进区域协调发展的经验借鉴

广东省是我国第一经济强省，珠三角城市群是全省发展的强大动力源，人口与生产要素向珠三角城市群地区持续集聚，导致省内区域差距突出。如 2019 年，珠三角地区 9 个市的经济总量占全省的 80.7%，而粤北、粤东、粤西 12 个地级市的经济总量只占全省的 19.3%。针对这种情况，广东省委省政府近年来采取了强化优势互补的系列政策措施，促进区域协调发展。其最值得安徽借鉴的重要经验，是实施差异化扶持政策[8]。

为加快粤东西北地区经济发展，广东省不仅在粤东西北地区布局一些可以发挥比较优势的产业项目，如推进北部生态发展区产业绿色化，在东西两翼建设沿海经济带，更重要的是实施差异化扶持政策，构建更加有效的区域协调发展新机制。如省有关部门不断完善省级财政转移支付体制、区域生态补偿机制、区域对口帮扶协作机制、基础设施投融资体制等，落实财政事权和支出责任相适应的要求，强化省级支出资金，减轻欠发达地区市县负担，对欠发达地区境内的国铁干线、高速公路、机场、港口码头、水利、生态环保等项目，免除当地出资责任。这样，实施全覆盖的均衡性转移支付机制和县级基本财力保障机制,可增强欠发达地区的内在发展活力,促进区域协调发展。安徽的区域差距也较大,应借鉴广东省的这个经验,健全和完善差异化扶持政策,推进欠发达地区经济高质量发展。

第二节 安徽经济布局的演变及现状特征

一、中华人民共和国成立以来安徽经济布局的演变及经验教训

中华人民共和国成立以来,安徽经济布局的演变大体已经历了三个阶段,当前正进入第四个阶段。

1. 改革开放前的计划经济阶段:资源型工业城市快速兴起

在这个阶段,国家开始了社会主义工业化建设,安徽虽然不是国家工业化的重点省份,但由于煤炭和铁铜矿产资源丰富,出于对国家工业化的支持,在20世纪50年代中后期同时新建了淮南、淮北、马鞍山、铜陵等4个资源型工业城市,合肥、蚌埠、芜湖、安庆等老城市也发展了一批轻工业,城市工业发展加快,经济布局开始由以农村为重点向以城市为重点转型,但城市尚未居主导地位。到1980年,全省城镇化率只有13.33%,比全国平均水平低6.06个百分点[9]。

2. 20世纪80年代到2000年:从"六大经济区"的均衡布局到向重点地区的倾斜布局

改革开放以后,随着工业化的发展,以城市为主导的区域布局趋向逐渐显现,安徽便着眼于以城市为中心展开区域经济布局。1986年4月,安徽省七届人大常委会第三次会议原则通过的本省第一个经济社会发展战略纲要,提出"六大经济区"的战略布局,即以合肥为中心的皖中经济区,以蚌埠为中心的皖东北经济区,以阜阳市为中心的皖西北经济区,以芜湖为中心的皖东南经济区,以安庆为中心的皖西南经济区,以黄山市为中心的皖南经济区,形成均衡发展布局。1991年,为呼应浦东开发开放,提出"开发皖江、迎接辐射"战略;"九五"规划期间,借鉴沿海省份外向型经济发展的经验,又提出"一线两点"对外开放战略,"一线"即皖江城市带,"两点"即合肥、黄山两市,生产力区域布局、特别是工业布局重点向皖江城市带和合肥市倾斜发展。到2000年,全省城镇化率提高到28.0%,但仍比全国平

均水平低 8.22 个百分点[10]。

3. 2000 年到 2019 年:"中心城市带动"的区域布局

2000 年后,安徽城镇化进入快速发展期。2001 年通过的"十五"规划纲要,第一次提出"实施城镇化战略",重点发展省会及区域性中心城市;2006 年通过的"十一五"规划纲要,第一次提出"实施中心城市带动战略",明确提出"加快建设合肥现代化大城市、加快皖江大发展、促进皖北大开发和皖西快发展、促进皖南大开放"的区域发展总体战略;2011 年通过的"十二五"规划纲要,第一次提出城市群(圈、带)发展战略,即在发挥中心城市对区域带动作用的基础上,重点培育和发展皖江城市带、合肥经济圈和皖北城市群,形成"一带一圈一群"的城镇化发展布局,也第一次明确了主体功能区布局;2016 年通过的"十三五"规划纲要,进一步提出以人为核心的新型城镇化,把合肥都市圈打造成全省核心增长极,统筹皖江城市带、皖北、皖南、皖西四大区域协调发展。这个阶段以城市、都市圈为主导的区域发展指向更加明确,全省加入了长三角,合肥市成为长三角城市群的副中心,合肥都市圈成为长三角城市群的六大都市圈之一,区域经济布局趋向优化。2019 年全省城镇化率提高到 55.81%,比全国平均水平只低 4.79 个百分点,差距有较大幅度的缩小。

4. 2019 年以后:"一圈五区"的区域布局

2019 年 7 月 15 日,中共安徽省委、省人民政府制定的《安徽省实施长江三角洲区域一体化发展纲要行动计划》,提出高质量建设"一圈五区"、推动区域协调发展的战略布局:"一圈"即合肥都市圈,"五区"即合芜蚌国家自主创新示范区、皖江城市带承接产业转移示范区、皖北承接产业转移集聚区、皖西大别山革命老区和皖南国际文化旅游示范区,并将合肥、芜湖、马鞍山、铜陵、池州、安庆、滁州、宣城等皖江城市带 8 市作为安徽深度参与长三角一体化的中心区[11]。显然,"一圈五区"战略布局的实施,会推进安徽加快形成优势互补、高质量发展的区域经济布局。

中华人民共和国成立 70 多年来安徽经济空间布局的演变历程,也经历了三次转型,但每次转型都滞后于全国。第一次转型起于改革开放初期的 80 年代,比全国滞后近 30 年;第二次转型起于 2000 年后,比全国滞后近 20 年;第三次转型起于 2015 年后,比全国滞后近 10 年。到 2019 年,从总体上看,全省区域经济布局只进入第二次转型的后期阶段;从分市看,依然存在较大差距(见表 7-1)。

表 7-1　安徽各市城市化率、第一产业产值占比及人均 GDP 分类比较（2019 年）

类型	市	城市化率（%）	第一产业值占比（%）	人均 GDP（元）	区域经济布局转型所处的阶段
中心区①	合肥	76.33	3.1	115623	第三次转型中期
	芜湖	66.41	4.0	96154	第三次转型前期
	马鞍山	69.12	4.5	89369	第三次转型前期
	铜陵	57.2	5.5	58726	第二次转型后期
	宣城	56.22	9.6	58819	第二次转型后期
	池州	54.9	10.1	56217	第二次转型后期
	滁州	54.54	8.6	70428	第二次转型后期
	安庆	40.96	9.1	50174	第二次转型前期
其他区	淮北	65.9	6.8	46754	第二次转型中期
	淮南	65.04	10.0	37140	第二次转型中期
	蚌埠	58.6	11.4	60469	第二次转型后期
	黄山	52.49	7.6	57853	第二次转型中期
	六安	47.09	13.4	33370	第二次转型前期
	阜阳	44.62	13.0	32855	第二次转型前期
	宿州	43.96	14.5	34733	第二次转型前期
	亳州	42.2	13.6	33314	第二次转型前期
全省平均		55.81	7.9	58496	第二次转型后期

注：①中心区是安徽省参与长三角一体化发展的重点地区，共 8 个地级市。

资料来源：全省及 16 个地级市 2020 年国民经济和社会发展公报。

由表 7-1 可见，从区域经济布局三次转型的程度看，全省 16 个市目前形成了四个层次的布局特征。第一个层次是合肥、芜湖、马鞍山三市走在全省的前列，已进入第三次转型的前中期，显著特征是城市群、都市圈、城市带在区域经济布局中已起主导作用；第二个层次是蚌埠、铜陵、宣城、池州、滁州 5 市，已进入第二次转型的后期，显著特征是区域性中心城市在经济布局中已起主导作用；第三个层次是淮北、淮南、黄山三市，只进入第二次转型的中期，主要原因是区域性中心城市的功能尚不足；第四个层次是安庆、六安、阜阳、宿州、亳州 5 市，刚进入第二次转型的前期,主要原因是仍存在"大农村"格局,也说明安徽广阔的腹地资源优势还未充分发挥。

综合研判中华人民共和国成立 70 多年来安徽经济布局演变所形成的目前四个层次的布局特征,可总结出以下经验教训:

一是要推进工业化、城镇化的发展。从产业发展角度看,区域经济布局的变化主要是二、三产业发展所引发的,而这又是由地区工业化发展水平所决定的,必须以工业化为区域赋能,优化区域经济布局;从空间角度看,城市对要素的承载力和对区域的辐射力是布局二、三产业的必要充分条件,而这又是由地区城镇化发展程度所决定的,城镇化发展必须与工业化相适应,培育区域经济发展的增长极。安徽 70 多年来经济布局演变到目前四个层次的布局特征,正是因为 16 个市工业化、城镇化的发展层次不同,而核心又是工业化水平的差距。因此,优化本省区域经济布局,必须在融入新一轮科技革命和产业变革中继续推进新型工业化,带动新型城镇化、农业现代化发展,与工业化、城镇化发展相适应优化区域经济布局。

二是要坚持主体功能区制度。主体功能区突出区域的核心功能,分为以提供工业品和服务产品为主体功能的城市化地区、以提供农产品为主体功能的农业地区、以提供生态产品为主体功能的生态地区,是由区域的资源环境条件、社会经济基础导致的,它决定着区域发展的定位,是经济布局必须坚持的。安徽 70 多年来经济布局演变到目前四个层次的特征,是因为 16 个市的资源环境条件、社会经济基础不同,决定了其在全省不同的功能定位。今后需要汲取的经验教训是,各市如何克服功能定位的模糊性、摇摆性,以及产业发展孰轻孰重选择的某种犹疑心态,坚持主体功能区制度,在差异情况下培育和发挥区域优势,推进分工协作、共同发展。

三是要与国家战略相吻合。着眼于全国整体发展,我国在不同时期都有区域总体发展战略,各省区在国家区域总体发展战略中都承担相应的战略功能,省内区域经济布局必须与国家战略相吻合,才能乘上全国发展的"动车",走上持续健康发展轨道。安徽 70 多年来经济布局演变到目前四个层次的布局特征,是与国家战略布局相吻合的。特别是进入 21 世纪后,合肥市由三线城市快速成为"新一线"城市,与南京、杭州并列为长三角城市群的副中心,全省加入长三角,就是因为坚持了东向发展战略,与长江经济带和长三角一体化的国家战略相吻合。目前,国家战略已覆盖安徽全省,借鉴这个经验,各市发展都应在更科学地与国家战略相吻合方面下深功夫。

四是党委、政府要一届一届坚持"一张蓝图"干下去。地方党委、政府是区域经济布局演变方向的决策者和实施的组织者,而符合自然、经济和社会发展规律的区域经济布局演变,是持续发展的长期过程。由于地方党委、政府是按期换届的,确保区域经济布局演变方向的正确性、实施的持续性,就要一届一届坚持"一张蓝图"干下去,不断地丰富完善,切忌"翻烧饼"。安徽70多年来经济空间布局演变到目前四个层次的布局特征,对此已作出了历史的验证,虽有深刻的教训,也积累了宝贵的经验。省级是如此,市县级也是如此。今后应汲取教训、继承经验,确保全省区域经济布局持续优化升级。

二、安徽经济布局的现状特征

安徽的区域经济布局进入"一圈五区"阶段,各圈区2019年的范围、面积、人口、GDP等情况整理为表7-2。

表7-2 "一圈五区"面积、人口、GDP等统计表(2019年)

圈、区	"一圈五区"的区域范围	面积(平方公里,%)		常住人口(万人,%)		GDP(亿元,%)		人均GDP(元,%)	
		总量	占比	总量	占比	总量	占比	数量	为全省①
合肥都市圈	合六淮滁芜马桐蚌	6380.7	45.2	3081.8	47.0	23367	63.0	75822.6	1.30倍
合芜蚌	合芜蚌	23395	16.7	1517.9	23.84	15053	40.6	99172.5	1.7倍
皖江城市带	合芜马铜池安滁宣金安舒城	55135	39.4	3055.5	48.0	24227	65.4	79443.6	1.36倍
皖北地区	亳宿阜蚌淮北淮南	42295	30.2	2821	44.3	10833	29.3	38414	0.658
皖西地区	六安及岳西潜山太湖	21208	15.1	629.8	9.89	2095	5.64	33265	0.559
皖南地区	黄山及旌德绩溪泾县石台	15300	10.9	204.3	3.21	1192.3	3.21	51364	1.05
合计②		22.07	1.57倍	11310.3	1.78倍	76787.3	2.07倍	67891	1.16倍

注:①此项的"为全省"是相当于全省人均的平均水平。②此项的"合计"是重复计算的,后面的"占比""为全省"是相应指标为全省的倍数或程度。

资料来源:全省及16个地级市2020年国民经济和社会发展公报。

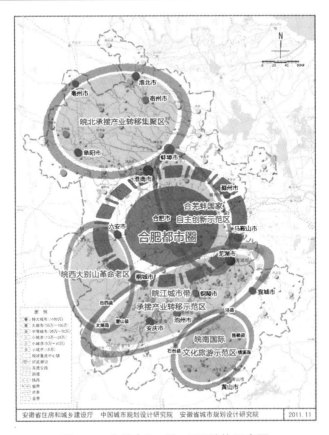

图 7-1　安徽省"一圈五区"结构示意图

由表 7-2 及图 7-1 可见，"一圈五区"的区域布局有以下特征：

1. "一圈五区"是经济区向功能区的拓展，更加突出区域功能

"一圈五区"是打破行政区的区域经济布局，每个圈区都打破了行政区、经济区的边界，是在行政区、经济区基础上向功能区的拓展，更加突出各圈区的功能作用。如合肥都市圈是皖中经济区的拓展，突出全省核心增长极的功能；合芜蚌自主创新示范区跨皖中、皖江、皖东北经济区，突出自主创新的示范功能；皖江城市带是皖江经济区的拓展，突出承接产业转移的示范功能；皖北承接产业转移集聚区涵盖皖东北和皖西北经济区，突出承接产业转移的集聚功能；皖西大别山革命老区是皖西经济区的拓展，突出特色优质农产品供应基地和旅游康养地的功能；皖南国际文化旅游示范区是皖南经济区的拓展，突出文化旅游的示范功能。功能区的边界是模糊的、重叠的，这样，"一圈五区"的边界也就会交叉，面积、人口、

GDP 都会有不同程度的重复计算。由表 7-2"合计"栏看出,"一圈五区"面积、人口、GDP 的重复计算程度分别为 57%、72%、107%。由于经济实力较强的合肥、芜湖、蚌埠都在三个圈区叠加,所以,GDP 的重复计算程度最高,人口次之,面积又次之。

"一圈五区"更加突出圈区的功能导向,在本质上是功能区,这种划分对优化安徽经济布局具有合理性。因为经济布局虽然是以行政区、经济区为依托,并且又取决于各区域的功能,而经济布局又会重塑和提升区域功能,必然要打破行政区、经济区的边界,进一步优化区域经济布局。更为重要的是,功能区体现国家的战略意图,在国家对区域布局作出战略调整的背景下,更需要发挥功能区的引领作用。长三角地区就是国家的战略功能区,安徽全省加入长三角,也要承担相应的国家战略功能,从而会重塑安徽经济布局,功能区也就应运而生。安徽参与长三角一体化发展的广度和深度,也主要取决于功能区的能力,如合芜蚌国家自主创新示范区和皖江城市带承接产业转移示范区形成以来,已在这方面发挥了巨大作用。如今,皖北、皖西和皖南地区也突出相应的区域功能。这样,"一圈五区"更加突出功能区的作用,是安徽经济布局的"与时俱进"。

2."一圈五区"符合主体功能区规划要求

主体功能区突出生产、生活、生态三大功能,是具有长远性、综合性的上位功能区,主体功能区规划也是上位规划;"一圈五区"本质上是功能区,但强调经济布局,是侧重于经济发展的功能区,相对于主体功能区只是下位规划,必须服从上位规划。从与主体功能区规划比较看,"一圈五区"也符合安徽省主体功能区规划的要求。

2014 年,国家发改委批准了《安徽主体功能区规划》[12],明确划分了本省的重点开发区域、限制开发区域、禁止开发区域(见图 7-2),其中,重点开发区域包括国家级和省级,限制开发区域包括农产品主产区和生态功能区,禁止开发区域包括自然保护区、风景名胜区、自然文化遗产和重点文物保护单位、森林公园、地质公园、行蓄洪区等,覆盖全省(见表 7-3)。

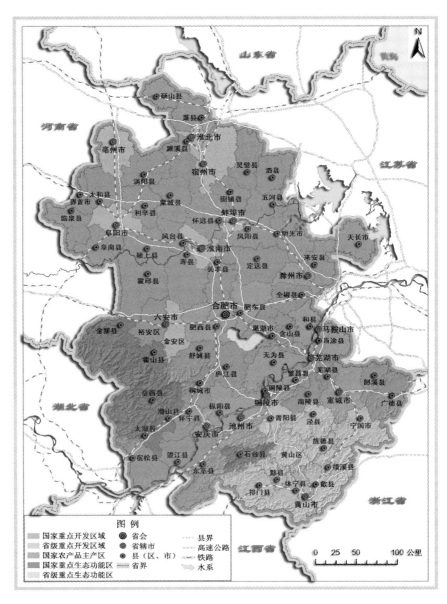

图 7-2　安徽省主体功能区区划图

表7-3 安徽主体功能区划分简表

主体功能区类型		范围	面积(平方公里,%)	
			数量	占国土面积
重点开发区域	国家级	江淮地区29个县(市区)	21889.14	15.61
	省级	皖北、六安、黄山20个县(市区)部分城镇	11564.30	8.25
限制开发区域	农产品主产区	皖北平原、江淮丘陵、沿江平原40个县(市区)	76554.51	54.56
	生态功能区	大别山、黄山20个县(市区)	30217.83	21.25
禁止开发区域		散布全省	17869.18	12.75

资料来源:国家发改委《全国及各地区主体功能区规划》,人民出版社2015年版。

由表7-3可见,"一圈五区"的经济布局符合《安徽主体功能区规划》的要求,具体表现为:

一是就重点开发区域而言,合肥都市圈、合芜蚌国家自主创新示范区和皖江城市带承接产业转移示范区,都在主体功能区规划中的国家级重点开发区域范围之内,省主体功能区规划安排皖北地区的部分城镇为省级重点开发区域,皖北地区承接产业转移集聚区也在省级重点发展的区域之内。

二是就限制开发区域而言,皖北、皖江和皖西部分地区具有提供农产品的主体功能,皖西地区、皖南地区和皖江部分地区具有提供生态产品的主体功能,在"一圈五区"的经济布局都可以得到保障。

三是就禁止开发区域而言,各圈区都有规模和等级不同的自然保护区、风景名胜区、自然文化遗产和文物保护单位,皖西、皖南和皖中地区有森林公园、地质公园,皖北地区有行蓄洪区,在"一圈五区"的经济布局中也要禁止开发、切实保护。因此,"一圈五区"经济布局是符合主体功能区上位规划的要求。

3."一圈五区"体现优势互补,促进区域协调发展

"一圈五区"划分在充分考虑各圈区自然资源环境和经济社会发展条件的基础上,突出圈区优势,明确发展定位和主攻方向,进一步提升圈区优势,在发展中推进圈区间的优势互补,促进区域协调发展。

首先,各圈区既立足于现有基础,突出比较优势,又着眼于未来发展,培育和

发展竞争优势。经济相对发达的合肥都市圈、合芜蚌和皖江城市带是如此,经济欠发达的皖北地区和大别山地区也有各自的相对比较优势。围绕发挥相对比较优势,明确发展定位和主攻方向,重点突破,聚力发展,形成特色,提高产品和服务的品质,相对比较优势在发展中会转化为竞争优势,推进这些欠发达地区经济发展,缩小与发达地区差距。

其次,由于各圈区突出比较优势、进而培育竞争优势,圈区间可以优势互补。发达地区借助与欠发达地区的互补因素可以放大先发优势,培育更强的竞争优势;欠发达地区也可以借助与发达地区的互补因素释放后发优势,使后发优势更具有资源配置价值,把后发优势培育为竞争优势,走出"后发优势陷阱",形成"反虹吸"功能,加快欠发达地区的高质量发展。比如,皖北地区在互补中会凸显耕地、劳动力、农副产品的资源配置价值,皖西地区在互补中会凸显山林、生态环境等的资源配置价值,绿水青山就可以转化为金山银山。

第三,各圈区不仅在省内优势互补,而且扩展到省外,特别是面向沪苏浙,扩大与长三角发达地区优势互补的地域范围。无论是经济发达的合肥都市圈、合芜蚌和皖江城市带,还是经济相对欠发达的皖北地区和皖西大别山地区,可供选择的区域优势都很多,优势互补的机会也会增加,在参与长三角一体化发展中,有条件加强与沪苏浙的区域合作,各扬其优,提升各圈区比较优势的资源配置价值,在与沪苏浙优势互补中提升各圈区的经济发展质量。

第四,由于以上原因,"一圈五区"经济布局既突出各圈区优势、重点突破,又注重优势互补、整体推进,会优化全省区域布局,形成以合肥都市圈核心引领、五大功能区块块联动发展、各市县区多点支撑的区域协调发展新格局。这样,各圈区特色鲜明、优势互补,区域比较优势充分发挥,竞争优势不断提升,推进全省经济的高质量发展。

三、安徽经济布局存在的主要问题

改革开放以来,安徽工业化、城镇化快速发展,综合交通运输体系逐渐完善,推进区域经济布局不断趋向优化。但是,区域发展也存在不充分不协调的现象和问题,从经济布局角度看,主要是区域分化、动力极化、乡村弱化、虹吸固化的"四个化"和资源利用效率低问题突出、开发和保护矛盾突出的"两突出"。其中,"四个化"是现象,"两突出"是问题,这些现象和问题相互交叉,互为因果,有的还有加重趋势。

1. 区域分化

从全省层面看,主要是南北发展分化,即皖北地区与淮河以南地区发展的分化;从市县层面看,主要是城乡发展的分化;从城市内部看,主要是城镇居民收入的分化。

就南北发展分化而言,早在 2001 年 10 月,省委、省政府就作出《关于进一步加快皖北地区经济发展的若干意见》,采取多种措施支持皖北地区发展,尽管取得了很大成效,但皖北与全省的差距不仅没有缩小,还有加大趋势。如 2019 年与 2001 年相比,皖北 6 市常住人口占全省的比例增加了 1.0 个百分点,但地区生产总值占全省比例、人均生产总值相当于全省平均水平,都有不同程度的下降(见表 7-4)。

表 7-4　皖北地区 2000—2019 年若干主要指标在全省占比的演变

指　标	2000 年		2019 年		变化(百分点)
	数量	在全省占比	数量	在全省占比	
常住人口(万人)	2721	43.3%	2821	44.3%	增加 1.0 点
GDP(亿元)	923	30.4%	108326	29.2%	下降 1.2 点
人均 GDP(元)	3392	69.7%	38414	65.7%	下降 4.0 点

注:本表皖北地区的范围为淮北、亳州、宿州、蚌埠、阜阳、淮南等 6 市。

资料来源: 2011 年、2012 年《安徽统计年鉴》。

就城乡发展分化而言,党的十八大以来,特别是"十三五"以来,我国城乡居民收入持续增长,差距转向缩小,但安徽的缩小程度却大大低于全国平均水平。由表 7-5 可见,在 2015—2019 年期间,全国城乡居民收入差距之比缩小了 0.252 个百分点,而安徽只缩小 0.054 个百分点,就综合反映安徽的城乡发展分化程度超过全国平均水平。

就城镇居民收入分化而言,近 10 年来,城镇的贫困人口越来越多,主要原因是城镇居民收入出现分化问题,安徽也是如此。表 7-6 是"十三五"期间本省城镇居民收入五等份组中的最高收入组和最低收入组之比的变化,及其与全国变化程度的比较。由表可见,在 2019 年的城镇居民五等份收入组中,安徽最高收入组是最低收入组的 4.7075 倍,而 2015 年只有 4.0847 倍,4 年间扩大了 0.618 倍,而全国城镇居民最高收入组与最低收入组之比,4 年间只扩大 0.575 倍,也说明本省城镇居民收入分化程度是比较严重的。

表 7-5 "十三五"以来安徽城乡居民收入差距缩小程度及与全国比较

年份	指　标	全国(元)	安徽(元)
2015 年	城镇居民人均可支配收入	31195	26936
	农村居民人均可支配收入	10772	10821
	城乡居民人均收入比	2.896	2.489
2019 年	城镇居民人均可支配收入	42359	37540
	农村居民人均可支配收入	16021	15416
	城乡居民人均收入比	2.644	2.436
城乡居民人均收入差距变化的百分点		缩小 0.252	缩小 0.054

资料来源:《中国统计年鉴》(2016、2020 年),《安徽统计年鉴》(2016、2020 年)

表 7-6 "十三五"以来安徽城镇居民收入差距缩小程度与全国的比较

年份	五等份分组中最高与最低组人均收入及比较	全国(元)	安徽(元)
2015 年	城镇居民人均收入最高组	65082.2	57514.15
	城镇居民人均收入最低组	12230.9	14064.20
	最高组是最低组的倍数	5.3211 倍	4.0894 倍
2019 年	城镇居民人均收入最高组	91681.6	91264
	城镇居民人均收入最低组	15549.4	19387
	最高组是最低组的倍数	5.8962 倍	4.7075 倍
差距四年变化幅度		扩大 0.575 倍	扩大 0.618 倍

资料来源:2011 年、2012 年《安徽统计年鉴》。

2. 动力极化

党的十八大以来,安徽各地的发展动力普遍增长,但出现动力极化现象,合肥及沿江城市发展动力增长更快,而皖北地区发展动力增长较缓慢。进一步分析发现,动力极化的一个重要原因,是科技创新要素越来越向合肥及沿江大城市集聚,其中合肥市集聚能力最强,而皖北地区尤其是亳州、宿州和阜阳 3 个农业大市的创新能力却提升缓慢。由表 7-7 可见,合肥市的 R&D 投入、R&D 人员、有效发明专利数和大中型工业企业新产品销售收入 4 项指标在全省占比都超过或接近三分之一,2010—2019 年间都呈增长趋势,而亳州、宿州和阜阳 3 市在此期间的相关指标虽然都有提升,但提升速度较慢,总量占全省的比例都很小,动力极化现象难以抑制。

表 7-7　合肥市和亳宿阜创新能力演变比较(2010—2019 年)

指　　标		2010 年		2019 年	
		数额	占全省比	数额	占全省比
R&D 人员(人,%)	合肥市	35551	37.57	97331	37.98
	亳宿阜	4718	5.05	16539	6.30
R&D 投入(万元,%)	合肥市	576263	35.20	2917649	38.69
	亳宿阜	46601	2.84	447930	5.94
有效发明专利(个,%)	合肥市	677	26.70	18465	33.70
	亳宿阜	88	3.47	3777	6.89
大中型工业企业新产品销售收入(亿元,%)	合肥市	705.51	35.32	3226.62	33.30
	亳宿阜	55.81	2.79	736.85	7.59

资料来源:2011 年、2020 年《安徽统计年鉴》。

3. 乡村弱化

城乡发展不平衡是我国各省区的共性问题,但安徽则较为突出,逐渐出现乡村弱化问题。主要表现是农村普遍出现"过度老龄化""季节空心化"现象,乡村出现了衰退现象,农业、农民、农村老的"三农"问题尚未完全解决,又出现了农民工、老人农业、空心农村的新"三农"问题,加重了城乡发展的不平衡和乡村的弱化,综合反映为城乡居民收入差距的扩大,扩大程度超过邻省。如 1978 年本省城乡居民平均收入与四邻省相比总体上差距不大,而 41 年后的 2019 年,城乡居民的收入差距程度,不仅高于经济发达的浙江、江苏两邻省,也高于发展中的江西、河南两邻省(见表 7-8)。

表 7-8　安徽城乡居民收入比与邻省的比较（1978—2019 年）

（以农村居民人均收入为 1）

年度	安徽	浙江	江苏	江西	河南
1978 年	3.76	3.17	3.08①	2.43②	2.68③
2018 年	2.435	2.014	2.252	2.394	2.225

注：①为 1981 年，②为 1980 年，③为 1995 年。

资料来源：国家统计局《改革开放十七年（1978—1995）的中国地区经济》《中国统计年鉴2020》，中国统计出版社。

4. 虹吸固化

安徽作为经济欠发达省份，容易受经济发达地区的"虹吸"，大量优质要素流向经济发达地区，特别是皖北、皖西等欠发达地区，虹吸现象长期不能扭转，出现了虹吸固化问题。近年来这些地区的对外交通条件已有根本性的改善，但建成的交通干线却往往成为欠发达地区优质要素外流的便捷通道，又加重了虹吸固化问题。

根据区域经济学的"板块理论"，若某个区域板块受到周边板块的挤压，将会出现或"隆起"或"塌陷"两种结果，"隆起"则成为经济高地，"塌陷"则成为经济凹地。安徽作为一个区域经济板块，在长期的经济发展中也受到周边省区的"挤压"，自近代以来出现的结果不是"隆起"，而是"塌陷"，因而成为欠发达省份。改革开放以来，皖中和沿江地区的这种局面已得到根本扭转，主要原因是合肥等中心城市的快速崛起而提高了区域位能，不仅阻止了对要素的"虹吸"，更增强了对要素的集聚能力，但皖北、皖西地区的中心城市集聚能力较弱，虹吸固化问题最为突出，这也是南北发展分化的一个重要原因。未来时期我国的区域竞争态势更为严峻，安徽部分地区虹吸固化问题应引起高度重视。

5. 资源利用效率低的问题突出

资源利用效率程度是对地区资源配置优化程度和经济发展质量的综合反映，可从某项资源利用效率与全国平均水平的比较，来判断一个省区的资源利用效率程度。按这种方法比较，安徽资源利用效率低的问题突出（见表 7-9）。

表 7-9 安徽省主要资源利用效率与全国平均水平的比较(2019 年)

指 标	安 徽	全 国	比全国低
粮食单产(公斤/公顷)	6007	6272	265
规上工业利润率(%)	6.03	6.16	0.17
其中:国有企业(%)	3.71	4.81	1.10
建筑业利润率(%)	2.73	3.30	0.57
房地产业利润率(%)	11.68	14.09	2.41
家庭移动电话普及率(%)	66.78	81.12	14.34
每百人使用计算机数(台)	28	32	4
千人拥有卫生人员(人)	5.67	7.26	1.59
千人拥有病床(张)	5.46	6.30	0.84

资料来源:国家统计局《中国统计年鉴 2020》,中国统计出版社 2020 年版。

由表 7-9 可见,从最新的统计数据看,安徽在经济社会领域的一些主要资源利用效率程度都低于全国平均水平,有的差距还比较大,特别是对新资源和生产要素的利用效率更低。如家庭移动电话普及率比全国平均水平低 14.34 个百分点,每百人使用计算机数比全国平均水平少 4 台。对土地、矿产资源的利用效率不仅低于全国平均水平,有的还低于周边省份,农业就是典型的例子。由表 7-10 可见,2019 年安徽省粮食单产都低于江苏、浙江、山东、湖北、河南和江西六个邻省,在长江中下游和淮河流域的粮食主产区,单产处于末位,反映了本省资源利用效率低的问题非常突出。

表 7-10 安徽周边省份粮食单产(2019 年)(单位:公斤/公顷)

省份	江苏	浙江	山东	湖北	河南	江西
单产	7111	6680	6503	6376	6405	6071
比皖高	1104	673	496	369	398	64

资料来源:国家统计局《中国统计年鉴 2020》,中国统计出版社 2020 年版。

6. 开发和保护的矛盾突出

高质量发展是开发和保护并重的发展,但是,由于我国在前一阶段普遍是重开发、轻保护,生态环境方面欠账过多,如今对生态环境保护提出更加严格的要求,就凸显出开发和保护的矛盾。安徽前一阶段发展很快,生态环境保护没有跟上发展的步伐,开发和保护的矛盾更为突出。

安徽开发和保护的突出矛盾主要有四个:一是耕地保护压力较大,2019 年安徽人均耕地 1.22 亩,比全国平均水平（1.47 亩）低 0.25 亩,有 7 个地级市的人均耕地不足 1 亩,且耕地非农化、非粮化现象突出,耕地污染现象难以抑制,皖北能源基地采煤塌陷区有扩大趋势,后备耕地资源严重不足,土地整治、补充耕地难度加大。二是资源利用仍很粗放,尤其是水资源利用效率不高,安徽人均水资源拥有量 850.9 立方米,只有全国平均水平的 40.96%,但全省农田灌溉水有效利用系数约为 0.544,低于全国平均水平 2.7%,万元工业增加值用水量是全国平均水平的 2 倍。而国家级开发区工业用地每公顷税收为 373.5 万元,只相当于全国平均水平的 54.5%、中部地区平均水平的 80.2%,城镇工业用地亿元 GDP 地耗 61.8 公顷,大大高于沪苏浙的用地量,农村常住人口建设用地人均达 189 平方米,大大超过国家规定的标准上限,矿产资源开发利用也存在着重开发轻节约等问题,粗放利用资源仍很普遍。三是生态环境存在问题较多,不仅工业中的废水排放化学需氧量、农业中的化肥施用量居高不下,前者居全国第 6 位、后者居全国第 3 位,不少地区雾霾天气多发,农村垃圾污染、城镇垃圾围城及河道水体黑臭现象较为突出,更重要的是生态环境安全基础较弱,如近 20 多年来,全省林地、草地、河流、湖泊、滩涂、湿地等重要生态用地呈逐年减少之势,2019 年全省水土流失面积达 1.24 万平方公里,占全省面积的 8.9%,重要生态保护区内约有十分之一的空间仍不同程度存在人类居住、开发、出行等活动,不利于对生态多样性保护、水土保持和水源涵养,洪涝灾害、干旱灾害、传染病灾害、地质灾害等风险仍存在,一些城乡居民点存在安全隐患。四是国土空间对人口和要素的承载功能不强,空间品质不被重视,主要是中心城市的区域辐射带动功能不强,城市和小城镇在总体上集聚能力普遍较弱,全省地级以上城市建成区占城镇总人口的比例低于 50%,占常住人口的比例低于 25%,仅合肥、淮北、马鞍山的常住人口大于户籍人口,其他 13 个地级市长期存在人口净外流现象;在城镇内部,蓝绿空间、公共服务空间严重不足,交通堵塞、垃圾围城,新区建设缺乏地域文化特色,高楼林立,容积率较高,一个面孔、一个格调,空间品质不高,与“城市给人们带来美好生活”的基本要求还存在很多差距。安徽解决开发和保护的这些矛盾要花很大功夫,而中共中央、国务院颁发的《长江三角洲区域一体化发展纲要》要求安徽建成绿色发展示范区[13]，对开发与保护提出了更高的要求，又可能会出现需要解决的新矛盾和新问题。

第三节　新时代优化安徽区域经济布局的总体思路

基于以上对我国进入城市群时代区域经济布局变化趋势的理论认识，针对安徽区域经济布局存在"四个化、两突出"的现象或问题，应以目标导向、问题导向和发展导向为着眼点，打造新时代发挥比较优势的安徽新版本，科学谋划安徽优化区域经济布局的总体思路。

一、打造新时代发挥比较优势的安徽新版本

（一）新时代优化安徽经济空间布局的三大影响因素

1. 外部因素：长三角一体化

在开放的区域系统，一个省区的经济空间布局与国家的区域发展战略有着密切的关联，对优化省区经济空间布局来说，是来自外部的决定性影响因素。就安徽而言，来自外部影响经济空间布局的决定性因素，是国家的长三角一体化战略、长江经济带发展战略和淮河生态经济带发展战略。由于安徽全省加入长三角，长江经济带和淮河生态经济带的安徽部分已纳入长三角范围，从国家区域发展战略的高度看，来自外部影响安徽经济空间布局的决定性因素，主要是长三角一体化。因此，应从深度参与长三角一体化的高度，优化安徽的经济空间布局。

2. 内部因素：城镇化、乡村振兴

本章第二节根据区域经济布局三次转型规律的分析，对安徽得出的结论是，全省从总体上已进入第二次转型的后期阶段，即区域性中心城市在经济布局中起主导作用，其中，合肥、芜湖、马鞍山三市已率先进入第三次转型的前中期，即城市群在区域经济布局中起主导作用。在这种空间结构特征下，城镇化会进入深化阶段，区域性中心城市的要素承载力和乡村的辐射力会快速提升，会重塑新型城乡关系，带动乡村振兴，而乡村振兴又是正在实施的国家战略。因此，在这种发展背景下，对优化安徽经济空间布局来说，城镇化、乡村振兴就是来自内部的两大决定性影响因素。

3. 内在嬗变因素:智能化、数字化

以上的外部因素和内部因素都是空间层面对区域经济布局的影响因素,而使外部和内部因素有机啮合并发生内在嬗变的因素,是科技进步因素。当今世界发生的新一轮科技革命和产业变革所形成的智能化浪潮,是科技进步的主流,正以巨大的力量刷新区域经济布局。在长三角地区,智能化因素会高效推进一体化的更高质量发展,以多种方式为"一体化"和"高质量"全面赋能,重塑长三角和安徽的区域经济布局。就"一体化"而言,智能化因素正在形成人机互动、万物互联的泛在性通达网络,"云"层上的物联网对行政区界具有巨大的穿透力,以无形的力量打破长三角和安徽地面上的行政区障碍,大幅度地降低甚至消除区域一体化的制度成本,从而会推进区域间优势互补,优化资源和生产力布局。就"高质量"而言,智能化因素为产业发展全面赋能,既会快速打造具有战略性和全局性的产业链,推进产业链的高级化,又会培育和发展战略性新兴产业,有效改造和提升传统产业,推进产业结构的现代化,从而会提升长三角地区的资源和空间利用效率,优化安徽的城镇和空间布局。因此,智能化、数字化的发展,是在科技进步新形势下,优化安徽经济空间布局的内在嬗变影响因素。

(二)打造新时代发挥比较优势安徽新版本的三个导向

1. 目标导向:打造新时代发挥比较优势安徽新版本的提出

面对世界百年未有之大变局的挑战,党中央反复强调提高我国经济的发展质量,可以说,新时代是我国经济高质量发展的时代。高质量发展是硬道理,区域经济布局也是一样,应以高质量发展作为优化区域经济布局的目标导向。

从经济布局角度看,区域经济高质量发展重在发挥区域的比较优势,在区域间形成优势互补,以最佳的资源配置,达到区域经济高质量发展的目标。提高区域经济发展质量与优势互补的区域范围有关,若优势互补的区域范围越大,某个区域可以参与互补的比较优势门类和机会就会越多。这样,区域比较优势成叠加之势,形成递增型的区域比较优势,更会提升区域经济的发展质量。尤其是后发地区,若能在更大的区域范围参与优势互补,比较优势释放的空间也就越大,就会走出"比较优势陷阱",加快区域经济发展,提高经济发展质量,这是优势互补的客观规律。正是基于这样的客观规律,党中央提出我国要推进形成优势互补、高质量发展的区域经济布局。显然,"优势互补"和"高质量"是关键,两者的内在关系是,高质量发展是出发点、落脚点,体现优化区域布局的目标导向,要贯穿始终;优势互补是实现区域经济高质量发展目标的战略途径,存在于区域经济布局优化的全过程,要统筹谋划。

就安徽而言,从中华人民共和国成立70多年来经济布局演变特征可以看出,虽然也遵循优势互补的客观规律,但仍存在着比较优势未能充分发挥的局限性,主要原因是不同程度地受行政区界限的约束,区域经济布局的形成偏于内生型。如今,安徽已是长三角的成员,但又是长三角地区的后发省份,从省情的这个特征出发,谋划本省优化区域经济布局总体思路的着眼点,应从深度参与长三角一体化的高度,以高质量发展为目标导向,打造新时代发挥比较优势的安徽新版本。

所谓发挥比较优势的安徽新版本,是着眼于长三角高质量一体化发展,打破省、市、县行政区界,发挥安徽创新活跃强劲、制造特色鲜明、生态资源优良、内陆腹地广阔等比较优势,挖掘和突出各市县及“一圈五区”各自特色的比较优势,培育新的具有递增性的比较优势,扬皖之长,与沪苏浙优势互补,形成高质量发展的区域经济新布局。显然,这是推进内生型布局向开放型布局的战略转型,是对本省区域经济现状布局的优化和提升,因而称之为新时代发挥比较优势的安徽新版本。

2. 问题导向:清醒认识安徽经济发展的质量差距

高质量发展是优化区域经济布局的目标导向,安徽对经济发展的质量要有清醒的认识。一个省经济发展的质量程度究竟如何,要通过地区间的横向比较加以判断。因为安徽已是长三角的成员,通过与沪苏浙及长三角41个地级及以上市的横向比较发现,本省经济发展质量与之差距甚大。

因为经济密度和国土开发强度是从布局层面比较地区间经济发展质量的主要依据,若综合比较甲省与乙省的经济发展质量,分别以甲省的经济密度和国土开发强度作为1,得到乙省的经济密度是甲省的倍数(a)和乙省的国土开发强度是甲省的倍数(b),两个倍数相除,求得两省经济发展质量的比较指数(h)。按照这种方法计算,2019年,江苏、浙江的经济发展质量比较指数分别是安徽的2.5倍、3.25倍(见表7-11);而安徽的自然条件与江苏、浙江大体相似,某些方面还优于江浙,这就从总体上反映出安徽与江浙经济发展质量的差距。

表 7-11　安徽与江苏、浙江经济发展质量比较指数(2019 年)

指　　标		安徽	江苏	浙江
经济密度(a)	万元/平方公里	2643	9711	6113
	以安徽为 1	1	3.67	2.31
国土开发强度(b)	%	15.0	22.0	10.7
	以安徽为 1	1	1.47	0.71
以安徽为 1 的与江浙比较指数(h=a/b)		1.00	2.50	3.25

资料来源:皖苏浙《主体功能区规划》及 2020 年国民经济和社会发展统计公报。

世界银行《2009 年世界发展报告:重塑经济地理》认为,经济密度也可作为衡量国家或地区经济发展质量的一项指标[14]。如果仅以经济密度为依据,本书第二章从细分长三角 41 个地级及以上城市的经济密度发现,安徽 16 个地级市,经济密度无一市居前 10 位,居前 11～20 位的只有合肥(14 位)、芜湖(17 位)和马鞍山(19 位)三市,居第 21～30 位的只有淮北(24 位)、蚌埠(27 位)、铜陵(29 位)三市,其他 10 市都在 30 位以后;安徽经济密度最高的合肥市,只及江苏最高市无锡的32.1%、浙江最高市嘉兴的 65.4%。

安徽区域经济布局存在"四个化、两突出"的现象或问题,归根到底还是发展质量问题。习近平总书记 2020 年 8 月 20 日在合肥主持召开扎实推进长三角一体化发展座谈会发表的重要讲话,要求欠发达区域更要提高发展质量,对安徽具有很强的针对性、导向性[15]。

3. 发展导向:高效融入国内国际双循环新发展格局

自 2008 年由美国次贷危机引发世界金融危机以来,世界经济开始衰退,一些国家保护主义盛行,2020 年新冠疫情暴发以来,世界经济的这种态势不仅更加明显,而且还会延续。但是,世界经济形势的变化并不能改变我国经济高质量发展的大趋势,所以,2020 年 5 月 14 日中央政治局常委会会议首次提出,要充分发挥我国超大规模市场优势和内需潜力,推动形成以国内大循环为主体、国内国际双循环相互促进的新发展格局。2020 年 10 月 29 日党的十九届五中全会通过的《中共中央关于制定国民经济和社会发展第十四个五年规划和二〇三五年远景目标的建议》,把构建双循环的新发展格局作为"十四五"期间的重大战略任务之一[16]。打造新时代发挥比较优势的安徽新版本,应以高效融入双循环新发展格局为发展导向。

双循环是区域经济高质量发展在国内国际宏观层面的实现。按照马克思主义的社会再生产理论,社会总产品是通过生产、分配、流通、消费环节的经济循环,其价值和使用价值才能得以实现。区域经济布局是社会总产品在生产环节的布局,但生产环节与其他环节要有适配性,尤其是与消费需求和市场流通的适配性。区域经济布局与消费需求的适配性,要求产业体系能实现上下游、产供销的有效衔接;经济布局与市场流通的适配性,要求产业布局在区位选择上与城镇体系、交通体系的恰当契合。这样,经济布局从供给侧为经济良性循环提供保障,提高区域经济的发展质量。社会总产品的价值和使用价值首先是在国内大循环中实现的,国际贸易推进国际大循环发展,把一国一地产品和服务的价值实现扩大到世界市场。在经济全球化时代,我国经济已深度融入国际大循环,而且,国内国际双循环相互促进。在这样的时代背景下,以推进高质量发展为目标优化省区经济布局,必须以高效融入双循环新发展格局为发展导向。

对安徽来说,以高效融入双循环新发展格局为打造新时代发挥比较优势安徽新版本的发展导向,应从成为国内大循环重要节点和国内国际双循环战略链接的高度,优化全省的经济布局。在国内大循环的节点方面,安徽是农业、能源和原材料生产大省,这些产业已成为国内大循环的重要节点,今后主要是提升这些产业的产品供给质量;制造业和战略性新兴产业的优势行业正在成为国内大循环的节点,但与市场需求的适配性还不够;除这些优势产业外,其他产业尚未成为国内大循环的重要节点,在区域经济布局方面构建国内大循环重要节点的空间优化潜力很大。安徽作为内陆欠发达省份,国内国际双循环的战略链接还很薄弱,但作为长三角一体化的重要方面军,在区域经济布局方面融入和助力长三角城市群的国际化平台,打造国内国际双循环战略链接也有很好的发展前景。

二、构建优势互补、高质量发展区域经济布局的总体思路

（一）基本前提

习近平总书记 2019 年 8 月 26 日在中央财经委员会第五次会议上的讲话强调,推动形成优势互补高质量发展的区域经济布局,要"尊重客观规律,发挥比较优势,完善空间治理,保障民生底线"[1],是对打造新时代发挥比较优势的安徽新版本的基本要求,应该成为安徽确立构建优势互补、高质量发展区域经济布局总体思路的基本前提。

尊重客观规律。尊重经济发展规律、社会发展规律和自然发展规律的客观要求，适应安徽区域空间布局进入第三次转变的大趋势，促进各类生产要素自由流动并向优势地区集中，形成以都市圈、区域中心城市为主要形态的增长动力源，培育各具特色具有比较优势的增长极、发展节点，进而带动全省经济社会生态总体效率的持续提升。

发挥比较优势。坚持区域协调发展的辩证法，认识到发达地区和欠发达地区都有各自的比较优势，挖掘和培育这些比较优势，发挥各类比较优势的价值创造作用，推进地区间以非同质的比较优势分工合作、优势互补，科学打造新时代发挥比较优势的安徽新版本，进而带动全省各地区高质量协调发展、加快缩小区域发展差距。

完善空间治理。统筹开发与保护、发展与安全的关系，完善和落实主体功能区战略，以县（市）为单元细化主体功能区划分，按照主体功能定位划分政策单元，对不同类型的功能区实施差异化政策，分类精准施策，进而带动全省形成主体功能约束有效、国土开发有序的空间发展格局。

保障民生底线。坚持以人民为中心的发展思想，推进不同区域的基本公共服务实现均等化，基础设施通达程度比较均衡，加快农村人口城镇化进程，促进迁移人口稳定落户，提高人的城镇化水平。逐步提升城乡居民社会保障水平，扩大社会保障省级统筹范围，进而实现全省人民走向共同富裕。

（二）以优势互补和动力体系为两大战略抓手的总体思路

基于以上前提，安徽构建优势互补、高质量发展区域经济布局的总体思路是：以习近平新时代中国特色社会主义思想为指导，坚持新发展理念，贯彻党的十九大及十九届各次中央全会精神，立足安徽省情，面向未来发展，尊重经济、社会和自然发展规律，落实国家区域协调发展战略和长三角一体化战略，以打造新时代发挥比较优势的安徽新版本为总览，深化改革开放创新，优化"一圈五区"空间布局，强化不同区域高质量发展的动力系统建设，增强中心城市综合功能，推动各类要素合理流动和高效集聚，构建优势互补的区域关系、城乡关系，推进区域治理现代化，统筹发展与安全，建设经济发展高质量、居民生活高品质、社会治理高水平、江淮大地高颜值的"四高"现代化新安徽。

这个总体思路的核心，是以优势互补和动力体系为两大战略抓手，拓展优势互补空间,提升动力体系功能,形成"优势互补"+"动力体系"的发展态势,走活整盘棋,打造新时代发挥比较优势的安徽新版本,构建优势互补、高质量发展的区域经济布局。

1. 拓展优势互补空间

打造新时代发挥比较优势的安徽新版本,区域间要形成有优势、能互补、高质量、可持续的高质量发展新格局,发达地区要进一步强化先发优势,放大优势溢出效应,欠发达地区要加快释放后发优势,培育"反虹吸"功能,走出"后发优势陷阱"。为此,要树立区域经济的发展空间不在区域之内、而在区域之外的新的区域经济发展观,面向省内、国内、世界三个空间层次拓展优势互补的空间范围。

一是以"一圈五区"为依托,面向省内推进优势互补。主要是培育和发挥各市县的比较优势,以各类开发区为载体,以补、延、强产业链为抓手,推进市县间的优势互补,每个圈区都形成若干在全省或全国细分市场有竞争力的产品或产业集群。

二是打破省内优势互补的局限性,以长三角地区为重点,面向国内推进优势互补。主要是深度参与长三角一体化高质量发展,扬皖之长,广泛推进与沪苏浙的优势互补,进而拓展与中部地区、京津冀、珠三角及全国的优势互补;顺应国内需求持续扩大的发展趋势,每个市县都培育出若干在长三角或全国细分市场有特色的优势产品或产业集群,打造国内大循环的诸多节点。

三是在融入国内大循环的基础上融通国际大循环,进一步扩大开放,面向世界推进优势互补。特别要注重与"一带一路"沿线国家,与 2020 年 11 月 15 日由东盟 10 国和中、日、韩、澳大利亚、新西兰签署的《区域全面经济伙伴关系协定》(RCEP)[1]国家的优势互补,以建设创新策源地和新兴产业集聚地为重点,以国家级开发区、安徽自贸区、海关特殊监管区等为载体,打好产业基础高级化和产业链现代化攻坚战,应对世界供应链重组加剧的新变化,以增强产业链的自主自强可控能力为方向,聚力培育若干国家级、世界级的产业集群,打造融入国际大循环的诸多链接,注重吸纳先进因素为本省的比较优势赋能,拓展新的比较优势,提升融入国际大循环的可持续性。

---

① 《区域全面经济伙伴关系协定》(RCEP):由东盟于 2012 年发起,经过 31 轮正式谈判,2020 年 11 月 15 日签署。成员国包括东盟 10 个成员国和中、日、韩、澳大利亚、新西兰 5 国,15 个成员国 2019 年总人口达 22.7 亿,GDP 达 26 万亿美元,出口总额达 5.2 万亿美元,均占全球总量约 30%。

2. 提升动力体系功能

拓展优势互补的空间范围,要有推进拓展的动力体系,习近平总书记2020年8月20日在合肥主持召开扎实推进长三角一体化发展座谈会发表的重要讲话,特别强调欠发达区域要增强高质量发展的动能。[15]鉴于安徽区域经济布局中存在"四个化、两突出"的现象或问题,应从以下三个方面提升动力体系功能:

一是加强中心城市的动力体系培育,为发展廊道、空间网络赋能。因为中心城市、发展廊道、空间网络是省区动力体系的三大空间载体,中心城市可分为枢纽城市和次区域中心城市,枢纽城市是动力源,次区域中心城市是增长极、发展节点,共同构成省区经济的动力体系。在安徽,"一圈五区"要突出枢纽城市动力源的功能培育,带动次区域中心城市增长极、发展节点的功能提升,形成有活力的动力体系,进而为发展廊道、空间网络赋能,全省就会形成拓展优势互补空间范围的强劲动能。

二是深度参与长三角一体化发展,借力外部因素提升动力体系功能,形成递增性的比较优势。在开放的区域经济系统,中心城市的动力功能具有互补性,某些功能在互补中是传递的,为提升中心城市的动力功能开拓外部输入通道。长三角地区已形成较为成熟的区域合作机制,有助于推进中心城市间动力功能的互补与传递。安徽作为长三角一体化的重要方面军,深度参与长三角一体化发展,可借力沪苏浙的先进因素提升中心城市的动力功能,推进安徽比较优势递增。

三是突出以改革开放创新赋能。主要是以改革化解区域管理体制中存在的障碍,为区域经济布局的优化机制赋能;以开放化解要素合理流动和高效集聚存在的堵点,为优化要素配置机制赋能;以创新化解区域经济发展存在的短板,为提升供给与需求的适配性赋能。通过改革开放创新三维度的赋能,加快提升动力体系功能,形成优势互补的长效机制,完善直至稳定安徽区域经济发展的最优布局。

第四节　新时代优化安徽区域经济布局的战略谋划

按照区域经济学的布局理论,功能区有三大空间构成要素:中心城市、发展廊道、空间网络。中心城市是区域经济的"大脑",发展廊道是区域经济的"骨架",空间网络是区域经济的"筋脉",三大空间构成要素覆盖全域,带动县域城镇和乡村发展。安徽"一圈五区"向功能区方向发展,应突出中心城市、发展廊道、空间网络三大区域功能要素建设,培育各圈区的功能。从大尺度的空间角度看,可以优化"一圈五区"功能区布局;从小尺度的空间角度看,可以带动县域经济发展与区域内的乡村振兴。此外,安徽与苏浙毗邻地区应率先一体化,会重塑毗邻地区的经济布局。因此,从辩证的、系统的角度看,新时代优化安徽经济空间布局的战略谋划,应按照中共中央、国务院颁发的《长江三角洲区域一体化发展规划纲要》关于优化长三角区域布局的部署,以深度参与长三角更高质量一体化发展为区域布局主导向,从中心城市、发展廊道、空间网络、县域经济和合作开放链接等五个方面入手进行战略谋划,充分发挥在增加密度、缩短距离、减少分割、公平均等四个维度导入智能化因素而对区域一体化的推动作用,形成"点、线、面"的空间布局,构建各具特色、优势互补、高质量发展的经济空间布局。

一、中心城市发展的战略谋划

中心城市是区域经济的"大脑"。按照区域经济布局三次转型的客观规律,安徽已进入以长三角世界级城市群为主导,以合肥都市圈、皖江城市带和区域中心城市为支撑的第三次转型发展阶段。因为第三次转型的发生标志是城镇人口占比超 2/3,即人口城市化率超过 66%,农业或第一产业占国民生产总值的比例在5% 以下,通勤人口占总人口的比例超过 15%。2019 年,安徽人口城镇化率为55.8%,第一产业占国民生产总值的比例为 7.8%,城市间通勤人口也逐年增多,表明本省区域经济布局在总体上正处于第二次转型后期,向第三次转型升级。第二、三次转型的空间特征,在大空间尺度是以城市群为区域经济布局的主体形态,在次大空间尺度是以都市圈为区域经济布局的主体形态,人口和要素加快向城市群、都市圈集聚,而无论是城市群还是都市圈,区域中心城市都起主导作用。因此,新时代优化安徽经济空间布局的战略谋划,首先应着眼于"一圈五区"中心城市的功能建设,优化全省的城市功能分工结构和规模层次结构,形成功能互补、高质量发展的城市体系。

(一)培育各具特色的动力源、增长极

中心城市是区域经济发展的动力源、增长极,而动力源、增长极的能力取决于中心城市的功能。因此,应从培育动力源、增长极的高度重新认识城市发展,突出城市的主体功能培育,发挥中心城市的独特优势。

城市功能有两类,一类是基础功能,即对本市全体居民、机构提供生活和工作条件的基本服务功能,体现城市对人口和要素的承载力;二是区域功能,即对本市之外周边腹地的服务功能,体现城市对区域的辐射带动力。中心城市的区域价值主要体现在后一个功能,从而成为区域经济发展的动力源、增长极,并决定功能区的边界。一个国家或地区要构建优势互补、高质量发展的经济空间布局,关键是发挥中心城市作为动力源、增长极的区域功能作用,特别是最具优势的区域主体功能作用,形成中心城市功能互补、高质量发展的城市体系。

在安徽,省、地区级中心城市的区域功能正在逐渐提升,但从总体上看,作为带动区域经济发展的动力源、增长极都还不足,对区域的辐射带动力普遍较弱。主要原因,一是长期以来城市的区域功能定位多变而不清,导致城市的区域主体功能模糊;二是城市的区域功能泛化,造成城市的区域主体功能弱化。城市什么功能都有,但主体功能不强。针对这种情况,应以深度参与长三角高质量一体化发展为区域布局的主导向,着眼于全省加快形成优势互补、高质量发展的经济空间布局,从培育区域经济发展动力源、打造地区增长极的高度重新认识城市发展,发挥中心城市的独特优势,突出城市的主体区域功能培育,建设各类具有影响力的区域中心城市。

从安徽省不同等级中心城市的现实基础和区域地位看,应分三类情况培育中心城市的主体区域功能:

一是在经济相对发达的合肥都市圈和皖江城市带,应以长三角发达城市为标杆,培育和提升中心城市的主体区域功能,建设在长三角乃至在全国有影响力的中心城市。其中,合肥市要加快培育长三角城市群副中心功能,建设在全国有影响力的中心城市,到2035年,争取成为国家级中心城市;芜湖市作为皖江城市带的核心城市,应发挥沿江通海的区位优势和制造业较发达的产业优势,建设长江经济带有影响力的区域中心城市,到2035年,争取成为人口超300万的Ⅰ类大城市。安庆市要补综合交通枢纽短板,增强皖西南中心城市功能,到2035年,争取成为皖鄂赣接壤地带中心城市。

二是在经济相对欠发达的皖北地区,针对长期受发达地区的虹吸问题,更应加强区域性中心城市的主体功能培育,通过强化城市的基础功能,提升对人口、要素的承载力和产业转移的承接力,培育区域发展动力源和"反虹吸"功能,加快建设区域性中心城市,从根本上化解"虹吸固化"问题,走出"后发优势陷阱"。蚌埠市应发挥交通区位优势,突出硅基和生物质产业发展,提高产业在全国乃至世界市场的占有率和城市在皖北地区的辐射带动力,建设成为全省次中心城市。阜阳市要抓住"加入长三角、全市通高铁"的机遇,增强皖西北地区中心城市功能,打造国家综合物流枢纽城市和"中原东部商都"。宿州市要尽快解决"一市一区"的功能缺陷,既主动融入徐州都市圈,又加强同淮北市及蚌埠市的优势互补,共建皖东北地区的中心城市组群。亳州市要发挥中药材优势,培育中药材加工与贸易功能,建设"世界中药之都"。淮北和淮南市要加快资源型城市转型,加快发展新兴接续产业,告别"资源诅咒",提升城市的承载力和辐射功能,成为淮河生态经济带有影响力的区域性中心城市。

三是生态环境优良的皖南地区和皖西地区,要发挥生态环境和地域文化优势,培育在长三角乃至全国有影响力的特色功能区域中心城市。皖南地区突出打好"黄山牌""徽文化牌",以雄峻的皖南山岳与娇艳的苏杭风景美美叠加,将厚重的徽文化和诗画般的江南文化优势互补,高标准建设皖南国际文化旅游示范区、美丽中国建设先行区、中国优秀传统文化传承创新区,把黄山市建成以世界一流文化旅游名城为主体区域功能的皖南地区中心城市。大别山地区可着力发展适应性产业和特色经济,做好"山水文章",强化红色文化传承,深度开发红色、生态、文化等优质特色资源,打造长三角高品质红色旅游示范基地和康养基地,实现由"外部输血式"到"自身造血式"的发展动力转型,加快振兴步伐,把六安市建成皖西地区有特色的中心城市。

（二）中心城市的功能分工及结构

1. 功能分工结构

不同等级的中心城市根据自身的发展条件,会有不同的区域主体功能,有的只有单一主体功能,有的具有多种主体功能;有的主体功能区域辐射面较小,只是一个地区级或省级的某种功能中心城市;有的主体功能区域辐射面较大,是国家级乃至世界级的某种功能中心城市。从单一主体功能看,安徽应培育五种主体功能的中心城市,推动相关要素向这些中心城市集聚,形成优势互补、高质量发展的城市功能分工结构。

（1）综合交通枢纽城市:国家级综合交通枢纽——合肥;长三角综合交通枢纽——芜湖、蚌埠;省级综合交通枢纽——阜阳、安庆;地区级交通枢纽——其他地级市。其中,合肥市要打造国际航空货运集散中心,阜阳市要打造国家综合物流枢纽城市,芜湖市与马鞍山市要共建长江经济带江海联运枢纽。

(2)制造业中心城市:国家级制造业中心——合肥;长三角制造业中心——芜湖、蚌埠、滁州;农副矿资源加工中心——其他地级市。其中,合肥市的智能制造、芜湖市的工业机器人制造和蚌埠市的硅基高端制造力争走在世界前列,滁州市的智能家电制造力争走在全国前列。

(3)服务贸易业中心城市:国家级服务贸易业中心——合肥;长三角服务贸易业中心——芜湖、阜阳;地区服务贸易业中心——其他地级市。其中,合肥市力争建设面向全球的跨境电商中心。

(4)科创中心城市:综合性国家科学中心——合肥;长三角科创中心——芜湖、蚌埠。其中,合肥市力争建成世界级的创新策源地、国家级科创中心,合芜蚌力争成为国家级的科创共同体。

(5)特色中心城市:黄山——世界旅游城市;亳州——世界中药之都;铜陵——中国铜都。

2. 城市等级结构

城市功能是分区域等级的,根据某种主体功能的辐射区域范围,安徽城市可分为五个空间层次的等级结构。

(1)省中心城市(长三角城市群副中心城市):合肥,争取到 2035 年前后建成国家中心城市。

(2)全省副中心城市:芜湖、蚌埠。

(3)区域性中心城市:安庆、阜阳、黄山。

(4)地区性中心城市:淮北、亳州、宿州、淮南、六安、滁州、马鞍山、铜陵、池州、宣城。

(5)县域中心城市:9 个县级市和 57 个县城关镇。

3. 城市规模结构

城市一旦形成,城市的功能就决定城市的规模。立足现有基础,着眼未来发展,随着城市功能的增强,安徽将形成 6 个层级、金字塔式的城市规模结构。

(1)特大城市（人口 500 万~1000 万）:合肥。

(2)Ⅰ类大城市（人口 300 万~500 万）:芜湖。

（3）Ⅱ类大城市（人口 100 万~300 万）：淮北、亳州、宿州、阜阳、蚌埠、淮南、六安、滁州、马鞍山、铜陵、安庆等 11 个。

（4）中等城市（人口 50 万~100 万）：宣城、池州、黄山 3 个地级市，以及县级市巢湖和 9 个人口超 100 万县的城关镇，共 13 个。

（5）Ⅰ类小城市（人口 20 万~50 万）：除巢湖市外的 8 个县级市，以及人口超 50 万的 32 个县城关镇，共 40 个。

（6）Ⅱ类小城市（人口 20 万以下）：11 个人口在 50 万以下的县城关镇，人口超 10 万人的 10 个左右标准镇，以及 3~4 个 5A 级旅游特色镇和垦地合作共建镇，25 个左右。

以上 90 个左右不同规模的城市，形成比较合理的金字塔式城市规模结构，逐渐改变大中城市多、小城市少的倒金字塔式不合理的城市规模现状结构。

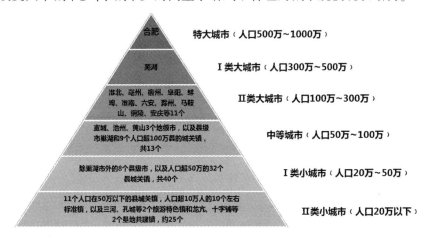

图 7-3　安徽省未来城市规模结构示意图

（三）培育和提升合肥市的区域中心性和国际性

本书第四章第四节已讨论过，2020 年合肥市的地区生产总值过万亿元后，应朝着国家中心城市方向发展。这样，就会进一步提升合肥市作为安徽最大城市的动力源功能。对照国家中心城市的五条标准，合肥市在居于国家战略要津、肩负国家使命、引领区域发展、参与国际竞争和代表国家形象五个方面都有一定的优势，但国家中心城市还有两大基本功能：一是具有全国意义的中心性，二是具有一定区域范围的国际性。对照这两大基本功能，合肥市当前都严重不足，短板突出，需要早作战略谋划，扬优补短，厚积薄发，加快培育和提升合肥市的区域中心性和国际性两大基本功能,闯出一条冲刺国家中心城市的新路、快路。

1. 合肥市的区域中心性和国际性的严重不足

国家中心城市具有全国意义的中心性功能,是指国家中心城市辐射和带动的区域范围,要超过本省的行政区界限,在国家尺度上具有中心性。合肥虽然位居东中接壤、南北交汇地带,是全国性综合交通枢纽,经济总量也过万亿元,但其中心性主要还局限在本省内的江淮地区,对皖北和皖南地区的辐射带动力还较弱,而南京、杭州已辐射到安徽的部分地区,可见,合肥市在国家尺度上的区域中心性严重不足。城市外来人口的区域范围可从要素流动与集聚层面反映一个城市的区域中心性程度,外来人口的省份和数量越多,说明这个市的辐射面越广,中心性就越强。按照这个标准,利用"百度慧眼"2021年春节期间对合肥、南京、杭州迁入人口的大数据分析发现,合肥市迁入人口中,安徽本省的占比高达86.12%,超过1.0%的只有3省,仅占迁入人口的7.26%;南京市迁入人口中,江苏本省的只占52.18%,超过1.0%的有8省,占迁入人口比例高达43.0%;杭州市迁入人口中,浙江本省的也只占52.24%,超过1.0%的有9省,占迁入人口比例也达38.01%(见表7-12)。合肥市与南京、杭州相比差距很大,而安徽迁入南京人口的占比是江苏迁入安徽占比的11.1倍,安徽迁入杭州人口的占比居9省之首,也从一个侧面反映合肥市的区域中心性严重不足。

表 7-12　合肥市与南京、杭州 2021 年春节期间迁入人口比较

	合肥	南京	杭州
来自本省的占比（%）	86.12	52.18	52.24
迁入人口占比超过 1.0% 的外省及其占比（%）	河南（3.59） 江苏（2.65） 湖北（1.02）	安徽（29.49） 河南（4.26） 山东（2.51）、 江西（1.54） 浙江（1.52） 浙江（1.52） 湖北（1.10） 上海（1.06）	安徽（11.85） 江西（8.04） 河南（4.69） 江苏（4.40） 湖北（2.45） 湖南（1.92） 上海（1.77） 山东（1.70） 福建（1.19）
外省数及占比合计（%）	3省（7.26）	8省（43.0）	9省（38.01）

资料来源:根据"百度慧眼"网站2021年春节期间数据整理。

　　国家中心城市具有一定区域范围的国际性功能,是指城市的某些影响力已跨越国界,并能吸引国外资源,在科学发现、技术创新、产业发展等方面有能力参与国际竞争。就一定区域的国际性而言,合肥市的国际性甚至低于区域的中心性。一个城市的国际性主要看其国际影响力,体现这种国际影响力的指标主要有 8 个,2019 年的数据反映,合肥市与这些指标初始标准的差距都很大(见表 7-13)。改革开放以来合肥市的对外开放虽然取得很大成就,特别是科学发现、原始创新的国际影响力逐年上升,2019 年已居世界级区域创新集群百强第 90 位,以"芯屏汽合""集终生智"为特色的高新技术产业的国际竞争力也不断提升,但由于底子很薄,城市的国际性很低,是冲刺国家中心城市的最大短板。

表 7-13　合肥市 2019 年国际影响力指标

国际影响力指标	初始标准	合肥市达到程度
外贸依存度(%)	30	22
外商投资占本地投资比重(%)	10	6
外国金融机构数(个)	30	4
外籍侨民占本地人口比重(%)	0.6	0.02
入境旅游人次数占本地人口比重(%)	30	1
国际友好城市数(个)	30	12
境外世界 500 强所办企业及分支机构(个)	250	48
年举办国际会展(次)	80	10

　　资料来源:初始标准参考杨俊龙、张谋贵等著《合肥国际化问题研究》第 39 页表,达到指标参考合肥市统计局 2020 年统计年报。

　　2. 培育和提升合肥市的区域中心性和国际性

　　(1)提升合肥市的区域中心性功能

　　合肥市在培育和发挥居于国家战略要津、肩负国家使命、引领区域发展、参与国际竞争和代表国家形象五大优势基础上,应着重从三个方面提升合肥市的区域中心性:

　　一是发挥在合肥都市圈的核心城市作用,推进合肥都市圈的同城化发展,提高在合肥都市圈的中心性。都市圈发展经历一体化、同城化、国际化三个阶段,在发展过程中,核心城市的区域中心性会不断提升。我国都市圈大多都处于由一体化向同城化的发展阶段。合肥都市圈已成立 16 年，一体化程度不断提升，应进一步发挥合肥市的核心城市作用，引领都市圈一体化向同城化的战略升级，特别要发挥合肥市的产业和科创优势，以企业为主体，以产业链、创新链为主线，带动合六、合淮蚌、合滁、合芜马、合铜、合桐安六大发展廊道建设，把发展廊道建成同城化廊道，在同城化发展中提高合肥市在都市圈的中心性。

二是发挥在合芜蚌国家自主创新示范区的龙头作用，构建辐射全省的创新共同体和产业联盟，提高合肥市在全省的中心性。合芜蚌是横跨本省北中南部地区的核心"金三角"，自主创新示范可对这个核心"金三角"赋能，进而辐射带动全省发展。但一直以来，合芜蚌三市在自主创新方面却处于内循环状态，示范区整体作用未能显现，对全省的辐射带动作用发挥不够。针对这个问题，"十四五"期间，合肥市应发挥在合芜蚌国家自主创新示范区的龙头作用，以大学大院大所大企业为核心，分行业牵头组织若干创新共同体和产业联盟，以创新共同体对产业联盟赋能，把合芜蚌国家自主创新示范区做实、做强。参加创新共同体和产业联盟的企业不限于合芜蚌，而要覆盖全省，打破内循环，形成全省科创大循环，引领全省自主创新和产业发展。合芜蚌国家自主创新示范区还应加强向皖北地区辐射，带动皖北承接产业转移集聚区建设，合肥市尤应发挥科创和产业等优势，通过合作共建产业园、科创体等方式，扩大对皖北、皖西的辐射带动面。这样，以发挥在合芜蚌国家自主创新示范区的龙头作用和扩大对其他地区的辐射带动作用，提高合肥在全省的中心性。

三是发挥合肥市在东中部区域协调发展的典范作用，深度嵌入长三角高质量一体化，积极参与长江中游省会城市合作，在东中部接壤地带提升合肥在全国意义上的中心性。引领跨省区的协调发展是一个省会城市具有全国意义中心性的体现，对合肥市而言，能在东中部接壤地带形成具有强劲活力的枢纽城市，对东中部协调发展起到典范作用，就体现出这种中心性。针对我国地域广阔，区域差异大的基本国情，党的十九大报告提出实施区域协调发展战略，东部与中部地区最有条件率先推进协调发展；中共中央、国务院颁发的《长江三角洲区域一体化发展纲要》还专门提出，"加强南京都市圈与合肥都市圈协同发展，打造东中部区域协调发展的典范"[13]。合肥市是长三角城市群的副中心，又是中部地区的省会城市，应该担当起国家的这个战略使命，在东中区域协调发展中努力发挥典范作用。

向东,深度嵌入长三角高质量一体化,特别是深化与南京都市圈的协同发展,在长三角西部形成"双圈"带动协调发展新布局;向西,进一步深化与武汉、南昌、长沙合作,在中部地区形成长江中游四省会城市合作发展新布局。这样,合肥市能在引领东中部区域协调发展中发挥战略链接的典范作用,就会提升具有全国意义的中心性。

（2）培育和提升合肥市的国际性

改革开放以来,合肥市对外开放持续推进,在经贸、科技、教育、文化等领域与国外的联系与交流逐步扩展,到2020年,已与220多个国家和地区实现经贸合作,进出口总额突破322.1亿美元,位居全国第九,有48家境外世界500强企业在肥投资;对外开放平台建设取得重大进展,合肥出口加工区整合优化为综合保税区,已建成3个进境指定口岸、空港保税物流中心（B型）、中国（合肥）跨境电子商务综合试验区和庐州海关,中国（安徽）自由贸易试验区合肥片区已开始运营,中欧班列发运量位居长三角地区第一、全国第八。但由于历史和现状的多种原因,合肥市的国际性不高,与现有的9个国家中心城市和长三角的南京、杭州相比,合肥市的国际性都较低,应着重从三个方面提升具有合肥特色的国际性：

一是发挥合肥市创新活力强劲、制造业有特色的优势,在融入国际大循环中提高合肥市的国际性。比如,全方位服务合肥综合性国家科学中心建设,不断释放大科学装置的巨大原始创新力,提升创新策源地的世界影响力,在原创性、颠覆性科技创新方面提高合肥市的国际性。又比如,支持在肥高校、科研院所加快发展,聚力科技攻关、成果转化、人才集聚,推动技术创新、产业创新,提高关键核心技术的自主可控性,在某些优势领域打破西方国家的高新技术打压,在科技自立自强可控方面提高合肥市的国际性。还比如,强化企业的创新主体地位,扩大国家工程（技术）中心、国家重点实验室、国家级企业技术中心在专业和企业的覆盖面,培育一批有自主知识产权的高科技企业和有国际竞争力的产业集群,拓展产业链、供应链在世界市场网络的介入面,通过巩固和提升优势产业的国际竞争力,提高合肥市的国际性。

二是在深度嵌入长三角高质量一体化发展中,借助长三角世界级城市群品牌和有世界影响力的对外开放平台,提高合肥的国际化水平。比如,借助上海浦东、虹桥国际空港枢纽的力量,积极参与分工合作,特别是分担虹桥机场的邮货压力,在航空货运方面提升合肥新桥空港的国际性。又比如,借助上海航运中心和宁波舟山国际化港口的条件,把合肥市更多的产品推向境外海外,通过提高合肥产品在世界细分市场的占有率,提高合肥市的国际性。再比如,借助在上海举办的中国国际进口博览会,既引进世界先进技术和先进设备,提高合肥市企业的技术装备水平,又吸引世界500强企业到合肥投资或合作共建企业,以人口大省的巨大内需潜力吸引海外技术和资本,提高合肥市的国际性。此外,抓住"一带一路"建设、"东盟10+5"《区域全面经济伙伴关系协定》(RCEP)于2022年1月实施,以及中欧投资协定有可能签署等机会,支持企业"走出去",以实际效果赢得更多国家政府、企业、人民的信任,提高合肥市的国际性。

三是突出巢湖的全球独特性,培育既具有合肥特色又代表国家形象的城市行为。城市作为一种独特的生命体,也有反映城市生命体共同的精神信念、理想目标、文化底蕴和群体意识的城市行为,体现在城市的经济、社会、文化、生活、对外交往和城市风格等方面。合肥市应突出巢湖的全球独特性,形成大城拥大湖的国际唯一性特色提高合肥市的国际性,主要是构筑一批符合国际标准的基础设施和公共服务体系,建设若干国际社区、国际学校,营造对国外居民有吸引力的宜居宜业宜学宜游环境,培育一批高水准、国际化、标志性的城市品牌,编织多元化的国际形象推广网络,在继续办好世界制造业大会、新型显示大会的基础上,举办一些世人关注的国际学术大会、高端展会、世界性体育赛事等,以良好的城市行为和国际化形象提高合肥市的国际性。

二、发展廊道布局的战略谋划

发展廊道是畅通人口和要素在区域间便捷流动和高效集聚的战略走廊,既依托交通运输大通道,又提升交通运输大通道的功能。因为高速铁路、高速公路是把"双刃剑":或仅仅是便捷的大通道,会造成优质要素被发达地区"虹吸"而更快地流失,削弱了要素供给,成为经济发展的"凹地";或会吸引优质要素的更快流入与集聚,沿线地区成为新的发展高地,发达地区会加快发展,欠发达地区也会加快崛起。进入21世纪以来,安徽高速铁路、高速公路发展很快,如到2020年6月28日商合杭高铁全线通车后,全省高铁营运里程达2456公里,在全国的位次由第六位上升到第一位,高速公路营运里程也超过江苏、浙江两省。为改变大通道导致要素大流失问题,应从发展枢纽经济、加快产业集聚升级和提升城镇能级三个方面对其"赋能",把交通运输大通道建成本省城镇发展密集带、产业布局密集带和

东西南北优势互补高质量发展链接轴。综合分析,安徽应加快建设"四横三纵一曲"七条发展廊道(见图7-4):

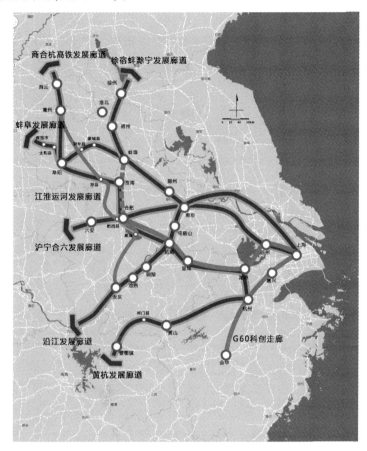

图7-4　安徽省发展廊道示意图

（一）"四横"廊道布局

发展廊道作为区域经济的"骨架",在一个国家或省区,发展廊道多比少好,因为较多的发展廊道,可为要素流动开辟更多的通道,有利于缩短距离、减少分割、提高密度、公平均等。但发展廊道也不是主观决定的,必须依托交通干道。提出安徽建设"四横三纵一曲"七条发展廊道,就是从安徽中心城市和交通干道布局着眼的。

1. 沪宁合六发展廊道

将《长江三角洲城市群发展规划》的沪宁合发展主轴延长到六安。在2016年《长江三角洲城市群发展规划》编制时,长三角城市群还不包括安徽的六安市与皖北地区和黄山市,当时提的沪宁合发展主轴没有延伸到六安。事实上,沪汉蓉高铁直接从合肥经六安、金寨向武汉延伸,加上六安已是合肥都市圈的重要组成部分,合六之间也已形成了经济发展走廊,合肥作为全省中心城市已形成了要素集聚和综合服务优势,对六安有较强的辐射带动力,沪宁合六发展廊道已初步形成,需要进一步发挥六安市在沪宁合六发展廊道西向辐射的桥头堡作用,增强其发展的动力源建设,增强六安对皖西、皖北及皖西南等区域的辐射与带动力。

2. 沿江发展廊道

这是《长江三角洲城市群发展规划》强调的重要发展主轴之一,应进一步提升其发展的能级。依托长江黄金水道,在打造沿江综合交通走廊的基础上,促进长江岸线有序利用和江海联运港口优化布局,进一步提升芜湖、马鞍山、铜陵、池州、安庆等沿江城市的发展能级。推进皖江城市带承接产业转移示范区建设,提升沿江五个中心城市要素集聚和综合服务能力,推动服务经济和创新经济发展,打造引领长江经济带临港制造和航运物流业发展集聚区,吸聚高端要素、汇集优秀人才,推动跨江联动和港产城一体化发展,建设科技成果转化和产业化基地,增强对长江中游地区的辐射带动作用。坚持生态优先、绿色发展,坚持共抓大保护、不搞大开发,着力打造水清岸绿产业优的美丽长江(安徽)经济带。

3. 蚌阜发展廊道

随着淮河生态经济带建设的推进,依托 G36 宁洛高速(经过安徽的蚌埠、蒙城、利辛、太和、界首)和阜蚌城际,沟通皖北两大中心城市蚌埠和阜阳的便捷联系,形成皖北地区发展主轴。G36 宁洛高速是本省皖北地区同长三角中心城市南京市连接的重要纽带,也是物流运输的重要通道;阜蚌城际是皖北地区一体化发展的快速通道,也是皖东地区向皖西地区辐射带动的重要走廊;在淮河生态经济带,淮河不仅是一条防洪通道,还是一条黄金水道。目前淮河入海水道下游没有通航能力,却因泄洪、排污而无法实现江海联运。但通过淮河生态经济带建设,可以通过航道整治,将淮河打造成为继长江、珠江之后中国第三个出海黄金通道。通过发展枢纽经济、加快产业集聚升级等多种途径对蚌埠、阜阳等地区中心城市"赋能",可把 G36 宁洛高速和阜蚌城际由物流、人流、信息流等大通道,建成皖北地区城镇发展密集带、产业布局密集带的蚌阜发展廊道,在安徽北部形成东西优势互补、高质量发展的链接轴。

4. 黄杭发展廊道

依托徽杭高速和杭黄高铁,形成皖南地区与长三角的重要发展廊道,再西向延伸至祁门乃至景德镇,形成皖南跨浙赣发展廊道。徽杭高速公路是连接徽州(黄山市)与杭州两大世界著名旅游胜地的陆路快速通道,也是东南沿海通往华中、华东地区的主要通道。徽州和杭州之间自古联系就非常紧密,古时的"徽杭古道"是古徽商崛起的重要路径。杭黄高铁穿越浙江、安徽两省,是长三角城际铁路网的延伸,沿途将名城(杭州)、名江(富春江、新安江)、名湖(千岛湖)、名山(黄山)连接起来,形成一条世界级黄金旅游通道,对整合杭州与黄山的文化和旅游资源,加强皖南地区向长三角的辐射有着十分重要的作用。同时,徽杭高速和杭黄高铁再向西延伸至祁门乃至景德镇,再进一步融合浙皖赣资源,在安徽南部构建一条"东中一体"协调发展的重要廊道。

(二)"三纵"廊道布局

1. 徐宿蚌滁宁发展廊道

依托京沪高铁,形成安徽东部融入长三角的发展廊道。京沪高铁即京沪客运专线,是一条连接我国两个世界级城市北京与上海的高速铁路,是2016年修订的《中长期铁路网规划》中"八纵八横"高速铁路网中的"八纵"之一,也是国家南北贯穿的主通道之一,在我国区域布局中具有重要战略地位。京沪高铁对安徽东部地区深度融入长三角的作用十分重要:北会推进宿州发挥腹地优势而融入徐州都市圈,有助于形成优势互补的新兴产业集群;南会强化蚌埠的枢纽地位和滁州与南京之间的直接联系;自北向南形成徐宿蚌滁宁发展廊道,聚合北京、上海等发达地区的要素资源优势,形成优势互补的区域一体化发展空间格局。宿蚌滁三市要依托这个发展廊道,充分发挥资源与特色产业优势,加快高质量发展。

2. 商合杭高铁发展廊道

依托商合杭高铁,形成安徽南北发展新主轴。长期以来,安徽南北跨度大,因缺少一条贯穿南北、快速通畅的交通大通道,使得安徽南北发展差距一直难以缩小。商合杭高铁的运营构建了贯通安徽南北的动脉,改变了这种格局,成为本省南北地理互联、优势互补的发展主轴,重塑安徽经济地理。商合杭高铁纵穿亳州、阜阳、淮南、合肥、芜湖、宣城等六市,形成了人流、物流、要素流、信息流等"多流"最便捷的发展通道,既把安徽两个最大城市合肥与芜湖直联,强化合肥作为全国性中心综合枢纽和芜湖市作为长江经济带综合枢纽的战略地位,又有利于深化六市之间特别是"合肥—阜阳""芜湖—亳州""合肥—芜湖"的南北结对合作,进一步强化阜阳的区域性综合枢纽功能。此外，商合杭高铁因贯穿安徽"一圈五区"六大板块中的"一圈""四区"五大板块，有利于扩大合肥都市圈在"五区"的辐射范围，使"交通走廊"变成"要素走廊"、"交通圈"变为"经济圈"、"交通枢纽"变成"经济枢纽"，加快构建安徽优势互补、高质量发展的区域经济新格局。

3. 江淮运河发展廊道

引江济淮工程形成的江淮运河，结束安徽江淮之间水运必须绕道京杭大运河的历史。沿线地区可通江达海，踏上加速融入长三角一体化发展的快车道，惠及范围达铜陵、安庆、合肥、芜湖、六安、淮南、阜阳、亳州、蚌埠、淮北、宿州 11 个市，建成后会带动沿线航运交通、现代物流、文化旅游及相关特色产业发展。这是安徽一条重要的南北发展廊道，必须系统谋划，高起点、高标准建设，发挥南北发展廊道的重要作用。

（三）"一曲"廊道布局

即 G60 科创走廊，发挥合芜蚌自主创新示范区优势，将 G60 科创走廊延伸至蚌埠，形成曲状发展廊道。G60 科创走廊沿线是中国经济最具活力、城镇化水平最高的区域之一，从上海松江区的 1.0 版本，到沪嘉杭联动的 2.0 版本，再到沪苏浙皖 9 地市的 3.0 版本，随着上海经湖州至马鞍山高铁的兴建，马鞍山市进入，形成 10 地市的 4.0 版本。不断扩容升级的背后，正是长三角地区科创驱动、融合发展、区域一体化共识不断深化的过程。安徽要发挥合芜蚌自主创新示范区优势，将 G60 科创走廊延伸至蚌埠，形成曲状发展廊道，更好地聚合长三角创新发展资源，抢占战略性新兴产业发展制高点。这条廊道沿线的宣城、芜湖、合肥、蚌埠等市要加强科技创新合作，强化产业协同发展，加快应用型创新平台建设，推进基础设施互联互通，努力在城市功能品质上与一线城市等高对接，为推动长三角更高质量一体化发展作出新的更大贡献。

三、空间网络发展的战略谋划

空间网络作为区域经济的"筋脉"，是以多种方式构建的由点到线的空间联系，是要素在区域间流动和集聚的必要条件，也是构建优势互补、高质量发展区域经济布局的物理支撑。有多类型、广覆盖的空间网络，中心城市才能发挥区域主体功能，发展廊道才能发挥中心城市之间的战略链接作用，进而带动腹地的县域经济发展和乡村振兴。从安徽的现有条件和未来需求看，应从布局上统筹谋划，重点发展产业网络、轨道交通网络、数字(信息)网络和公共服务网络。

1. 产业网络

突出产业链布局,加强补链、延链、强链、优链,积极发展产业网络,推动产业基础高级化、产业链现代化,提高产业供应链市场竞争力,扩大生产和服务网络。推行产业链链长负责制,以区域行政首长担任链长,牵头研究推动产业链发展各项工作,全面掌握产业链重点企业、重点项目、重点平台、关键共性技术、制约瓶颈等情况;研究制定产业链图、技术路线图、应用领域图、区域分布图等及做优做强做大产业链工作计划,统筹推进产业链企业发展、招商引资、项目建设、人才引进、技术创新等重大事项;精准帮扶产业链协同发展,协调解决发展中的重大困难问题;研究制定支持各产业链发展的政策措施;建立产业链发展日常调度通报机制等。

具体发展哪些产业网络,可围绕加快国家级、世界级产业集群发展、推进安徽经济更好地融入国内国际大循环等作出选择,重点发展制造业和现代服务业的产业网络,推进产业融合。在制造业领域可供选择的,一是新一代新型显示和家电、手机、家居产业网络,以合肥为中心,以芜湖、蚌埠、滁州为骨干,向全省其他城市辐射;二是新能源汽车和传统汽车及零配件产业网络,以合肥为中心,以芜湖、蚌埠、滁州、马鞍山、安庆、阜阳、亳州为骨干,向全省其他城市辐射;三是集成电路和传统装备制造产业网络,以合肥为中心,以芜湖、蚌埠、马鞍山、滁州、安庆为骨干,向全省其他城市辐射;四是机器人和智能制造产业网络,以芜湖为中心,以合肥、蚌埠、马鞍山、滁州为骨干,向全省其他城市辐射;五是新材料、环保材料设备和传统的钢铁、水泥、有色金属、精细化工产业网络,以合肥为中心,以马鞍山、蚌埠、安庆、铜陵为骨干,向全省其他城市辐射;六是生物制药和传统中药加工产业网络,以合肥为中心,以亳州、阜阳、蚌埠、芜湖、黄山、六安、池州为骨干,向全省其他城市辐射;七是农副产品加工和食品、纺织服装、轻工产业网络,以蚌埠为中心,以亳州、宿州、阜阳、滁州、宣城、芜湖、安庆、黄山、六安、池州为骨干,向全省其他城市辐射;八是能源和电力及光伏产业网络,以淮南、淮北为中心,以亳州、宿州、阜阳、合肥为骨干,向全省其他城市辐射。在现代服务业领域可供选择的,一是文化和旅游产业网络,以黄山为中心,以芜湖、合肥、亳州、安庆、六安、池州、滁州、宣城为骨干,向全省其他城市辐射;二是大健康产业网络,以合肥为中心,以芜湖、黄山、亳州、安庆、池州、六安、滁州、宣城为骨干,向全省其他城市辐射;三是现代商贸和物流产业网络;以合肥为中心,以芜湖、阜阳、蚌埠、安庆为骨干,向全省其他城市辐射。

2. 轨道交通网络

加密轨道交通布局,发展轨道交通网络,推动区域一体化、相邻城市同城化。在安徽全省范围内重点推动三个轨道交通网络。一是以合肥为核心,建成伞状四射线型轨道交通网,包括合肥—芜湖、合肥—蚌埠、合肥—安庆、合肥—阜阳、合肥—六安、合肥—淮南、合肥—铜陵、合肥—池州、合肥—滁州、合肥—马鞍山;二是以芜湖为中心,建成沿长江的线状型轨道交通网,包括芜湖—马鞍山、芜湖—铜陵、芜湖—池州、芜湖—安庆;三是以蚌埠为中心,建成沿淮河的弧状型轨道交通网,包括蚌埠—淮南、蚌埠—阜阳、蚌埠—滁州。

3. 数字(信息)网络

建设数字安徽,发展数据信息网络,推动地理空间向数字信息空间的深度转变。安徽要抢抓新一代信息通信技术如5G技术的发展机遇,加快提升安徽信息网络的智能化高水平。在"十四五"期间,一要以建设"数字江淮"为主抓手,加快建设数字网络强省,促进数字经济发展和数字社会发展;二是以省会合肥为中心建设5G信息网络,加快推进5G数字标杆示范工程建设;三是推进国家级开发区、省级开发区5G信息网络建设,积极发展工业互联网;四是优先在特殊行业率先推进5G数字网络建设,如电力、应急防灾、广播影视、水利、气象、医疗卫生、文化教育、旅游观光等,积极发展智能化电力、智能化应急防灾、智能化广播影视、智能化水利、智能化气象、智慧医疗、智慧教育、智慧旅游事业;五是推进重点农业企业的5G信息网络建设,积极发展农业物联网示范工程。

4. 公共服务网络

公共服务是以人民为中心的发展理念在政府工作中的体现,旨在更有效地推进城乡公共设施建设,发展教育、科技、文化、卫生、体育、社会保障和公共安全等公共事业。随着智能化因素的导入,互联网广泛应用于公共服务,形成"互联网+政务服务""互联网+社会服务"的公共服务网络,以先进技术和创新办法提供高效便捷的智慧便民惠民服务。在四大空间网络建设中,公共服务网络广布于社会基层,面向城乡居民,直接为人民群众的生活和工作服务,应作为各级政府的基础性工作,科学谋划,扎实推进。

经过 10 多年的发展,安徽已建成了覆盖全省、达及基层的政务信息服务网络。今后,应注重导入智能化因素,从政府和社会两方面加强公共服务网络建设。在政府方面,主要是依托江淮大数据中心总平台、行业部门分平台和各市子平台,推进政府公共服务系统数据信息的整合共享,打破部门和地区的信息壁垒,围绕"政府一个平台推服务,群众一个平台找政府"的目标,全面升级打造"皖事通办"平台,提供无差别、全覆盖、便利化的政务服务和社会服务,提升政府公共服务的综合效益。在社会方面,主要是加快数字社会建设,将智能化因素导入人民群众的日常生活和社会交往之中,推进覆盖全省城乡社区的数字化公共服务网络和应用场景工程建设,进一步建立和完善智慧医疗、智慧养老、智慧教育、智慧文旅、智慧政法、智慧人才市场、智慧社会保障、智慧市场监管、智慧广电、智慧气象等公共服务网络,更好地满足人民对公共服务日益增长的需求。

四、发展县域经济的战略谋划

与江浙相比,安徽县域经济是短板。2018 年江苏、浙江已分别有 11 个和 6 个县(市)经济总量突破 1000 亿元,而安徽到 2019 年只有肥西一县的经济总量突破 800 亿元。县域经济不仅头部"雁阵"实力不强,且县域间发展也极不平衡。县域与区域经济的三大构成要素即中心城市、发展廊道、空间网络密切关联,中心城市辐射县域,发展廊道通达县域,空间网络覆盖县域。在推动全省形成优势互补、高质量发展区域经济布局中,安徽各县(市)区应充分借助这些优越外部条件,聚焦内生造血功能培育,加快县域经济崛起。县域经济差异较大,从共性特征和一般规律看,安徽发展县域经济应突出四大战略重点:一是加快特色产业集群化发展,二是建设高质量发展的农产品主产区,三是全面实施乡村振兴战略,四是构建高质量发展生态安全屏障。

（一）加快县域特色产业集群化发展

1. 科学定位县域特色产业

江浙及发达地区的经验表明,特色产业集群化是加快县域经济发展的成功之路,强县必须强特色产业,强特色产业必须推进集群化发展。安徽各县(市)区的资源禀赋和发展基础不同,但都有条件发展特色产业,通过集群化把特色产业做强,但特色产业能否形成集群化发展态势,关键是要科学定位县域特色产业,那些经济强县、发展快县的一个共同特征,是对特色产业的定位科学,并且走上了集群化发展之路。最近几年皖北地区县域经济发展势头很好,2020年全省县域经济20强中有10个县在皖北地区,分别是濉溪、太和、怀远、颍上、凤阳、蒙城、萧县、临泉、涡阳和界首,成为安徽新兴的经济大县,共同的特征是特色产业定位准,形成集群化发展格局。

县域特色产业的科学定位,应在适应市场需求的原则下遵循两条定位思路:

一是发挥资源优势,在开发利用资源优势上定位特色产业,推进特色产业集群化发展。安徽无论是发达县还是欠发达县,都各有资源优势,应结合各县(市)的区位特点、资源环境条件和产业基础,基于资源集约开发利用确定特色产业,聚力推进集群化发展。因为县域企业规模较小,农业类的特色产业更分布在千家万户,只有走集群化发展之路,才能聚小为大、聚弱为强。

二是立足优势资源,又不限于资源,积极承接长三角或其他大中城市的产业转移,在区域发展格局发生重大变化和产业链供应链重组的宏观背景下,善于分享发达地区和城市产业与技术的外溢红利,定位本县的特色产业。因为县域经济的生存和发展空间不在县域之内,而在县域之外,在高速化交通网和泛在性物联网快速发展的条件下,每个县都可以在外部寻找产业发展机会,在融入国内国际双循环中定位特色产业,推进集群化发展。这就需要县委县政府不仅要有高瞻远瞩的战略决策,而且还要一届接着一届干,开拓县域经济发展的新路、快路。

2. 优化县域特色产业集群化的空间布局

一般而言,县域特色产业集群化的空间布局有三种形态,安徽各县应立足县情、面向市场,优化具有县域特色的产业集群化空间布局:

一是工业类和农副产品加工类特色产业的集群化布局,向开发区或集中区集聚的"点状"布局。安徽有40个县(市)区是国家农产品主产区,有116个县城关镇和中心镇列为省级重点开发区,每个县(市)区至少1个、最多4个省级重点开发镇[12],这些镇都可作为"点状"集中布局集群化特色产业的空间载体。

二是农业农村文化旅游类特色产业的集群化布局,按照旅游资源特色和消费组合成"线状"布局。这样的布局既不占用基本农田,又会开发利用农业的多种功能和村落民俗文化资源发展乡村经济,投入小、产出大,有很大的发展空间。

三是利用互联网而新发展起来的"线上"布局。这是一种新型的"柔性布局",适用于特色农副产品的线上直播销售,可以扩大销售区域,以新的形态更好地带动特色农副产品的集群化发展。近年来,这种布局在我国乡村发展也快,安徽不少乡村也在兴起,已显示出旺盛的生命力,发展前景广阔。

（二）建设高质量发展的农产品主产区

1. 确保粮食安全是农产品主产区的建设重点

安徽作为粮食主产区,在国家主体功能区规划中,皖北平原、江淮丘陵、沿江平原的40个县(市)区列为国家农产品主产区,面积76554.51平方公里,占全省面积的54.56%[12]。受新冠疫情及经济下滑影响,世界各粮食出口国已经纷纷收紧粮食出口,粮食安全受到世界关注。我国作为一个人口大国,尽管粮食产量连年增长,但当前粮食安全仍处于紧平衡状态,食用油、饲料粮、畜禽肉食品、水产品等进口比重逐年增高。把饭碗牢牢地端在自己手里,粮食安全不可忽视。安徽作为粮食主产区,2019年粮食产量810.8亿斤,粮食播种面积10930.5万亩,都位居全国第四位(前三位为黑龙江、河南和山东)。安徽应对粮食安全继续作贡献,在推动形成优势互补高质量发展的区域经济布局中,把确保粮食安全作为农产品主产区的建设重点。

2. 广开粮食增产、增效的新路子

粮食安全固然重要,但由于受价格、气候等因素的影响,粮食增产不增效已成为普遍问题,非农化、非粮化有蔓延之势。安徽作为国家粮食主产区,既要为国家粮食安全作出贡献,又要调动农民种粮的积极性,应以提高农民收入为目的,从以下四个方面探索开拓粮食增产、增效的路子,建设高质量发展的农产品主产区。

一是藏粮于地。主要是严格执行主体功能区规划,在粮食主产区严格保护耕地和抑制抛荒,确保基本农田面积和粮食播种面积"两个不减少";在重点开发区严控征占用耕地,确保耕地占补平衡,做到"藏粮于地"。

二是藏粮于技。主要是重视农业的创新发展,采用现代种养殖技术和先进农艺大力发展优质专用粮食、大宗畜禽水产品和特色农产品,加快推进"互联网+农业",充分利用数字技术推动农业参与国内农产品贸易大循环,做到"藏粮于技"。

三是增粮于效。主要是继续深入推进农业供给侧结构性改革。皖北地区"稳午增秋""稳粮增畜(禽)"和"稳猪增牛(羊)";皖中和沿江地区扩大油菜、早稻、水产、蔬菜瓜果种养殖面积,大力发展生猪健康养殖;皖南和皖西两大山区大力发展干鲜果品、茶叶、木本粮油、蜂蜜、草食畜禽等特色农产品,大幅度提高其市场竞争力和效益;城郊农业要发挥多功能性优势,大力发展民宿、农家乐等休闲观光农业,促进农业与旅游业融合发展,以旅游业的收益补农民生产粮食收入低的短板,提高农业生产的综合效益和农民收入,做到"增粮于效"。

四是稳粮于质。主要是高度重视粮食和食品质量安全,面向长三角和大中城市,建设广布式、特色化绿色农产品生产加工供应基地,扩大优质粮油和"三品一标"农产品生产,实现化肥农药施用"零增长",加强农产品加工环节的质量监管,建立"由农田到餐桌"的食品安全可追溯制度,提高农产品质量,做到"稳粮于质"。

（三）全面实施乡村振兴战略

1. 从六个方面全面实施乡村振兴战略

安徽尽管在2020年已全部脱贫,但乡村振兴任务仍很艰巨。党的十九届五中全会特别强调,在"十四五"期间要"优先发展农业农村,全面推进乡村振兴"[16]。针对安徽乡村的实际情况和存在的新问题,乡村振兴战略要强调全面实施。具体来说,应注重在以下六个方面全面实施乡村振兴战略:

一是全面推进农村环境问题综合治理,主要是针对当前农村环境比较突出的问题,扎实推进和巩固农村厕所、垃圾、污水专项整治"三大革命"。皖北地区要强化畜禽养殖废弃物资源化利用,搞好农作物秸秆综合利用,推进有机肥替代化肥;皖中和沿江地区要加强农村水环境治理,强化农膜及农药包装废弃物回收处理和病虫害绿色防控,切实保障农村饮用水水源安全。深化巢湖、淮河、长江等重点流域水污染防治,严禁工业和城镇污染向农业农村转移。

二是全面推进山水林田湖草系统统筹治理,主要是认真落实河长制、湖长制、林长制,推进林业增绿增效行动,加快建设国家森林城市、绿色生态廊道和皖北平原农田林网,加强农村环境监管能力建设,落实县乡两级农村环境监管的主体责任。

三是全面处理好开发和保护的关系,主要是结合各县实际,积极探索"绿水青山"转变为"金山银山"的具体路径,既要严格保护,又要科学开发,为社会提供更多更好的绿色生态产品和服务。

四是全面提升农民素质和技术能力,加强新型职业农民队伍建设,主要是加强农村思想道德建设和诚信教育,加强新型职业农民培训,广泛开展文明村镇、星级文明户、文明家庭等群众性精神文明创建活动,加强农村科普工作,提高农民科学文化素养,引导新生代农民传承、弘扬农村优秀传统文化,全面提升农民职业道德和精神风貌。

五是全面完善乡村治理,主要是建立健全党委领导、政府负责、社会协同、公众参与、法治保障的现代乡村社会治理体制,坚持自治、法治、德治相结合,深化村民自治实践。提高农村民生保障水平,加强农村社会保障体系建设。

六是全面巩固脱贫成果,增强贫困群众获得感幸福感。安徽贫困县已全部"摘帽",超300万贫困人口脱贫,但防止返贫任务仍很艰巨,要巩固脱贫成果,加强考核监督,把防止返贫作为乡村振兴的重要任务;进一步改善贫困地区生产生活条件,大力培养脱贫致富带头人,增强贫困群众获得感幸福感。

2. 从两个方面为全面实施乡村振兴战略提供保障

为落实以上六个方面的乡村振兴工作,应从两个方面提供保障:一是政府提供保障,省市县三级政府要统筹谋划,出台必要的扶持政策,从宏观层面畅通乡村与城镇、农业与非农产业优势互补渠道,推动形成工农互促、城乡互补、协调发展、共同繁荣的新型工农城乡关系。二是构建乡村内在机制保障,主要是培育和支持农村新型市场主体,善于运用市场机制和有效业态,组织和带领农民以主人角色参与乡村振兴,支持大学毕业生、专业技术人才到农村创新创业,培育新一代新型农民,增强乡村振兴的内部活力,从微观层面培育乡村与城镇、农业与非农产业的优势互补机制。这样,政府依靠农民,农民依靠市场,乡村内外畅通,宏观与微观链接,开拓乡村振兴的新路、快路。

（四）在县域层面构建生态安全屏障

在国家主体功能区规划中,大别山、黄山地区有20个县(市)区列为国家级生态功能区,面积30217.83平方公里,占全省面积的21.25%[12]。这些生态功能区广布于县域,应把构建高质量发展生态安全屏障,纳入县域经济社会发展的全局之中。从县域角度看,应注重从以下三个方面构建生态安全屏障。

1. 在县域层面规划生态功能区建设

安徽省尽管对生态功能区建设已有省级层面的顶层设计和专项规划,但在县域层面的规划还不完善,而县域层面的规划是对全省规划的伸展和细化,对国家级生态功能区建设具有基础性作用。县属国家级生态功能区的县(市)区,应该树立大局意识,根据全省国土空间规划、主体功能规划的部署,在县域层面规划生态功能区建设。每个县(市)区应根据生态安全体系的整体性特征,从全局出发,从长远考虑,全面部署本区域的生态安全体系建设,根据生态安全区域性和动态性特征,对不同功能区、不同生态环境、不同生态主体提出不同要求,统筹安排生态功能区建设,并纳入本县(市)区国民经济和社会发展五年规划及年度计划。

2. 加强生态修复与国土综合整治

县域层面的生态修复与国土综合整治具有基础性的作用,但却易被忽视,应该加以扭转。各县(市)区党委政府应把生态修复与国土综合整治上升到战略位置,牢固树立"山水林田湖草生命共同体"理念,深化对人和自然生命共同体关系的规律性认识,针对工业化、城镇化对生态系统的影响,加强生态修复与国土综合整治,强化重要生态系统和物种多样性保护,开展城镇化地区综合治理,推进农村全域土地综合整治。特别是围绕构建生态安全战略格局,加强地区、重点领域的生态治理与修复,因地制宜谋划建设一批生态治理和修复工程,争取国家和省市资金支持。

3. 强化生态环境监管、预警制度建设

县域层面的生态环境监管是就地就近适时准点的生态环境监管,可以及时发现问题、处理问题,在监管基础上总结县域空间尺度的生态环境变化规律,并建设预警制度;其具有监管成本低、效率高且预警及时准确的特征,对安徽建设绿色发展样板区作用重大,各县(市)区不仅要予以普遍重视,而且还应持续加强。为此,要从各县(市)区实际出发,进一步巩固和完善林长制、河长制、山长制,形成及时发现问题、处理问题的县域生态环境监管体系,在省、市级生态环境预警的同时,探索建立适度、时点准确的县域生态环境预警制度,及时提出相应举措,确保县域层面的生态安全。

五、合作与开放链接布局的战略谋划

合作与开放链接是面向长三角、国内乃至世界三个空间层次,为推进优势互补或开放合作而搭建的空间载体,具有形态多样化、功能专业化的特征,在增加密度、缩短距离、减少分割、公平均等四个维度方面,对推动长三角一体化的更高质量发展都会发挥积极作用。合作与开放链接的形态和功能都是在实践中探索而形成的,从功能作用看,大港(含空港)、自贸区以及与周边省份小尺度一体化合作的毗邻地区,都可以承担合作与开放链接的功能。安徽深度参与长三角更高质量一体化发展,应扬内陆腹地广阔之长,探索构建形态多样化、功能专业化的合作与开放链接载体,立足现实、着眼发展,优化合作与开放链接布局。

（一）合作链接布局

面向沪苏浙,安徽可从两个层面构建合作链接的空间载体。

1. 皖苏浙毗邻地区的一体化链接

本书第六章第四节从扬安徽内陆腹地广阔之长、建设东中部协调发展先行区的角度,已提出深化与苏浙毗邻地区的合作,共建东中部协调发展典范区,其典范意义还在于可以构建皖苏浙毗邻地区的一体化链接。为推进东中一体协调发展发挥示范带动作用,有必要从皖苏浙毗邻地区的一体化链接的高度认识与苏浙毗邻地区的区域合作,对这种一体化链接作出战略谋划。

安徽与苏浙相连,皖苏浙毗邻地区从北到南长达 1250 余公里,有 7 个地级市、23 个县(市)区与苏浙毗邻。《长江三角洲区域一体化发展纲要》特别重视推进沪苏浙皖跨界共建共享,具体提出支持顶山—汊河、浦口—南谯、江宁—博望省际毗邻区域开展深度合作[13],建设三个省际毗邻地区一体化发展新型功能区,带动在省际毗邻其他地区的合作,构建"3+N"区域布局。2020 年 6 月 5 日召开的长三角地区主要领导年度座谈会,又把在"一地六县"（"一地"为上海在郎溪的"飞地"白茅岭农场,"六县"为安徽的郎溪、广德,江苏的溧水、溧阳,浙江的安吉、长兴）省际毗邻地区共建长三角生态优先发展产业集中合作区提上建设议程。在这些发展背景下,安徽可培育和发挥"毗邻效应",分北中南三大板块与苏浙合作,构建毗邻地区的一体化链接,推进皖苏浙毗邻地区率先一体化,成为东中部区域协调发展的新典范。

皖北地区:主动融入徐州都市圈。徐州市是长三角的装备制造业中心,江苏省重要的工商业区域中心,也是新亚欧大陆桥中国段六大中心城市之一、国家级重要交通要道,2019 年地区生产总值已达 7151.4 亿元,在长三角 41 个地级及以上市中居第 10 位。目前已形成徐州都市圈,宿州市、淮北市已成为徐州都市圈的成员。徐州对宿州市、淮北市的辐射带动逐年增强,宿州、淮北两市有必要、有条件融入徐州都市圈的一体化、同城化发展,在北部地区构建一体化链接。

皖中地区:主动融入南京都市圈。皖中地区的滁州、马鞍山与南京的区域合作起步早、效果好,都是南京都市圈的成员城市,应继续深化顶山—汊河、浦口—

南谯、江宁—博望、南京江北新区—和县等省际毗邻小尺度区域的深度合作,构建东中一体协调发展新型功能区,成为毗邻地区一体化链接的先行者。同时,围绕产业协作"一条链"、交通设施"一张网"、共治共保"一江水"和公共服务"一卡通"的"四个一",扩大一体化领域,提升一体化层次,在中部地区增强毗邻地区一体化链接功能。

皖南地区:主动融入宁杭都市圈。宣城市以"一地六县"为重点、黄山市以国际文化旅游和绿色发展为特色,加强与江浙毗邻地区的合作,主动融入南京、杭州都市圈。在"一地六县"合作发展方面,坚持生态优先,协力建设长三角新兴产业

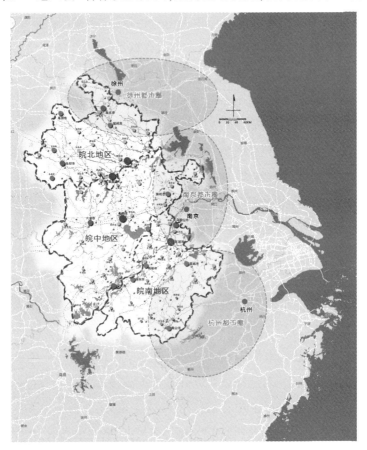

图7-5　东、中区域协调发展新型功能区示意图

发展集中区、生态型产城融合先行区,成为皖苏浙毗邻地区面积更大的东中一体协调发展新型功能。黄山市突出国际文化旅游,将厚重的徽文化和诗画般的江南文化优势互补,以雄峻的皖南山岳与娇艳的苏杭风景美美叠加,高标准建设皖

南国际文化旅游示范区。在绿色发展方面,与浙江省共同完善和推广新安江生态补偿机制,共建森林和湿地资源保护等重大生态工程,打通绿水青山与金山银山转化通道,联合打造新安江生态经济示范区,在南部地区构建区一体化链接,成为东中一体绿色发展的新典范。

除了上述"3+N"省际毗邻地区、"一地六县"的区域合作外,安徽还积极与沪苏浙发展省际产业合作园、地级市结对共建和城区对口合作,统称"五个区块链接",与沪苏浙一体化的区块链接已由毗邻地区扩大到全省腹地。到2021年6月,全省已有18个省级以上开发区、14个地级市、22个城区分别与沪苏浙相关市县区建立了不同形式的区块链接,滁州市和马鞍山市还分别在与南京毗邻地区建立新型功能区管委会,区块链接已由产业合作进入体制机制创新阶段。

2. 推进中部地区高质量发展与豫鄂赣的区域合作链接

根据中共中央政治局2021年3月30日会议提出的《关于新时代推动中部地区高质量发展的指导意见》,中部六省之间的区域合作将进入新的高潮。安徽作为中部省份,应依托长江经济带和淮河生态经济带,深化与赣鄂湘豫的区域合作,构建两条西向区域合作链接带。

一是依托长江经济带的西向区域合作链接带,主要是推进与鄂赣毗邻地区的局域性区域合作和中部地区沿江四个省会城市的战略性区域合作。前者是六安、安庆、池州三市分别与湖北、江西两省毗邻市县乃至乡镇,在大别山生态环境保护和旅游发展方面的区域合作,开展比较早,已有较好的基础,今后主要是构建和完善区域合作机制,丰富共建共享内容,提升区域合作质量,建设具有特色和效益的区域合作链接带;后者是合肥与武汉、长沙、南昌四个省会城市区域合作,已初步形成了区域合作机制,今后主要是进一步完善四省会城市合作机制,并向以四省会城市为中心的都市圈拓展,扩大合作领域,各扬其长、优势互补,在更大区域范围带动东中部协调发展。

二是依托淮河生态经济带的西向区域合作链接带,主要是推进六安、阜阳、亳州三市与河南毗邻地区的局域性区域合作和与中原城市群的战略合作。与依托长江经济带中部四省的区域合作相比,依托淮河生态经济带的区域合作相对滞后;但这一地区同属一个历史文化圈和经济地理板块,历史上经济联系密切,如今又有高速交通网络相通,区域合作基础条件好,随着中部地区加快崛起,区域合作的需求会增多,六安、阜阳、亳州三市政府和企业要关注这种需求,发挥各自优势,积极寻找区域合作机会,创造区域合作条件,在推进中部地区高质量发展中开展区域合作,构建西向区域合作的新链接带。

（二）开放链接布局

面向世界,安徽可从两个层面构建开放链接的空间载体。

1. 芜湖港、合肥空港的对外交通链接

芜湖港是长江溯水而上的最后一个万吨级深水良港,为长江主枢纽港之一和国家一类口岸,是安徽重要的水陆货运链接枢纽。2014 年 7 月与上海港务集团合作,成立芜湖港务公司,营运能力逐年增长,2019 年货物吞吐量完成 1.28 亿吨,集装箱量完成 100.63 万标箱,成为安徽首个百万标箱港口,也位居全国内河港口前列。安徽港口经过整合后,芜湖港与马鞍山郑蒲港可共建江海联运枢纽。2020 年 11 月初,国家发改委、交通运输部又确定芜湖港为全国 22 个国家物流枢纽之一,将进一步增强芜湖港的交通链接枢纽功能,开拓安徽与长三角、长江经济带乃至境外优势互补的新空间。

合肥新桥国际机场为 4E 级国际机场、华东区域枢纽机场,是合肥和安徽对外客货运链接枢纽。随着合肥和安徽对外开放的扩大,新桥国际机场营运发展很快,2019 年客运吞吐量 1231.6 万人,邮货量 87101.6 吨,起落班机 95135 架次,分别居全国机场的第 36 位、第 32 位、第 38 位。T2 航站楼即将建成,航线增加到 100 条以上,在国内可与适航省会城市全部通航,在境外可形成覆盖亚欧、达及美澳的对外链接。特别是依托新桥国际机场正在兴建的合肥空港经济示范区和新桥科创示范区,承接科技创新成果转化,形成空港物流、国际商贸、集成电路、生命健康等临空产业,对外链接功能会增多、增强,会进一步扩大开放,开拓安徽面向世界的优势互补空间,带动全省经济高质量发展。

2. 中国（安徽）自贸区的对外开放链接

2020 年 8 月,中国（安徽）自由贸易区获批,分合肥、芜湖、蚌埠三个片区布局,应建设成为安徽面向世界优势互补的现代化开放链接空间载体。到 2021 年 4 月底,中国（安徽）自由贸易区已新设企业 6021 家,签约入驻 531 个项目,协议引资额 3648.35 亿元,自贸区设立起步虽晚,但发展很快①。下一步在快速发展的基础上,应着重从三个方面培育和增强自贸区的开放链接功能:

第一,以制度创新为核心,用足用好自贸区改革自主权,深入开展差别化探索,对标国际先进规则,借鉴先发自贸区先进经验,开展规则、规制、管理、标准等制度型开放;建立切合本省实际的自贸区制度体系,打造国际一流营商环境,创新金融服务新模式,构筑投资贸易新机制,创新通关协作机制和模式,从体制机制层面培育和增强自贸区的开放链接功能。

第二,加强与长三角自贸区的联动发展,对标上海、江苏、浙江自贸区创新成果,深入开展自贸区试点经验复制推广工作,以"一带一路"等新兴市场为重点,注重开拓《区域全面经济伙伴关系协定》(RCEP)成员国的世界次区域市场,与沪苏浙优势互补,在境外合作举办出口商品展览会,拓展多元化国际市场;引导长三角市场联动发展,在物流标准化、电子商务、重要产品追溯体系、老字号发展等方面与沪苏浙加强合作,共同促进融入国际大循环,在与沪苏浙自贸区一体化发展中培育和增强自贸区的开放链接功能。

第三,世界已进入数字经济时代,国际贸易也由最终产品贸易、产业链贸易发展到目前的数字贸易新阶段。安徽自贸区虽然起步晚,但要面向前沿,敢于创新,抢占先机,超前谋划,顺势而为,在发展数字贸易方面积极探索,提高数字贸易战略定位,破解数字贸易体制机制障碍,构建数字贸易政策体系,争取在数字贸易上后来居上,培育和增强自贸区的开放链接功能。

参考文献

[1]习近平.推动形成优势互补高质量发展的区域经济布局[J].求是,2019(24).

[2]程必定.中国区域空间结构三次转型[J].区域经济评论,2015(1).

[3]国家发展和改革委员会.全国主体功能区规划[M].北京:人民出版社,2015.

[4]程必定.中国省域高质量发展的区域经济布局思考[J].区域经济评论,

---

① 见 2021 年 5 月 31 日《安徽日报》报道。

2021(1).

[5]王涛.东京都市圈的演化发展及其机制[J].日本研究,2014(1).

[6]大卫·利连索尔.民主与大坝 美国田纳西河流域管理局实录[M].徐仲航,译.上海:上海社会科学院出版社,2016.

[7]王进,潘娟.新形势下优化江苏区域经济布局的对策建议[J].中国工程咨询,2020(9).

[8]赵细康.广东区域发展不平衡性的多视角观察与启示[J].新经济,2019(2).

[9]陆德生.安徽经济地理[M].北京:新华出版社,1986.

[10]苏桦,欧远方.安徽发展战略[M].合肥:安徽人民出版社,1987.

[11]中共安徽省委.安徽省实施长江三角洲区域一体化发展纲要行动计划[S],2019.

[12]安徽省发展和改革委员会.安徽主体功能区规划[M].北京:人民出版社,2015.

[13]中共中央 国务院印发《长江三角洲区域一体化发展规划纲要》[N].人民日报,2019-12-02.

[14]世界银行.2009年发展报告:重塑经济地理[M].北京:清华大学出版社,2009.

[15]新华社.习近平总书记在合肥主持召开扎实推进长三角一体化发展座谈会[N].人民日报,2020-08-21.

[16]中共中央关于制定国民经济和社会发展第十四个五年规划和二〇三五年远景目标的建议[N].人民日报,2020-12-01.

第八章　安徽深度参与长三角一体化的能力建设

安徽深度参与长三角更高质量一体化发展有着广泛的前景,但这需要艰辛的努力,特别是在与沪苏浙发展水平有较大差距的情况下,安徽更需要提升深度参与长三角一体化发展的能力。这个问题涉及面很广,重要的是各级政府主动适应时代发展的新要求,为深度参与长三角一体化发展而加强政府能力建设。我国进入的新时代是"新阶段、新理念、新格局"时代,习近平总书记 2021 年 1 月 11 日在省部级主要领导干部学习贯彻党的十九届五中全会精神专题研讨班上,作了题为《把握新发展阶段,贯彻新发展理念,构建新发展格局》的重要讲话,从理论依据、历史依据、现实依据角度,对我国社会主义现代化建设进入新发展阶段作了系统分析,深刻阐述了我国在近中期乃至较长一个发展阶段面临的形势和时代任务,要求贯彻新发展理念,构建新发展格局;[1]《求是》杂志 2021 年第 9 期发表了习近平总书记这次重要讲话同名的文章。[2]可以说,习近平总书记和党中央对新时代"新阶段、新理念、新格局"的科学判断,是安徽深度参与长三角一体化对政府能力建设的指南。从这个要求来看,安徽深度参与长三角一体化发展的政府能力建设主要集中在三个方面:一是在新发展格局下提升区域合作能力建设,二是贯彻新发展理念增强要素保障能力建设,三是适应新发展阶段要求的政策有效供给能力建设。此外,还要适时优化行政区划设置,从分级行政管理方面提升深度参与长三角更高质量一体化发展的能力。

第一节　在新发展格局中提升区域合作能力

长三角一体化是政府主导的区域一体化,一市三省党委、政府是通过制度化的区域合作发挥主导作用的。党中央提出的构建"以国内大循环为主体、国内国际双循环相互促进"的新发展格局,在我国将会延续较长时期,对长三角一市三省的区域合作也提出了新的要求,安徽各级政府要根据这些要求,对标沪苏浙,在新发展格局下提升与沪苏浙区域合作的能力。

一、新发展格局对长三角区域合作体制机制的新要求

改革开放以来,长三角一市三省党委、政府经过较长时期的实践探索。2008年12月15—16日在宁波召开的第五次长三角地区主要领导的座谈会,明确提出建立"三级运作、统分结合、务实高效"的区域合作机制,安徽省党政主要领导首次应邀列席会议。① 这个区域合作机制的核心是"统分结合",亦即区域合作有"统"有"分","统"与"分"有机结合。所谓"统",是长三角一体化发展的方向、原则和重大事项由长三角地区主要领导座谈会决定;所谓"分",是一市三省党委、政府对主要领导座谈会的决定分头实施,或对一体化发展的重大事项分专题研究,一市三省达成一致同意后分工实施。为此,又构建起"三级运作"机制,第一级是决策机制,由长三角地区主要领导座谈会承担;第二级是执行机制,由一市三省常务副省(市)长组成的长三角地区市长协调会承担;第三级是协调机制,就一体化专项合作事项的实施进行协调,由长三角一体化办公室承担。此外,还成立了专题组,就长三角地区主要领导座谈会提出的重要专题进行研究,由一市三省联合承担,研究结果报主要领导座谈会决策是否实施、如何合作实施。一市三省政府部门还分别建立了专业性的联席会议制度,负责部门、行业一体化合作事项的落实。以上这些合起来,构建起的具有长三角特色的区域合作体制机制,13年来运作良好,务实高效。可以说,是我国跨省级行政区通过区域合作推进区域一体化发展的成功典范。

我国构建以国内大循环为主体、国内国际双循环相互促进的新发展格局,推进地区经济畅通地融入"双循环",应成为新时代区域一体化的出发点,对区域合作提出了新的要求。本书第三章第一节已经指出,长三角一体化发展的近期趋势是率先融入"双循环",这也对长三角"统分结合"的区域合作体制机制提出了新的要求。

1. 为提升"双循环"发展合力,根据国家战略需求有重点地"统"

"双循环"是我国建设社会主义现代化强国的战略选择,面临世界大变局,为

---

① 见 2008 年 12 月 17 日《解放日报》报道。

应对产业发展和科技进步愈加激烈的国际竞争,长三角一体化发展应根据国家的战略需求,在产业发展、科技进步和对外开放三个方面有重点地"统",提升"双循环"的发展合力。在产业发展方面,一市三省政府应重点围绕集成电路、新型显示、物联网、大数据、人工智能、新能源汽车、生命健康、大飞机、智能制造、前沿新材料十大重点领域,重点支持产业联盟加强分工协作,培育一批有国际竞争力的产业集群,提升产业引领"双循环"的发展合力。在科技进步方面,一市三省政府要把科技自立自强作为更高质量一体化发展的战略支撑,既要关注科技发展前沿,联合提升原始创新能力,也要注重协同推进科技成果转移转化,重点支持区域创新共同体建设,提升科技支撑"双循环"的发展合力。在对外开放方面,发挥长三角国际化水平高的优势,以上海为龙头,共建高水平对外开放平台,协同推进对外开放,合力打造国际一流的营商环境,提升对外开放带动支撑"双循环"的发展合力。

2. 为增强"双循环"发展活力,以发挥优势为导向科学地"分"

我国正在形成并持续推进的以国内大循环为主体、国内国际双循环相互促进的新发展格局,可以培育和释放超大型国家效应,为区域经济发挥比较优势和竞争优势创造机会,为各省(市)区经济发展开拓广阔空间。长三角一市三省都各有比较优势和竞争优势,一体化发展应以发挥优势为导向而科学地"分",一市三省各扬其优,增强"双循环"的发展活力。因为"统分结合"的区域合作体制机制是以整体最优为目的,以合作共享为价值导向,一省一市优势若得以充分发挥,不仅自身可以得到发展,其他省市也可以获得优势互补、融入"双循环"的机会,可以更好地发展,从而实现整体发展的最优。这样,长三角一体化在"统分结合"区域合作体制机制的架构下,必要而科学地"分",一市三省各扬其优,可以增强"双循环"的发展活力。当前,长三角一市三省的既有优势都已彰显,不仅要在融入"双循环"中发挥这些既有优势,更要在多变的世界经济形势下培育新的优势,这对完善长三角一体化发展的"统分结合"区域合作体制机制提出了新的要求,需要不断探索创新。

3. 为培育"双循环"发展动力、挖掘"双循环"发展潜力,导入智能化因素完善"统分结合"

如何有重点地"统"而又科学地"分",进一步完善"统分结合"区域合作体制机制,最有效的办法是导入智能化因素,积极培育"双循环"的发展动力。主要是加强"数字长三角"建设,推进"三级运作、统分结合"向数字化升级,畅通区域合作中的信息传递及获取渠道,以数字化的理念、方法和工具,把大量的区域合作事务通过人机互动的智能化方法决策、实施,会使"三级运作"更加高效,"统分结合"更加精准。这样,在管理上会减少因主观决策不当而给一体化发展带来的阻力和分割,在实践中又能运用准确的信息资源消除"双循环"现实和潜在的障碍和堵点。对政府和市场主体而言,既能及时把握机会进入"双循环",有利于广泛培育"双循环"的发展动力,又能根据自身条件寻找和发现进入"双循环"的更多机会,有利于准确挖掘"双循环"的发展潜力,导入智能化因素就会不断完善"统分结合"区域合作体制机制,以深度融入"双循环"推进长三角一体化的更高质量发展。

二、安徽在新发展格局中提升长三角一体化区域合作能力的思路

安徽作为长三角一体化的重要方面军,应根据"双循环"新发展格局对完善长三角区域合作体制机制的新要求,对标沪苏浙,在长三角一体化更高质量发展中提升区域合作的能力,在合作领域上实现由经济合作向全面合作的拓展,在合作运作上实现由事务性合作向制度性安排的对接,在合作空间上实现由局部性统筹向整体性谋划的深扩,在合作动力上实现由行政推动为主向市场机制引导为主的转换,在合作成果上实现由合作互惠向联动共享的延伸。由于政府、企业和中介组织是区域合作的三大主体,在新发展格局下安徽提升长三角一体化区域合作能力,主要是更好地发挥政府在区域合作中的主导作用,企业在区域合作中的能动作用,中介组织在区域合作中的第二平台作用。

1. 更好地发挥政府在区域合作中的主导作用

多年来的实践表明,政府在区域合作中的主导作用有行为主导和政策主导两种方式。行为主导是政府直接投入的区域合作行为,主要体现在两个方面:一是主导重大基础设施建设,如快速交通干线、跨区域的水利工程、生态环境保护与治理等;二是主导公共服务,包括对跨行政的科技、教育、市场建设和人口流通、就业、社会保障等提供的公共服务。政策主导是政府运用政策手段而对区域合作的引导、指导行为,引导是指政府出台相关政策或发出价格信号,企业参考这些信号自主决策参与区域合作,获得合作收益,承担合作风险。指导是针对不宜出台具体政策的那些带有长远性或不确定性的区域合作事项,政府通过提出战略及规划,发出相关信息,表达政府意图,对企业和投资者参与区域合作给予指导,更好地发挥市场的决定性作用和企业的市场主体作用,促进生产要素的跨区域流动和资源的优化配置。安徽加入长三角以来,各级政府在"统分结合"区域合作体制机制架构下,很好地发挥了这两种方式的主导作用。在构建新发展格局中,既要对标沪苏浙进一步完善,又要着眼"双循环"积极探索,特别要增强政策主导能力,进一步培育"双循环"发展动力,挖掘"双循环"发展潜力。

2. 提升企业在区域合作中的能动作用

企业作为市场主体,也是构建"双循环"新发展格局的主力军,应从政府和企业两个方面,发挥企业在区域合作中的能动作用。在政府方面,基于企业在区域合作中的重要性,应从"引"与"帮"两个方面发挥能动作用。所谓"引",即引导企业积极参与区域合作,通过区域合作增强企业发展力、竞争力,既要引导本地区企业在省内的区域合作,也要通过招商、选商引导外地企业的跨省合作,在融入新发展格局中把骨干企业做强,把优势产业做大;所谓"帮",即主动帮助企业解决在区域合作中遇到的困难问题,使之更有能力融入新发展格局。在企业方面,不仅要看到"双循环"给企业发展带来的发展机会,更要看到参与政府倡导的区域合作,可以低成本、快速度扩张,或可以低成本配置资源提高发展质量,或提高产品和服务在细分市场的占有率,开拓企业发展的新空间。即使是面临不同困难的企业,也可通过区域合作解决相关问题,如引进资本、技术解决要素约束,通过重组、并购解决机制问题,参与各种合作平台解决市场障碍等,都是解决问题的新机会,从而调动企业的积极性,提升在区域合作中的能动作用。

3. 支持中介组织在区域合作中发挥第二平台作用

中介组织包括行业协会、商会、产业联盟、社会组织等,在区域合作中是政府之外的第二平台,其优势是可以解决政府和企业不能解决的问题,在区域合作中具有政府与企业不可替代的作用。安徽的这些中介组织发展很快,在长三角一体化发展中,一些中介组织在区域合作中正在发挥第二平台的积极作用。皖江城市带和皖北地区一些市县在承接发达地区产业转移中,就十分注重发挥产业输出地行业协会和商会的"穿针引线"作用,集中集群式地向安徽转移,创造了"中介招商"的新方式。如郎溪县就通过江浙地区行业协会的"中介招商",集群式引进了江苏无锡压力容器产业的300多家企业和浙江海宁经编产业的近百家企业,兴办了两个工业园区，带动了该县的产业结构转型和经济发展。但从总体上看，中介组织在安徽的第二平台作用并未得到充分发挥，究其原因，主要是政府支持不够。为适应"双循环"新发展格局的新要求，政府在区域合作中应进一步简政放权，支持中介组织发挥第二平台的作用，中介组织也要回归本位，提升参与区域合作的能力，积极发挥第二平台作用。

第二节　贯彻新发展理念增强要素保障能力

在推动形成"双循环"新发展格局过程中，我国的产业结构和布局进入新一轮的调整期，对要素供给会提出新的要求。长三角作为我国率先实现现代化的引领区，新一轮的调整也会率先推进，而安徽作为长三角地区的欠发达省份，在长三角一体化发展中还会承接沪苏浙及其他发达地区的产业转移，更会对要素供给提出新的要求。理论和实践都表明，要素供给虽然是由市场机制决定的，但政府的调控作用也极为重要，与市场配置要素资源不同的是，政府对要素供给的调控是受发展理念支配的，政府不同的发展理念，对要素供给调控的方式与效果是不同的。这样，认真贯彻新发展理念增强要素保障能力，也就成为安徽深度参与长三角一体化发展政府能力建设的重要方面。

一、新发展理念对要素供给的新要求

《史记》有个"田忌赛马"的故事，说的是齐国田忌与国君齐威王赛马总是失败，他的谋士孙膑出了个主意，以下等马对国君的上等马，再以中、上等马对国君的下、中等马，会以一败二胜的结果取得全胜，田忌照此与齐威王赛马，果然获胜[3]。显然，这是因为田忌用了孙膑的先进理念，改变了竞技方法。政府对要素供给的调控也是同样的道理，以新发展理念调控要素供给，就要认识新发展理念对要素供给的三个新要求。

1. 重视新生产要素的开发利用

随着经济发展和科学技术进步，在土地、劳动力、资本三要素以外，技术、信息、数据也成为新的生产要素，新发展理念更重视新生产要素的开发利用，推动数字产业化、产业数字化，数据作为新的生产要素对经济发展的贡献越来越大。

2020年3月30日公布的《中共中央 国务院关于构建更加完善的要素市场化配置体制机制的意见》，将数据和土地、劳动力、资本、技术等传统生产要素并列，从推进政府数据开放共享、提升社会数据资源价值、加强数据资源整合和安全保护三个方面，提出了加快培育数据要素市场的指导意见。[4]这是中央根据生产要素的重要性和时代性，首次明确将数据作为一种新型生产要素写入政策文件，充分发挥数据这一新型要素对其他要素效率的倍增作用，培育发展数据要素市场，使大数据成为推动经济高质量发展的新动能，是具有重大意义的。自2018年以来，我国数字经济总体规模占GDP比重超过三分之一，2020年达40.2万亿元，占GDP的38.2%。充分体现了新发展理念在我国各行各业的深入贯彻，数据作为最活跃的新生产要素正在被广泛开发利用，改变了要素供给结构，增强了我国工业化的后发优势，缩小我国与发达国家的差距，加快了社会主义现代化建设的进程。

2. 优化传统生产要素的组合方式

土地、劳动力、资本是三大传统生产要素，也是一切实体经济的基础性生产要素。在长期发展过程中，实体经济对土地、劳动力、资本三大传统生产要素的配置形成了一套成熟的经验主义组合方式，但都是从单个企业成本最低、利润最高、效益最好的角度，配置组合土地、劳动力、资本。新发展理念并不否定这种配置组合方式，但更加强调从可持续发展的高度，激发各个传统生产要素的潜能，优化传统生产要素的组合，提高全要素生产率。如在激发传统生产要素的潜能方面，对土地更加强调集约节约利用，对劳动力更加强调"以人为本"和尊重人才的创造性劳动，对资本既更加强调使用效率，又强调防止过度扩张。在优化生产要素的组合方面，更加强调绿色发展，更加强调企业间、行业间的分工协作，更加强调产业链供应链的衔接性和完整性而提高综合效益，更加强调传统生产要素与新型生产要素的科学组合，使经济效益、社会效益、生态效益最好，使全社会形成生产成本低、投入产出高、环境污染少、社会福祉大的新局面。党的十九大报告第一次提出提高全要素生产率，加快建设实体经济、科技创新、现代金融、人力资源协同发展的现代产业体系，还强调以供给侧结构性改革为主线，推动经济发展质量变革、效率变革、动力变革；[5]党的十九届五中全会又以新发展理念进一步强调优化供给结构，改善供给质量，提升供给体系对国内需求的适配性，推动金融、房地产同实体经济均衡发展，实现上下游、产供销有效衔接，促进农业、制造业、服务业、能源资源等产业门类的关系协调[6]。所有这些，都是新发展理念对优化传统生产要素组合方式的新要求。

3. 创新生产要素市场化配置机制

改革开放以来，市场机制对要素配置的决定性作用逐渐增强，目前，我国商品和服务价格97%以上由市场定价，但土地、劳动力、资本、技术、数据等要素市场发育相对滞后，新发展理念更加强调创新生产要素市场化配置机制，特别是在土地、劳动力、资本、技术、数据等要素配置方面更好地发挥市场机制的决定性作用。2020年3月30日，以中共中央、国务院名义印发的《关于构建更加完善的要素市场化配置体制机制的意见》，就是中央根据新发展理念而对推进要素市场化配置改革的总体部署，明确了要素市场制度建设的方向和重点改革任务，培育生产要素从低质低效领域向优质高效领域流动的机制，提高要素质量和配置效率，引导各类要素协同向先进生产力集聚。如在土地要素方面，打破城乡二元土地制度制约，强调土地管理灵活性，以灵活产业用地方式，健全长期租赁、先租后让、弹性年期供应、作价出资(入股)等工业用地市场供应体系，探索建立全国性的建设用地、补充耕地指标跨区域交易机制；在劳动力要素方面，引导劳动力要素合理畅通有序流动，以职业能力为核心制定职业标准，畅通非公有制经济组织、社会组织、自由职业专业技术人员的职称申报渠道，推进社会化职称评审；在资本要素方面，完善多层次的资本市场制度，特别是完善股市基础制度建设、完善债券市场统一标准建设，强化市场机制对资本要素配置的决定性作用；在技术要素方面，激发技术供给活力，促进科技成果转化，特别是激活知识产权激励，深化科技成果使用权、处置权和收益权改革，开展赋予科研人员职务科技成果所有权或长期使用权试点，并推进职务成果"三权"改革和所有权改革试点，培养一批技术转移机构和技术经理人，推进应用技术类科研院所市场化、企业化发展；在数据要素方面，加快培育数据要素市场，通过制定出台新一批数据共享责任清单，探索建立统一的数据标准规范，支持构建多领域数据开发利用场景，全面提升数据要素价值。[4]以上这些改革，需要更好地发挥政府的作用，既要推进土地、劳动力、资本、技术和数据要素配置的市场化改革，大幅度减少政府对要素的直接配置，又要完善要素价格形成机制和市场运行机制，规范政府对要素价格、市场运行的调节和监管，加快构建统一开放、竞争有序的要素市场，这些都对政府增强要素保障能力提出了新的要求。

二、安徽贯彻新发展理念增强长三角一体化要素供给能力的思路

新发展理念对要素供给的上述新要求,是具有规律性和普遍性的新要求,在长三角地区,由于一市三省的要素禀赋情况不同,围绕推进长三角一体化更高质量发展,应以不同方式增强要素的供给能力。就安徽而言,从省情出发,应着重从以下四个方面增强要素供给能力:

1. 重视新生产要素的开发利用,使"关键变量"成为"最大增量"

根据新发展理念重视新生产要素开发利用的新要求,安徽在深度参与长三角更高质量一体化发展中,要扬创新强劲活跃之长,重视知识、技术、数据等新生产要素的开发利用,而这些新生产要素是新一轮科技革命和产业变革的"关键变量",对经济发展具有倍增效应,因而也是安徽深度参与长三角一体化、推进全省经济高质量发展的"最大增量"。习近平总书记在 2016 年和 2020 年两次视察安徽时的重要讲话,既强调安徽要下好创新"先手棋",[7] 又鼓励安徽打造在全国有影响力的科技创新策源地、新兴产业聚集地,实现跨越发展。[8] 安徽要实现这个目标,在经济发展水平仍滞后于沪苏浙的情况下,就要贯彻新发展理念,重视新生产要素的开发利用,促进知识、技术、数据等关键变量广泛而深度地嵌入各个领域、各个行业,培育和增强经济发展的新动能,把这些"关键变量"转化为全省高质量发展的"最大增量"。一方面,要以价值创造为导向,进一步激励科研人员、技术人员、管理人员、企业家以及各种有志于创新创业的人们,敢于创造、主动创新,健全职务科技成果产权制度,落实激励创新的政策,营造良好的创新生态,推出更多的科技成果,把知识、技术、数据等"关键变量"做多;另一方面,要以市场机制为导向,按照《中共中央　国务院关于构建更加完善的要素市场化配置体制机制的意见》,加快技术、数据等新生产要素市场的培育,对这些新生产要素进行市场化配置,不断完善和增强新生产要素的市场化配置体制机制,推进科技成果的转化应用,把更多"关键变量"汇集为安徽深度参与长三角一体化、推进全省经济高质量发展的"最大增量"。上述两个方面,安徽在前一方面已进入全国第一方阵,但后一方面相对滞后。如 2020 年,安徽国内三项专利授权量达 82524 件,占全国总量的 3.34%,在 31 个省(市)区中居第 9 位,但技术市场成交额仅 449.61 亿元,占全国总量 2.01%,在 31 个省(市)区中居第 13 位,虽然有很大的发展,但只相当于上海的 31.6%、江苏的 30.6%、浙江的 50.6%，①需要扬长补短、进一步发展。可喜的是，2021 年 4 月 26 日、27 日，由安徽省政府、国家科技部和中国科学院在合肥联合举办的首届中国（安徽）科技创新成果转化交易会，云签约成果转化项目额就达 282 亿元，线上科技创新成果直播销售额达 1.4 亿元，②是安徽"十四五"科技成果转化应用的开门红。

2. 优化传统生产要素供给的组合方式，使基础要素成为稳定要素

根据新发展理念对优化传统生产要素组合方式的新要求，安徽在深度参与长三角更高质量一体化发展中，要扬土地、劳动力资源相对丰富之长，优化土地、劳动力、资本三大传统生产要素的组合方式，保障这些要素的稳定供给，使传统生产要素成为安徽深度参与长三角一体化、推进全省经济高质量发展的稳定要素。因为土地、劳动力、资本虽然是传统生产要素，却是一切实体经济的基础性生产要素，并不因为经济发达程度提升而会改变其作为基础性生产要素的地位和功能作用。按照新发展理念的要求，既要优化每个传统生产要素的供给组合方式，还要从总体上优化三大传统生产要素供给的组合方式。就优化单个传统生产要素的供给组合方式而言，安徽的资本要素相对不足，但土地、劳动力资源相对丰富，可以大做土地、劳动力要素的文章，保障这两种基础性要素的充分供给，可以更好更多地吸引资本要素，进而稳定三大基础要素的有效供给，使基础要素成为稳定要素，推进经济高质量而又可持续的发展。对土地要素来说，要继续深化土地管理制度改革，坚持建设用地"增存挂钩"，既保障基本农田面积不减少，又保障建设用地的有效供给，可以吸引资本要素，而这已被实践证明是行之有效的土地要素供给组合方式，今后应通过建设用地市场、开展跨市县的土地指标交易，进一步完善土地要素供给组合方式。对劳动力要素来说，通过推进劳动力的有序流动，在量上优化劳动力要素的供给组合方式，通过人力资源开发提高劳动力技能，在质上优化劳动力要素的供给组合方式。对资本要素来说，一方面以相对丰富的土地、劳动力资源招商引资，优化土地、劳动力、资本要素的供给组合方式；另一方面，积极发展资本市场吸引投资者，支持企业在多层次资本市场直接融资，解决资金供给不足的问题。就从总体上优化传统生产要素供给的组合方式而言，应既从推动

---

① 见《中国统计年鉴　2020 年》，第 657 页。

② 见 2021 年 4 月 28 日《安徽日报》记者对此科技创新成果转化交易会的报道。

技术进步、提高全要素生产率的高度,又从推进分工协作、提高产业链供应链的衔接性和完整性的视角,优化三大传统生产要素供给的组合方式,可从改善供给质量、提高综合效益、提升供给体系对国内需求的适配性等方面,达到基础要素有效供给的目的。

3. 创新生产要素市场化配置机制,减少政府对要素的直接配置

根据新发展理念对创新生产要素市场化配置机制的新要求,安徽在深度参与长三角更高质量一体化发展中,要发扬当年"农村大包干"的改革精神,继续深化改革,建设高标准的市场体系,发挥市场机制对资源配置的决定性作用,减少政府对要素的直接配置。2021年1月21日,中共中央办公厅、国务院办公厅联合发布了《建设高标准市场体系行动方案》,提出经过5年左右的努力,基本建成统一开放、竞争有序、制度完备、治理完善的高标准市场体系,重点是高标准建设土地、劳动力、资本、知识、技术和数据等要素市场。[9]安徽要根据中央的这个行动方案,从新发展理念的高度,在五个方面建设本省的要素市场:一是根据《中共中央　国务院关于构建更加完善的要素市场化配置体制机制的意见》精神,筑牢要素市场基础制度,包括建立完善的产权制度、市场准入负面清单制度、公平竞争审查制度,作为各类要素市场的三大基础制度。二是持续深化要素资源市场化配置改革,包括对经营性土地要素、劳动力要素、资本要素、知识要素、技术要素和数据要素的市场化配置改革,减少政府对要素的直接配置。三是改善提升市场环境和质量,包括商品和服务质量、消费者权益保护、智能市场建设、规范平台企业发展、建设互联互通的市场基础设施,改善要素市场化配置的环境,提升要素市场化配置的质量。四是推进高水平的对外开放,包括有序扩大金融和服务业市场开放、落实外商投资企业准入前国民待遇加负面清单管理制度、落实消费品国内外标准接轨,以及办好中国(安徽)自由贸易区,以自贸区为引领构建综合保税区、保税物流中心等制度性开放平台,提升各类平台能级。五是完善市场监督机制,包括推进综合协同监管、加强重点领域监管、健全依法诚信的自律机制、完善社会监管机制,以及加强对监管机构的监管。这样,充分发挥市场对要素资源配置的决定性作用,更好地发挥政府作用,与沪苏浙同步,在全国率先建成统一开放、竞争有序、制度完备、治理完善的长三角高标准市场体系。

第三节　适应新发展阶段要求提高政策的有效供给能力

所谓政策的有效供给，是指政府不仅及时制定好的政策，而且能够真正落实，及时解决存在的问题，取得最佳的政策效应。长三角一体化政策也同样如此，应根据"新阶段、新理念、新格局"的时代发展要求，及时完善、认真落实，共同推进一体化更高质量的发展。2021 年第 9 期《求是》杂志发表的习近平总书记《把握新发展阶段，贯彻新发展理念，构建新发展格局》重要文章明确指出，"正确认识和准确把握新发展阶段，是我们党明确阶段性中心任务、制定路线方针政策的根本依据"[2]，为长三角一体化政策的完善和实施指出了根本依据。基于此，安徽作为长三角一体化的重要方面军，要认识和把握新发展阶段对推进区域一体化的新要求，在长三角"统分结合"区域合作机制架构下，不断提高长三角一体化政策的有效供给能力。

一、新发展阶段对政府推进区域一体化政策有效供给的新要求

区域一体化需要有为政府的推动，而政府的有为也体现为对推动一体化发展相关政策的有效供给，以消除地区间功能性和制度性的市场分割，促进商品和要素的自由流动、区域资源的优化配置和合理分工，进而推进区域共同发展。我国已进入新发展阶段，推进区域一体化的省（市）区政府，应根据新发展阶段对区域一体化的以下新要求，为推进区域一体化发展提供政策的有效供给。

1. 新发展阶段稳增长对区域一体化的新要求

面临百年未有之大变局的国际形势和满足国民日益增长的物质文化需求，国民经济稳增长、促发展是我国经济发展的主导政策取向，《中华人民共和国国民经济和社会发展第十四个五年规划和 2035 年远景目标纲要》提出，"十四五"期间我国经济增长要保持在合理区间。[10]因此，新发展阶段也是稳增长的发展阶段，对区域一体化也就提出了稳增长的新要求。在我国，国民经济稳增长的办法很多，而推进区域一体化就是稳增长的重要路径。比如，区域一体化通过互联互通的交通、信息等基础设施建设，促进商品和要素的自由流动，可以通过提升功能性一体化水平稳增长；又比如，区域一体化会构建互惠互赢的合作体制机制，打破要素流动的行政障碍,形成区域统一市场,可以通过提升制度性一体化水平稳增长。对长三角地区而言,适应这些新要求的区域一体化政策,也应该是推动稳增长的区域政策。

2. 新发展阶段高质量发展对区域一体化的新要求

新发展阶段也是稳增长的发展阶段,但稳增长内含着高质量,因此,新发展阶段也是高质量发展的阶段,对区域一体化也就提出了高质量发展的新要求。而区域一体化可从多方面推进一体化地区经济的高质量发展。比如,区域一体化强调推进地区间的技术与产业转移,协同构建科技创新联合体和产业发展联盟,通过创新发展推进一体化区域经济的高质量发展。又比如,区域一体化强调推进地区间、城乡间的优势互补、开放合作,通过区域协调发展、开放发展,使更多地区实现高质量发展。还比如,区域一体化强调生态环境污染的共防共治,大江大河大山的生态保护与修复,还探索试行跨行政区的生态补偿机制,使绿水青山变成金山银山,增加 GDP 的含金量,通过绿色发展推进一体化地区经济的高质量发展。对长三角地区而言,适应高质量新要求的区域一体化政策,也应该是推动高质量发展的区域政策。

3. 新发展阶段优势互补区域经济布局对一体化的新要求

2019 年第 24 期《求是》杂志发表习近平总书记题为《推动形成优势互补、高质量发展的区域经济布局》的重要文章,对我国新发展阶段的区域经济布局的演变趋势作出了科学判断,说明我国新发展阶段也是推动形成优势互补、高质量发展区域经济布局的新阶段,对区域一体化也就提出了优势互补的新要求。而区域一体化就可从多方面推进一体化地区经济的优势互补、高质量发展。因为区域一体化的缘起,就是通过发挥区域比较优势而获得贸易收益的最大化,如今,区域比较优势的内涵更丰富了,区域间优势互补的机会更多了,一体化可以发挥区域间的相对比较优势,通过优化区域资源配置构建高质量发展的区域经济布局。对长三角地区而言,适应这个新要求的区域一体化政策,也应该是推动形成优势互补、高质量发展区域经济布局的区域政策。

4. 新发展阶段城市群、都市圈、城市带发展对区域一体化的新要求

我国区域经济发展已进入以城市群、都市圈、城市带为主导的发展阶段,人口和要素具有向城市群、都市圈、城市带地区流动和集聚的趋势,而农村人口就近就

地城镇化的趋向也日益明显,成为我国新发展阶段新型城镇化深度发展的新特征,推动区域一体化的新发展,对城市群、都市圈、城市带的发展和农村人口就近就地城镇化也就提出了新的要求。而区域一体化的深度发展就可以取得这样的发展效果。因为区域一体化的持续发展,会促进区域"中心—外围"的等级结构向"多中心—网络化"扁平结构的战略升级,推动城市群一体化、都市圈同城化和新生中小城市的发展,构建新型的城市关系、区域关系和城乡关系,既可推进人口和要素向城市群、都市圈的流动和集聚,又可发挥城镇对乡村的辐射作用,带动乡村振兴,吸引农村人口就近就地城镇化。对长三角地区而言,适应这个新要求的区域一体化政策,也应该是既促进城市群、都市圈发展,又有利于农村人口就近就地城镇化的区域政策。

二、安徽提高长三角一体化政策供给能力的思路

从政府政策的供给角度来看,长三角更高质量一体化的区域政策,是高集成的一体化政策。一市三省政府围绕一体化更高质量发展的相关政策,是在"三级运作、统分结合、务实高效"的区域合作机制中,由长三角地区主要领导座谈会决策,一市三省政府既对这些决策分头实施,又要各自出台相关更具体的政策,但实施程度如何,与一市三省政府的政策供给能力有关。根据新发展阶段对政府推进区域一体化政策有效供给的上述四个新要求,一市三省政府在"统分结合"的区域合作机制的架构下,都应不断提高一体化发展的政策供给能力。长三角一市三省的情况不同,从安徽的情况看,应从以下方面开拓思路,提高长三角一体化政策的有效供给能力。

1. 根据新发展阶段稳增长对区域一体化的新要求,提高发展实体经济的政策供给能力

党的十九届五中全会提出,"坚持把发展经济着力点放在实体经济上,坚定不移建设制造强国、质量强国、网络强国、数字中国,推进产业基础高级化、产业链现代化,提高经济质量效益和核心竞争力"[6]。中共安徽省委十届十二次会议通过的《关于制定国民经济和社会发展第十四个五年规划和二〇三五年远景目标的建议》也提出,"十四五"期间安徽要"通过高质量发展走在全国前列,经济总量跻身全国第一方阵,人均地区生产总值与全国差距进一步缩小"[11],而安徽经济总量跻身全国第一方阵的根基是实体经济,参与长三角更高质量一体化发展的重要目

的也是发展实体经济,根据新发展阶段经济稳增长对区域一体化的新要求,应把发展实体经济作为参与长三角更高质量一体化政策供给能力建设的重点。改革开放以来,安徽在省委、省政府的主导下,实体经济始终是与沪苏浙区域合作的重点,安徽加入长三角后,为推进实体经济更多更好地参与区域合作和长三角一体化发展,安徽省委、省政府加大了对实体经济的政策供给力度,特别是为应对新冠肺炎疫情影响,安徽把支持实体经济发展的政策清单化,体现了党委、政府在发展实体经济方面政策供给能力的提升,如早在 2020 年 2 月 25 日就颁发了《安徽省应对疫情推动企业复工复产支持实体经济发展政策清单》,从财税支持、金融支持、降成本支持、稳岗创业支持、优化政务服务和营商环境等 5 个方面,共提出 204 条政策举措,[1]对企业在抗疫期间复工复产发挥了重要作用。抗疫取得决定性胜利后,围绕发展实体经济稳增长,根据新情况、解决新问题,省委、省政府及有关部门陆续出台了一系列支持实体经济发展的政策文件,特别是加大了对企业在推进科技创新、突破"卡脖子"技术等方面的政策支持力度,为便于企业广泛知晓,分别于2020 年 10 月、2021 年 3 月把这些政策汇编成《支持实体经济发展政策清单》,其中,2020 年 10 月版的政策清单有 289 条,[2]2021 年 3 月版的政策清单有 241 条,[3]都通过网站发给企业,扩大了企业知晓面,提高了政策兑现力度和政策供给能力,保障了实体经济的稳定增长,也推进了长三角一体化发展。2020 年在新冠肺炎疫情和特大洪涝灾害的情况下,全省经济增长 3.9%,高于全国平均水平 1.6 个百分点。

2. 根据新发展阶段高质量发展对区域一体化的新要求,提高创新驱动的政策供给能力

在新发展阶段,一个省区经济若能实现既是稳增长的、又是高质量发展的目标,最重要的途径是创新驱动。同样的道理,长三角一体化在新发展阶段要实现更高质量发展的目标,更要依靠创新驱动。根据新发展阶段高质量发展对区域一体化的新要求,一市三省政府应不断提高对创新驱动的政策供给能力。安徽虽然科教资源较为丰富,创新活力强劲,但由于受多种条件的限制,政府对创新驱动的

---

① 见 2020 年 2 月 26 日人民网(合肥)。

② 见 2020 年 10 月 21 日安徽网。

③ 见 2021 年 4 月 30 日安徽网。

政策供给能力长期弱于沪苏浙,在新发展阶段深度参与长三角更高质量一体化发展,安徽各级政府更要提高创新驱动的政策供给能力。与企业的创新驱动能力取决于科技创新成果的供给能力不同,政府对创新驱动的政策供给能力就不能只是权宜性的就事论事政策,而要着眼长远发展,对促进创新驱动应具有系统性的政策供给能力,形成既能落实国家的科技自立自强战略,又体现安徽特色的政策体系,全面实施创新驱动战略。党的十八大以来,安徽坚持把创新摆在发展全局的核心位置,特别是认真落实习近平总书记 2016 年 4 月考察安徽重要讲话提出的"下好创新先手棋"的指示精神,以及 2020 年 8 月考察安徽重要讲话提出"在'十四五'期间继续往前赶,主要看后劲,关键靠创新"的要求,在基础研究、应用研究、成果转移转化应用、研发投入、培育与吸引人才、知识产权保护、营造创新生态等方面,出台了一系列促进创新驱动的政策,并根据新的情况不断丰富、完善,正在形成促进创新驱动的政策体系,成效显著。如在创新平台建设上"立柱架梁",从省到市县、从企业到行业、从传统产业到新兴产业,都构建了一批创新平台;又如在成果转移转化上"开源畅道",形成"政产学研用金"六位一体的应用体系;还如在共推长三角一体化方面,常态化开展对标沪苏浙学习活动,在一些领域探索共建长三角创新联合体和产业联盟,扩大了科技创新成果转移转化的领域与范围。由于多方面的持续努力、厚积薄发,安徽的创新驱动政策供给能力不断提高,增强了创新活力,提升了创新能力,区域创新能力连续 9 年稳居全国第一方阵,主要指标保持全国先进、中部领先。2021 年初,面对少数西方国家对我国关键技术的极端打压和高新技术国际竞争的加剧,习近平总书记和党中央高瞻远瞩,果断作出"加强体系化竞争力量"建设的重大决策。安徽省委第一时间对标对表,于 2021年 3 月作出"规划和启动科技创新攻坚力量体系建设"的新部署,落实中央决策,突出问题导向,坚持开放胸怀,体现安徽特色,提出以国家实验室为内核、以合肥综合性国家科学中心为基石、以合肥滨湖科学城为载体、以合芜蚌国家自主创新示范区为外延、以全面创新改革试验省建设为网络,打造"五个一"创新主平台升级版,围绕建设安徽特色的科技创新攻坚力量体系、打造具有重要影响力的科技创新策源地,提出更具有针对性的政策支持,在新的形势下进一步丰富、完善促进创新驱动的政策体系。① 这样,更为建设高峰与高原相得益彰、创新与创业蓬勃发展的创新安徽,提供更好的政策体系保障。

3. 根据新发展阶段构建优势互补区域经济布局对一体化的新要求,在"扬皖所长"方面提高政策供给能力

安徽具有创新活跃强劲、制造鲜明、生态资源良好、内陆腹地广阔等优势,《长江三角洲区域一体化发展规划纲要》指出,安徽要"扬皖所长",打造具有重要影响力的科技创新策源地、新兴产业聚集地和绿色发展样板区,在本书的第六章,已分别讨论了安徽如何"扬皖所长"深度参与长三角一体化发展。这些优势都是安徽在长三角的相对比较优势,根据新发展阶段构建优势互补区域经济布局对一体化的新要求,安徽应在更好地"扬皖所长"方面提高政策供给能力。

关于新发展阶段如何更好地扬安徽创新活跃强劲之长,提高政策供给能力,前面已作了讨论,主要是着眼长远发展,对促进创新驱动应具有系统性的政策供给能力,形成既能落实国家的科技自立自强战略,又体现安徽特色的政策体系,全面实施创新驱动战略。

关于新发展阶段如何更好地扬安徽制造特色鲜明之长,提高政策供给能力,政府应为推进企业和产业"三个深度融入"提高政策供给能力:一是推进制造业深度融入新一轮科技革命与产业变革而提高政策供给能力,主要是加大对制造业智能化发展的政策支持,以智能化提高制造业的产业基础高级化和产业链现代化,解决安徽制造业虽特色鲜明但在全国乃至全球价值链低端锁定的问题,以提高技术水平和市场竞争力为主线,打造安徽制造特色鲜明升级版。二是推进制造业深度融入国内国际双循环而提高政策供给能力,主要是打通融入双循环的堵点,解决拓展双循环的难点,提高安徽特色鲜明制造业产品在国内国际细分市场占有率。三是推进制造业深度融入长三角更高质量一体化而提高政策供给能力,主要是对标对表沪苏浙的相关政策,降低企业经营成本,鼓励企业加大科技投入,支持企业参与沪苏浙制造业的分工合作,使安徽制造业特色更鲜明。

关于新发展阶段如何更好地扬安徽生态资源良好之长,提高政策供给能力,

① 《建设安徽特色的科技创新攻坚力量体系　打造具有重要影响力的科技创新策源地——安徽省委政策研究室主要负责同志就加快建设科技创新攻坚力量体系有关文件答记者问》,2021年4月19日《安徽日报》。

主要是在推进"三转两化"和碳达峰方面提高政策供给能力。在推进"三转"方面，政府应探索绿水青山转化为金山银山的实现路径，以生态产品的价值实现为中心，在推进生态资源、资产、资本转化的制度安排和机制创新上给予政策支持，最大限度地提升生态资源的经济、社会、生态效益。在推进"两化"方面，政府在政策上应鼓励乡村和农民推进生态产业化，支持各类企业推进产业生态化，实现高质量、可持续的绿色发展。在推进碳达峰方面，政府应对企业在碳达峰方面的技术改造给予政策支持，对碳达峰进展快甚至提前实现碳达峰目标的企业给予奖励。这样，通过不断提高对"三转两化"和碳达峰的政策供给能力，加快安徽建设绿色发展样板区的进程。

关于新发展阶段如何更好地扬安徽内陆腹地广阔之长，提高政策供给能力，主要是通过政策助力发挥内陆腹地的相对比较优势，承接沪苏浙的产业转移，重点是建设皖北承接产业转移集聚区，深化与苏浙毗邻地区合作。对皖北承接产业转移集聚区建设，主要是加大对淮北濉溪经开区、亳州高新区、宿州高新区、蚌埠高新区、阜阳经开区、淮南高新区和凤阳经开区、霍邱经开区"6+2"产业承接平台的政策支持力度，建设皖北地区产业发展高地，辐射带动皖北县域经济发展；在与苏浙毗邻地区加大对区域合作的政策支持力度，鼓励滁州、马鞍山、宣城共建南京都市圈，支持黄山融入杭州都市圈和宿州、淮北融入徐州都市圈，通过政策作用扬安徽内陆腹地广阔之长，共建东中部协调发展先行区。

4. 根据新发展阶段城市群、都市圈、城市带发展对区域一体化的新要求，提高新型城镇化发展的政策供给能力

新发展阶段既是区域一体化进入以城市群、都市圈、城市带为主导的发展阶段，也是农村转移人口深度市民化的发展阶段，对城市群、都市圈、城市带发展的新要求，是推进一体化向同城化、国际化方向发展，对农村转移人口深度市民化的新要求，是加快已转移到城市的农村户籍人口完全市民化，引导农村常住人口的就近就地城镇化。对安徽而言，为适应新发展阶段的这些新要求，主要在推进合肥都市圈由一体化向同城化、国际化发展和农村人口就近就地城镇化两个方面，提高政策供给能力。

在推进合肥都市圈由一体化向同城化、国际化发展方面，应以"提升一体化、加快同城化、迈向国际化"为主线，提高政策供给能力。因为合肥都市圈的一体化

尽管有很大发展,但短板还很多,是在一体化发展还不成熟的情况下进入同城化的,所以先要提升一体化,在此基础上加快同城化,再创造条件迈向国际化。根据合肥都市圈的实际情况,在提升都市圈一体化发展方面,成员城市政府要在区域合作方面加大政策供给,清除一体化的各种堵点,提高都市圈的发展合力;在加快都市圈同城化发展方面,成员城市政府要在推进人口、要素的自由流动方面加大政策供给,形成1小时通勤圈,使居民在不同城市的工作和生活,如同在一个城市那样方便;在迈向国际化方面,一方面要在建设中国(安徽)自由贸易区方面加大政策支持力度,重点提升合肥、芜湖、蚌埠的国际化水平;另一方面,各成员城市要采取恰当的政策措施,借助长三角世界级城市群国际化大平台参与国际大循环,逐渐迈向国际化。

在推进农村人口就近就地城镇化而提高政策供给能力方面,一是对已转移到城市的农村户籍人口完全市民化加大政策供给,主要是实行居民证制度,在住房、就业、子女入学和社会保障等方面,与市民享受同等待遇,实现完全市民化;二是引导农村常住人口的就近就地城镇化,政府要加大县城和小城镇建设的政策支持力度,提升县城和小城镇对人口和要素的承载功能,为农村常住人口的就近就地城镇化提供必要条件,使农村常住人口愿意就近就地城镇化。

5. 走智能化道路建设数字政府,提高政策供给能力和政策实施效应

安徽提高参与长三角一体化发展的政策供给能力,政府也要走智能化道路,建设数字政府,提高政策供给效应。"数字政府"是以新一代信息技术为支撑,通过"互联网+政务"重塑电子政务、融合智能技术架构的新型政府运行模式。在我国,习近平同志1998年在福建任省长时首先提出建设数字政府,现在"数字政府"已经遍及全国各级政府,极大地提升了政府的网络综合治理能力。2018年4月21日,习近平总书记在全国网络安全和信息化工作会议上指出,要提高网络综合治理能力,形成党委领导、政府管理、企业履责、社会监督、网民自律等多主体参与,经济、法律、技术等多种手段相结合的综合治网格局[①]。党的十九届五中全会强调,加强数字社会、数字政府建设,提升公共服务、社会治理等数字化智能化水平,为数字政府建设指明航向。[6]国家"十四五"规划纲要指出,要将数字技术广泛应

---

① 《全国网络安全和信息化工作会议召开》,见2018年4月22日《人民日报》记者报道。

用于政府管理服务,推动政府治理流程再造和模式优化,不断提高决策科学性和服务效率。[10]可见,数字政府已提上国家顶层设计,建设数字政府可通过技术赋能和技术赋权双重机制提升我国各级政府的管理能力和政策实施效应,对推进国家治理体系现代化和治理能力现代化,具有重要性作用。安徽也要通过建设数字政府,提升推进长三角一体化的政策供给能力和政策实施效应,这也是走智能化道路推进长三角更高质量发展一体化发展思路在政府建设方面的具体要求。

安徽也与其他省(市)区一样,各级政府及其部门都不断加强"互联网+政务服务"建设,对推进政府"智"理升级已取得显著效果。一是信息基础设施日趋完善,省级电子政务外网已对接国家电子政务外网中央节点,横向覆盖154家省直单位,纵向联通各市县(区)、乡镇、街道、社区、行政村,覆盖率约99%。二是应用系统建设亮点突出,全省建成"一网覆盖"的五级政务服务平台,推出统一移动应用品牌"皖事通",实行全省政务服务事项"一库管理",群众办事"一号登录"。三是资源整合共享初见成效,省数据共享交换平台已接入省直57个部门,完成与国家级和各市级数据共享交换平台的对接,初步实现政务信息资源共享。四是政务服务能力快速提升,"最多跑一次",市县覆盖率平均达到97%,移动端服务"无感换乘"数量居长三角地区前列。五是社会治理水平逐步提高,"智慧皖警"大数据实战应用体系投入运行,社会治理加快向精细化、精准化、智能化迈进。六是公共服务水平大幅提升,社保卡持卡人数覆盖常住人口89.5%,国内首个"人工智能+医疗"智慧医院落地合肥,基础教育信息化发展综合水平位居全国前列,公共文化服务数字化建设稳步推进,全省98%以上的4A级景区实现视频监控联网。据中共中央党校(国家行政学院)电子政务中心发布的省级政府和重点城市一体化政务服务能力2021年调查评估报告,安徽省政府一体化政务服务能力总指数为91.02,在省级政府排名中居第4位,合肥市政府一体化政务服务能力总指数为91.08,在32个重点城市排名中也居第4位。① 调查评估报告指出,安徽省在全国首家开发上线7×24小时政务服务地图,全面推行既有空间位置又有服务事项、既能查询又能办事的7×24小时不打烊"随时办"措施,群众和企业满意度高达99%。铜陵市在安徽首创"城市超脑",围绕关怀独居老人、楼宇外立面安全等推出27个

---

① 见2021年5月31日《安徽日报》第1版报道。

应用场景,事件发现量比原来增加 9 倍,处理时间缩短 70%,获得中国信息协会颁发的"2021 数字政府管理创新奖"①。

体现在推进长三角一体化的政策供给方面,安徽数字政府建设可以更多地掌握相关信息,优化政府决策目标,改善政府决策流程,提升政府决策质量,保证政策的公平透明,从而会增强政府的政策供给能力;体现在推进长三角一体化的政策实施方面,可以更快地获得政策实施的准确信息,了解政策实施的具体情况,还有利于对政策实施的社会监督和第三方评估,及时进行纠偏与完善,从而会提升政策实施效果。《安徽省国民经济和社会发展第十四个五年规划和 2035 年远景目标纲要》根据新发展阶段的新要求,对进一步加强数字政府建设作出新部署,把数字技术广泛应用于政府服务管理,重点从三个方面推动政府治理流程再造和模式优化,不断提高决策科学性和服务效率:一是加快搭建江淮大数据中心总平台、行业部门分平台和各市子平台,促进跨地区、跨部门、跨层级数据共享和业务协同;二是加快建设全省一体化政务云平台,布局 1 个省级政务云平台、16 个市级政务云节点、N 个行业云,打造全省政务"一朵云",推动政务信息化共建共用;三是围绕"政府一个平台推服务,群众一个平台找政府"的目标,全面升级打造"皖事通办"平台,集成一批公共应用支撑,提供无差别、全覆盖、高质量、高效便利的政务服务和社会服务,提高数字化政务服务效能。显然,这些新部署适应新发展阶段对建设数字政府的新要求,会进一步提高政策供给能力和政策实施效应,为安徽在新发展阶段深度参与长三角更高质量一体化发展提供更好的政策保障。

第四节　优化行政区划设置

行政区划是国家为了进行分级管理而实行的区域划分,安徽的行政区划是在承袭历史的基础上,经过多次调整而形成的。习近平总书记曾指出,"行政区划本身也是一种重要资源"[12],优化行政区设置,可以更有效地使用这种资源。安徽在全面建成小康社会后正迈向现代化建设新阶段,深度参与长三角一体化发展又

---

①　见 2021 年 6 月 1 日《安徽日报》第 7 版报道。

推进了安徽经济地理的重塑,优化行政区设置具有必要性,也会从政府的分级行政管理方面,提升安徽深度参与长三角更高质量一体化发展的能力。

一、安徽行政区划现状与问题

"十三五"期间,为适应新型城镇化和经济社会发展的需要,安徽省稳妥推进行政区划调整,国务院先后批准潜山、广德、无为三县撤县设市,芜湖、繁昌两县撤县设区,优化部分市辖区、街道、乡镇及社区和村设置。到2020年底,全省有地级市16个,县级区划数104个,其中,市辖区45个,县级市9个,县50个;乡镇级区划数1239个,其中,镇968个,乡271个。与"十二五"期末相比,市辖区增加1个,县级市增加3个,县减少5个,县级区划数合计减少1个;镇增加22个,乡减少32个,乡镇级区划数合计减少10个。行政区划的这些及时变更理顺了所在地区的行政管理关系,促进了当地的经济社会发展。

尽管"十三五"期间行政区划得到了一定程度的优化,但与新型城镇化和经济社会发展仍存在不相适应的问题。一是全省加入长三角,是长三角城市群的重要组成部分,合肥是长三角城市群的三大副中心之一,但一些中心城市的发展空间受到行政区划限制,与区域发展动力源、增长极的功能培育与成长要求不相适应。二是城市对农村的辐射带动作用不断增强,县域经济社会发展加快,已涌现一批人口规模、建成区面积相当于小城市的大镇,但安徽县级市数量偏少,如全省人口总量居全国第9位,县级市9个,仅居全国第17位,在长三角和中部地区都居末位,与县域经济社会发展不相适应。三是市辖区的管理幅度差距过大,如市辖区人口最多的近200万人、面积最大的达2800平方公里,人口最少的不到18万人,实际管辖面积最小的仅60多平方公里,亳州、宿州、池州、宣城四个地级市还存在"一市一区"问题,不利于市辖区的行政管理。四是随着交通运输等基础设施条件的明显改善,城乡之间、区域之间的人口、要素流动非常活跃,但某些层级的行政区划在某些方面不同程度地限制了人口、要素的流动与集聚,与城乡融合发展和区域协调发展不相适应。五是安徽已进入深度城镇化阶段,一个显著特征是农村人口越来越多地就近就地城镇化,但由于居民在社会保障、基本公共服务等方面还存在着城乡差距,与农村转移人口实现市民化要求不相适应。六是由于新型工业化、城镇化、信息化和农业现代化的发展,对社会事业发展、生态环境保护等提出了新的要求,分级管理的行政区划在某些方面也出现了不相适应问题。上述问题虽然表现程度不同,有的只是局部的,但要引起高度重视,需要通过适时稳妥调整行政区划逐步加以解决。

二、安徽优化行政区划设置的形势与要求

"十四五"时期是安徽全面建成小康社会、开启全面建设社会主义现代化新征程的重要时期,适应经济社会的新发展,优化行政区设置面临着新形势、新要求。

首先,2019年10月召开的党的十九届四中全会决定,在我国工业、农业、科学技术和国防"四个现代化"建设取得巨大成就的基础上,又作出推进国家治理体系和治理能力现代化建设的战略部署[13],而行政区划管理在国家治理体系和治理能力现代化建设中,对坚持和完善中国特色社会主义行政体制,构建职责明确、依法行政的政府治理体系作用重大,调整和优化行政区划就具有必要性。安徽为适应社会主义现代化发展的需要,通过优化行政区划设置,更为科学地确定省内行政区域分级管理的幅度,明确职责关系,提高行政管理效率,对推进全省经济、政治、文化、社会、生态"五位一体"建设会具有重要的促进作用。

其次,党的十九届五中全会通过的《中共中央关于制定国民经济和社会发展第十四个五年规划和二○三五年远景目标的建议》,明确提出要"优化行政区划设置"[6],这意味着我国在"十四五"时期会适度加大行政区划调整力度。安徽正在形成"一圈五区"区域布局,"十四五"时期全省国土空间布局将会进一步优化,分级管理的行政区划与国土空间布局密切相关,安徽行政区划调整就更有必要。中共安徽省委十届十二次全体会议通过的《中共安徽省委关于制定国民经济和社会发展第十四个五年规划和二○三五年远景目标的建议》,也在明确提出"依法稳妥推动行政区划调整,鼓励有条件的设区市拓展市辖区空间,有序推进'县改区''县改市'"[11],对"十四五"安徽省行政区划调整提出了具体要求。

再次,"十三五"期间安徽全省加入长三角后,正在发挥创新活跃强劲、制造特色鲜明、生态资源良好、内陆腹地广阔等优势,"扬皖之长",深度参与长三角高质量一体化发展,经济实力正在向全国省(市)区第一方阵迈进,各地级市带动区域发展的动力源、增长极功能不断增强,一些经济大县、人口大县的重点镇发展很快,人口、要素承载力显著增强,有的已成长为新生小城市,吸引大量农村人口就近就地城镇化,特别是高速化的交通网和泛在性的物联网快速发展及深度融合,推进人口、要素打破行政区界限,向城镇、都市圈、城市带地区流动和集聚,对行政

区分级管理提出了新的要求,需要适时适度调整行政区划,既会及时解决行政区划存在的问题,也会推进形成优势互补、高质量发展的区域布局,从行政区划管理层面,为"十四五"时期我省经济社会持续、稳定、高质量发展提供保障。

三、以提升城市功能为导向优化行政区划设置

为保障行政区划调整的科学性,避免出现大城市的过度扩张和新一轮的"县改市""县改区"热,安徽必须从践行新发展理念、构建新发展格局、推进高质量发展的高度出发,以提升城市功能为导向,稳妥有序优化行政区划设置,不断完善行政区划结构体系。

1. 与城市功能相适应是优化行政区划设置的基本依据

行政区划是国家为了进行分级管理,遵循宪法和有关法律法规及政策规定而实行的区域划分,形成了符合国情的社会主义行政体制。在省级以下行政区,为适应区域经济社会发展的阶段性要求,会适时适度调整行政区划设置,构建职责明确、依法行政的政府治理体系。"十四五"期间,我国优化行政区划设置与以往历次行政区划调整不同的动因是,随着国家区域发展战略的成功实施和新型城镇化的快速发展,人口和生产要素加快向城市群、城市圈流动和集聚,农村转移人口深度市民化,区域经济社会发展的空间结构正在发生重大变化,要求对分级管理的行政区划作出适度调整,重点是在县级行政区层面,一些经济发达县会撤县设市,一些中心城市的近郊县会撤县设区。这样,进一步优化部分中心城市和县级行政区划设置,促进区域之间协调发展、城乡之间融合发展,对于完善中国特色的社会主义行政体制,推进国家治理体系和治理能力现代化,都具有重大意义。

基于上述背景,"十四五"期间安徽优化行政区划设置,必须以提升城市功能为导向,把提升城市功能作为"县改市""县改区"的基本依据。也就是说,无论是"县改市"还是"县改区",并不是简单地追求扩大城市规模,搞"摊大饼式"的城市空间扩张,更不是主观地改变行政区设置,搞"翻牌式"的"县改市""县改区",而是与城市功能的提升相适应,只有当城市功能形成而确有需要时,"县改市""县改区"才是科学合理的。理论和实践都表明,与提升城市功能相适应是"县改市""县改区"的必要条件和基本依据。20世纪90年代中期,我国出现"县改市""县改区"热的根本原因是忽视了这个必要条件和基本依据,如今优化行政区划设置应该接受这个历史的教训。

2. 视城市的要素承载功能和辐射功能"县改市""县改区"

城市是区域的社会、经济、文化、科教、信息等中心和交通枢纽,具有多方面的功能,从优化行政区划设置的角度来看,主要是对人口、要素的承载功能和对周边区域的辐射功能。对人口、要素的承载功能体现在城市内部,是城市的基础设施和公共服务功能,反映对市内居民、机关、企业提供生活和工作条件的基本服务功能,包括在居住、教育、文化、卫生、环境、通勤及对外交通等方面的供给能力;对周边区域的辐射功能体现在城市外部,是城市作为区域发展动力源和经济发展增长极的功能,反映城市经济、基础设施和公共服务能力向区域的扩展,包括在经济、社会、科技、教育、文化、医疗卫生等方面对周边区域的辐射和带动能力。这两种功能从内外两个方面体现城市的综合功能,是城市在发展过程中累积形成的,也是城市发展规律在每个城市的客观体现。所以,无论是"县改市"还是"县改区",都要根据城市的要素承载功能和辐射功能而确定。

就"县改市"而言,一个县要改为市,一方面,其县城的基础设施和公共服务必须达到相应的能力,对人口、要素形成相应的承载功能;另一方面,全县的经济社会发展必须达到相应的水平,对周边农村地区形成相应的辐射带动功能。如果对内具有较强的承载功能,对外具有较强的辐射带动功能,这个县也就成长为新生小城市,具备了"县改市"的必要条件,就应按照法定程序及时撤县设立县级市。如果不具备较强的承载功能和辐射带动功能,就应培育和增强县城的新生小城市功能,创造"水到渠成"的条件,成熟一个改一个,而不可急于求成。

就"县改区"而言,市辖区是城市主体的有机组成部分,一个与中心城市相邻的县要改为市辖区,既取决于中心城市作为区域发展的动力源和增长极能力,其功能提升确实需要扩大发展空间,体现在经济总量上,市辖区的地区生产总值应超过全市总量的50%;更取决于这个县与中心城区已进入同城化发展程度,主要表现是,交通、市政等基础设施已与中心城区一体化规划与建设,公共服务已与中心城区趋向同城化发展,产业发展也与中心城区形成密切关联,并且可分担中心城区的部分功能。处于这样的发展阶段,就应按法定程序及时撤县设立市辖区,以便在整体上使城市的资源要素配置更为合理,居民生活更加方便,公共服务更有质量,社会管理更有效率。如果中心城市及相邻县的功能还未提升到这个程度,就不能急于撤县设区,控制城市边界的过度扩张。

3. 为构建高质量发展的区域经济布局优化行政区划设置

习近平总书记2019年8月26日在主持中央财经委员会第五次会议上的讲话提出，我国要推动形成优势互补高质量发展的区域经济布局，而优化行政区划设置，可从行政管理体系层面对构建高质量发展的区域经济布局发挥保障作用。因为从区域经济学的角度来看，大空间尺度的区域经济布局包括中心城市、发展廊道、空间网络三大空间构成要素，其中，中心城市是引领区域发展的"头脑"，发展廊道是构建区域发展的"骨架"，空间网络则是链接中心城市与宽广腹地的"经络"。高质量发展的区域经济布局要求这三大空间构成要素都必须有较强的区域功能，而以提升城市功能为导向优化行政区划设置，正可以提升三大空间构成要素的区域功能。为此，安徽优化行政区划设置的重点应是，在需要提升区域功能的中心城市，重点是"县改区"；在需要提升区域功能的发展廊道，重点是"县改市"，在空间网络的某些重要节点的镇，可探索赋予县级政府的管理权限和功能，为构建高质量发展的区域经济布局优化行政区划设置。

就中心城市而言，不同空间尺度的区域中心城市，是区域经济社会发展的动力源和增长极，但是，有些已成为区域性城镇群、城镇带核心的中心城市，虽然创新活力强劲，产业有特色，腹地很广阔，但中心城区过小，发展空间不足，行政区划限制了中心城市功能的提升，不利于引领区域经济的高质量发展。这类中心城市的人口规模若在500万人以下，可对与主城区进入同城化阶段的毗邻县适时撤县改区，优化市辖区空间结构，提升中心城市的区域功能。

就发展廊道而言，从安徽已形成的发展廊道来看，不仅是国家和地区重要的交通干道，而且还是要素流动活跃带、产业发展密集带和城镇化布局重点带，发展前景虽好，但一些廊道的发展深度还不够，一个主要原因是，沿廊道地区的中小城市不发达，对人口和要素的吸纳功能很弱，交通干道成为要素流失大通道，大量的优质要素被发达地区虹吸，成为区域经济的"锅底"。为改变这种局面，推动形成优势互补高质量发展的区域经济布局，对沿发展廊道地区的那些人口大县、经济强县或国家农产品主产县，应适时撤县设立县级市，培育新的经济增长极，形成"反虹吸"功能，通过优化行政区划设置而提升发展廊道的功能。

就空间网络而言，空间网络是以多种方式构建的由点到线的空间联系，是构建优势互补、高质量发展区域经济布局的地理支撑。有多类型、广覆盖的空间网络,中心城市才能发挥引领区域发展功能,发展廊道才能发挥中心城市与腹地之间的战略链接作用,进而带动腹地的县域经济发展和乡村振兴。从构建高质量发展的区域经济布局要求来看,空间网络在区域内不仅要有较广的覆盖面,而且还要有较强的覆盖力,而扩展覆盖面、提高覆盖力,需要小城镇的空间支撑。小城镇虽然处于空间网络的交会点,具有重要的作用,但是,由于在分级管理行政区划中小城镇处于最低层,优化资源配置的能力有限,很难提升空间网络的功能。针对这个问题,对已成为空间网络重要节点的县和镇,县可撤县设市,镇若没有条件设立镇级市,可赋予县级政府的管理权限,培育和增强网络节点功能,通过优化行政区划设置在小空间尺度有重点地补短板,强化高质量发展区域经济布局的网络支撑。

总之,在新发展阶段,安徽应以提升城市功能为导向,从中心城市、发展廊道、空间网络三种功能层次稳妥有序优化行政区划设置,才会具有合理性、长远性,既会避免出现大城市的过度扩张和新一轮的"县改市""县改区"热,又会保持安徽行政区划的稳定性,加快社会治理体系和治理能力现代化建设,推进全省深度参与长三角更高质量一体化发展。

参考文献

[1]新华社.习近平总书记在省部级主要领导干部学习贯彻党的十九届五中全会精神专题研讨班上作重要讲话[N].人民日报,2021-01-12.

[2]习近平.把握新发展阶段,贯彻新发展理念,构建新发展格局[J].求是,2021(9).

[3]司马迁.孙子吴起列传第五//《史记》卷六十五.

[4]中共中央　国务院关于构建更加完善的要素市场化配置体制机制的意见[N].人民日报,2020-03-30.

[5]习近平.决胜全面建成小康社会,夺取新时代中国特色社会主义伟大胜利[M].北京:人民出版社,2017.

[6]中共中央关于制定国民经济和社会发展第十四个五年规划和二〇三五年远景目标的建议[N].人民日报,2020-11-03.

[7]新华社.习近平总书记视察安徽[N].人民日报,2016-04-27.

[8]新华社.习近平总书记视察安徽[N].人民日报,2020-08-18.

[9]中共中央办公厅、国务院办公厅.建设高标准市场体系行动方案[S],2021-01-21.

[10]国务院.中华人民共和国国民经济和社会发展第十四个五年规划和二〇三五年远景目标纲要[N].人民日报,2021-03-13.

[11]中共安徽省委关于制定国民经济和社会发展第十四个五年规划和二〇三五年远景目标的建议[N].安徽日报,2020-12-11.

[12]新华社.国务院政策例行吹风会《行政区划管理条例》有关情况,民政部唐承沛副部长开场白[EB/OL].中国网,2018-11-01.

[13]中共中央关于坚持和完善中国特色社会主义制度　推进国家治理体系和治理能力现代化若干重大问题的决定[N].人民日报,2019-11-05.

附录:已公开发表的阶段性研究成果目录

（以发表时间为序）

1. 程必定.推进"东中一体"协调发展[N].经济日报,2018-09-06.

2. 程必定."东中一体"协调发展的中部崛起新论[J].区域经济评论,2018(6).

3. 刘志迎.长三角一体化面临的"剪刀差"难题及解决对策[J].区域经济评论,2019(4).

4. 程必定.长三角更高质量一体化发展新论[J].学术界,2019(11).

5. 程必定.以全面智能化推进长江经济带协调发展[J].西部论坛,2020(1).

6. 林斐.共建共治共享:创新经济视野下的区域一体化[J].西部论坛,2020(3).

7. 程必定.以智能化推进长三角一体化[N].安徽日报,2020-06-09.

8. 程必定.全面实施创新驱动战略[N].安徽日报,2020-08-25.

9. 孔令刚,程必定.以一体化、高质量发展融通国内国际双循环[N].光明日报,2020-08-31.

10. 程必定.以智能化推进长三角一体化更高质量发展[J].区域经济评论,2020(5).

11. 程必定.中国省区高质量发展的区域经济布局思考[J].区域经济评论,2021(1).